KB068677

2019

쟁점정리 행정법

김기홍

박영사

머리말

✿ 2019 쟁점정리 행정법(제9판)의 개정특징

❶ 『2019 쟁점정리 행정법』에서는 2008-2018년까지의 변호사시험 · 입법고시 · 사법시험 · 5급공채 · 법원행정고시의 기출문제의 쟁점을 모두 각 목차부분에 표시하였습니다. 기출된 쟁점을 아시고 쟁점정리를 읽으신다면 시간절약뿐만 아니라 수험감각을 익히시는데 큰 도움이 되실 것입니다.

❷ 『2019 쟁점정리 행정법』에서도 모든 쟁점에 중요도를 표시하였습니다. 별표 하나는 '보통', 둘은 '중요', 셋은 '매우 중요'하다는 의미입니다. 별표 둘과 셋은 반드시 숙지하셔야 할 쟁점입니다.

❸ 『2019 쟁점정리 행정법』에서도 형광펜 기능을 사용한 핵심 키워드 표시를 보충하였습니다. 행정법을 최종적으로 정리하시는 분들뿐만 아니라, 행정법을 처음 시작하시는 분들도 핵심 키워드를 기본서에서 체크하시면서 공부하신다면 보다 효율적인 수험준비가 될 것입니다.

❹ 『2019 쟁점정리 행정법』에서는 최신 판례를 포함하여 대법원 판례를 대폭 추가하였고, 개정 행정심판법뿐만 아니라 2018년 12월까지 개정된 법령을 모두 반영하였습니다.

✿ 쟁점정리 행정법의 특징

❶ 쟁점정리는 주관식 국가시험에서 사례화될 수 있는 행정법의 모든 쟁점들을 학설 · 판례 · 검토의 순서로 정리한 '정리용 기본서'입니다. 따라서 쟁점정리만으로도 충분히 국가시험을 대비할 수 있습니다.

❷ 모든 쟁점에 해당 쟁점의 중요도를 표시하였습니다(매년 해당 쟁점의 중요도를 다시 표시합니다). 별표 하나는 '보통', 둘은 '중요', 셋은 '매우 중요'하다는 의미입니다(별표가 없는 쟁점은 가볍게 보시면 됩니다). 별표 둘과 셋은 반드시 숙지하셔야 할 쟁점입니다.

❸ 쟁점정리는 정리용 책이기는 하지만, 행정법을 처음 시작하시는 분들은 기본서(예를 들어 『핵심정리 행정법(김기홍)』)와 함께 보신다면 좀 더 빠른 시간에 수험감각을 익히실 것이며, 어느 정도 공부가 되신 분들은 기출 · 사례집(예를 들어 『행정법 진도별 기출연습(김기홍) · 행정법 사례연습(김기홍)』)과 함께 보신다면 훨씬 능률적인 정리방법이 될 것입니다.

✿ 감사의 말씀

이 책의 출간에 도움을 주신 박영사 안종만 회장님, 조성호 이사님, 김선민 부장님, 문선미 과장님께 감사드립니다.

독자분들의 소망이 꼭 이루어지길 빌면서

2019. 2.

김기홍

차 례

V

✪ 이 책의 각 쟁점 번호는 고유번호입니다. 따라서 개정 내용에 따라 삭제될 경우 번호가 연속
하지 않을 수 있습니다.

Part

01

행정법총론
(일반행정법)

1. 학　설

① 공익의 실현에 봉사하는 법이 공법이고 사익의 실현에 봉사하는 법이 사법이라는 이익설, ② 상·하질서관계(불평등관계)를 규율하는 법이 공법이고 대등질서관계(평등관계)를 규율하는 법이 사법이라는 성질설, ③ 국가나 국가기관이 법률관계의 일방당사자인 경우를 규율하는 법이 공법이고 사인 간의 관계를 규율하는 법이 사법이라는 주체설 등이 대립된다.

2. 판　례

판례는 종합적으로 판단하는 입장이다.

> **공법관계로 본 판례**
> ① 관리청이 국유재산의 무단점유자에게 부과한 변상금부과처분(대판 1992. 4. 14. 91다42197)(항고소송), ② 국유재산법 제30조(공유재산및물품관리법 제20조)의 행정재산의 목적외 사용허가(대판 1998. 2. 27. 97누1105)(항고소송), ③ 하천법 부칙과 특별조치법에 따른 하천구역 편입토지에 대한 손실보상금청구(대판(전원) 2006. 5. 18. 2004다6207)(당사자소송), ④ 도시 및 주거환경정비법상 재건축조합이 만든 관리처분계획안에 대한 조합총회결의의 효력을 다투는 소송(대판(전원) 2009. 9. 17. 2007다2428)(당사자소송), ⑤ 중앙관서의 장이 허위의 보조사업자에게 지급한 보조금의 반환을 청구하는 소송(대판 2012. 3. 15. 2011다17328)(당사자소송), ⑥ 사업자가 세무서장을 상대로 한 부가가치세 환급세액 지급을 청구하는 소송(대판(전원) 2013. 3. 21. 2011다95564)(당사자소송),

> **사법관계로 본 판례**
> ① 국가배상청구(대판 1972. 10. 10. 69다701), ② 당연무효인 조세부과처분을 이유로 한 부당이득반환청구(대판 1995. 4. 28. 94다55019), ③ 잡종재산(현행 일반재산)인 국유림의 대부(貸付)행위 및 대부료의 납입고지(대판 1993. 12. 21. 93누13735)

3. 검　토

여러 기준을 모두 고려하는 입장이 **통설**이며, 타당하다. 즉, 법률관계의 일방당사자가 행정청이면서(주체설) 행정청에게 우월적 지위를 인정하고 있거나(성질설) 또는 우월적 지위를 인정하지 않는다고 하여도 공익실현을 직접적인 목적으로 하고 있는 경우(이익설)에는 공법관계로 볼 수 있다. 특히 법규에서 행정상 강제집행, 행정벌, 손실보상이나 국가배상, 행정상 쟁송제도가 규정되어 있다면 그것은 공법관계이다.

002 자금지원에 있어 법률의 근거가 필요한지 여부

I. 법률유보의 적용범위

1. 학　　설

① 국민의 권리를 제한하거나 의무를 부과하는 행정작용은 법률의 근거를 요한다는 침해유보설, ② 모든 행정작용(침익＋비침익)에는 법률에 근거가 있어야 한다는 전부유보설, ③ 사례(행정작용의 유형)별로 판단하여 일반 공중이나 시민에게 중요하고 본질적인 결정은 의회가 법률로 해야 한다는 중요사항유보설(본질성설)이 있다.

2. 판　　례

헌법재판소는 방송수신료사건에서 「법률유보원칙은 … 국민의 대표자인 입법자가 그 본질적 사항에 대해서 스스로 결정하여야 한다는 요구까지 내포하고 있다(의회유보원칙)(헌재 1997. 5. 27. 98헌바70)」고 하여 중요사항유보설을 취한다.

3. 검　　토

침해유보설은 급부행정영역을 법률유보에서 제외시킨다는 비판이 있고, 전부유보설은 급부행정의 경우 법률의 근거가 없다면 근거의 결여로 국민에게 급부제공을 할 수 없게 된다는 비판이 있다. 결국 중요사항유보설이 타당하다(통설, 판례). 이에 따른다면 침해행정은 엄격한 법률유보원칙이 적용되고, 급부행정은 법률유보원칙이 완화될 수 있다.

II. 경제행정상 공익목적을 위한 자금지원(수출촉진이나 고용증대를 위한 보조금지급)에 법적 근거가 필요한지 여부

1. 학　　설

ⓐ 법적인 근거가 없어도 예산상의 근거와 행정규칙으로도 가능하다는 견해(다수설), ⓑ 통상적인 자금지원은 법률의 근거없이 예산상의 근거로도 가능하지만, 자금지원이 일정한 침해효과를 가지는 경우(예를 들어 상대방의 반대급부와 결부되어 있거나 제한된 경우, 제3자의 권리를 침해하는 경우)에 있어서는 법률유보가 적용된다는 견해, ⓒ 급부 및 급부의 거부는 관련 대상자에게 심각한 영향을 줄 수 있으므로 법적 근거가 필요하다는 견해가 대립된다.

2. 검　　토

급부행정영역에서는 실제 적지 않은 행정작용이 법적 근거 없이 행해지고 있고, 반드시 법적 근거를 필요로 한다면 오히려 국민에게 불리할 수 있기 때문에 예산상의 근거가 있는 한 개별법에 근거가 없어도 보조금지급결정이 가능하다는 견해(ⓐ설)가 타당하다.

003 행정의 자기구속원칙*

1. 의 의
행정기관이 행정결정을 함에 있어 동종의 사안에 대하여 이전에 제3자에게 행한 결정과 동일한 결정을 상대방에게도 하도록 스스로 구속당하는 원칙을 말한다.

2. 기 능
① 재량의 통제, ② 행정규칙을 법규화시키는 기능이 있다.

3. 인정근거(평등원칙)
① 학설은 일반적으로 평등의 원칙을 근거로 행정의 자기구속의 원칙을 인정한다. ② 헌법재판소는 행정의 자기구속의 법리를 명시적으로 인정하면서 그 논거로 신뢰보호의 원칙과 평등의 원칙을 제시한다(헌재 2001. 5. 31. 99헌마413). ③ 대법원도 평등의 원칙이나 신뢰보호의 원칙을 근거로 자기구속원칙을 인정한다(대판 2009. 12. 24. 2009두7967)).

4. 적용영역
재량이나 판단여지영역에 적용되고 기속행위는 선택의 자유가 인정되지 않기 때문에 적용되지 않는다.

5. 요 건
① 행정의 자기구속은 법적인 문제이어야 하며, ② 동일한 상황에서 동일한 법적용인 경우라야 하며, ③ 기존의 법적 상황을 창출한 처분청에만 적용되고, ④ ⓐ 행정의 자기구속의 법리는 선례(명시적인 행정관행)가 있는 경우라야 논리적으로 자기구속원칙을 인정할 수 있다는 견해(선례필요설)가 다수설이다. 그러나 행정의 자기구속의 법리를 처음 적용하는 경우에도 '행정규칙을 미리 정해진 행정관행(행정규칙은 행정청 스스로가 미리 정한 기준이므로)'으로 보아 행정의 자기구속원칙을 인정함이 타당하다는 견해(선례불요설)도 있다. ⓑ 대법원은 명시적인 관행이 필요하다는 입장이다(대판 2009. 12. 24. 2009두7967). ⓒ 자기구속이란 행정기관 스스로 한 행위에 자신이 구속된다는 의미이므로, 자기구속의 개념상 선례가 필요하다는 견해가 타당하다. ⑤ 그리고 행정관행(선례)은 적법하여야 한다(대판 2009. 6. 25. 2008두13132).

6. 한 계
새로운 사정변경이 있고 기존 관행과 동일한 결정을 해야 할 법적 안정성보다 다른 결정을 해야 할 정당성이 더 큰 경우, 기존 관행과 다른 결정은 자기구속 원칙에 위반되지 않는다.

> 참고 **평등원칙**
> 평등원칙이란 행정청이 행정작용을 하면서 합리적인 근거가 없는 한 모든 행정객체를 동등하게 처우하여야 한다는 원칙을 말한다. 다수설은 평등원칙을 헌법 제11조의 기본이념으로부터 해석상 도출되는 불문법원리로 본다. 행정의 자기구속원칙은 헌법상 평등원칙이 행정법에서 구체화된 원칙이다.

| **004** | **비례원칙**＊ |

1. 의   의

행정의 목적과 그 목적을 실현하기 위한 구체적인 수단간에 적정한 비례관계가 있어야 한다는 원칙이다.

2. 근   거

헌법 제37조 제2항("필요한 경우"), 행정절차법 제48조 제1항, 행정규제기본법 제5조 제3항, 경찰관직무집행법 제1조 제2항을 들 수 있다.

3. 내   용

비례원칙은 ⓐ 행정목적과 목적달성을 위해 동원되는 수단간에 객관적 관련성이 있어야 한다는 **적합성의 원칙**(전혀 부적합한 수단은 현실적으로 인정되기 어려워 통상 이 원칙은 충족된다), ⓑ 여러 적합한 수단 가운데 최소 침해를 가져오는 것이 선택되어야 한다는 **필요성의 원칙**(최소침해의 원칙), ⓒ 행정목적달성을 위한 적합하고 필요한 수단이라고 하더라도 이러한 수단을 통해 달성하려는 공익과 수단으로 인한 사익침해가 합리적인 비례관계를 이루어야 한다는 **상당성의 원칙**(협의의 비례원칙)으로 이루어져 있으며, 이 3가지 원칙은 단계구조를 이룬다.

005 신뢰보호의 원칙★★

1. 의의, 근거

㈎ 행정청의 행위를 사인이 신뢰한 경우 보호가치 있는 신뢰라면 보호되어야 한다는 원칙을 말한다.

㈏ 학설은 법치주의의 구성부분인 법적 안정성을 근거로 인정한다.

2. 요 건

(1) 행정청의 선행조치

㈎ 신뢰의 대상이 되는 행위인 선행조치에는 법령·행정계획·행정행위·사실행위 등이 포함되며, 적극적인 것인가 소극적인 것인가 그리고 명시적인 행위인가 묵시적인 행위인가도 가리지 않는다.

㈏ 판례는 '공적인 견해표명'이라고 하며 이는 행정청의 선행조치를 의미하는 것으로 보인다. 공적인 견해표명의 판단기준은 「반드시 행정조직상의 형식적인 권한분장에 구애될 것은 아니고 … 상대방의 신뢰가능성에 비추어 실질에 의하여 판단하여야 한다(대판 1997. 9. 12. 96누18380)」고 한다.

(2) 보호가치 있는 사인의 신뢰

사인에게 특별한 귀책사유가 있는 경우에는 보호가치 있는 사인의 신뢰라고 보기 어렵다. 판례는 귀책사유를 「행정청의 견해표명의 하자가 상대방 등 관계자의 사실은폐나 기타 사위의 방법에 의한 신청행위 등 부정행위에 기인한 것이거나 그러한 부정행위가 없다고 하더라도 하자가 있음을 알았거나 중대한 과실로 알지 못한 경우 등을 의미(대판 2002. 11. 8. 2001두1512)」한다고 본다.

(3) 신뢰에 기한 사인의 처리

행정청의 선행조치를 믿은 것 외에도 사인의 처리가 있을 것이 요구된다. 그리고 사인의 처리는 적극적인 것 외에 소극적·묵시적인 것도 포함된다.

(4) 인과관계

(5) 선행조치에 반하는 후행처분

3. 한 계

신뢰보호원칙의 한계는 아래의 2가지 경우가 문제될 수 있다.

(1) 공익과 사익이 충돌되는 경우

이 문제는 공익상 요청과 사익보호 간의 충돌이라는 모습으로도 나타난다(예를 들어 갑에게 건축허가를 한 후 해당지역이 생태환경상 중요한 지역임이 밝혀져 건축허가행정청이 갑의 건축허가를 취소한 경우 환경보호라는 공익상 요청과 갑의 사익보호가 충돌된다). 이 경우에도 공익과 사익 간의 비교형량에 의해 어느 이익이 우선하는지를 결정해야 한다(동위설 또는 비교형량설). 만일 공익에 비해 사익이 우월하다면 신뢰보호원칙은 인정될 수 있다.

(2) 법적 안정성(법으로 보호되는 사회생활의 안정성)과 법률적합성 원칙이 충돌되는 경우

신뢰보호의 원칙은 법적 안정성을 위한 것이지만, 법치주의의 또 하나의 내용인 행정의 법률적합성의 원리와 충돌되는 문제점을 갖는다(예를 들어 종전 법령을 신뢰한 법률관계가 형성된 후 사후에 법령이 개정된 경우). 결국 양자의 충돌은 법적 안정성과 법률적합성의 비교형량에 의해 어느 이념이 우선하는지를 결정해야 한다(동위설 또는 비교형량설). 만일 법률적합성에 비해 법적 안정성이 우선한다면 신뢰보호원칙은 인정될 수 있다.

006 부당결부금지의 원칙★

1. 의의, 근거

(가) ① 행정작용과 사인의 반대급부(의무부과나 이행의 강제) 간에 **부당한 내적 관련**이 있어서는 아니 된다는 원칙을 말한다. ② 그러나 최근 이 원칙은 행정기관이 행정작용을 함에 있어 실질적 관련이 없는 사유로 국민의 권리·이익을 침해하지 못하게 하는 원칙으로 규범내용이 일반화되었다.

(나) 이 원칙은 법치국가원리와 자의금지원칙에서 나오는 헌법상의 원칙이다(다수 견해).

2. 요   건

부당결부가 인정되려면 ⓐ 행정청의 행정작용이 있어야 하며, ⓑ 그 작용은 상대방에게 부과되는 반대급부와 결부되어 있어야 하며, ⓒ 행정작용과 반대급부가 **부당한 내적 관련**을 가지는 경우라야 한다. '부당한 내적 관련'이란 원인적 관련성과 목적적 관련성이 없는 경우를 말하는데, 원인적 관련성이란 행정작용의 발령에 반대급부의 부가가 필요하게 되는 관계(인과관계의 필요성)를 말하며, 목적적 관련성이란 행정작용과 사인의 반대급부가 행정목적을 같이해야 함을 의미한다. 판례는 부당한 내적 관련이 있음을 '아무런 관련이 없는'이라고 표현하고 있다(대판 1997. 3. 11. 96다49650).

◈ 논점 국세징수법 제 7 조의 위헌문제★

1. 문제 상황

관허사업의 제한의 하나인 국세징수법 제 7 조에 대해 부당결부금지원칙 및 비례원칙에 위반되는 위헌인 법률조항이 아닌가에 대해 학설이 대립된다.

2. 학   설

① 해당 조항은 원인적·목적적 관련성이 없어 부당결부금지원칙에 위반되며, 관허사업을 제한함으로써 영세한 사업자의 생업을 위협할 수 있어 비례원칙에 위반된다는 점을 근거로 위헌이라는 견해(**위헌설**), ② 동법 제 7 조 제 2 항은 3회 이상 체납과 500만 원 이상일 것을 요구하고 있어 비례원칙을 준수하였다고 보아야 하며, 최근에 입법화된 질서위반행위규제법 제52조도 과태료 체납에 대해 관허사업제한을 규정하고 있음을 근거로 합헌이라는 견해(**합헌설**)가 대립된다.

3. 검   토

국세징수는 궁극적으로는 국가재정확보를 목적으로 하는 것이고, 부당결부금지원칙보다 국가존립의 이익이 우선하는바 합헌으로 볼 것이다.

[참조조문]
국세징수법
제 7 조(관허사업의 제한) ① 세무서장은 납세자가 대통령령으로 정하는 사유 없이 국세를 체납하였을 때에는 허가·인가·면허 및 등록과 그 갱신(이하 "허가등"이라 한다)이 필요한 사업의 주무관서에 그 납세자에 대하여 그 허가등을 하지 아니할 것을 요구할 수 있다.
② 세무서장은 허가등을 받아 사업을 경영하는 자가 국세를 3회 이상 체납한 경우로서 그 체납액이 500만원 이상일 때에는 대통령령으로 정하는 경우를 제외하고 그 주무관서에 사업의 정지 또는 허가등의 취소를 요구할 수 있다.
④ 제 1 항 또는 제 2 항에 따른 세무서장의 요구가 있을 때에는 해당 주무관서는 정당한 사유가 없으면 요구에 따라야 하며, 그 조치결과를 즉시 해당 세무서장에게 알려야 한다.

007   기타 행정법의 일반원칙

1. 신의성실의 원칙

신의성실의 원칙(신의칙)이란 법률관계의 당사자는 상대방의 이익을 배려하여 형평에 어긋나거나 신뢰를 저버리는 내용 또는 방법으로 권리를 행사하거나 의무를 이행해서는 안 된다는 원칙을 말한다(대판 2009. 3. 26. 2008두21300).

2. 실효(실권)의 법리

(1) 의   의

실권 또는 실효의 법리란 신의성실의 원칙의 파생원리로 권리자가 장기간에 걸쳐 그의 권리를 행사하지 아니하였기 때문에 의무자인 상대방은 이미 그의 권리를 행사하지 아니할 것으로 믿을 만한 정당한 사유가 있는 경우 그 권리행사를 허용하지 않는 것을 말한다(대판 1988. 4. 27. 87누915).

(2) 근거 및 적용범위

법의 일반원리인 신의성실의 원칙에 바탕을 둔 파생원칙인 것이므로 공법관계 가운데 비권력관계는 물론이고 권력관계에도 적용된다(대판 1988. 4. 27. 87누915).

(3) 요   건

실권의 법리의 적용요건에는 다툼이 있으나, ① 권리자가 권리를 행사할 수 있음에도 불구하고 이를 행사하지 않음을 요한다(권리의 불행사). ② 장기간에 걸쳐 권리불행사의 사실상태가 계속하였을 것을 요한다(시간의 경과). ③ 국민은 행정청이 권리를 행사하지 않을 것으로 신뢰한 것에 대해 정당한 사유가 존재해야 한다(정당한 사유의 존재).

(4) 실권의 법리와 신뢰보호원칙

신뢰보호원칙과 실권의 법리의 요건은 같지는 않다. ① 실권에 특유한 시간의 경과라는 요건이 신뢰보호원칙의 요건으로 요구되지는 않는다. ② 신뢰보호원칙의 경우에는 상대방의 귀책이 없을 것이 요구되며(실권은 사인이 행정작용의 하자를 알고 있는 경우에도 가능하다), 실권의 경우에는 권리의 불행사에 행정청의 귀책이 요구된다.

3. 수인성의 원칙

수인성의 원칙이란 행정작용은 그 결과를 사인이 수인하리라고 기대할 수 있는 경우에만 정당화될 수 있다는 원칙을 말한다(홍준형).

008 전통적 특별권력관계의 인정 여부

특별권력관계란 특별한 공법상 원인에 근거하여 성립되는 관계로서 특별권력주체가 구체적인 법률의 근거 없이도 상대방을 포괄적으로 지배하는 권한을 가지고, 특별한 신분이 있는 자는 이에 복종하는 관계를 말한다.

1. 학 설

(1) 부 정 설

실질적 법치국가에서 법치주의의 적용을 받지 않는 권력인 특별권력은 인정될 수 없다고 하여 특별권력관계의 존재를 부정하고 일반권력관계로 보는 견해이다.

(2) 기본관계 · 경영관계론

기본관계(예를들어 징계나 면직처럼 특별권력관계 자체의 성립 · 변경 · 종료 또는 구성원의 법적 지위의 본질적 사항에 관한 법관계를 말한다)의 경우에는 사법심사가 일반권력관계와 다름없이 적용되지만, 경영관계(특별행정법관계의 목표를 실현하는 데 필요한 기타의 관계를 말한다(예를 들어 공무원에 대한 직무명령, 국 · 공립학교에서 과제물의 부과, 시험평가))는 사법심사의 대상에서 제외된다는 견해이다.

(3) 제한적 긍정설

기본권의 무제한적인 제약을 긍정하려는 특별권력관계의 개념은 부정하지만, 특별한 행정목적을 위한 특별권력관계의 개념은 인정하려는 견해이다. 즉, 특별권력관계에서도 원칙적으로 법률유보, 법률우위, 사법심사 등 법치주의가 적용되는 것으로 보면서도 일정한 범위에서 일반조항에 의한 기본권 제한, 완화된 사법심사 등(= 법치주의의 예외)을 허용하자는 견해이다.

2. 판 례

서울교육대학장이 교육대 학생을 퇴학처분한 사건에서 전통적인 특별권력관계에 대한 사법심사가 가능하다고 보았다(대판 1991. 11. 22. 91누2144).

3. 검 토

실질적 법치주의를 지향하는 헌법하에서 법으로부터 자유로운 영역인 전통적 의미의 특별권력관계를 인정할 수는 없다. 따라서 법치주의와 사법심사가 전통적 특별권력관계에도 그대로 적용된다(부정설). 그렇다고 일반적인 행정법관계와 구별되는 특수성이나 특수한 법적 규율의 필요성을 부정하는 것은 아니다. 따라서 전통적 특별권력관계가 법치주의가 적용되는 관계로 환원되어야 한다고 하여도 그러한 관계에는 일반적인 행정법관계와는 다른 특성이 있는 것이므로(예를 들어 공무원에 대한 정치적 기본권의 제한, 수형자에 대한 통신의 자유의 제한), 이를 특별행정법관계로 표현하는 것이 타당하다.

009 　개인적 공권의 성립★

개인적 공권이란 자신의 이익을 위하여 국가 등 행정주체에 대하여 일정한 행위를 요구할 수 있도록 개인에게 주어진 법적인 힘을 말한다.

1. 개인적 공권의 성립근거

⑺ 개인적 공권은 다양한 근거에 따라 성립될 수 있지만, **법률(공법)에 근거하여 성립되는 것**이 일반적이다. 반면 헌법상의 기본권은 언제나 국민에게 구체적이고도 현실적인 권리(개인적 공권)를 부여하지는 않는다.

⑻ 공권은 우선적으로 법령에서 인정근거를 찾아야 하고, 그로부터 개인적 공권이 도출될 수 없을 경우에 실효적인 권리구제를 위해 헌법의 기본권규정은 개인적 공권성립의 보충적인 근거규정이 될 수 있다는 것이 일반적인 입장이다(류지태·박종수, 김남진·김연태, 박균성, 김성수). **판례도 유사한 입장이다**(헌재 1998. 4. 30. 97헌마141).

⑼ 다만, 침익적 처분(예: 운전면허취소, 과세처분)의 상대방이 그 침익적 처분의 제거를 목적으로 하는 경우에는 개별법령규정을 검토함이 없이도 권리 침해를 이유로 취소소송 등을 제기할 수 있다(이를 직접상대방이론(침익적 처분의 상대방은 항상 권리침해가 인정된다는 이론) 또는 수범자이론이라고 한다)(김동희, 박정훈, 정하중). **판례도 유사한 입장이다**(대판 1995. 8. 22. 94누8129).

2. 개인적 공권의 성립요건

일방에게 권리가 성립되기 위해서는 그에 대응하여 상대방에게는 법적 의무가 전제되어야 한다. 즉 권리는 법적 의무를 필수적 전제로 한다. 그러나 행정법관계에서 행정청에게 법적 의무가 존재한다고 하여 사인에게 반드시 권리가 성립되는 것은 아니다. 왜냐하면 행정의 본질은 공익실현으로 행정청은 공익을 위한 법적 의무도 부담하기 때문이다. 따라서 개인적 공권의 성립요건으로 행정청의 의무의 존재, 사익보호목적의 존재가 필요하다. 다만 소구가능성의 존재에 대해서는 학설이 대립된다.

(1) 행정청의 의무의 존재(강제규범성)

개인적 공권성립의 제1의 요소는 공법상 법규가 국가 기타 행정주체에게 행위의무를 부과할 것이다. 여기에서 행정주체에게 행위의무를 부과한다는 것은 법규상 일정한 요건이 충족되는 경우 행정주체가 일정한 법적 의무를 부담한다는 것을 말한다. 이러한 의무에 대응하여 사인은 일정한 권리를 가지게 되는 것이다.

(2) 사익보호목적의 존재

개인적 공권성립의 두 번째 요소는 해당 법규가 사익보호를 목적으로 해야 한다는 점이다. 법규가 특정인의 사익을 보호하는 경우는 물론이고 공익과 더불어 특정인의 사익의 보호를 목적으로 하는 경우에도 역시 사익보호목적은 존재하는 것이 된다.

(3) 소구가능성(이익관철의사력)의 존재

ⓐ 일부 견해는 개인적 공권성립의 세 번째 요소로 개인이 자신의 이익을 행정주체에 대해 소송으로 요구할 수 있을 것이 요구된다고 본다. ⓑ 그러나 다수설은 제3 요소는 필요 없는 것으로 본다(2요소론). 왜냐하면 재판청구권은 헌법상 일반적으로 보장되어 있기 때문에 이를 또 하나의 요건으로 볼 필요가 없기 때문이다(헌법 제27조 제1항 참조).

1. 의   의

(가) 무하자재량행사청구권이란 사인이 행정기관에 대해 재량을 행사함에 있어 하자 없는 재량행사를 청구할 수 있는 권리를 말한다. 기속행위에서 성립되는 공권인 특정행위청구권(행정기관에 대해 특정한 행정결정을 청구할 수 있는 권리)에 상응하여 인정되는 권리이다.

(나) 과거에는 그 행위 여부가 행정청의 재량이라면 행정주체에게 의무가 발생하지 않기 때문에 개인적 공권은 성립되지 않는다고 보았다(법규가 '행정청은 … 을 할 수 있다'고 규정하고 있기 때문). 그러나 현재는 재량행위에도 개인적 공권이 성립될 수 있다고 보는 것이 일반적인 견해이다. 이런 의미에서 무하자재량행사청구권의 논의는 개인적 공권의 확대화와 관련되어 있다.

2. 무하자재량행사청구권의 독자성 인정 여부(인정필요성)

(1) 문 제 점

재량행위에도 개인적 공권이 성립될 수 있다고 보는 것이 일반적인 견해이지만, 그 권리의 내용이 무엇인지에 대해 학설이 대립된다.

(2) 학   설

1) 독자성 부정설

행정청의 위법한 재량행사로 사인이 쟁송을 제기하는 경우 그 사인은 실체적 권리의 침해를 쟁송으로 다투는 것이지 자신의 실체적 권리 침해 여부와 관계없이 무하자재량행사청구권의 침해를 다투는 것은 아니라고 본다(김남진·김연태, 이상규)(실체적 권리란 하자 있는(위법한) 재량행사로 인해 침해된 권리를 말한다. 예를 들면 영업을 하기 위해 도로점용허가를 신청하였으나 행정청이 하자 있는 도로점용허가 거부처분을 하였다면 이 경우 도로점용을 허가받을 권리가 침해되는데 이 권리가 실체적 권리가 된다). 즉, 이 견해는 재량행위에서 성립되는 권리의 내용은 무하자재량행사청구권이 아니라 실체적 권리라고 본다.

2) 독자성 긍정설

이 견해는 재량행위에서 성립되는 권리의 내용은 실체적 권리가 아니라 무하자재량행사청구권이라고 본다. 즉, 재량행위의 경우에는 당사자가 신청한 특정한 처분을 청구하는 권리가 인정될 수는 없고 재량권 일탈·남용이 없는 재량행사를 청구하는 형식적 권리가 성립된다고 한다. 따라서 무하자재량행사청구권은 형식적 권리이지만 독자성이 인정되는 권리라고 본다(예를 들어 행정청이 선택할 수 있는 재량 범위가 '허가, A사유로 허가거부, B사유로 허가거부'라고 한다면, 이것 가운데 무엇을 선택할지는 행정청의 재량이므로 사인은 본인이 원하는 특정한 행위인 '허가'처분을 해줄 것을 청구할 수는 없다. 이러한 의미에서 무하자재량행사청구권을 형식적 권리라고 본다)(류지태, 김성수, 홍준형)(다수설).

(3) 판   례

독자성 긍정설은 대법원이 검사임용거부처분 사건에서 검사임용이 임용권자의 재량이라고 하더라도 임용신청자는 재량권 일탈·남용이 없는 적법한 응답을 요구할 권리가 있다고 판시한 것을 무하자재량행사청구권의 법리를 인정한 것으로 평가한다(대판 1991. 2. 12. 90누5825).

(4) 검   토

독자성 부정설은 무하자재량행사청구권을 인정하면 재량권 일탈·남용만 있으면 상대방에게 원고적격이 인정될 수 있어 원고적격이 부당히 확대될 수 있다고 비판하지만, 독자성 긍정설은 법규에서 행정청의 의무와 사익보호성이 충족되는 경우에만 무하자재량행사청구권의 성립을 인정하므로 민중소송의 우려는 없기 때문에 긍정설이 타당하다(원고적격이 부당하게 확대되어 권리구제에 대한 주관적 소송이 공익소송(객관적 소송)처럼 이용될 우려를 말한다).

3. 청구권의 성립요건

ⓐ 법규에서 행정청으로 하여금 특정한 행위는 아니지만 하자 없는 재량행사를 발동할 의무를 지우고 있고(재량행위를 규정한 규범이 있으면 일반적으로 이러한 의무는 인정된다), ⓑ 해당 법규가 사익을 보호의 대상으로 하고 있어야 한다.

011 행정개입청구권★★

> 행정개입청구권이란 자기의 이익을 위해 자기 또는 제 3 자에게 행정권을 발동해줄 것을 청구하는 권리를 말한다.

I. 인정 여부

1. 학 설

ⓐ 제 3 자와의 관계에서 행정개입청구인의 권익을 구제하기 위한 **효과적인 소송수단이 없으며**(현행법상 의무이행소송이 인정되지 않음을 말한다), 행정개입청구인과 제 3 자와의 관계는 사인 간의 관계로 행정청의 불개입으로 인한 청구인의 손해는 반사적 손해에 불과하기에 그러한 공권은 성립될 수 없음을 이유로 부정하는 견해가 있으나, ⓑ 효과적인 소송수단으로 의무이행소송의 성립을 인정하고(의무이행심판은 명문으로 인정됨. 행정심판법 제 5 조 제 3 호 참조), **생명·신체·재산에 대한 급박한 위험이 존재한다면 사인에게 이러한 권리를 인정하여 행정청으로 하여금 보호의무를 지게 함으로써 실효적인 권리구제가 가능하다는 점을 이유로 긍정하는 것이 일반적인 견해이다.

2. 판 례

판례는 명시적으로 행정개입청구권의 법리를 인정하고 있지는 않으나, 일부 학설은 삼광화학이 진해시장을 상대로 이웃하는 제 3 자 소유의 주택에 대해 철거명령 등을 청구하였으나 삼광화학의 권리(신청권)성립을 부정한 판결을 행정개입청구권의 법리를 부정한 예로 소개하고 있다 (대판 1999. 12. 7. 97누17568).

3. 검 토

행정청의 행정권발동의 부재로 사인이 생명·신체·재산에 대한 중대한 침해를 받을 수도 있는바 사인에게 제 3 자(또는 본인)에 대한 행정권발동을 요구할 권리를 인정함이 타당하다.

II. 성립요건

1. 행정청의 개입의무가 존재할 것

행정청에게 행정권의 발동의무를 부과하는 법규가 존재하여야 한다. 그 행위가 기속행위의 경우에는 행정청의 개입의무를 당연히 인정할 수 있으나, 재량행위의 경우에는 행정청의 개입의무를 당연히 인정할 수 없고 재량이 0으로 수축되는 경우에 예외적으로 인정될 수 있다. 재량이 0으로 수축되었느냐의 여부는 ⓐ 중요한 법익에 대한 현저한 위험의 존재 즉, 개인의 생명·건강에 대한 위험, 중요한 물건에 대한 직접적인 위험이 있는 경우라야 하며(중대한 법익의 침해)(홍준형), ⓑ 사인의 중요한 법익이 타인에 의해 침해되고 있는 경우라고 하더라도 개인의 자발적인 노력이나 법원에의 제소 등을 통해 구제받을 수 있는 경우에는 행정권은 발동되어서는 아니 된다(보충성의 원칙)(김남진, 류지태).

2. 행정권의 발동 권한을 규정한 법령의 사익보호목적

행정청에게 행정권의 발동 권한을 부여하는 법규가 공익실현 목적 외에 사인의 개별적 이익도 보호하려는 목적이 있어야 한다. 일반적인 견해는 근거 법규의 규정과 취지와 관련 법규의 규정과 취지 외에 기본권 규정도 고려해야 한다는 입장이다.

012 부당이득반환청구권의 법적 성질★★

부당이득이란 법률상 원인 없이 타인의 재산 또는 노무로 인하여 이익을 얻고 이로 인하여 타인에게 손해를 가하는 것을 말한다(예: 과징금부과처분이 위법·무효이지만 행정청이 이를 징수한 경우, 무자격자임에도 연금수령한 경우)(민법 제741조 참조).

1. 학　　설

(1) 공 권 설

이 견해는 부당이득반환은 공법상 원인에 의하여 발생한 결과를 조정하기 위한 것으로서 공법상 원인과 밀접한 관계가 있으므로 그에 관한 소송은 공법상 당사자소송에 의하여야 한다고 한다.

(2) 사 권 설

부당이득제도는 순수하게 경제적 견지에서 인정되는 이해조절적 제도이므로 부당이득반환청구권은 사권이고 그에 관한 소송은 민사소송에 의하여야 한다고 한다.

2. 판　　례

판례는 처분이 무효이거나 취소된 이상 부당이득반환의 법률관계는 민사관계로 보고 민사소송절차에 따르고 있다(대판 1995. 12. 22. 94다51253).

3. 검　　토

공법상의 부당이득반환청구권은 공법상 원인에 의해 발생된 것이고, 행정소송법 제3조 제2호(당사자소송: 행정청의 처분등을 원인으로 하는 법률관계에 관한 소송 그 밖에 공법상의 법률관계에 관한 소송으로서 그 법률관계의 한쪽 당사자를 피고로 하는 소송)의 입법취지에 비추어 볼 때 부당이득반환청구권을 공권으로 보고 이에 관한 소송은 공법상 당사자소송에 의하여야 한다고 보는 것이 타당하다.

013 　행정요건적 사인의 공법행위의 하자와 그에 따른 행정행위의 효력★★★

1. 문제 상황

행정요건적 사인의 공법행위에서 행정행위의 발령을 구하는 사인이 신청·신고·동의 등을 함에 있어 능력이 결여되어 있거나, 권한없이 대리행위를 하거나, 의사와 표시에 불일치가 있는 경우(하자 있는 의사표시가 있는 경우를 포함하여), 사인의 공법행위 그 자체는 규율하는 총칙적 규정이 없기 때문에 성질상 반하지 않는 한 사법규정이 적용되겠지만 이러한 경우 하자 있는 사인의 공법행위에 따른 행정행위는 어떠한 영향을 받는지가 문제된다.

2. 학   설

(1) 제 1 설(무효·유효설)

ⓐ 사인의 공법행위가 행정행위의 발령의 단순한 동기에 불과한 경우에 사인의 공법행위의 흠결은 행정행위의 효력에 영향을 미치지 않지만, ⓑ 사인의 공법행위가 행정행위의 발령의 필수적인 전제요건인 경우에는 ㉠ 사인의 공법행위의 무효 또는 적법한 철회에 따른 행정행위는 무효이며, ㉡ 사인의 공법행위에 단순한 위법사유가 있을 때에는 행정행위는 원칙적으로 유효라고 한다(다수견해).

(2) 제 2 설(원칙상 취소설)

사인의 공법행위에 흠이 있는 때에는 그에 의한 행정행위는 원칙상 취소할 수 있는 행정행위라고 보아야 한다는 견해이다. 다만, '신청을 요하는 행정행위'에 있어 신청의 결여가 명백한 경우 등은 예외로 무효로 본다.

(3) 제 3 설(무효·취소사유설)

사인의 공법행위의 흠결이 중대하고 명백한 경우 그에 따른 행정행위는 무효이고, 사인의 공법행위의 흠결이 중대·명백한 흠결에 이르지 않는 경우에는 행정행위는 취소할 수 있는 행위라는 견해이다.

3. 판   례

대법원은 하자 있는 사인의 공법행위에 따른 행정행위의 효력에 대한 일반적인 입장은 없고, 개개의 사안별로 해결하고 있다(하명호). 즉, ⓐ 공포심에 따른 사직서의 교부로 이루어진 의원면직처분은 위법하다고 한다(대판 1968. 3. 19. 67누164). ⓑ 그리고 행정청의 변경처분에 사인이 기망과 강박으로 동의를 한 후, 사인이 기망과 강박을 이유로 이 동의를 취소하였다면 그 동의는 무효이므로 처분청의 변경처분은 위법하다고 보았다(대판 1990. 2. 23. 89누7061).

4. 검   토

사인의 신고나 신청은 무효가 아닌 한 취소사유라고 할지라도 유효하게 존재하며, 사인이 행정행위의 발령을 원하지 않는다면 신고나 신청을 취수(또는 철회)하면 되기 때문에 사인의 공법행위가 취소되지 않는 한 행정행위도 유효하다는 제 1 설이 타당하다.

신고의 종류와 구별기준★

사인의 공법행위로서 신고란 사인이 공법적 효과의 발생을 목적으로 행정주체에 대하여 일정한 사실을 알리는 행위를 말한다.

1. 신고의 종류

(1) 수리를 요하지 않는 신고(자체완성적 사인의 공법행위로서 신고)

사인이 행정청에 대하여 일정한 사항을 알리고 그것이 도달함으로써 공법적 효과가 발생하는 신고를 말한다(예: 당구장업 개설신고).

(2) 수리를 요하는 신고(행정요건적 사인의 공법행위로서 신고)

사인이 행정청에 대하여 일정한 사항을 알리고 행정청이 이를 수리함으로써 공법적 효과가 발생하는 신고를 말한다(예: 주민등록전입신고). '수리'란 사인이 알린 일정한 사실을 행정청이 유효한 것으로 판단하여 받아들이는 것을 말한다.

> 🔖
> 참
> 고
>
> **정보제공적 신고와 금지해제적 신고**
> 사인의 공법행위인 신고를 정보제공적 신고와 금지해제적 신고로 구분하는 견해가 있다. 정보제공적 신고란 행정청에게 단순히 정보를 제공하는 기능을 하는 신고를 말하며(예컨대 화재신고), 금지해제적 신고란 금지된 일정한 행위(자유로운 영업행위나 건축행위)를 할 수 있도록(해제) 해주는 신고를 말한다(예컨대 건축신고는 신고를 한 후에야 건축행위를 할 수 있다). 그리고 정보제공적 신고는 신고행위로 인해 직접적인 법적 효과(권리나 의무의 발생·변경·소멸을 가져오는 효과)가 발생되지 않지만, 금지해제적 신고는 법적 효과를 수반한다고 한다.

2. 구별기준

수리를 요하지 않는 신고와 수리를 요하는 신고의 구별은 ① 관련법령에서 수리에 관한 규정을 두고 있거나 수리(수리거부)에 일정한 법적 효과를 부여하는 경우는 수리를 요하는 신고이며, ② 신고와 등록을 구별하는 경우에서 신고는 수리를 요하지 않는 신고이며(등록은 수리를 요하는 신고이므로)(예: 체육시설의 설치·이용에 관한 법률 제10조 ① 체육시설업은 다음과 같이 구분한다. 1. 등록 체육시설업: 골프장업, 스키장업, 자동차 경주장업, 2. 신고 체육시설업: 요트장업, 조정장업, 카누장업, 빙상장업, 승마장업, 종합 체육시설업, 수영장업, 체육도장업, 골프연습장업, 체력단련장업, 당구장업, 썰매장업, 무도학원업, 무도장업), ③ 신고 요건이 형식적 심사(요건)인 경우 수리를 요하지 않는 신고이며, 실질적 심사(요건)인 경우 수리를 요하는 신고로 보아야 한다(학설은 대립되지만 최근 대법원 판례는 이러한 입장이다. 그리고 이러한 입장의 근거는 행정절차법 제40조 제1, 2항이다). ④ 그럼에도 불분명한 경우에는 사인에게 유리하도록 수리를 요하지 않는 신고로 보아야 한다.

014 수리 및 수리거부(신고거부)가 항고소송의 대상인 처분인지 여부 ★★

1. 학 설

수리 및 수리거부(신고거부)가 항고소송의 대상인 처분인지와 관련해 학설은 ⓐ 신고를 수리를 요하는 신고와 수리를 요하지 않는 신고로 나누고, 전자에서 수리(수리거부)는 항고소송의 대상이지만 후자에서 수리거부(신고거부)는 항고소송의 대상이 아니라는 견해, ⓑ 신고를 수리를 요하는 신고와 수리를 요하지 않는 신고로 나누고, 전자에서 수리(거부)는 항고소송의 대상이며, 후자에서 수리거부(신고거부)는 항고소송의 대상인 처분이 되는 경우와 처분이 되지 않는 경우로 나눌 수 있다는 견해(김용섭)가 대립된다.

2. 판 례

(가) 전통적으로 판례는 사인의 공법행위로서 신고를 수리를 요하는 신고와 수리를 요하지 않는 신고로 나누고 전자에서 수리(수리거부)는 항고소송의 대상인 처분이지만(대판 1996. 2. 27. 94누6062), 수리를 요하지 않는 신고에서 수리의 거부는 항고소송의 대상인 처분이 아니라고 보았다(대판 2001. 5. 29. 99두10292).

(나) 하지만 최근의 판례는 건축법상의 신고와 관련해 기존의 입장과는 다르게 보고 있다. 즉 <u>건축법 제14조 제1항의</u> (인·허가의제효과를 수반하지 않는) 일반적인 건축신고는 수리를 요하지 않는 신고라고 보면서도 신고거부(신고반려)를 항고소송의 대상인 처분으로 보았으며(대판(전원) 2010. 11. 18. 2008두167)(마찬가지로 건축법상 착공신고거부도 항고소송의 대상으로 보았다(대판 2011. 6. 10. 2010두7321)), <u>동법 제14조 제2항의 인·허가의제효과를 수반하는 건축신고는 수리를 요하는 신고로 보면서 수리거부를 항고소송의 대상인 처분으로 보았다</u>(대판(전원) 2011. 1. 20. 2010두14954). 결국 대법원은 건축신고에 대해서는 전술한 학설 중 ⓑ의 입장을 취한 것으로 보인다(이광윤).

> **판례**
>
> **1. 건축신고거부의 처분성**
> 구 건축법(2008. 3. 21. 법률 제8974호로 전부 개정되기 전의 것) 관련 규정의 내용 및 취지에 의하면, 행정청은 건축신고로써 건축허가가 의제되는 건축물의 경우에도 그 <u>신고 없이 건축이 개시될 경우 건축주 등에 대하여 공사 중지·철거·사용금지 등의 시정명령을 할 수 있고(제69조 제1항)</u>, 그 시정명령을 받고 이행하지 않은 건축물에 대하여는 당해 건축물을 사용하여 행할 <u>다른 법령에 의한 영업 기타 행위의 허가를 하지 않도록 요청할 수 있으며(제69조 제2항)</u>, 그 요청을 받은 자는 특별한 이유가 없는 한 이에 응하여야 하고(제69조 제3항), 나아가 행정청은 <u>그 시정명령의 이행을 하지 아니한 건축주 등에 대하여는 이행강제금을 부과할 수 있으며(제69조의2 제1항 제1호)</u>, 또한 건축신고를 하지 않은 자는 200만 원 이하의 벌금에 처해질 수 있다(제80조 제1호, 제9조). 이와 같이 건축주 등은 신고제하에서도 건축신고가 반려될 경우 당해 건축물의 건축을 개시하면 시정명령, 이행강제금, 벌금의 대상이 되거나 당해 건축물을 사용하여 행할 행위의 허가가 거부될 우려가 있어 불안정한 지위에 놓이게 된다. 따라서 건축신고 반려행위가 이루어진 단계에서 당사자로 하여금 반려행위의 적법성을 다투어 그 법적 불안을 해소한 다음 건축행위에 나아가도록 함으로써 장차 있을지도 모르는 위험에서 미리 벗어날 수 있도록 길을 열어 주고, 위법한 건축물의 양산과 그 철거를 둘러싼 분쟁을 조기에 근본적으로 해결할 수 있게 하는 것이 법치행정의 원리에 부합한다. 그러므로 <u>건축신고 반려행위는 항고소송의 대상이 된다고 보는 것이 옳다</u>(대판(전원) 2010. 11. 18. 2008두167).

2. 인·허가의제의 효과를 가진 건축신고가 수리를 요하는 신고인지 여부

건축법 제14조 제1항의 건축신고 대상 건축물에 관하여는 원칙적으로 건축 또는 대수선을 하고자 하는 자가 적법한 요건을 갖춘 신고를 하면 행정청의 수리 등 별도의 조처를 기다릴 필요 없이 건축행위를 할 수 있다고 보아야 한다. 건축법에서 이러한 인·허가의제 제도를 둔 취지는, 인·허가의 제사항과 관련하여 건축허가 또는 건축신고의 관할 행정청으로 그 창구를 단일화하고 절차를 간소화하며 비용과 시간을 절감함으로써 국민의 권익을 보호하려는 것이지, 인·허가의제사항 관련 법률에 따른 각각의 인·허가 요건에 관한 일체의 심사를 배제하려는 것으로 보기는 어렵다. 왜냐하면, 건축법과 인·허가의제사항 관련 법률은 각기 고유한 목적이 있고, 건축신고와 인·허가의제사항도 각각 별개의 제도적 취지가 있으며 그 요건 또한 달리하기 때문이다. … 이는 건축신고를 수리하는 행정청으로 하여금 인·허가의제사항 관련 법률에 규정된 요건에 관하여도 심사를 하도록 하기 위한 것으로 볼 수밖에 없다. 따라서 인·허가의제 효과를 수반하는 건축신고는 일반적인 건축신고와는 달리, 특별한 사정이 없는 한 행정청이 그 실체적 요건에 관한 심사를 한 후 수리하여야 하는 이른바 '수리를 요하는 신고'로 보는 것이 옳다(대판(전원) 2011. 1. 20, 2010두14954).

[참조조문]
건축법
제11조(건축허가) ① 건축물을 건축하거나 대수선하려는 자는 특별자치도지사 또는 시장·군수·구청장의 허가를 받아야 한다. 다만, 21층 이상의 건축물 등 대통령령으로 정하는 용도 및 규모의 건축물을 특별시나 광역시에 건축하려면 특별시장이나 광역시장의 허가를 받아야 한다.
 ⑤ 제1항에 따른 건축허가를 받으면 다음 각 호의 허가 등을 받거나 신고를 한 것으로 보며, 공장건축물의 경우에는 「산업집적활성화 및 공장설립에 관한 법률」 제13조의2와 제14조에 따라 관련 법률의 인·허가등이나 허가등을 받은 것으로 본다.
 1. 제20조 제2항에 따른 공사용 가설건축물의 축조신고
 2. 제83조에 따른 공작물의 축조신고
 3. 「국토의 계획 및 이용에 관한 법률」 제56조에 따른 개발행위허가
 ― 이하 각호 생략
제14조(건축신고) ① 제11조에 해당하는 허가 대상 건축물이라 하더라도 다음 각 호의 어느 하나에 해당하는 경우에는 미리 특별자치도지사 또는 시장·군수·구청장에게 국토교통부령으로 정하는 바에 따라 신고를 하면 건축허가를 받은 것으로 본다.
 1. 바닥면적의 합계가 85제곱미터 이내의 증축·개축 또는 재축
 ― 이하 각호 생략
 ② 제1항에 따른 건축신고에 관하여는 제11조 제5항을 준용한다.

3. 검 토

① 수리를 요하는 신고에서 수리는 준법률행위적 행정행위로 당사자의 권리의무에 영향을 주는 법적 행위이므로 항고소송의 대상인 처분이다. ② 또한 수리를 요하지 않는 신고의 경우에도 건축신고처럼 관련법령에서 미신고행위에 대해 제재규정을 두고 있다면 이는 사인에게 신고의무를 지우는 것이므로(하명(사인에게 의무를 과하는 행정행위를 말한다)의 요소를 포함하고 있으므로) 수리를 요하지 않는 신고라 하더라도 신고거부(수리거부)의 처분성을 긍정하는 것이 타당하다(이러한 신고는 주로 금지해제적 신고이다).

015 특수한 신고 ─ 영업양도로 인한 지위승계신고의 수리★★

I. 지위승계신고의 수리

1. 문 제 점

관련법령에서 당해 영업을 하기 위해서는 행정청의 허가를 받아야 함을 규정하면서, 이를 양도하는 경우 양수인은 단지 신고할 것을 규정하는 경우 이러한 신고의 성격이 문제된다(식품위생법 제37조(영업허가 등) ① 제36조 제1항 각호에 따른 영업 중 대통령령으로 정하는 영업을 하려는 자는 대통령령으로 정하는 바에 따라 영업 종류별 또는 영업소별로 식품의약품안전처장 또는 특별자치도지사·시장·군수·구청장의 허가를 받아야 한다. 제39조(영업 승계) ① 영업자가 영업을 양도하거나 사망한 경우 또는 법인이 합병한 경우에는 그 양수인·상속인 또는 합병 후 존속하는 법인이나 합병에 따라 설립되는 법인은 그 영업자의 지위를 승계한다. … ③ 제1항 또는 제2항에 따라 그 영업자의 지위를 승계한 자는 총리령으로 정하는 바에 따라 1개월 이내에 그 사실을 식품의약품안전처장 또는 특별자치도지사·시장·군수·구청장에게 신고하여야 한다).

2. 지위승계신고 및 수리의 법적 성격

(가) 행정청이 영업양도에 따른 지위승계신고를 수리하는 행위는 양도·양수인 사이에 이미 발생한 사법상의 사업양도의 법률효과에 의하여 양수인이 그 영업을 승계하였다는 사실의 신고를 접수하는 행위에 그치는 것이 아니라, 사업허가자의 변경이라는 법률효과가 부여되기 때문에 이러한 '신고'는 수리를 요하는 신고이다(대판 2001. 2. 9. 2000도2050).

(나) 이 경우 지위승계신고의 '수리'의 효과는 양도 대상이 된 영업의 법적 성질에 따라 판단되어야 한다. 즉 양도대상이 된 영업이 허가인 경우 그 수리는 허가의 효과를 가지는 것으로 보아야 한다. 행정청의 지위승계신고수리의 효과에 대해 판례는 '양도인의 영업허가취소'와 '양수인의 권리설정행위'로 본다(대판 2001. 2. 9. 2000도2050).

II. 지위승계신고에서 신고수리시 행정절차법의 적용 여부

지위승계신고수리의 효과는 '양도인의 영업허가취소'와 '양수인의 권리설정행위'이다. 그렇다면 지위승계신고수리는 양도인에게는 침익적, 양수인에게는 수익적인 복효적인 성격을 가지는 처분이다. 따라서 이러한 신고의 수리는 양도인에게는 침익적 처분에 해당하므로 수리처분 전에 행정절차법상의 일정한 절차를 거쳐야 한다(행정절차법 제21조 제1항, 제22조 제3항 및 제2조 제4호의 각 규정에 의하면, 행정청이 당사자에게 의무를 과하거나 권익을 제한하는 처분을 함에 있어서는 당사자등에게 처분의 사전통지를 하고 의견제출의 기회를 주어야 하며, … 위 규정들을 종합하면 위 행정청이 구 식품위생법 규정에 의하여 영업자지위승계신고를 수리하는 처분은 종전의 영업자의 권익을 제한하는 처분이라 할 것이고 따라서 종전의 영업자는 그 처분에 대하여 직접 그 상대가 되는 자에 해당한다고 봄이 상당하므로, 행정청으로서는 위 신고를 수리하는 처분을 함에 있어서 행정절차법 규정 소정의 당사자에 해당하는 종전의 영업자에 대하여 위 규정 소정의 행정절차를 실시하고 처분을 하여야 한다(대판 2003. 2. 14. 2001두7015)).

III. 지위승계신고 전에 행정청의 양도인에 대한 종전허가취소를 영업의 양수인(사실상 양수인)이 다툴 원고적격이 있는지 여부

양도인과 양수인 간에 사업양도를 위한 사법상 계약이 이루어졌다고 하더라도 지위승계신고가 되기 전이라면 허가권자는 여전히 양도인이므로, 행정청의 허가취소처분의 상대방도 양도인이다(대판 1993. 6. 8. 91누11544). 그러나 양수인의 입장에서도 양도인 명의의 허가의 효력유지는 자신이 지위승계신고를 함에 있어 전제조건이 되므로 양수인이 양도인에 대한 허가취소처분을 다툴 원고적격이 있는지가 문제된다. 이와 같은 사실상의 양수인의 원고적격에 관해, 판례는 당해 영업처분이 대물적 처분(처분의 발령요건이 물적인 사항인 처분을 말하며, 이러한 처분은 일반적으로 양도성이 긍정된다)이면서 법령에 의한 영업의 승계규정이 있거나 명의(주체)변경규정이 있는 경우 사실상의 양수인의 원고적격을 긍정하고 있다(박해식).

IV. 지위승계신고수리처분 무효확인소송의 협의의 소의 이익

ⓐ 사업양도·양수에 따른 지위승계신고수리는 유효한 기본행위(사업의 양도·양수행위)의 존재를 전제로 하는 수동적인 행위로서 그 대상인 기본행위의 존재와 불가분의 관련성을 가진다. 따라서 수리의 대상인 기본행위가 존재하지 아니하거나 무효인 때에는 설사 수리를 하였다고 하더라도 그 수리는 유효한 대상이 없는 것으로써 당연히 무효로 보는 것이 학설과 판례의 입장이다. ⓑ 또한 판례는 기본행위인 사업의 양도·양수계약의 무효를 이유로 영업자지위승계신고수리처분에 대한 무효확인소송을 제기하더라도 해당 소송은 협의의 소익이 있다고 본다(대판 2005. 12. 23. 2005두3554).

1. 위임명령 · 집행명령

위임명령이란 상위법령에서 위임받은 사항을 정하는 명령을 말하고, 집행명령이란 상위법령의 시행(실시)에 관한 형식 · 절차 등 구체적 · 기술적 사항을 규율하기 위해 발하는 명령을 말한다. 그리고 위임명령은 위임의 범위 내에서는 국민의 권리 · 의무에 관한 사항을 정할 수 있지만, 집행명령은 이를 정할 수 없다.

2. 일반적 법규명령 · 집행적 법규명령 · 처분적 법규명령

(1) 일반적 법규명령

일반적으로 법규명령(일반적 법규명령)이란 행정주체가 정립한 것으로 국민을 일반적(수범자의 불특정)이고 추상적(무제한적으로 반복적용)으로 규율하는 규범을 말한다(예: 혈중알콜농도 0.1 이상인 경우 운전면허를 취소한다는 법규명령). 일반적 법규명령은 행정소송법 제 2 조 제 1 항 제 1 호의 '구체적(특정사건을 규율)' 사실에 관한 '법집행행위'가 아니므로 항고소송의 대상이 되지 않는다(행정소송법 제19조 참조). 또한, 헌법상 보장된 기본권을 '직접' 침해하지 않기 때문에 헌법소원의 대상도 될 수 없다(직접성이 없다)(헌법재판소법 제68조 제 1 항 참조).

(2) 집행적 법규명령

집행적 법규명령이란 집행행위(처분)의 매개 없이 직접 국민의 권리 · 의무를 규율하지만(직접성은 있다는 점에서 일반적 법규명령과 구별된다), 추상적 성질을 가지기 때문에(추상적이라는 점에서는 일반적 법규명령과 같다) 항고소송의 대상이 될 수 없는 법규명령을 말한다(예를 들어 병원 광고간판의 크기를 일정 크기 이하로 축소하도록 의무지우는 법규 명령). 다만, 집행적 법규명령은 집행행위의 매개 없이 직접 국민의 권리와 의무를 규율하는 직접성은 있기 때문에 일반적 법규명령과 달리 헌법소원의 대상은 될 수 있다(후술하는 법규명령의 통제 참조(18)).

(3) 처분적 법규명령

처분적 법규명령이란 대통령령 · 총리령 · 부령 등의 법규명령의 형식을 취하지만, 실질적으로는 행정처분의 성질(규율사건의 구체성(특정사건을 규율))을 갖는 법규명령을 말한다(예를 들어 월드컵 개막식날 서울지역 주점 영업시간을 제한하는 법규명령). 처분적 법규명령은 항고소송의 대상인 처분이라는 점에서 일반적 법규명령이나 집행적 법규명령과 구별된다.

> 참고
> 위의 논의는 처분적 · 집행적 · 일반적 법률(고시 · 조례)에도 동일하게 적용된다.

017　법규명령의 근거와 한계★

Ⅰ. 위임명령의 근거와 한계

1. 위임명령의 근거

위임명령은 헌법 제75조와 헌법 제95조에 따라 법률이나 상위명령에 개별적인 위임(수권)규정이 있는 경우에만 제정할 수 있다. 그리고 위임명령의 근거를 제공하는 수권법령(법률과 명령)은 위임명령의 제정시점에 유효한 것이어야 한다.

2. 위임명령의 한계

(1) 구체적으로 위임받은 사항을 규율(포괄적 위임의 금지)

㈎ 헌법 제75조는 "대통령은 법률에서 구체적으로 범위를 정하여 위임받은 사항…에 관하여 대통령령을 발할 수 있다"고 하여 구체적으로 범위를 정하여 위임받은 사항에 대해서만 대통령령 등(위임명령)으로 정하도록 규정하고 있다(헌법 제95조(총리령·부령)에는 이러한 표현이 없지만 마찬가지로 해석함이 일반적이다).

㈏ 판례는 구체적으로 위임받은 사항을 규율하였는지 여부(포괄적 위임금지를 준수하였는지 여부)를 당해 법률이나 상위법령으로부터 위임명령에 규정될 내용의 대강을 예측할 수 있는가(예측가능성)를 기준으로 판단한다(대판 2007. 10. 26. 2007두9884).

(2) 국회전속적인 사항 규율금지(국회전속적 입법사항의 위임금지)

① 헌법이 어떠한 사항을 법률로써 정하게 한 경우 그 사항은 반드시 국회가 정해야 하며 이를 행정기관이 정할 수는 없다(예를 들어 헌법 제2조 ① 대한민국의 국민이 되는 요건은 법률로 정한다). ② 또한 중요사항유보설에 따라 국민의 권리·의무와 국가의 통치조직·작용에 관한 본질적인 사항은 반드시 국회가 정해야 하며 행정기관이 이를 정할 수는 없다.

(3) 전면적 재위임 금지

위임된 입법권한의 전면적인 재위임은 입법권을 위임한 법률 그 자체의 내용을 임의로 변경하는 결과를 가져오는 것이 되므로 허용되지 않는다(법률에서 대통령령으로 정하도록 한 사항을 대통령령이 내용 전부를 부령에 재위임한다면 이는 법률의 내용을 바꾸는 결과가 된다). 다만, 세부사항을 보충하는 정도의 재위임은 가능하다.

(4) 형벌규정 규율금지(처벌규정의 위임금지)

헌법상 죄형법정주의의 원칙으로 인해 행정기관이 범죄와 형벌을 규정할 수는 없다. 그러나 근거된 법률이 범죄구성요건의 구체적인 기준을 설정하고 그 범위 내에서 위임명령이 세부적인 사항을 정하도록 하거나, 형벌의 종류와 상한을 정하고 그 범위 내에서 구체적인 사항을 위임명령이 정하는 것은 허용된다.

(5) 특정된 형식으로 규율(수임형식의 특정)

수권법률이 위임입법의 형식을 명시하는 경우 그에 따라야 한다.

(6) 기본적인 한계

위임명령은 헌법·법률 등 상위법령의 내용을 위반할 수 없으며, 행정법의 일반원칙에도 반하지 않아야 한다.

II. 집행명령의 근거와 한계

1. 집행명령의 근거

집행명령은 위임명령과 달리 상위법령의 수권이 없이도 직권으로 발령될 수 있다.

2. 집행명령의 한계

집행명령은 법령의 집행에 필요한 세칙(법령의 시행을 위해 필요한 세부적인 사항. 예를 들면 국가시험을 시행하는 경우 시험일자, 시험장소 등을 정하는 경우를 말한다)을 정하는 범위 내에서만 가능하고, 새로운 국민의 권리·의무를 정할 수 없다. 실제 입법에서는 "본법의 시행에 필요한 사항은 대통령령으로 정한다" 등으로 표현된다.

018 법규명령의 통제★★★

Ⅰ. 행정내부적인 통제

1. 절차적인 통제

행정절차법상의 입법예고제(행정절차법 제41조 제 1 항), 국무회의 심의(헌법 제89조 제 3 호-"대통령령안"), 법제처에 의한 법령안 심사(정부조직법 제23조) 등 법규명령에 대한 절차상 통제장치가 있다.

2. 법규명령에 대한 취소심판(무효확인심판)

법규명령은 행정심판법 제 2 조 제 1 호의 구체적 사실에 대한 법집행행위인 처분이 아니므로 취소심판(무효확인심판)을 제기할 수 없다.

3. 법규명령에 근거한 행정행위에 대한 취소심판(무효확인심판)

사인이 행정행위에 대한 취소심판(무효확인심판)을 청구하면서 법규명령의 위헌·위법성을 주장한다면 행정심판위원회가 법규명령의 위헌·위법을 심사할 수 있는지가 문제된다. ① ⓐ 위원회는 법률에 대한 위헌심사권은 없으나 **명령에 대한 위헌·위법심사권은 있다는 견해**와 ⓑ 위원회는 처분 또는 부작위의 위법·부당성만을 심사할 뿐이며 **명령에 대한 위헌·위법심사권은 없다는 견해**가 대립한다. ② 위원회가 명령에 대한 위헌·위법을 심사할 수 있다는 명문의 규정이 없고, 행정심판법 제 3 조가 행정심판의 대상은 '처분과 부작위'에 한정하고 있음을 고려할 때 부정함이 타당하다. 따라서 위원회는 법규명령이 합헌·합법임을 전제로 처분과 부작위의 위법·부당성을 심리해야 한다.

4. 중앙행정심판위원회의 시정조치요청권

행정심판법 제59조는 중앙행정심판위원회에 법령개선에 대한 시정조치요청권을 인정하고 있다.

Ⅱ. 국회에 의한 통제

① 대통령의 긴급명령, 긴급재정경제명령에 대해 국회 승인을 얻도록 한 헌법규정(헌법 제76조 제 3 항·제 4 항)과 ② 대통령령 등 개폐시 국회소관상임위원회에 제출하도록 규정한 국회법 제98조의2를 들 수 있다.

Ⅲ. 법원에 의한 통제

1. 일반적인 법규명령(집행적 법규명령도 같다)

(1) 법규명령에 대한 항고소송

법규명령은 그 적용이 시간적·장소적으로 제한 없이 적용되기 때문에 '구체적' 적용이 아니라 '추상적' 적용이며, 그 자체는 법(규범)이지 법의 집행행위가 아니므로 항고소송의 대상인 처분이 아니라는 것이 일반적인 견해와 판례의 입장이다(대판 1992. 3. 10. 91누12639).

(2) 법규명령에 근거한 행정행위에 대한 항고소송(구체적 규범통제)

1) 구체적 규범통제의 의의

헌법 제107조 제 2 항은 "명령·규칙 또는 처분이 헌법이나 법률에 위반되는 여부가 재판의 전제가 된 경우에는 대법원은 이를 최종적으로 심사할 권한을 가진다"고 하여 각급 법원이 위헌·위법한 법규명령 등을 심사할 권한이 있음을 규정하고 있다. 이처럼 특정 법규범이 구체적 사건에 적용되는 상태에서 그 법규범이 상위법 규범에 위반되는지를 심사하는 제도를 구체적 규범통제라고 한다(규범통제란 특정 법규범이 상위 법규범에 위반되는지를 심사하는 제도를 말한다. 그리고 특정 법규범이 구체적 사건에 적용되지 않더라도 그 법규범이 상위 법규범에 위반되는지를 심사할 수 있는 제도를 추상적 규범통제라 한다).

2) 구체적 규범통제의 주체
구체적 규범통제의 주체는 **각급법원**이다. 대법원은 최종적으로 심사할 권한을 갖는다.

3) 재판의 전제성
'재판의 전제가 된 경우'란 법원이 위헌·위법이 문제되는 **법규명령이 적용되는** 사건을 심사하는 과정에서 해당 법규명령의 위헌·위법 여부에 따라 다른 내용의 재판을 하게 되는 경우를 말한다(예를 들어 재판의 결론이나 주문 또는 이유에 영향을 주는 경우).

4) 대   상
대상은 명령과 규칙이다. '명령'이란 행정입법으로서 법규명령을 말하며, '규칙'이란 국회규칙·대법원규칙·헌법재판소규칙 등을 말한다. 그리고 지방자치단체의 조례나 규칙도 포함된다.

5) 구체적 규범통제의 효력
a. 학   설   ① 위헌인 법규명령은 **당해 사건에만 적용이 거부된다는 견해**(개별적 효력설)(다수견해)와, ② 위헌인 법규명령은 **일반적으로 무효가 된다는 견해**(일반적 효력설)가 대립된다.
b. 판   례   대법원은 명령·규칙이 헌법·법률에 위반될 때 '무효'라고 판시하고 있지만 이런 판단이 개별사건에서 명령·규칙의 적용을 배제하는 것인지 아니면 무효로서 일반적으로 효력을 상실시키는지는 분명하지 않다.
c. 검   토   법원은 구체적 사건의 심사를 목적으로 하고 법령의 심사를 목적으로 하지는 않으며, 모든 법원 특히 하급심법원에 의해 위헌·위법으로 판시된 명령·규칙의 일반적 무효를 인정하기 어렵다는 점을 고려할 때 개별적 효력설이 타당하다.

6) 위헌·위법한 법규명령에 근거한 행정행위의 위법성의 정도
원칙적으로 법원이 법규명령을 위헌·위법으로 판단하기 전이라면 위헌·위법한 법규명령에 근거한 행정행위의 하자는 중대하지만 명백하다고 보기 어려워 취소사유라고 보아야 한다. 판례도 같은 입장이다(대판 1997. 5. 28. 95다15735).

2. 처분적 법규명령에 대한 항고소송

(1) 문 제 점
처분적 법규명령이 직접 개인의 권리를 침해하는 경우에는 항고소송으로 다툴 수 있다. 다만 항고소송 중 어떤 소송을 제기해야 하는지가 문제된다.

(2) 학   설
① 위법한 행정입법은 무효이므로 처분적 법규명령은 **항상 무효확인소송을 제기하여야 한다는 견해**, ② 행정입법은 위법하더라도 법질서의 공백을 막기 위해 효력을 유지해야 하므로 **항상 취소소송을 제기해야 한다는 견해**, ③ 처분적 법규명령에 대한 항고소송은 당해 명령의 위법이 무효인지 취소할 수 있는 위법인지에 따라 **취소소송 또는 무효확인소송이 가능하다는 견해**로 나누어진다.

(3) 판　　례

ⓐ 처분적 조례인 **경기도립학교설치조례 중 두밀분교를 폐지하는 내용의 조례**(실질은 '폐교처분')에 대해서 무효확인소송이 제기된 바 있으며(대판 1996. 9. 20. 95누8003(**두밀분교사건**)), ⓑ 처분적 고시인 **약제급여상한금액고시**(실질은 '보험약가인하처분')에 대해서 취소소송을 인정한 판례도 있다(대판 2006. 9. 22. 2005두2506(**한미약품사건**)).

(4) 검　　토

처분적 법규명령은 항고소송의 대상이 되는 처분이며 따라서 하자의 정도에 따라 무효확인소송뿐 아니라 취소소송도 그 대상이 된다고 보는 것이 타당하다.

3. 법규명령의 입법부작위

부작위위법확인소송의 대상인 부작위는 처분의 부작위를 말하는 것이므로 법규명령에 대한 부작위위법확인소송은 부정된다. 다만, 위법한 행정입법부작위로 손해가 발생한 경우 국가배상을 청구할 수는 있다(대판 2007. 11. 29. 2006다3561).

IV. 헌법재판소에 의한 통제

1. 문 제 점

헌법재판소법 제68조 제 1 항은 공권력의 행사 또는 불행사로 헌법상 보장된 기본권을 침해받은 자는 헌법재판소에 헌법소원심판을 청구할 수 있음을 규정하고 있고, 법규명령도 공권력행사의 하나로 볼 수 있어 기본권을 침해받은 사인은 법규명령(직접성 있는 법규명령)에 대해 헌법소원을 제기할 수 있다. 그러나 헌법 제107조 제 2 항이 명령·규칙 등이 헌법이나 법률에 위반되는 여부가 재판의 전제가 된 경우 대법원이 이를 최종적으로 심사할 권한을 가진다고 규정하고 있어 헌법재판소가 법규명령에 대한 헌법소원심판을 할 수 있는지가 문제된다.

2. 학　　설

ⓐ 헌법 제107조 제 2 항이 명령·규칙의 최종적인 심사권을 대법원에 부여하고 있으므로 명령과 규칙의 **헌법소원은 부정함이 타당하다는 견해**와 ⓑ 헌법 제107조 제 2 항은 재판의 전제가 된 경우 명령과 규칙에 대한 한 법원의 심사권을 규정한 것이고, 재판의 전제가 되지 않은 법규명령이 별도의 집행행위를 기다리지 않고 직접 기본권을 침해하는 경우 **헌법소원이 가능하다고 보아야 한다는 견해**(다수견해)가 대립된다.

3. 판　　례

법규명령에 대한 헌법소원에 대해 대법원은 부정적인 입장이지만, 헌법재판소는 긍정한다(위 생계보호기준은 그 지급대상자인 청구인들에 대하여 직접적인 효력을 갖는 규정이다. … 이 사건 심판의 대상은 보건복지부장관 또는 그 산하 행정기관의 어떤 구체적인 보호급여처분(생계보호급여처분) 그 자체가 아니고 보건복지부장관이 법령의 위임에 따라 정한 그 보호급여(생계보호급여)의 기준으로서, 현행 행정소송법상 이를 다툴 방법이 있다고 볼 수 없으므로 이 사건은 다른 법적 구제수단이 없는 경우에 해당하여 보충성 요건을 갖춘 것이라 볼 수 있다(헌재 1997. 5. 29. 94헌마33)).

4. 검   토

기본권을 침해하는 법규명령 등을 직접 다투는 항고소송이 인정되지 않기에 헌법소원의 보충성에도 문제가 없고, 법규명령이 기본권을 직접 침해하는 것이라면 직접성 요건도 문제되지 않는다. 따라서 긍정설이 타당하다.

V. 국민에 의한 통제

여론, 청원 등을 들 수 있다.

019 행정규칙의 효과★

1. 내부적 효과

행정규칙은 행정규칙의 적용을 받는 행정조직 내부의 상대방을 직접 구속한다. 따라서 행정규칙에 반하는 행위를 한 자에게는 징계책임이 가해질 수 있다. 또한 판례는 행정규칙의 구속을 받는 상대방이라면(예를 들어 공무원) 행정규칙이 그 상대방에 대한 침익적 처분의 근거가 되거나 법적인 효과를 규정할 수 있음을 인정하고 있다(어떠한 처분의 근거나 법적인 효과가 행정규칙에 규정되어 있다고 하더라도, 그 처분이 행정규칙의 내부적 구속력에 의하여 상대방에게 권리의 설정 또는 의무의 부담을 명하거나 기타 법적인 효과를 발생하게 하는 등으로 그 상대방의 권리 의무에 직접 영향을 미치는 행위라면, 이 경우에도 항고소송의 대상이 되는 행정처분에 해당한다. 행정규칙에 의한 '불문경고조치'가 비록 법률상의 징계처분은 아니지만 위 처분을 받지 아니하였다면 차후 다른 징계처분이나 경고를 받게 될 경우 징계감경사유로 사용될 수 있었던 표창공적의 사용가능성을 소멸시키는 효과와 1년 동안 인사기록카드에 등재됨으로써 그동안은 장관표창이나 도지사표창 대상자에서 제외시키는 효과가 있으므로 항고소송의 대상이 되는 행정처분에 해당한다(대판 2002. 7. 26. 2001두3532(불문경고사건))(그러나 대상판결에 대해서는 행정규칙이 침익적 처분의 근거가 된다거나 행정규칙이 침익적 효과를 규율하는 것은 법률유보원칙에 반한다는 비판이 유력하다)).

2. 외부적 효과

(1) 직접적·외부적 구속효

행정규칙은 법규가 아니므로 직접적인 외부적 효과를 갖지 아니한다. 따라서 행정규칙위반은 위법이 아니다(일반적으로 위법은 법규위반을 말한다).

(2) 간접적·외부적 구속효

행정규칙은 직접적·외부적 구속력이 없지만 행정청의 행위가 선례에 구속(자기구속)당하게 됨으로써 행정규칙이 외부적인 구속력을 갖게 하는 기능을 하기도 한다(행정규칙이 자기구속원칙을 매개하여 법규명령의 성질을 가지는 것을 말한다).

020 행정규칙형식의 법규명령의 법적 성질★★★

1. 문제 상황

행정기관은 상위법령의 위임이 없이도 행정조직 내부를 규율하기 위해 행정규칙을 자율적으로 제정할 수 있는데, 만일 고시·훈령 등 행정규칙을 상위법령의 위임에 따라 제정하였다면 헌법 제75조·제95조와의 관계(헌법 제75조와 제95조는 법규명령의 형식을 대통령령, 총리령, 부령으로 규정하고 있다)에서 이러한 고시·훈령의 법적 성질이 무엇인지가 문제된다(예를 들어 법률에서 일정한 사항을 장관이 정하도록 규정하고 있는데 장관이 부령이 아니라 고시나 훈령으로 그 사항을 정한 경우).

2. 학   설

ⓐ 헌법 제75조·제95조의 법규명령의 형식은 예시적이기 때문에 상위법령을 보충·구체화하는 기능이 있는 고시 등은 **법규명령이라는 견해**, ⓑ 행정규칙이지만 대외적 구속력을 인정하는 **규범구체화 행정규칙으로 보자는 견해**, ⓒ 상위법령의 위임이 있다면 형식이 고시 등임에도 불구하고 법규명령으로 보는 **수권 여부를 기준으로 하는 견해**, ⓓ 고시 등에 법규성을 인정하는 것은 **위헌무효라는 견해**, ⓔ 헌법 제75조·제95조가 **법규명령의 형식을 한정**하고 있으므로 그러한 고시 등은 **행정규칙이라는 견해**가 대립된다.

3. 판   례

㈎ 대법원은 '소득세법시행령에 근거한 국세청훈령인 재산제세사무처리규정'의 법규성을 인정한 이래 행정규칙형식의 법규명령에 대해 그 성질을 법규명령으로 보면서 대외적 효력을 인정하고 있다(대판 1987. 9. 29. 86누484). 다만, ⓐ 상위법령의 위임(수권)이 있어야 하고, ⓑ 상위법령의 내용을 보충·구체화하는 기능을 가져야 한다고 본다. 또한 ⓒ 행정규칙형식의 법규명령도 법규명령이므로 상위법령의 위임의 한계를 벗어나지 않는다면, ⓓ 상위법령과 결합하여 대외적 효력이 인정된다고 본다.

㈏ 헌법재판소도 '공무원임용령 제35조의2의 위임에 따라 제정된 대우공무원선발에 관한 총무처 예규와 관련된 헌법소원사건'에서 대법원과 동일한 입장을 취하였다(헌재 1992. 6. 26. 91헌마25).

4. 검   토

㈎ 행정규칙의 형식이지만 법규명령의 효력을 인정한다면 다양한 행정환경에 효율적으로 대응할 수 있으며, 내용상 상위법령의 구체적 위임에 근거하여 제정되는 것이고 실질적으로 법령을 보충하는 기능을 한다는 면에서 행정규칙형식의 법규명령은 법규명령으로 보는 것이 타당하다.

㈏ 행정규제기본법 제4조 제2항 본문은 '행정규제법정주의'를 규정하면서 단서에서 '다만, 법령에서 전문적·기술적 사항이나 경미한 사항으로서 업무의 성질상 위임이 불가피한 사항에 관하여 구체적으로 범위를 정하여 위임한 경우에는 고시 등으로 정할 수 있다'고 하고 있는데, 법규명령설은 이 조항이 법규명령설을 명문으로 인정한 것으로 본다.

021   법규명령형식의 행정규칙의 법적 성질★★★

1. 문제 상황

영업정지나 면허취소기준 등의 제재적 처분기준(예: 1회 법위반-영업정지 1개월, 2회 법위반-영업정지 2개월)과 같은 행정내부적인 사항은 그 성질이 재량준칙(행정규칙)이기 때문에 고시나 훈령으로 규정되는 것이 정당한데 그러한 사항이 대통령령 등의 형식으로 규정된다면 그 법적 성질이 무엇인지가 문제된다.

2. 학 설

(1) 법규명령설

(가) 제재적 처분기준의 형식은 대통령령 등이므로 법규명령으로 보아야 하고, 제재적 처분기준이 법규명령이라면 행정청은 그러한 처분기준에 따라 처분을 하게 되므로 법적 안정성 확보에 도움이 된다는 점을 근거로 한다.

(나) 법규명령설도 ⓐ **처분기준을 기속적**(한정적)**으로 보는 견해**(엄격한 대외적 구속력을 인정하는 견해)(제1설)와 ⓑ **처분기준을 최고한도로 보는 견해**(최고한도로서의 구속력을 인정하는 견해)(제2설)로 나눌 수 있다(예를 들어 '1회 법위반 — 1개월 영업정지'라는 규정이 있다면 제1설은 1개월 영업정지처분만을 해야 한다는 입장인 반면, 제2설은 1개월을 넘지 않는 범위에서 영업정지처분을 할 수 있는 것으로 본다).

(2) 행정규칙설

제재적 처분기준은 재량준칙(행정규칙)으로 그 실질이 행정규칙이므로 법규명령의 형식으로 정한다고 하더라도 그 성질은 변하지 않으며, 제재적 처분기준을 행정규칙으로 보면 행정청은 재량적으로 처분할 수 있음을 규정한 법률에 따라 처분을 하게 되므로 구체적 타당성과 탄력성 확보가 가능하다는 점을 근거로 한다.

(3) 수권여부기준설

법규명령과 행정규칙의 구별은 상위 법령의 수권 여부로 결정되기에 법령의 수권에 근거하여 대통령령·총리령·부령 형식으로 정한 제재적 처분기준은 법규명령으로 보아야 한다는 견해이다(수권이 없는 경우 행정규칙으로 본다).

3. 판 례

(가) 판례는 ① '**대통령령으로 정한 제재적 처분기준**'은 법규명령으로 본다. 다만 ⓐ 한 판결에서 '**주택건설촉진법시행령상의 영업정지처분기준**'은 영업정지기간을 일률적으로 규정하는 형식을 취하고 있기 때문에 재량의 여지가 없다고 하면서 처분기준을 기속적으로 보았으나(대판 1997. 12. 26. 97누15418)(학설로 보면 법규명령설 중 제1설), ⓑ 다른 판결에서는 '**청소년보호법시행령상의 과징금처분기준**'은 법규명령으로 보면서도 그 기준을 처분의 최고한도로 보아야 한다고 판시하였다(대판 2001. 3. 9. 99두5207)(학설로 보면 법규명령설 중 제2설). ② 그러나 '**부령으로 정한 제재적 처분기준**'은 행정규칙으로 본다. 즉, **도로교통법시행규칙상의 운전면허행정처분기준**을 행정규칙으로 보았다(대판(전원) 1995. 10. 17. 94누14148). 다만, 환경영향평가대행영업정지처분취소를 구한 사건의 **별개의견으로 환경영향평가법시행규칙상 영업정지처분기준**을 법규명령

으로 보아야 한다는 입장이 제시된 바 있다(대판(전원) 2006. 6. 22. 2003두1684의 별개의견).

(나) 판례는 제재적 처분기준을 대통령령으로 정하는 경우와 부령으로 정하는 경우 법규성 인정 여부를 달리하는 근거를 제시하지 않는다는 비판이 있다. 왜냐하면 대통령령으로 정할지 부령 으로 정할지 여부에 대한 행정청의 선택은 규율내용이 아니라 실무편의에 따른 것이기 때문이 다(류지태).

4. 검   토

대부분의 입법이 개별적인 처분기준(예: 1회 법위반-1개월 영업정지) 외에 제재의 정도를 가감힐 수 있는 가중·감경규정(일반적 처분기준)을 두고 있어 법규명령으로 보더라도 행정청은 개개 사안에 따라 탄력적인 처분을 할 수 있으며, 법규명령은 법제처의 심사 또는 국무회의의 심의, 입법예고, 공포 등 절차적 정당성이 부여된다는 점(김남진·김연태)에서 법규명령설, 그 중 제 1 설이 타당하다. 법규명령설 중 제 2 설은 명문 규정 없이 일의적으로 규정된 사항을 최고한도 로 보는 것은 법령해석의 한계를 초과한 것이며, 처분기준을 최고한도로 본다면 감경규정의 취지와도 모순된다.

023 행정계획의 법적 성질(항고소송의 대상적격)★

행정계획이란 특정한 행정목표를 달성하기 위하여 행정주체가 설정한 활동기준(수단)을 말한다.

1. 학 설

① **입법행위설**(행정계획은 국민을 향한 일반·추상적인 규율이라는 견해이다), ② **행정행위설**(행정계획이 고시나 공고되면 각종의 권리제한 등의 효과를 가져오기 때문에 행정행위라는 견해이다), ③ **혼합행위설**(입법과 행정행위의 혼합이라는 견해이다), ④ **독자성설**(입법도 아니고 행정행위도 아닌 이질적 유형이라는 견해이다), ⑤ **개별검토설**(복수성질설)(행정계획은 그 내용에 따라 법규명령(입법)적인 것도 있고 행정행위에 해당하는 것도 있으므로 개별적으로 검토해 보아야 한다는 견해이다)(통설)이 대립된다.

2. 판 례

판례는 ⓐ **도시관리계획결정**(현행 도시·군 관리계획결정)의 처분성은 긍정한 반면(도시계획법 제12조 소정의 도시계획결정이 고시되면 도시계획구역 안의 토지나 건물 소유자의 토지형질변경, 건축물의 신축, 개축 또는 증축 등 권리행사가 일정한 제한을 받게 되는바 이런 점에서 볼 때 고시된 도시계획결정은 특정 개인의 권리 내지 법률상의 이익을 개별적이고 구체적으로 규제하는 효과를 가져오게 하는 행정청의 처분이라 할 것이고, 이는 행정소송의 대상이 되는 것이라 할 것이다(대판 1982. 3. 9. 80누105)), ⓑ **도시기본계획**(현행 도시·군 기본계획)의 처분성을 부정한 바 있다(대판 2002. 10. 11. 2000두8226). ⓒ 또한 재건축조합이 **도시 및 주거환경정비법에 따라 수립하는 사업시행계획**(대판 2009. 11. 12. 2009마596)과 **관리처분계획도** 항고소송의 대상인 처분으로 본다(대판(전원) 2009. 9. 17. 2007다2428). 결국 판례도 행정계획의 법적 성질을 개별적으로 판단한다.

3. 검 토

행정계획은 종류와 내용이 매우 다양하고 상이한바, 모든 종류의 계획에 적합한 하나의 법적 성격을 부여한다는 것은 불가능하다. 따라서 행정계획은 법규범으로 나타날 수도 있고, 행정행위로 나타날 수도 있고 단순한 사실행위로 나타날 수도 있는 것이므로 계획의 법적 성질은 개별적으로 검토되어야 한다(개별검토설).

024 행정계획의 위법성★★

1. 계획재량의 의의

행정기관은 행정계획을 수립·변경함에 있어서 계획재량을 가지는데, 계획재량은 행정주체가 계획법률에 따라 계획을 책정함에 있어 갖는 **광범위한 형성의 자유**를 말한다. 그러나 계획재량은 무제한적인 것은 아니며, 일정한 한계를 준수해야 한다.

2. 재량행위와의 구별

① ⓐ **질적차이긍정설**은 재량행위는 요건과 효과 부분으로 구성된 **조건프로그램**(조건규범구조) 이나 계획재량은 목적과 수단의 형식인 **목적프로그램**(목적규범구조)으로 규범구조가 다르며, 재량행위를 통제하는 대표적인 수단은 비례원칙이지만, 계획재량을 통제하는 수단(계획재량의 한계)은 비례원칙과는 다른 특수한 원리라고 본다. ⓑ **질적차이부정설**은 재량행위와 계획재량의 규범구조의 차이는 본질적인 것이 아니며, 재량행위의 통제수단으로서 비례원칙과 계획재량의 한계는 실질적 내용이 같다고 보면서, 양자는 질적으로 동일하지만 양적으로만 차이가 있다고 본다(류지태·박종수). ② **질적차이긍정설**이 **다수설**이며, 타당하다.

3. 계획재량의 한계

(개) ⓐ 행정계획의 목적은 근거법에 부합해야 하며, ⓑ 행정계획은 그 목적실현에 필요한 수단이어야 하며, ⓒ 행정계획이 목적실현에 필요한 수단이라고 하더라도 전체로서 계획관련자 모두의 이익을 정당하게 **형량하여야** 한다(공익 상호 간, 사익 상호 간 및 공익과 사익 상호 간의 정당한 이익의 형량 = 형량명령의 준수).

(내) 특히 **형량명령**의 준수는 내용적으로 비교·형량하여야 할 관련이익(관련공익과 사익)의 조사 [조사단계], 관련이익의 중요도에 따른 평가[**평가**단계], 협의의 비교형량[비교·**형량**단계]의 3단계에 걸쳐 행해진다(김동희). 만일 이러한 형량명령에 위반한다면 해당 행정계획은 위법한 것이 된다(형량명령의 위반 = 형량하자).

(대) 학설은 이처럼 형량하자가 있는 경우를 ⓐ **형량이 전혀 없던 경우**(형량의 해태), ⓑ 형량에서 반드시 고려되어야 할 **특정이익이 고려되지 않은 경우**(형량의 흠결), ⓒ 관련된 공익 또는 사익의 의미(가치, 내용)를 잘못 **평가한 경우**, ⓓ 공익과 사익 사이의 조정이 객관적으로 정당하지 않은 것으로 판단되는 경우(오형량)로 나누고 있다.

(라) 판례도 「행정주체는 구체적인 행정계획을 입안·결정함에 있어서 비교적 광범위한 형성의 자유를 가지는 것이지만, 행정주체가 가지는 이와 같은 형성의 자유는 무제한적인 것이 아니라 그 행정계획에 관련되는 자들의 이익을 공익과 사익 사이에서는 물론이고 공익 상호간과 사익 상호간에도 정당하게 비교교량하여야 한다는 제한이 있으므로, 행정주체가 행정계획을 입안·결정함에 있어서 이익형량을 전혀 행하지 아니하거나 이익형량의 고려 대상에 마땅히 포함시켜야 할 사항을 누락한 경우 또는 이익형량을 하였으나 정당성과 객관성이 결여된 경우에는 그 행정계획결정은 형량에 하자가 있어 위법하게 된다(대판 2007. 4. 12. 2005두1893)(**원지동 추모공원 사건**)」라고 하여 형량명령과 형량하자의 법리를 인정하고 있다.

계획보장청구권의 문제★

1. 의   의
계획보장청구권이란 행정계획의 폐지나 변경 등의 경우에 당사자가 신뢰보호를 위해 주장할 수 있는 다양한 권리를 포괄하는 상위개념을 말한다(**다수설**).

2. 내   용
(1) 계획존속청구권
(가) 계획존속청구권이란 행정계획의 변경이나 폐지시에 계획의 존속을 청구할 수 있는 사인의 권리를 말한다. 그러나 이 권리는 일반적으로 인정되기 어렵다. 왜냐하면 행정청의 의무(계획존속의무)도 인정되기 어렵고, 사인의 신뢰보호에 비해 행정계획의 변경 내지 폐지가 갖는 공익적 측면이 더욱 중요하기 때문에 사익보호성도 긍정되기 어렵기 때문이다. 또한 사인에게 계획의 존속청구를 인정한다는 것은 계획의 본질인 가변성과 합치되지 않는다.

(나) 다만, ① 관련법령에서 특정한 사인의 이익을 보호하기 위한 **특별규정**을 두고 있는 경우에는 가능하다. ② 그리고 계획인 법률(법규명령) 또는 행정행위에 대해 당사자의 신뢰가 형성된 후 계획인 법률 등을 변경하려 하거나 계획인 행정행위를 취소(철회)하려는 경우, 기존 계획(기존의 법령이나 행정행위형식의 계획)의 존속에 대한 당사자의 신뢰가 공적인 이해관계보다 우월하다면 신뢰보호원칙의 제한을 받아 행정청은 계획(법령 또는 행정행위)의 변경이나 취소를 할 수 없기에 예외적으로 계획존속청구권이 성립될 수 있다.

(2) 계획집행(이행, 준수)청구권
계획집행청구권이란 행정계획을 수립한 후 이를 집행하지 않는 경우 집행할 것을 요구할 수 있는 권리 또는 행정계획과 상이한 방향으로 계획이 집행되는 경우에 계획을 따를 것을 요구할 수 있는 권리를 말한다. 이 권리도 행정청의 의무와 사익보호성이 긍정되기 어려워 일반적으로는 인정되지는 않는다.

(3) 경과조치(적응지원)청구권
경과조치청구권이란 계획의 존속을 신뢰하여 일정한 조치를 취한 자가 행정계획의 변경·폐지로 입게 될 불이익을 방지하기 위해서 행정청에 대하여 **경과조치**(예: 기간의 연장, 보조금의 지급)를 청구할 수 있는 권리를 말한다. 이러한 권리 역시 법령에 근거가 없는 한 일반적으로 인정되지 않는다.

(4) 손실보상청구권
손실보상청구권이란 계획의 변경·폐지로 특별한 희생을 받은 사인이 손실보상을 청구할 권리를 말한다. 따라서 공공의 필요에 따른 특별한 희생이 있다면 사인은 손실보상을 청구할 수 있다.

◆ 논점 계획변경신청권의 인정 여부★★★

1. 원 칙

행정계획의 공익성을 고려할 때 사인에게 계획변경을 신청할 권리를 인정하기는 어렵다. 판례도 사인에게 계획변경신청권을 인정하지 않는다는 입장이다(국토이용계획은 장기성, 종합성이 요구되는 행정계획이어서 원칙적으로는 그 계획이 일단 확정된 후에 어떤 사정의 변동이 있다고 하여 그러한 사유만으로는 지역주민이나 일반 이해관계인에게 일일이 그 계획의 변경을 신청할 권리를 인정하여 줄 수는 없을 것이다(대판 2003. 9. 23. 2001두10936)).

2. 예 외

(가) 진안군수가 주식회사 진도의 국토이용계획변경승인신청을 거부한 사건에서 판례는 「피고로부터 폐기물처리사업계획의 적정통보를 받은 원고가 폐기물처리업허가를 받기 위하여는 이 사건 부동산에 대한 용도지역을 '농림지역 또는 준농림지역'에서 '준도시지역(시설용지지구)'으로 변경하는 국토이용계획변경이 선행되어야 하고, 원고의 위 계획변경신청을 피고가 거부한다면 이는 실질적으로 원고에 대한 폐기물처리업허가신청을 불허하는 결과가 되므로, 원고는 위 국토이용계획변경의 입안 및 결정권자인 피고에 대하여 그 계획변경을 신청할 법규상 또는 조리상 권리를 가진다(대판 2003. 9. 23. 2001두10936)」고 하여 '계획변경신청을 거부하는 것이 실질적으로 당해 행정처분 자체를 거부하는 결과가 되는 경우'는 예외적으로 계획변경을 신청할 권리는 인정하였다.

(나) 또한 판례는 도시계획구역 내 토지 등을 소유하고 있는 사람과 같이 당해 도시계획시설결정에 이해관계가 있는 주민은 도시시설계획의 입안 내지 변경을 요구할 수 있는 법규상 또는 조리상의 신청권이 있다고 보았다(대판 2015. 3. 26. 2014두42742).

(다) 또한 산업단지개발계획상 녹지용지로 지정되어 있던 사업부지를 소유하던 원고가 사업부지에서 폐기물처리사업을 하기 위하여 울산광역시장에게 사업부지에 관한 산업단지개발계획을 당초 녹지용지에서 폐기물처리시설용지로 변경신청하였고 이를 시장이 거부한 사안에서, 산업단지개발계획상 산업단지 안의 토지 소유자로서 산업단지개발계획에 적합한 시설을 설치하여 입주하려는 자는 산업단지지정권자 등에 대하여 산업단지개발계획의 변경을 요청할 수 있는 법규상 또는 조리상 신청권이 있다고 보았다(대판 2017. 8. 29. 2016두44186).

학문상 개념인 행정행위와 행정소송법 제 2 조 제 1 항 제 1 호의 "처분"과의 관계★

1. 문제 상황

학문상 개념인 행정행위와는 달리 행정소송법 제 2 조 제 1 항 제 1 호는 취소소송의 대상인 '처분'을 "행정청이 행하는 구체적 사실에 관한 법집행으로서의 공권력의 행사 또는 그 거부와 그 밖에 이에 준하는 행정작용"이라고 정의하고 있다. 이처럼 행정소송법은 '처분'개념을 광의로 정의(그 밖에 이에 준하는 행정작용)하고 있어 행정소송법상의 처분개념이 학문상 개념인 행정행위와 동일한 것인지에 대해 학설이 대립된다.

2. 학 설

(1) 실체법적(행정행위) 개념설(일원설, 형식적 행정행위 부정설)

행정쟁송법상 처분을 강학상 행정행위와 동일한 것으로 보는 입장이다. 행정소송법 제 2 조 제 1 항 제 1 호는 처분을 '공권력의 행사(또는 그 거부)'와 '이에 준하는 행정작용'이라고 규정하지만 '이에 준하는 행정작용'은 공권력행사에 준하는 행정작용을 말하는 것이며, 쟁송법적 개념설이 처분개념에 포함시키고 있는 비권력적 행정작용에 대한 권리구제수단은 항고소송이 아니라 당사자소송(비권력적 행정작용으로 발생한 법률관계를 다루는 당사자소송)이나 법정외소송(일반적 이행소송)을 활용해야 한다는 점을 근거로 한다(김남진·김연태, 류지태·박종수, 박윤흔· 정형근, 김성수, 정하중).

(2) 쟁송법적 (행정행위) 개념설(이원설, 형식적 행정행위 긍정설)

행정쟁송법상 처분을 강학상 행정행위와는 별개의 것으로 보는 입장이다. 행정소송법 제 2 조 제 1 항 제 1 호는 처분개념에 '공권력의 행사(또는 그 거부)'에 '이에 준하는 행정작용'을 더하고 있기 때문에 현행법상 처분은 강학상 행정행위보다 더 광의의 개념으로 보아야 하며, 다양한 행정작용(특히 비권력적 행정작용)에 대해 항고소송을 인정함으로써 실효적인 권리구제가 가능하다는 점을 근거로 한다(김동희, 박균성).

3. 판 례

판례는 쟁송법적 개념설이 대표적으로 주장하는 비권력적 사실행위에 대해 처분성을 부정하고 있어 기본적으로 실체법적 개념설의 입장이다. 다만, 처분개념이 확대될 여지를 인정한 판결도 있다(행정청의 어떤 행위를 행정처분으로 볼 것이냐의 문제는 … 행정처분이 그 주체, 내용, 절차, 형식에 있어서 어느 정도 성립 내지 효력요건을 충족하느냐에 따라 개별적으로 결정하여야 하며, … 행정청의 행위로 인하여 그 상대방이 입는 불이익 내지 불안이 있는지 여부도 … 고려하여 판단하여야 한다(대판 1993. 12. 10. 93누12619)).

4. 검 토

취소소송은 법률관계를 발생시키는 행정작용의 효력을 깨뜨리기 위한 형성소송(행정소송법 제 29조 제 1 항 참조)이므로 취소소송의 대상을 법률관계를 발생시키는 행정행위에 한정하는 실체법적 개념설이 타당하다.

참고

형식적 행정행위

형식적 행정행위를 긍정하자는 견해는 실효적인 권리구제를 위해 행정청의 행정작용 중 우월한 지위에서 행하는 공권력 행사 아닌 비권력적 행정작용을 행정행위의 개념으로 인정하여 항고소송의 대상인 처분으로 보자는 견해이다. 이 견해에 따르면 '행정행위＝실체법상 행정행위＋형식적 행정행위'가 된다. 즉 행정행위의 개념 속에 권력적 행정작용과 비권력적 행정작용이 혼재한다고 본다.

027 일반처분★★

1. 의 의

일반처분이란 관련자의 인적 범위는 일반적이나 규율하는 사건은 구체적인 행정의 행위형식을 말한다. 따라서 규율대상이 구체적이라는 점에서 규범(입법)과 구분된다.

2. 법적 성질

일반처분을 행정행위의 한 유형으로 보는 것이 통설이다. 판례는 지방경찰청장의 횡단보도설치행위(일반처분)는 보행자의 통행방법을 규제하는 것으로 국민의 권리·의무에 직접 관계가 있는 행위라고 하면서 항고소송의 대상인 처분으로 보았다(대판 2000. 10. 27. 98두8964). 따라서 법률상 이익이 침해된 자는 일반처분을 대상으로 항고소송을 제기할 수 있다.

3. 종 류

(1) 인적 일반처분

인적 일반처분이란 규율하는 대상은 특정 사건이지만, (사후에는 인적 범위가 특정될 수 있다고 하더라도) 행정행위의 발령당시에 인적 범위가 특정되어 있지 않은 처분을 말한다(예: A지역에서 예정된 집회의 금지명령).

(2) 물적 일반처분

물적 일반처분이란 특정 물건의 성질이나 상태를 규율하는 처분을 말한다(예: 국토의 계획 및 이용에 관한 법률 제38조의 개발제한구역지정처분). 이는 인적 범위가 한정되지 않는다는 점에서 일반처분의 성질을 가진다. 그리고 물적 일반처분이 특정 물건의 성질이나 상태를 규율대상으로 한다고 할지라도 해당 물건의 소유자나 점유자의 권리의무에 영향을 미치기 때문에 소유자 등은 물적 일반처분을 항고소송 등으로 다툴 수 있다.

4. 일반처분에 대한 취소판결의 대세효

일반처분의 수범자인 일부의 자가 취소소송을 제기하여 취소판결을 받은 경우 소송을 제기하지 않은 처분의 수범자인 제3자가 당해 취소판결의 효과를 원용할 수 있는지에 관해 ① ⓐ 부정하는 견해(상대적 효력설)와 ⓑ 긍정하는 견해(절대적 효력설)의 대립이 있는데, ② 행정법관계의 획일적인 규율을 근거로 소송에 참가하지 않은 일반 제3자에게도 형성력이 미친다는 절대적 효력설이 일반적인 견해이며, 타당하다.

028　판단여지★

1. 의　의
판단여지란 불확정개념과 관련하여 사법심사가 불가능하거나 가능하지만 행정청의 자유영역을 인정하는 것이 타당한 행정청의 평가·결정영역을 말한다.

2. 근　거
불확정개념에 대해서는 하나의 정당한 결정만이 존재하는 것은 아니며(판단여지 영역에서는 다수의 정당한 결정이 존재할 수 있다), 대체불가능한 결정이 존재할 수 있다는 점이 판단여지의 인정근거이다.

3. 인정 여부
(1) 학　설
ⓐ 판단여지는 행정기관이 법률사실이 법률요건에 해당함을 인식(포섭)하는 문제이고, 재량은 법률효과를 선택(결정)하는 문제라는 점에서 판단여지와 재량을 구별하는 견해(다수견해)와 ⓑ 판단여지와 재량은 사법심사의 배제라는 면에서 실질적 차이가 없으며, 재량은 입법자에 의해 요건의 측면에서도 존재할 수 있음을 근거로 구별을 부정하는 견해로 나뉜다.

(2) 판　례
판례는 공무원임용면접전형, 감정평가사시험의 합격기준, 사법시험출제, 교과서검정처분 등을 재량의 문제로 보고 있어 판단여지와 재량을 구별하지 않는다.

(3) 검　토
법치주의 원리상 법률요건은 예견가능한 것이어야 하므로 요건해당성 판단에 있어 행정청에게 재량(선택권)을 부여할 수는 없다. 따라서 구별하는 견해가 타당하다.

4. 적용영역
일반적 견해는 ⓐ 비대체적 결정영역(사람의 인격·적성·능력 등에 관한 판단과 관련하여 대체할 수 없는 결정을 말한다), ⓑ 구속적 가치평가영역(구속적 가치평가란 예술·문화 등의 분야에 있어 어떤 물건이나 작품의 가치 또는 유해성 등에 대한 전문성·중립성을 가진 합의제 기관의 판단을 말한다. 예: 문화재의 지정, 청소년 유해도서 판정), ⓒ 예측적 결정영역(예측결정)(환경법 및 경제행정법분야 등에서 미래예측적 성질을 가진 행정결정을 말한다), ⓓ 행정정책적인 결정영역(형성적 결정)(전쟁무기의 생산 및 수출 등의 외교정책, 자금지원대상업체의 결정과 같은 경제정책, 기타 사회정책 및 교통환경 등 행정정책적인 결정들에 대한 판단을 말한다) 등에 판단여지가 인정된다고 본다.

5. 한　계
판단여지가 존재하는 경우에도 ① 판단기관이 적법하게 구성되었는지 여부, ② 절차규정 준수 여부, ③ 정당한 사실관계에서의 판단 여부, ④ 일반적으로 승인된 평가척도(행정법의 일반원칙 준수 여부)위반 여부 등은 사법심사의 대상이 될 수 있다. 다만 이러한 한계를 준수하였다고 하면 행정청의 판단을 존중하여 법원은 사법심사를 할 수 없다.

기속행위란 법령상 요건이 충족되면 행정기관이 반드시 어떠한 행위를 하거나 하지 말아야 하는 행정행위를 말한다. 재량행위란 법령상 요건이 충족되더라도 행정기관이 효과를 선택할 수 있는 행정행위를 말한다.

★ 재량행위와 기속행위의 구별기준에 관한 학설의 대립은 법령상 표현이 불분명한 경우에만 문제된다 (예: 도로법 제61조(도로의 점용 허가) ① 공작물·물건, 그 밖의 시설을 신설·개축·변경 또는 제거하거나 그 밖의 사유로 도로를 점용하려는 자는 도로관리청의 허가를 받아야 한다).

1. 학 설

재량행위와 기속행위의 구별기준에 대해 ⓐ 효과재량설(침익적 행위는 기속행위이고, 수익적 행위는 법규상 또는 해석상 특별한 기속이 없는 한 재량행위, 국민의 권리·의무와 관련없는 행위도 재량행위라는 견해이다), ⓑ 종합설(법령의 규정방식, 그 취지·목적, 행정행위의 성질 등을 함께 고려하여 구체적인 사안마다 개별적으로 판단하여야 한다는 견해이다), ⓒ 기본권기준설('기본권의 최대한 보장'이라는 헌법상 명령과 행정행위의 '공익성'을 재량행위와 기속행위의 구분기준으로 하여야 하며 따라서 기본권의 보장이 보다 강하게 요청되는 경우에는 사인의 기본권실현에 유리하게 판단하고, 공익실현이 보다 강하게 요청되는 경우에는 공익실현에 유익하도록 판단하여야 한다는 견해이다) 등이 대립한다.

2. 판 례

판례는 ① 관련법령에 대한 종합적인 판단을 전제로 하면서(대판 2001. 2. 9. 98두17593), ② 효과재량설을 기준으로 활용하거나(대판 2011. 1. 27. 2010두23033), ③ 공익성을 구별기준으로 들기도 한다.

3. 검 토

재량행위와 기속행위의 구별은 하나의 단일한 기준보다는 ① 해당 행위의 근거가 되는 법령의 규정에 대한 검토 및 ② 그 행위가 수익적인지 침익적인지 그리고 ③ 헌법상의 기본권 및 공익성을 모두 고려하여 판단해야 한다. 따라서 판례의 입장이 타당하다.

029-1 행정행위의 분류★

행정행위는 법률관계의 발생원인에 따라 법률행위적 행정행위와 준법률행위적 행정행위가 있다. 법률행위적 행정행위란 행정청의 의사표시로 법적 효과가 발생하는 행정행위를 말하며, 준법률행위적 행정행위란 행정청의 의사표시가 아니라 의사표시 이외의 정신작용(판단 내지 인식)의 표시에 대해 법률에서 일정한 법적 효과(권리나 의무에 변동을 가져오는 효과)를 부여한 결과 행정행위의 개념요소를 구비하게 되는 행위를 말한다. 둘다 행정행위이므로 항고소송의 대상인 처분이라는 점에시는 같다.

1. 법률행위적 행정행위

법률행위적 행정행위는 법률관계의 내용에 따라 명령적 행위와 형성적 행위로 나눌 수 있다. 전자에는 하명, 허가, 면제 등이 있고, 후자에는 특허, 인가, 공법상 대리, 변경행위·탈권행위 등이 있다.

2. 준법률행위적 행정행위

준법률행위적 행정행위에서 주어지는 법률관계의 발생이라는 효과(권리·의무의 변동)는 법률행위적 행정행위와 달리 행정청의 의사표시에 따른 것이 아니라 법률의 규정에 의한 것이다. 그러나 준법률행위적 행정행위도 법적 효과가 주어진다는 점에서는 법률행위적 행정행위와 동일하며, 항고소송의 대상이 된다. 준법률행위적 행정행위는 법률관계의 내용에 따라 확인, 공증, 통지, 수리가 있다.

030   허   가★★★

> 허가란 위험의 방지(＝경찰＝질서유지)를 목적으로 금지하였던 바를 해제하여 개인의 자유권을 회복시
> 켜주는 행위를 말한다.

Ⅰ. 허가의 성질

1. 재량행위·기속행위

① 전통적 견해는 허가는 특별히 권리를 설정하여 주는 것이 아니라 위험방지의 목적을 위해서
제한되었던 자유를 회복시켜 주는 것이므로, 법령에 특별한 규정이 없는 한 기속행위의 성질
을 갖는다고 한다. ② 판례는 식품위생법상 대중음식점영업허가는 기속행위이며(대판 1993. 5.
27. 93누2216), 산림법상 산림훼손허가는 재량행위라고 하였다(대판 1997. 8. 29. 96누15213).

2. 명령적 행위·형성적 행위

전통적 견해와 판례는 허가를 명령적 행위라고 한다.

Ⅱ. 허가로 인한 이익의 성질

① 허가받은 자의 허가가 취소된 경우 그것은 법률상 이익의 침해가 된다(직접상대방이론). ②
그리고 허가요건을 구비한 자의 허가신청에 대한 거부도 법률상 이익의 침해이다. ③ 그러나
허가사업으로 인한 경제적 이익은 반사적 이익이다(93).

Ⅲ. 법령의 개정과 허가의 근거법

허가신청 후 허가 전에 법령의 개정으로 허가기준이 변경되면 허가는 원칙적으로 변경된 개정
법령에 따라야 한다. ① 다만, 이 경우 허가관청이 허가신청을 접수하고도 정당한 이유 없이
그 처리를 늦추어 그 사이에 허가기준이 변경된 후, 변경된 허가기준에 따라 거부처분을 하였
다면 위법한 처분이 된다(대판 2006. 8. 25. 2004두2974). ② 그리고 만일 신청 시와 처분 시에
허가기준이 변경되어 사인의 허가신청이 거부된 경우 사인은 신뢰보호원칙을 주장할 수 있다
(대판 2005. 7. 29. 2003두3550).

Ⅳ. 법령에 근거 없는 허가거부(공익상의 필요에 따른 허가거부)의 가능성★★★

> 참고
> 법령에 근거 없는 경우 거부처분의 가능성에 대한 논의는 허가뿐만 아니라 특허·인가·수리를 요하
> 는 신고에서 수리 등 행정행위에 공통되는 논의이다.

1. 기속행위인 경우

기속행위에 있어서는 법령상의 요건 외의 이유로 처분을 거부하는 것은 그것이 공익상의 이유
라고 하더라도, 행정의 법률적합성의 원칙(법률유보)에 반하므로 위법한 처분이 된다. 판례도
기속행위에 있어서는 법령에 정한 사유 외의 사유로 거부처분을 할 수 없다고 판시하고 있다
(대판 2006. 11. 9. 2006두1227).

2. 재량행위인 경우

㈎ 재량행위라면 공익상의 필요에 따른 허가거부는 법률유보원칙에 위반되는 것이 아니다. 왜
냐하면 재량행위란 법령상 요건이 충족되더라도 행정청은 거부처분을 할 수 있고, 이 경우 '공

43

익상의 필요에 따른 허가거부'는 행정절차법 제23조에 따른 이유를 신청자에게 제시한 것에 불과하기 때문이다.

(나) 판례도 재량행위의 성격을 갖는 산림형질변경허가와 관련하여 「허가관청은 산림훼손허가 신청 대상 토지의 현상과 위치 및 주위의 상황 등을 고려하여 국토 및 자연의 유지와 환경의 보전 등 중대한 공익상 필요가 있다고 인정될 때에는 허가를 거부할 수 있고, 그 경우 법규에 명문의 근거가 없더라도 거부처분을 할 수 있는 것(대판 1997. 8. 29. 96누15213)」이라고 판시하고 있다.

(다) 다만, 재량행위는 법령상 요건이 충족되더라도 행정청은 거부처분을 할 수 있다는 것이며, 그 거부처분이 항상 적법하다는 것은 아니다. 즉, 이 경우에도 거부처분은 행정법의 일반원칙에 위반되지 않아야 하며, 위반된다면 위법한 거부처분이 된다.

3. 기속재량행위의 경우

(가) 학설은 기속재량행위의 개념을 부정하는 것이 일반적이지만, 판례는 일부판결에서 기속재량행위의 개념(법리)을 인정하고 있다. 즉, 재량행위와 기속행위 외에 해당 행위를 원칙상 기속행위로 보면서도 예외적으로 중대한 공익상의 필요가 있는 경우에는 이를 재량행위(=기속재량행위)로 보고 법령상 요건을 모두 구비한 신청에 대해서 공익상 필요가 있으면 이를 거부할 수 있음을 인정하는 입장이다.

(나) 예를 들어 판례는 「주유소등록신청을 받은 행정청은 주유소설치등록신청이 석유사업법, 같은법시행령, 혹은 위 시행령의 위임을 받은 시·지사의 고시 등 관계 법규에 정하는 제한에 배치되지 않고, 그 신청이 법정등록 요건에 합치되는 경우에는 특별한 사정이 없는 한 이를 수리하여야 하고, 관계 법령에서 정하는 제한사유 이외의 사유를 들어 등록을 거부할 수는 없는 것이나, 심사결과 관계 법령상의 제한 이외의 중대한 공익상 필요가 있는 경우에는 그 수리를 거부할 수 있다(대판 1998. 9. 25. 98두7503)」고 하여 주유소등록처분을 기속행위로 보면서도 중대한 공익상 필요가 있는 경우 수리를 거부할 수 있다고 하여 기속재량행위의 개념을 인정하고 있다.

V. 허가의 갱신 ★★★

1. 갱신 전 법위반사실을 근거로 갱신 후 허가를 취소할 수 있는지 여부

허가기간에 제한이 있는 경우에 종전 허가의 효력을 지속시키기 위해서는 허가의 갱신(허가기간의 연장)이 필요하다. 즉, 갱신 전·후의 허가는 별개가 아니라 하나의 허가이다. 따라서 갱신이 있은 후에도 갱신 전의 법위반 사실을 근거로 허가를 취소할 수 있다(대판 1982. 7. 27. 81누174).

2. 갱신이 거부된 경우 종전허가의 효력소멸 시기

허가 기간 만료 전에 갱신신청을 하였으나 기간 만료 이후에 갱신이 거부된 경우, 상대방의 이익보호를 위해 원칙상 갱신의 거부는 장래를 향해서만 허가의 효력을 소멸시킨다고 보아야 한다. 따라서 기간 만료 후 갱신이 거부되기까지는 허가상태라고 보아야 한다.

3. 갱신허가시의 부관은 사후부관

(가) 허가의 갱신은 종전의 허가와는 별개의 것이 아니라 종전의 허가의 효력을 지속시키기 위한 것 즉 종전의 허가와 하나의 허가이다. 따라서 갱신허가처분을 하면서 부관을 부과하는 것

은 사후부관의 문제가 된다.

(나) ① 학설은 **부정설**, **부담긍정설**, 제한적 긍정설이 대립되나, ② **판례**는 「행정처분에 이미 부담이 부가되어 있는 상태에서 그 의무의 범위 또는 내용 등을 변경하는 <u>부관의 사후변경은, 법률에 명문의 규정이 있거나 그 변경이 미리 유보되어 있는 경우</u> 또는 상대방의 동의가 있는 경우에 한하여 허용되는 것이 원칙이지만, 사정변경으로 인하여 당초에 부담을 부가한 목적을 달성할 수 없게 된 경우에도 그 목적달성에 필요한 범위 내에서 예외적으로 허용된다(대판 2007. 9. 21. 2006두7973)고 본다.

4. 갱신거부처분에 대한 집행정지

① 학설은 **부정설**, 제한적 긍정설이 대립하며, ② **판례**는 거부처분에 대해 집행정지를 부정한다(대결 1991. 5. 2. 91두15).

5. 종전허가기한이 부당하게 짧은 경우

허가에 기간이 정해진 경우 기간의 경과로 그 허가의 효력은 소멸된다(**통설**, **판례**). 그러나 <u>허가에 붙은 기한이 그 허가된 사업의 성질상 부당하게 짧은 경우에는 그 기한을 허가의 존속기간이 아니라 그 허가조건의 존속기간으로 보는 것</u>이 판례의 입장이다(대판 2004. 3. 25. 2003두12837). 허가조건의 존속기간으로 본다는 것은 그 기간의 경과로도 허가의 효력이 소멸되지 않으므로 행정청은 허가의 조건개정만을 고려해야지 허가의 효력을 유지시킬 것인지 여부를 판단할 수 없다는 의미이다. 다만 <u>허가기한이 부당히 짧다고 하더라도 그 기한을 허가조건의 존속기간으로 보려면 당사자의 연장신청이 있어야 한다</u>고 한다. 만일 그러한 연장신청이 없는 상태에서 허가기간이 만료하였다면 그 허가의 효력은 상실된다고 본다(대판 2007. 10. 11. 2005두12404).

VI. 허가영업의 양도와 제재사유의 승계★★★

 참고 제재사유의 승계문제는 양도인이 허가영업을 하는 경우에만 적용되는 것은 아니며, 신고영업이나 학문상 특허영업을 하는 경우에도 동일한 법리가 적용된다. 다만 허가영업이 대표적인 예가 될 수 있는바 여기에서 일괄하여 서술한다.

1. 문제 상황

허가영업양도 후 영업양도 전에 있었던 양도인의 법위반행위를 이유로 양수인에 대해 제재처분을 발령할 수 있는지가 문제된다(예를 들어 석유판매업허가를 받은 갑(양도인)이 유사석유를 판매하였다는 법위반행위로 행정청의 단속을 받은 후 해당 주유소를 을(양수인)에게 양도한 경우 행정청은 갑의 법위반행위를 이유로 을에게 석유판매업허가취소처분을 발령할 수 있는지의 문제이다). 즉 양도인에게 있었던 제재사유가 이를 양수한 자에게 승계될 수 있는지의 문제이다. 특히 아래의 학설은 제재사유의 승계 여부에 대한 법령의 규정이 없는 경우에 문제된다.

2. 학   설

① 의무위반자(양도인)에게 발령되었던 **양도대상인 처분**(허가)**의 성질**이 대인적 처분(허가)인지 대물적 처분(허가)인지로 판단하는 견해(제 1 설)(대인적 처분(예: 운전면허)은 제재사유가 승계되지 않으며 대물적 처분(예: 영업허가)은 제재사유가 승계된다고 본다), ② 행정청으로부터 **제재처분이 부과된 사유**(양도인의 법위반행위)가 인적인 사정에 기한 것인지 물적인 사정으로 인한 것인지

로 판단하는 견해(제 2 설)(인적인 사정(예: 부정영업)은 제재사유가 승계되지 않으며 물적인 사정(예: 무허가시설)은 제재사유가 승계된다고 본다), ③ 양도인의 의무위반행위로 인해 양수인에게 발령된 **제재처분의 성질**이 대인적 처분인지 대물적 처분인지로 판단하는 견해(제 3 설)(대인적 처분(예: 자격정지)은 제재사유가 승계되지 않으며 대물적 처분(예: 영업정지)은 제재사유가 승계된다고 본다)가 대립된다.

3. 판 례

판례는 ① 법위반행위를 한 자가 양도인임에도 석유판매업(주유소)허가가 대물적 허가임을 근거로 양수인에 대한 석유판매업허가취소처분을 정당하다고 본 판결(대판 1986. 7. 22. 86누203)(제 1 설)과 ② 양수인에게 발령된 공중위생(이용원)영업정지처분이 대물적 처분임을 근거로 양수인에 대한 영업정지처분을 정당하다고 본 판결(대판 2001. 6. 29. 2001두1611)(제 3 설)이 있다.

4. 검 토

제 1 설은 해당 양도대상인 처분(허가나 등록 등)이 양수인에게 이전될 수 있는지에 대한 학설이므로 이 쟁점에서는 적절하지 못한 견해이며(허가 등 영업을 양도한 경우 양수인이 새로운 허가 등을 받아야 하는지 아니면 양도인이 받았던 허가 등의 효력이 양수인에게도 유지되는지에 대한 문제 즉, 영업처분의 양도가능성 문제), 제 3 설은 법위반 행위를 이유로 양도인에게 이미 제재처분이 부과된 후 이 허가 등의 사업을 양도한 경우 이 제재처분이 양수인에게 승계되는지에 관한 학설이므로 이 쟁점과는 직접 관련이 없다(이는 제재처분이 이미 양도인에게 부과된 경우 제재처분이 양수인에게 승계되는지의 문제). 따라서 제 2 설이 타당하다.

💎 **논점 예외적 허가★★**

① 예외적 허가(예외적 승인)는 사회적으로 유해하거나 바람직하지 않은 행위를 예외적으로 허가(승인)하는 것을 말한다. 허가는 일반적으로 해제가 예정되어 있는 금지를 해제(허가)하는 것을 말하고, 예외적 허가는 일반적으로는 금지이지만 예외적인 경우 이를 해제하는 경우를 말한다. ② 그리고 예외적 허가는 공익목적이 강하므로 일반적으로 재량행위다.

🔒 참고 **예외적 허가의 예**
개발제한구역의 지정 및 관리에 관한 특별조치법 제12조(개발제한구역에서의 행위제한) ① 개발제한구역에서는 건축물의 건축 및 용도변경, 공작물의 설치, 토지의 형질변경, 죽목(竹木)의 벌채, 토지의 분할, 물건을 쌓아놓는 행위 또는 「국토의 계획 및 이용에 관한 법률」 제 2 조 제11호에 따른 도시·군계획사업의 시행을 할 수 없다. 다만, 다음 각 호의 어느 하나에 해당하는 행위를 하려는 자는 특별자치시장·특별자치도지사·시장·군수 또는 구청장의 허가를 받아 그 행위를 할 수 있다.

030-1 특 허*

1. 의 의

(가) 광의의 특허는 ① 협의의 특허(특정인에게 특정한 권리를 설정하는 행위), ② 능력설정행위(재건축조합설립인가처분과 같은 공법인의 설립행위), ③ 법률관계설정행위(예: 귀화허가, 공무원임명)의 3가지 행위를 포함하는 개념이다. 좁은 의미의 특허란 특정인에게 특정한 권리를 설정하는 행위(설권행위)를 말한다.

(나) 여기서 말하는 특허는 학문상 용어이므로 특정한 행위가 특허인지의 여부는 법령상 표현에 관계없이 관계법령의 규정내용과 규정취지에 비추어 판단하여야 한다(예를 들어 도로법 제61조의 도로점용허가에서 '허가'는 학문상 '특허'에 해당한다). 판례는 공유수면매립면허(대판 1989. 9. 12. 88누9206), 공유수면점용·사용허가(대판 2004. 5. 28. 2002두5016), 여객자동차운수사업법에 따른 개인택시운송사업면허(대판 2010. 1. 28. 2009두19137) 등을 특허로 본다.

2. 성 질

특허는 상대방에게 수익적이며, 공익적 사정이 고려되어야 하기 때문에 대부분의 경우 재량행위이다(다수설. 판례).

3. 효과(법률상 이익인지 여부)

① 특허받은 자의 특허가 취소된 경우 그것은 법률상 이익의 침해가 된다(직접상대방이론. 전술한 개인적 공권 참조(9. 2.)). ② 그리고 특허요건을 구비한 자의 특허신청에 대한 거부도 법률상 이익의 침해이다. ③ 그러나 허가와는 달리 특허사업으로 인한 독점적 이익은 법률상 이익이다(예를 들어 갑의 시외버스운송사업구간과 동일한 구간에 다른 자에게 또 시외버스운송사업을 허가(특허)하였다면 이는 갑의 법률상 이익의 침해이다).

031 　인가의 하자★★

인가란 제3자의 기본행위(법률행위)를 동의로 보충하여 기본행위의 효력을 완성시키는 행정행위이다 (보충행위).

1. 인가의 하자의 종류와 쟁송방법

㈎ 인가처분의 하자는 ① 기본행위는 적법하지만 인가처분에만 고유한 하자가 있는 경우(예를 들어 인가처분 자체의 절차상 하자나 주체상의 하자) 외에 ② 인가는 기본행위를 보충하는 행위이기에 기본행위의 하자(무효나 불성립)로 말미암아 인가처분이 위법해지는 경우가 있다.

㈏ ① 기본행위는 적법하지만 인가처분에만 하자가 있는 경우 당사자는 항고소송으로 인가처분을 다툴 수 있다. ② 그리고 기본행위에 하자가 있는 경우 기본행위를 민사소송(또는 당사자소송이나 항고소송)으로 다툴 수도 있다. 문제는 기본행위의 하자(무효나 불성립으로)가 인가처분의 하자를 창출시키는 경우, 기본행위의 하자를 이유로 인가처분을 다툴 수 있는지가 문제된다(기본행위의 하자를 이유로 인가처분의 취소 또는 무효확인을 구할 협의의 소익이 있는가의 문제이다).

2. 기본행위의 하자를 이유로 인가처분을 다툴 수 있는지 여부

(1) 문 제 점

기본행위에 하자가 있다면 인가행위를 다투기보다는 기본행위를 다투는 것이 실효적인 권리구제수단으로 볼 수 있기 때문에 기본행위의 하자를 이유로 인가처분의 취소 또는 무효확인을 제기할 권리보호필요성이 있는지가 문제된다.

(2) 학　　설

1) 소 극 설

기본행위의 하자를 이유로 인가처분의 취소 또는 무효확인을 제기할 권리보호필요성이 없다는 견해이다(다수설). 이는 기본행위의 하자를 이유로 취소소송 등을 제기하는 것을 차단함으로써 동일사안을 이중으로 심리해야 하는 법원의 부담을 덜고 기본행위에 대한 분쟁은 기본행위를 관할하는 법원으로 집중시키는 데 있다고 한다.

2) 적 극 설

인가처분취소소송 등의 권리보호필요성을 긍정한다면 분쟁해결의 일회성의 원칙이라는 취지에 적합하다는 점(기본행위에 대한 소송을 제기함이 없이도 인가처분에 대한 취소소송 등에서 인가처분의 하자뿐만 아니라 기본행위의 하자도 주장할 수 있으므로), 기본행위에 대한 소송과 인가처분에 대한 소송이 별개로 진행된다면 판결 간에 모순이 생길 수 있다는 점을 근거로 권리보호필요성을 인정해야 한다는 견해이다(박해식, 이상규).

(3) 판　　례

판례는 기본행위가 적법·유효하고 <u>보충행위인 인가처분 자체에만 하자가 있다면 그 인가처분의 무효나 취소를 주장할 수 있다고 할 것이지만, 인가처분에 하자가 없다면 기본행위의 무효를 내세워 행정청의 인가처분의 취소 또는 무효확인을 소구할 법률상의 이익이 있다고 할 수 없다</u>고 하여 소극적인 입장이다(대판 1995. 12. 12. 95누7338).

(4) 검　　토

항고소송을 담당하는 법원이 인가처분취소소송 등에서 민사소송(또는 당사자소송)사항인 기본행위의 하자를 심리하기는 어렵다고 보아야 하기에 소극설이 타당하다.

032   준법률행위적 행정행위★★★

준법률행위적 행정행위란 행정청의 의사표시가 아니라 행정청의 의사표시 이외의 정신작용(판단 내지 인식)의 표시에 대해 법률에서 일정한 법적 효과(권리나 의무에 변동을 가져오는 효과)를 부여한 결과 행정행위의 개념요소를 구비하게 되는 행위를 말한다(행정청의 의사표시로 법적 효과가 발생하는 행정행위를 법률행위적 행정행위라 한다).

* 확인, 공증, 통지, 수리 중 공권력행사이면서 법적 효과를 가져오는 행위만 준법률행위적 행정행위이며, 항고소송의 대상인 처분이다.

1. 확   인

확인이란 특정의 사실 또는 법률관계의 존재 여부에 관해 의문이 있거나 다툼이 있는 경우에 공권적으로 판단하여 이것을 확정하는 행위를 말한다. 그리고 확인행위는 판단작용으로서 객관적 진실에 따라 결정되므로 성질상 기속행위이다(예를 들어 발명특허).

2. 공   증

공증이란 특정의 사실·법률관계의 존재 여부를 공적으로 증명하여 공적 증거력을 부여하는 행위를 말한다. 다수설은 확인은 특정한 법률사실이나 법률관계에 관한 의문 또는 분쟁을 전제로 함에 비해 공증은 의문이나 분쟁이 없음을 전제로 한다는 점에서 구별된다고 본다.

💎 **논점** 각종 공적 장부(공부)에의 등재·변경행위의 성질(항고소송의 대상인지 여부)★★

1. 문제 상황

각종 공적 장부에 대해서는 공신력이 인정되지 않고 공적 장부에의 등재행위나 변경행위에 있어서 담당 공무원들의 실질적 심사권도 인정되고 있지 않기에 일반적으로 공부에의 등재(변경)행위는 항고소송의 대상인 처분(거부처분)이 아니다. 그러나 판례와 학설이 일부 공적 장부에의 등재(변경)행위에 대해서는 항고소송의 대상인 처분으로 보고 있어 문제된다.

2. 판   례

(1) 항고소송의 대상적격을 부정한 경우

㉮ 종래 대법원은 공적장부에 등재하거나 변경하는 행위는 **행정사무집행의 편의와 사실 증명의 자료로 삼기 위한 목적**이라는 이유로 처분성을 부정하여 왔다(대판 1991. 9. 24. 91누1400).

㉯ 그리고 무허가건축물관리대장에 등재되어 있었기만 하면 아파트 입주권을 부여받을 수 있는 경우, 무허가건물관리대장에 등재되어 있었다가 그 후 **무허가건물관리대장에서 삭제하는 행위**는 항고소송의 대상인 처분이 아니라고 보았다(대판 2009. 3. 12. 2008두11525).

㉰ 또한 등기부상 소유자가 토지대장에의 소유자 기재가 잘못되었다는 이유로 **토지대장상 소유자명의 변경신청을 행정청이 거부한 것**이 항고소송의 대상인 처분에 해당하는지가 문제된 사건에서도 토지대장상 소유자명의가 변경되어도 해당 토지의 실체상 권리관계에 변동을 가져오지 않기 때문에 대상적격성을 부정하였다(대판 2012. 1. 12. 2010두12354).

(2) 항고소송의 대상적격을 긍정한 경우

㉮ 헌법재판소가 **지목변경신청거부행위**를 항고소송의 대상인 거부처분으로 판단하자(헌재 1999. 6. 24. 97헌마315). 대법원도 **지목변경신청거부처분취소**를 구한 사건에서 지목은 토지소유권을 제대로 행사하기 위한 전제요건으로서 토지소유자의 실체적 권리관계에 밀접하게 관련되어 있음을 이유로 항고소송의 대상이 되는 처분으로 보았다(지목은 토지에 대한 공법상의 규제. 개발부담금의 부과대상. 지방세의 과세대상. 공시지가의 산정. 손실보상가액의 산정 등

토지행정의 기초로서 공법상의 법률관계에 영향을 미치고, 토지소유자는 지목을 토대로 토지의 사용·수익·처분에 일정한 제한을 받게 되는 점 등을 고려하면, 지목은 토지소유권을 제대로 행사하기 위한 전제요건으로서 토지소유자의 실체적 권리관계에 밀접하게 관련되어 있으므로 지적공부 소관청의 지목변경신청 반려행위는 국민의 권리관계에 영향을 미치는 것으로서 항고소송의 대상이 되는 행정처분에 해당한다(대판(전원) 2004. 4. 22. 2003두9015)).

(내) 또한 **건축물대장의 용도변경신청거부**를 '건축물의 용도는 토지의 지목에 대응하는 것으로서 건축물의 소유권을 제대로 행사하기 위한 전제요건으로서 건축물 소유자의 실체적 권리관계에 밀접하게 관련되어 있다'는 이유로 항고소송의 대상인 거부처분으로 보았다(대판 2009. 1. 30. 2007두7277).

(대) 그리고 대법원은 **건축물대장작성(생성)신청거부행위**를 '건축물대장은 건축물에 관한 소유권보존등기 또는 소유권이전등기를 신청하려면 이를 등기소에 제출해야 하기 때문에 건축물의 소유권을 제대로 행사하기 위한 전제요건으로서 건축물 소유자의 실체적 권리관계에 밀접하게 관련되어 있다'는 이유로 항고소송의 대상인 거부처분으로 보았다(대판 2009. 2. 12. 2007두17359).

(래) 건축물대장은 건축물의 소유권을 제대로 행사하기 위한 전제요건으로서 건축물 소유자의 실체적 권리관계에 밀접하게 관련되어 있다는 이유로 **건축물대장 직권말소행위**의 처분성도 긍정하였다(대판 2010. 5. 27. 2008두22655). 그리고 같은 이유로 관할 관청의 **토지대장 직권말소행위**도 항고소송의 대상인 처분으로 보았다(대판 2013. 10. 24. 2011두13286).

3. 검   토

각종 공부에의 등재행위는 일반적으로 공권력행사가 아니며, 등재행위로 인해 당사자의 권리·의무에 영향을 미치지 않기 때문에 항고소송의 대상인 처분으로 보기 어렵다. 그러나 판례의 입장처럼 공권력행사(또는 거부)로 당사자의 권리·의무에 영향을 미치는 일부의 공부에의 등재행위는 항고소송의 대상인 처분으로 보는 것이 타당하다.

3. 통   지

(가) 통지란 특정인에게 어떠한 사실을 알리는 행위를 말한다. 그러나 준법률행위적 행정행위로서 통지란 법적 효과를 가져오는 행위만을 말한다. 통지행위의 예로는 대집행의 계고(의무를 불이행하는 경우 행정대집행법에 따라 대집행한다는 사실을 알리는 행위), 납세의 독촉(체납액을 완납하지 않는 경우 재산이 압류·매각됨을 알리는 행위) 등을 들 수 있다. 내용상 대집행의 계고는 작위하명의 성질을 가지고, 납세독촉은 급부하명의 성질을 가진다(홍준형).

(나) 법적 효과가 없는(당사자의 권리·의무에 영향을 주지 않는) 단순한 사실행위로서의 통지행위(예: 당연퇴직사유에 해당함을 알리는 인사발령)는 준법률행위적 행정행위로서 통지행위와 구별된다.

4. 수   리

(가) 수리행위란 사인이 알린 일정한 사실을 행정청이 유효한 것으로 판단하여 받아들이는 인식의 표시행위를 말한다(수리를 요하는 신고의 수리만을 말한다).

(나) 법이 정한 특별한 사정이 없는 한 소정의 요건을 갖춘 신고는 수리되어야 한다. 따라서 수리는 기속행위의 성질을 갖는다.

행정행위가 성립요건과 효력발생요건 등을 구비하면 그에 따라 행정행위는 효력(모든 효력은 넓은 의미의 구속력이다)이 발생하는데 일반적 견해는 어떤 자(행정기관·법원)를 향한 구속력인지에 따라 여러 가지로 구분한다. 다만, 무효인 행위는 후술하는 모든 효력이 없다.

1. (좁은 의미의) 구속력

(좁은 의미의) 구속력이란 행정청이 표시한 의사의 내용에 따라(법률행위적 행정행위) 또는 법령이 정하는 바에 따라(준법률행위적 행정행위) 당사자를 구속하는 법적효과를 발생시키는 힘을 말한다. 구속력의 내용은 행정행위의 내용에 따라 결정된다.

2. 공 정 력

(가) 공정력이란 행정행위에 하자가 있다고 하더라도 권한을 가진 기관에 의해 취소될 때까지 그 효력을 부정할 수 없는 (효력과 존재를 인정해야 하는) 구속력을 말한다.

(나) 공정력이 미치는 범위에 대해 ① ⓐ 판례는 행정행위의 상대방이나 다른 행정청, 법원에게도 미친다고 보지만, ⓑ 최근의 다수견해는 공정력은 상대방(이해관계인)에게 미치는 구속력을 말하며, 다른 행정청이나 법원에 인정되는 구속력은 구성요건적 효력으로 공정력과 그 성질이 다르다고 본다. ② 취소소송은 공정력을 받는 자가 이를 제거하기 위해 제기하는 소송임을 고려할 때 취소소송으로 행정행위의 효력을 다툴 수 없는 자(다른 행정청이나 법원)는 공정력이 미치는 것이 아니라 다른 내용의 구속력(구성요건적 효력)이 미친다고 보아야 하며, 따라서 양자를 구별하는 견해가 타당하다.

(다) 공정력의 이론적 근거에 관해 ① 자기확인설, ② 적법성·유효성추정설, ③ 국가권위설, ④ 예선적 특권설, ⑤ 법적 안정설(행정정책설)이 있다. 법적 안정설은 행정법관계의 안정성, 상대방의 신뢰보호, 행정의 원활한 운영이라는 정책적 이유에서 행정청의 결정에 잠정적인 구속력이 인정된다고 본다(다수설). 이 견해가 타당하다.

3. 구성요건적 효력

(가) 구성요건적 효력이란 유효한 행정행위의 존재가 다른 행정청이나 법원의 결정에 영향을 미치는 효력(구속력)을 말한다.

(나) 구성요건적 효력은 권한존중이나 권력분립 때문에 인정되는 효력이다.

> **참고**
> **다른 행정청에 미치는 구성요건적 효력**
> 한국인이 아닌 자는 광업권설정허가를 받을 수 없는데, 법무부장관으로부터 단순위법한 귀화허가를 받은 자가 산업통상자원부장관에게 광업권설정허가를 신청한 경우, 산업통상자원부장관은 위법하지만 유효한 귀화허가의 효력(구성요건적 효력)으로 인해 한국인이 아니라는 이유로 광업권설정허가를 거부할 수 없다.

4. 형식적 존속력(불가쟁력)

형식적 존속력이란 일정한 사유(예: 쟁송기간의 경과, 법적 구제수단의 포기)가 존재하면 행정행위의 상대방 등이 행정행위의 효력을 쟁송절차에서 다툴 수 없게 되는 효력을 말한다. 위법한 행정행위에 형식적 존속력이 발생하였다고 적법하게 되는 것은 아니며, 단지 이를 쟁송절차에서 다툴 수 없을 뿐이다.

5. 실질적 존속력(불가변력)

⑺ 행정행위에 원시적인 흠이나 후발적 사유가 있으면 처분청은 이를 취소(변경)·철회할 수 있지만, 일부의 행정행위는 그 행정행위를 발령한 행정청도 직권으로 취소(변경)·철회할 수 없는 구속력을 실질적 존속력이라고 한다(다수견해).

⑻ 실질적 존속력은 모든 행정행위에 공통하는 효력이 아니고 예외적으로 특별한 경우에만 인정된다. ① 실질적 존속력이 행정심판의 재결처럼 판결과 유사한 행위에 발생한다는 점에 이론이 없다. ② 준법률행위적 행정행위인 확인행위는 사실 또는 법률관계의 존재 여부에 관해 의문이 있거나 다툼이 있는 경우 이를 공권적으로 판단하여 확정하는 행위이므로 행정심판의 재결과 유사한 행위로 보아 실질적 존속력을 인정하려는 견해가 있다(김동희, 한견우).

6. 집 행 력

집행력이란 행정행위로 명령되거나 금지된 의무를 불이행하는 경우 행정청이 법원의 원조를 받음이 없이 스스로 직접 의무의 내용을 실현할 수 있는 행정행위의 효력을 말한다. 집행력은 의무가 부과되는 명령적 행위에서 문제된다.

7. 선행행위의 후행행위에 대한 구속력(소수설)

일부견해는 선행행위의 후행행위에 대한 구속력을 인정하기도 한다. 구속력이란 선행행정행위의 내용과 효과가 후행행정행위를 구속함으로써 상대방(관계인, 법원)은 선행행위의 하자를 이유로 후행행위를 다투지 못하는 효과를 말한다(행정행위의 하자승계 참조(37)).

034   선결문제★★★

I. 선결문제의 의의

㈎ 선결(先決)문제란 민사(당사자소송)·형사법원의 본안판단에서 행정행위의 효력 유무(존재 여부)나 위법 여부가 선결될 문제인 경우 그 효력 유무(존재 여부)나 위법 여부를 말한다.

㈏ 공정력이 미치는 범위에 대해 ① ⓐ 판례는 행정행위의 상대방이나 다른 행정청·법원에게도 미친다고 보지만(공정력과 구성요건적 효력을 구별하지 않는 견해), ⓑ 최근의 다수견해는 공정력은 상대방(이해관계인)에게 미치는 구속력을 말하며, 다른 행정청이나 법원에 인정되는 구속력은 구성요건적 효력으로 공정력과 그 성질이 다르다고 본다(공정력과 구성요건적 효력을 구별하는 견해). ② 취소소송은 공정력을 받는 자가 이를 제거하기 위해 제기하는 소송임을 고려할 때 취소소송으로 행정행위의 효력을 다툴 수 없는 자(다른 행정청이나 법원)는 공정력이 미치는 것이 아니라 다른 내용의 구속력(구성요건적 효력)이 미친다고 보아야 하며, 따라서 양자를 구별하는 견해가 타당하다.

II. 선결문제의 형태

선결문제는 민사사건(당사자소송사건)의 경우와 형사사건의 경우로 나눌 수 있고, 각각 행정행위의 효력 유무(존재 여부)가 선결문제로 되는 경우와 행정행위의 위법 여부가 선결문제로 되는 경우가 있다(행정사건 중 당사자소송사건도 문제될 수 있으나 대법원은 부당이득반환청구소송, 국가배상청구소송을 민사소송으로 보고 있는바 선결문제 해결에서는 민사소송으로 제기하는 경우와 당사자소송으로 제기하는 경우에 차이가 없다). 행정소송법 제11조 제1항은 선결문제의 일부(민사사건에서 효력 유무(존재 여부)가 문제되는 경우)에 관해서만 규정하고 있는바 나머지 사항은 학설과 판례에서 해결하여야 한다.

III. 선결문제의 해결

1. 민사사건의 경우

(아래의 (1)과 (2)는 소송형태로 구별됨)

(1) 민사소송에서 행정행위의 효력 유무(존재 여부)가 쟁점인 경우(부당이득반환청구소송)

① 민사법원은 행정행위가 무효 또는 유효임을 전제로(무효이면 무효임을 전제로, 유효이면 유효임을 전제로) 본안을 판단할 수 있다는 것이 실정법(행정소송법 제11조 제1항)·학설·판례의 입장이다. ② 그러나 민사법원은 행정행위의 구성요건적 효력으로 인해 유효한 행정행위의 효력을 부정(취소)할 수는 없다. 따라서 행정행위가 단순위법하여 여전히 효력이 있다면 법률상 원인이 없는 것이 아니므로 부당이득반환청구는 기각될 것이다.

(2) 민사소송에서 행정행위의 위법 여부가 쟁점인 경우(국가배상청구소송)

1) 학   설

① 소극설은 ⓐ 행정소송법 제11조 제1항은 민사법원에 대한 처분의 효력 유무 또는 존재 여부만을 선결문제심판권으로 규정한다고 제한적으로 해석되며, ⓑ 행정행위의 위법성을 포함하여 행정사건의 심판권은 행정법원이 배타적으로 관할해야 하기 때문에 민사법원은 행정행위의 위법성에 대한 판단권이 없음을 근거로 한다. ② 적극설(일반적인 견해)은 ⓐ 행정소송법 제

11조 제1항은 선결문제심판권에 대한 예시적 규정이며, ⓑ 민사법원이 행정행위의 **위법성을** 확인해도 그 효력을 부정하는 것이 아니므로 구성요건적 효력(공정력)에 저촉되지 않음을 근거로 한다.

2) 판 례

판례는 「행정처분의 취소판결이 있어야만 그 행정처분의 위법임을 이유로 피고에게 배상을 청구할 수 있는 것은 아니라고 해석함이 상당할 것(대판 1972. 4. 28. 72다337)」이라고 하여 일반적인 견해와 같이 적극적인 입장이다.

3) 검 토

민사법원인 국가배상청구의 수소법원이 본안을 인용하는 판결을 하더라도 해당 행정행위의 효력은 여전히 유지되며 그 행정행위의 효력은 부정되지 않기 때문에 위법성을 판단할 수 있다는 적극설이 타당하다.

2. 형사사건의 경우

(관련 법 규정이 행정행위의 유효·무효(효력 유무)를 처벌요건으로 하고 있는지(무면허운전죄, 무면허수입죄 → (1)), 위법·적법(위법 여부)을 처벌요건으로 하고 있는지(→ (2))에 따라 판단)

(1) 형사소송에서 행정행위의 효력유무가 쟁점인 경우

형사소송에서 행정행위의 효력 유무가 선결문제인 경우 ① 형사법원은 행정행위가 무효(또는 유효)임을 전제로 본안판단(범죄의 성립 여부)을 할 수 있다는 것이 **일반적 견해**이고, **판례의 입**장이다. ② 그러나 행정행위가 단순위법인 경우 형사법원은 당해 행정행위의 구성요건적 효력으로 인해 그 효력을 부정(취소)할 수는 없다는 것이 **다수설**이며 **판례의 입장**이다.

(2) 형사소송에서 행정행위의 위법 여부가 쟁점인 경우

1) 학 설

ⓐ 소극설과 ⓑ 적극설(다수 견해)이 대립한다(민사법원의 선결문제의 경우와 같다).

2) 판 례

판례도 「구 주택법 제98조 제11호에 정한 처벌을 하기 위해서는 그 시정명령이 적법한 것이라야 하고, 그 시정명령이 위법한 것으로 인정되는 한 법 제98조 제11호 위반죄가 성립될 수 없다(대판 2009. 6. 25. 2006도824)」고 하여 일반적인 견해와 같이 **적극적인 입장**이다.

3) 검 토

형사법원이 행정행위의 위법성을 심리함은 그 처분의 효력을 부정하는 것이 아니므로 선결문제로서 행정행위의 위법성을 판단할 수 있다는 적극설이 타당하다. 그리고 제소기간 도과로 위법한 행정행위에 대한 취소소송의 기회를 상실한 국민에게 형사소송 단계에서 다시 이를 다툴 수 있는 기회를 부여함으로써 **방어권 보장**에 만전을 기할 수도 있다(박정훈).

034-1 　인·허가의제제도(집중효)★★

1. 인·허가의제제도(집중효)의 개념

(1) 의　　의

'인·허가의제제도'란 주된 인가·허가 등을 받으면 그 행위에 필요한 다른 법률상의 인가·허가 등을 받은 것으로 보는(= 간주하는 = 의제) 제도를 말한다. 그리고 행정계획의 확정이 타법에 규정되어 있는 승인 또는 허가 등을 받은 것으로 보는 효과를 '집중효'라 부른다. 독일의 행정계획의 집중효에 대응하는 것이 우리 실정법상의 인·허가의제제도라고 볼 수 있다.

(2) 인·허가의제제도와 집중효의 구별

ⓐ 인·허가의제는 행정계획뿐 아니라 인가·허가 등의 일반 행정행위에도 인정된다는 점(정태용, 김동희)에서, 계획확정에 부여되는 특유한 효력인 집중효와 **구별된다는 견해**(김재광)가 있지만, ⓑ 두 제도의 본질이 절차간소화와 사업의 신속한 진행을 위한 것이며, 법령에 근거하여 **행정관청의 권한이 통합**된다는 점에서 볼 때 양자 간에 **본질적인 차이가 없다는 견해**가 타당하다.

2. 법적 근거

인·허가의제제도는 행정기관의 권한에 변경을 가져온다. 따라서 행정조직법정주의의 원리에 비추어 인·허가의제는 개별법률에서 명시적으로 규정되는 경우에만 인정될 수 있다.

3. 집중의 정도(주무행정청의 심사정도)

(1) 문 제 점

주무행정청이 인·허가의제되는 주된 행정행위를 발령하는 경우 원래 인·허가권한 있는 행정청(관계행정청)이 준수해야 하는 실체·절차적 요건에 얼마나 구속되는지가 문제된다.

(2) 학　　설

1) 절차의 집중

a. 절차집중 부정설　　주무행정청은 관계행정청이 준수해야 하는 절차적 요건에 모두 구속된다는 견해이다.

b. 제한적 절차집중설　　주무행정청은 절차요건 중에서도 이해관계 있는 제3자의 권익보호를 위한 절차에는 구속된다는 견해이다. 즉, 주무행정청은 절차적 요건을 일정한 경우에만 준수하면 된다는 입장이다.

c. 절차집중설　　주무행정청은 절차적 요건에 구속되지 않는다는 견해이다.

2) 실체의 집중

a. 실체집중 부정설　　주무행정청은 관계행정청이 준수해야 하는 실체적 요건 모두에 구속된다는 견해이다.

b. 제한적 실체집중설　　주무행정청은 실체적 요건에 엄격하게 기속되지 않고 완화된다는 견해이다.

c. 실체집중설　　주무행정청은 인·허가의제되는 실체적 요건에 모두 구속되지 않고 자유롭게 판단할 수 있다는 견해이다.

(3) 판   례

판례는 ⓐ (구) 주택건설촉진법상 사업계획승인을 얻은 때에는 (구) 도시계획법상의 도시계획결정을 받은 것으로 보는데 주택건설사업계획승인을 한 경우 **(구)도시계획법에 규정된 도시계획위원회의 의결이나 이해관계인의 의견청취절차를 생략할 수 있다고 하여 절차집중을 인정하고 있으나**(대판 1992. 11. 10. 92누1162), ⓑ 채광계획인가거부처분과 관련된 사건에서 **의제되는 인·허가(공유수면점용허가)의 요건불비를 이유로 주된 인·허가(채광계획인가)신청을 거부할 수 있다고 하고 있어 실체집중은 부정한다**(대판 2002. 10. 11. 2001두151). ⓒ 또한 판례는 **건축법 제14조 제2항의 인·허가의제효과를 수반하는 건축신고의 경우 건축신고를 수리하는 행정청이 인·허가의제사항 관련 법률에 규정된 요건도 심사해야 한다고 보고 있어 실체집중을 부정하고 있다**(대판(전원) 2011. 1. 20. 2010두14954). ⓓ 그리고 **건축법 제11조 제5항의 인·허가의제효과를 수반하는 건축허가의 경우 건축법상 허가 요건뿐 아니라 국토의 계획 및 이용에 관한 법령이 정한 도시계획시설사업에 관한 실시계획인가 요건도 충족하는 경우에 한하여 이를 허가해야 한다고 보고 있어 역시 실체집중을 부정한다**(대판 2015. 7. 9. 2015두39590).

(4) 검   토

ⓐ 인·허가의제제도는 행정권한의 이전을 수반하기 때문에 행정조직법정주의 원칙상 법률에 명문의 규정이 없는 한 실체집중은 부정함이 타당하다. ⓑ 그러나 제도의 취지가 절차간소화인 만큼 이를 위해 절차집중은 인정함이 타당하다. 다만, 이해관계인의 권익보호는 존중되어야 하기 때문에 제한적 절차집중설이 타당하다.

4. 인·허가의제의 효력

(1) 인·허가의제

주무행정청이 주된 행정행위를 확정(인가·허가등)하면 타법에 규정되어 있는 승인 또는 허가등(인가·허가)을 받은 것으로 본다.

(2) 인·허가 등이 의제되는 경우 항고소송의 대상

의제되는 인·허가 요건불비를 이유로 사인이 신청한 주된 인·허가에 대한 거부처분이 있는 경우, 의제되는 행위에 대한 거부를 소송의 대상으로 해야 하는지 아니면 주된 인·허가의 거부를 대상으로 소송을 제기하여야 하는지가 문제된다. 판례는 행정청이 주된 인·허가를 불허하는 처분을 하면서, 주된 인·허가 사유와 의제되는 인·허가의 사유를 함께 제시한 경우, 주된 인·허가를 거부한 처분을 대상으로 쟁송을 제기하여야 한다는 입장이다(대판 2001. 1. 16. 99두10988).

035 무효와 취소의 구별기준★

1. 학 설

ⓐ 행정행위의 하자가 중대하고도 명백한 경우에 한하여 행정행위가 무효이며 그러하지 않은 경우에는 취소사유라는 **중대명백설(다수설)**, ⓑ 중대한 하자를 가진 처분은 무효이지만 제3자나 공공의 신뢰보호의 필요가 있는 경우에는 명백성을 추가적으로 요구하는 **명백성보충요건설**, ⓒ 구체적 사안마다 권리구제의 요청과 행정의 법적 안정성을 이익형량하여 무효와 취소를 구별하여야 한다는 **구체적 가치형량설**이 대립된다.

2. 판 례

(가) **대법원**은 하자있는 행정처분이 당연무효이기 위해서는 그 하자가 적법요건의 중요한 부분을 위반한 중대한 것이고 일반인의 관점에서도 외관상 명백한 것이어야 하며, 그러하지 아니한 경우(중대하지만 명백하지 않거나 명백하지만 중대하지 않은 경우)에는 취소사유에 불과하다고 한다(중대명백설). 대법원의 **소수견해**는 **영등포구청장의 난지도펜스공사와 관련된 건설업영업정지처분무효확인사건**에서 명백성보충요건설을 취한 바 있다(대판(전원) 1995. 7. 11. 94누4615).

(나) **헌법재판소**는 **원칙**적으로 중대명백설의 입장이나, 행정처분의 효력이 쟁송기간 경과 후에도 존속 중(처분의 집행이 종료되기 전)이며 행정처분을 무효로 하더라도 법적 안정성을 크게 해치지 않는 반면에 그 하자가 중대하여 그 구제가 필요한 경우에는 중대한 하자만으로 무효가 된다는 **예외**적인 판례(헌재 1994. 6. 30. 92헌바23)도 있다.

3. 검 토

행정의 법률적합성을 고려할 때 위법한 행정행위의 효력은 부정하는 것이 정당하지만, 법적 안정성(공정력의 인정근거)을 근거로 일단 잠정적으로 유효성을 인정한다. 그러나 행정행위의 하자가 중대하고도 명백한 경우에는 법적 안정성을 침해할 우려가 없고 그러한 행정행위에 효력을 인정하는 것은 행정의 법률적합성에 반하기 때문에 중대명백설이 타당하다(**다수설**).

036 위헌인 법률에 근거한 행정행위의 위법성과 그 정도★★★

1. 문제 상황
① 헌법재판소가 법률을 위헌으로 결정한 후 그 법률에 근거하여 발령되는 행정행위는 헌법재판소법 제47조 제1항에 비추어 위헌결정의 기속력에 반하므로 하자가 중대하고 명백하여 당연무효가 된다. ② 그러나 헌법재판소가 법률을 위헌으로 결정하기 전에 이미 행정행위가 발령되었고 그 후 헌법재판소가 그 행정행위의 근거 법률을 위헌으로 결정하였다면 그 행정행위가 하자 있는 행위가 되는지 그리고 하자가 있다면 취소사유인지 무효사유인지가 문제이다.

2. 헌법재판소법 제47조 제2항·제3항과 소급효
헌법재판소법 제47조 제2항은 '위헌으로 결정된 법률 또는 법률의 조항은 그 결정이 있는 날부터 효력을 상실한다'고 규정한다. 따라서 논리적으로 위헌결정 이전에 당해 법률에 근거하여 발령된 처분이 근거법률이 위헌으로 선언됨으로써 위법하게 되는 문제는 생기지 않음이 원칙이라 할 것이다. 즉 처분 후에 근거법률이 위헌으로 결정된 경우의 처분의 위법 여부는 곧 위헌결정의 소급효가 인정됨을 전제로 한 논의라 할 것이며, 따라서 이 논의를 하기 위해서는 먼저 위헌결정의 소급효의 인정 여부 및 범위를 검토하는 것이 필요하다.

3. 위헌결정의 소급효의 인정 범위
(1) 법정 소급효
헌법재판소법 제47조 제3항은 '형벌에 관한 법률 또는 법률의 조항은 소급하여 그 효력을 상실한다. 다만, 해당 법률 또는 법률의 조항에 대하여 종전에 합헌으로 결정한 사건이 있는 경우에는 그 결정이 있는 날의 다음 날로 소급하여 효력을 상실한다'고 규정한다.
(2) 해석에 의한 소급효
1) 대 법 원
(개) 대법원은 헌법재판소의 위헌결정의 효력은 위헌제청을 한 당해사건은 물론 위헌제청신청은 아니하였지만 당해 법률 또는 법률의 조항이 재판의 전제가 되어 법원에 계속 중인 사건(병행사건)뿐만 아니라 위헌결정 이후에 같은 이유로 제소된 일반사건에도 원칙적으로 소급효가 미친다고 한다(대판 1993. 2. 26. 92누12247).
(내) 다만, 일반사건의 경우 ⓐ 당해 처분에 이미 형식적 존속력(불가쟁력)이 발생하였거나(대판 1994. 10. 28. 92누9463), ⓑ 법적 안정성과 신뢰보호의 요청이 현저한 경우(대판 2005. 11. 10. 2005두5628)에는 소급효를 제한하고 있다.
2) 헌법재판소
(개) 헌법재판소는 위헌결정의 소급효가 당해사건, 병행사건에 대해서만 미칠 수 있다고 보면서 일반사건의 경우 원칙적으로 소급효를 부정한다.
(내) 다만 일반사건의 경우 원칙적으로 소급효를 부정하지만 '구체적 타당성의 요청이 현저한 반면에 법적 안정성을 침해할 우려가 없고 소급효의 부인이 오히려 헌법적 이념에 심히 배치되는 때'에는 예외적으로 소급효를 인정하고 있다(헌재 1993. 5. 13. 92헌가10, 91헌바7, 92헌바24, 50(병합)).

4. 위헌인 법률에 근거하여 발령되었던 행정행위의 하자의 정도(위헌결정의 소급효가 인정되는 경우)

(1) 대 법 원

대법원은 법률이 헌법에 위반된다는 사정이 헌법재판소의 위헌결정이 있기 전에는 객관적으로 명백한 것이라고 할 수는 없으므로, 특별한 사정이 없는 한 그 행정처분의 취소소송의 전제가 될 수 있을 뿐이라고 한다(대판 1994. 10. 28. 92누9463).

(2) 헌법재판소

(가) 헌법재판소 역시 「법률이 헌법에 위반된다는 사정은 헌법재판소의 위헌결정이 있기 전에는 객관적으로 명백한 것이라고 할 수 없으므로 특별한 사정이 없는 한 이러한 하자는 행정처분의 취소사유에 해당할 뿐(헌재 2005. 3. 31. 2003헌바113)」이라고 한다.

(나) 다만, 「행정처분 자체의 효력이 쟁송기간경과 후에도 존속 중인 경우, … 무효로 하더라도 법적 안정성을 크게 해치지 않는 반면에 그 하자가 중대하여 그 구제가 필요한 경우에 대하여서는 그 예외를 인정하여 이를 당연무효사유로 보아서 쟁송기간 경과 후에라도 무효확인을 구할 수 있는 것(헌재 1994. 6. 30. 92헌바23)」이라고 하여 위헌인 법률에 근거한 처분이 예외적으로 무효사유가 될 수 있음을 인정한다.

036-1   위헌인 법률에 근거한 행정행위의 집행력★★★

1. 문제 상황

의무를 과하는 행정행위(예: 국세부과처분)가 있은 후 상대방은 이를 불이행하였고, 그 의무의 불이행을 이유로 집행행위(예: 강제징수)에 들어가기 전이나 집행을 하는 과정에서 의무를 과하는 행정행위의 근거법률(예: 국세기본법)이 위헌으로 결정된 경우, 의무를 과하는 **행정행위의 근거법률에 대한 위헌결정의 기속력**이 의무를 집행하거나(예: 압류행위를 개시하는 것) 집행력을 유지하는 행위(예: 압류등기를 유지하는 것)에도 미치는지, 만일 위헌결정의 기속력이 미쳐 위법하다면 위법성의 정도는 무엇인지가 문제된다.

2. 위헌인 법률에 근거한 행정행위의 집행력의 인정 여부

(1) 학   설

1) 긍 정 설

처분의 근거법령에 대한 위헌결정의 기속력은 처분의 근거규정(예: 국세기본법)에만 미치고 집행의 근거규정(예: 국세징수법)에는 미치지 않으며, 의무를 과하는 행정행위(예: 국세부과처분)와 이를 집행하는 행위(예: 압류처분)는 하나의 **법률효과**를 목적으로 하지 않는다는 점을 근거로 한다(박균성, 윤진수).

2) 부정설(다수설)

부정설은 헌법재판소법 제47조 제 1 항(법률의 위헌결정은 법원과 그 밖의 국가기관 및 지방자치단체를 기속(羈束)한다)과 제 2 항(위헌으로 결정된 법률 또는 법률의 조항은 그 결정이 있는 날부터 효력을 상실한다)을 근거로 한다. 즉, 제 1 항의 위헌결정의 기속력(위헌결정취지의 준수의무)에 따라 모든 국가기관과 지방자치단체는 위헌법률에 근거하여 새로운 **법률관계를 형성**해서는 안 되는 의무를 부담하고 또한 집행행위도 금지된다고 보며, 제 2 항의 장래효 규정에 따라 위헌결정된 법률은 장래를 향해 일반적으로 적용이 배제된다고 본다(남복현, 이동흡). 따라서 위헌인 법률에 근거한 행정행위는 집행력이 인정되지 않는다고 본다.

(2) 판   례

대법원은 행정행위가 있은 후에 집행단계에서 그 행정행위의 근거된 법률이 위헌으로 결정된 경우 그 행정행위의 집행이나 집행력을 유지하기 위한 행위는 위헌결정의 기속력에 위반되어 허용되지 않는다고 한다(**부정**)(구 택지소유상한에관한법률 … 법 전부에 대한 위헌결정으로 위 제30조 규정 역시 그 날로부터 효력을 상실하게 되었고, 나아가 위헌법률에 기한 행정처분의 집행이나 집행력을 유지하기 위한 행위는 위헌결정의 기속력에 위반되어 허용되지 않는다고 보아야 할 것인데, … 그 위헌결정 이전에 이미 부담금 부과처분과 압류처분 및 이에 기한 압류등기가 이루어지고 위의 각 처분이 확정되었다고 하여도, 위헌결정 이후에는 별도의 행정처분인 매각처분, 분배처분등 후속 체납처분절차를 진행할 수 없는 것은 물론이…다(대판 2002. 8. 23. 2001두2959)).

(3) 검   토

위헌인 법률에 근거한 행정행위에 집행력을 인정하는 것은 **헌법재판소법 제47조 제1 항의 기속력**(결정취지준수의무)에 위반되는 것이므로 이를 부정하는 견해가 타당하다.

3. 위헌인 법률에 근거한 행정행위의 집행·집행력을 유지하기 위한 행위의 위법성의 정도

대법원은 만일 헌법재판소의 위헌결정의 기속력에 위반하여 행정청이 해당 행정행위의 집행 행위·집행력을 유지하기 위한 행위를 하였다면 그 행위는 하자가 중대하고 명백하여 당연무 효라고 본다(대판(전원) 2012. 2. 16. 2010두10907).

037 　행정행위의 하자승계★★★

1. 의　　의

행정행위의 하자의 승계란 둘 이상의 행정행위가 연속적으로 행해지는 경우 선행행위의 하자가 후행행위에 승계되는 것을 말한다. 즉 적법한 후행행위를 다투며 선행행위의 하자를 주장할 수 있는지의 문제를 말한다.

2. 하자승계의 논의의 전제

하자승계의 논의가 특히 문제되는 경우는 ⓐ 선행행위와 후행행위가 모두 항고소송의 대상이 되는 행정처분이고, ⓑ 선행행위는 당연무효가 아닌 취소사유가 존재하고(선행행위가 무효라면 선행행위를 다툴 수도 있으며 — 무효인 행위는 제소기간의 제한이 없다 —. 연속되는 후행행위에 항상 하자가 승계되어 무효이므로 논의의 실익이 적다), ⓒ 선행행위에는 하자가 존재하나 후행행위는 적법해야 하고, ⓓ 선행행위의 하자가 제소기간 도과 등으로 불가쟁력이 발생하여 선행행위를 다툴 수 없는 경우라야 한다.

3. 인정범위

(1) 학　　설

1) 하자의 승계론(전통적 견해)

행정행위의 하자는 행정행위마다 독립적으로 판단되어야 하는 것이 원칙이지만(선행행위는 불가쟁력이 발생했기 때문에), 선행행위와 후행행위가 일련의 절차에서 하나의 법률효과를 목적으로 하는 경우에는 예외적으로 하자의 승계를 인정한다.

2) 구속력설(규준력설)

a. 의　　의　　　구속력이란 제소기간도과 등으로 선행행정행위에 형식적 존속력이 발생하면 선행행정행위의 법적 상태는 종결되기 때문에 선행행정행위의 내용과 효과가 후행행정행위를 구속함으로써 상대방(관계인, 법원)은 선행행위의 하자를 이유로 후행행위를 다투지 못하는 효과를 말한다.

b. 범위(한계, 요건)　　　㈎ 구속력은 ⓐ 선·후의 행위가 법적 효과가 일치하는 범위에서(객관적 한계(내용적·사물적 한계)), ⓑ 처분청과 처분의 상대방(이해관계 있는 제3자도 포함) 및 법원에게(주관적 한계(대인적 한계)), ⓒ 선행행정행위의 기초를 이루는 사실적·법적 상황의 동일성이 유지되는 한도까지 미친다(시간적 한계). 이처럼 선행행위의 구속력이 후행행위에 미치는 한 처분의 상대방 등은 후행행위를 다투며 선행행위의 하자를 주장하지 못한다.

㈏ ⓓ 그러나 객관적·주관적·시간적 한계 내에서 선행행정행위의 후행행정행위에 대한 구속력이 인정됨으로 인해(행정행위의 하자의 승계를 주장하지 못함으로 인해) 사인의 권리보호가 부당하게 축소될 수 있기 때문에 관련자에게 예측불가능하거나 수인불가능한 사정이 있는 경우에는 구속력이 미치지 않는다(추가적 요건). 따라서 이 경우에는 후행행위를 다투면서 선행행위의 위법을 주장할 수 있게 된다.

(2) 판　　례

㈎ 판례는 원칙상 하자의 승계론에 따라 선·후의 행위가 단계적인 일련의 절차로 연속하여 행하여지는 것으로서 서로 결합하여 하나의 법률효과를 발생시키는 것이라면 후행처분에 하자

가 없다고 하더라도 후행처분의 취소를 청구하는 소송에서 선행처분의 위법성을 주장할 수 있다고 본다. 즉, ⓐ 대집행절차상 **계고처분과 대집행영장발부통보처분**(대판 1996. 2. 9. 95누12507), 국세징수법상 **독촉과 가산금·중가산금 징수처분**(대판 1986. 10. 28. 86누147)에 대해 하자의 승계를 인정하였고, ⓑ 건물**철거명령과 대집행계고처분**(대판 1998. 9. 8. 97누20502), **과세처분과 체납처분**(대판 1977. 7. 12. 76누51)은 하자의 승계를 부정하였다.

(나) 그러나 ⓐ **개별공시지가결정의 위법을 이유로 그에 기초하여 부과된 양도소득세부과처분의 취소를 구한 판결**에서 선행행위와 후행행위가 별개의 법률효과를 목적으로 하는 경우에도 수인성의 원칙을 이유로 하자의 승계를 예외적으로 인정하였다(대판 1994. 1. 25. 93누8542). ⓑ 그리고 **최근 표준지공시지가결정의 위법이 수용재결에 승계될 것인지가 문제된 판결**에서도 양자는 별개의 법률효과를 목적으로 하지만 수인성의 원칙을 이유로 하자의 승계를 긍정하였다(대판 2008. 8. 21. 2007두13845). ⓒ 또한 친일반민족행위진상규명위원회가 원고의 사망한 직계존속을 **친일반민족행위자로 결정**(선행처분)하였으나 이를 원고에게 통지하지 못해 원고는 이 사실을 모른 상태에서 그 이후 지방보훈지청장이 원고를 **독립유공자법 적용배제자결정**(후행처분)을 하자 **원고가 후행처분을 다툰 판결**에서, 선·후의 행위는 별개의 법률효과를 목적으로 하지만 선행처분의 하자를 이유로 후행처분을 다투지 못하게 하는 것은 원고에게 수인불가능하고 예측불가능한 불이익을 강요하는 것이므로 선행처분의 후행처분에 대한 구속력이 인정되지 않고 따라서 원고는 하자의 승계를 주장할 수 있다고 보았다(대판 2013. 3. 14. 2012두6964).

> **1. 행정행위의 하자의 승계를 인정한 판례**
> ⓐ 대집행절차상 계고처분과 대집행영장발부통보처분(대판 1996. 2. 9. 95누12507), ⓑ 국세징수법상 독촉과 가산금·중가산금 징수처분(대판 1986. 10. 28. 86누147), ⓒ 이행강제금부과예고(계고)와 이행강제금부과처분(대판 2015. 6. 24. 2011두2170), ⓓ 개별공시지가결정과 양도소득세부과처분(대판 1994. 1. 25. 93누8542), ⓔ 표준지공시지가결정과 수용재결(대판 2008. 8. 21. 2007두13845), ⓕ 친일반민족행위자결정과 독립유공자법적용배제자결정(대판 2013. 3. 14. 2012두6964)(ⓐⓑⓒ는 하나의 법률효과를 목적으로 하기 때문에 하자의 승계를 인정한 판례이고, ⓓⓔⓕ는 별개의 법률효과를 목적으로 하지만 수인성의 원칙을 근거로 하자의 승계를 인정한 판결이다).
>
> **2. 행정행위의 하자의 승계를 부정한 판례**
> ⓐ 건물철거명령과 대집행계고처분(대판 1998. 9. 8. 97누20502), ⓑ 과세처분과 체납처분(대판 1977. 7. 12. 76누51), ⓒ 도시계획결정과 수용재결(대판 1990. 1. 23. 87누947), ⓓ 사업인정과 수용재결처분(대판 2000. 10. 13. 2000두5142), ⓔ 표준지공시지가결정과 개별공시지가결정(대판 1995. 3. 28. 94누12920), ⓕ 공무원에 대한 직위해제처분과 직권면직처분(대판 1984. 9. 1. 84누191), ⓖ 도시 및 주거환경정비법상 사업시행계획과 관리처분계획(대판 2012. 8. 23. 2010두13463), ⓗ 도시·군계획시설결정과 실시계획인가(대판 2017. 7. 18. 2016두49938).

(3) 검   토

하자의 승계론과 수인성을 결합한 **판례**의 태도가 타당하다. 즉, 선·후의 행위가 하나의 법률효과를 목적으로 하는 경우에는 하자의 승계를 인정하는 것이 타당하다. 다만, 선·후의 행위가 하나의 법률효과를 목적으로 하지 않는 경우에도 특히 예측불가능하거나 수인불가능한 사정이 있는 경우에는 예외적으로 하자의 승계를 인정하여야 한다.

038   하자 있는 행정행위의 치유★★★

1. 의   의

행정행위가 발령 당시에 위법한 것이라고 하여도 사후에 흠결을 보완하게 되면 적법한 행위로 취급하는 것을 말한다.

2. 인정 여부

(1) 학   설

ⓐ 하자의 치유를 긍정하면 다시 처분을 발령하지 않아도 되므로 행정의 **능률성**의 확보 등을 이유로 광범위하게 허용된다는 **긍정설**, ⓑ 법치주의의 관점에서 하자의 치유가 원칙적으로 허용되지 아니한다는 **부정설**(위법한 처분의 효력은 부정되어야 하기 때문에), ⓒ 국민의 방어권보장을 침해하지 않는 범위 안에서 제한적으로만 허용된다는 **제한적 긍정설**(통설)이 있다.

(2) 판   례

판례는 「하자 있는 행정행위의 치유는 행정행위의 성질이나 법치주의의 관점에서 볼 때 원칙적으로 허용될 수 없는 것이고, 예외적으로 행정행위의 무용한 반복을 피하고 당사자의 법적 안정성을 위해 이를 허용하는 때에도 국민의 권리나 이익을 침해하지 않는 범위에서 구체적 사정에 따라 합목적적으로 인정하여야 한다(대판 2002. 7. 9. 2001두10684)」고 하여 제한적 긍정설의 입장이다.

(3) 검   토

행정결정의 신중성 확보와 자의배제 등을 고려하면 하자 있는 행정행위의 치유는 원칙적으로 부정함이 타당하지만, 행정의 능률성을 고려할 때 제한적 긍정설이 타당하다.

3. 적용 범위

(1) 무효인 행정행위의 치유 여부

전통적 견해와 판례는 하자의 치유는 취소할 수 있는 행위에만 인정되며(대판 1989. 12. 12. 88누8869), 무효인 행위는 언제나 무효이어서 종국적 성질을 가지므로 치유가 인정되지 않는다고 한다(무효와 취소의 구별의 상대화를 이유로 무효인 행위에 대해 하자의 치유를 인정하는 **견해도 있다**).

(2) 내용상 하자의 치유 여부

① ⓐ 절차와 형식상의 하자 외에 **내용상의 하자도 치유가 가능하다**는 견해도 있으나, ⓑ 행정의 법률적합성의 원칙을 고려할 때 **내용상 하자의 치유는 불가능하다**는 견해가 타당하다. ② 판례도 부정한다(대판 1991. 5. 28. 90누1359).

4. 요   건

(가) 하자의 치유를 인정하기 위해서는 '**흠결된 요건의 사후 보완**'이 있어야 한다. ⓐ **일부 견해**는 처분의 취소가 사후에 필요 없게 된 경우(처분의 하자가 시간의 경과로 경미해지거나 취소필요성이 없어지거나 취소를 불허하는 공익적 사정이 생기는 경우)도 하자의 치유 사유로 보기도 하지만, ⓑ 이는 취소권 제한 사유로 보는 것이 **다수견해**이며, 타당하다. 그리고 요건의 보완은 보완행위를 할 수 있는 적법한 권한자에 의해 이루어져야 한다.

(나) 다만, 하자의 치유의 요건을 다소 완화하는 판례도 있다(증여세의 납세고지서에 과세표준과

세액의 계산명세가 기재되어 있지 아니하거나 그 계산명세서를 첨부하지 아니하였다면 그 납세고지는 위법하다고 할 것이나, 한편 과세관청이 과세처분에 앞서 납세의무자에게 보낸 과세예고통지서 등에 납세고지서의 필요적 기재사항이 제대로 기재되어 있어 납세의무자가 그 처분에 대한 불복 여부의 결정 및 불복신청에 전혀 지장을 받지 않았음이 명백하다면, 이로써 납세고지서의 하자가 보완되거나 치유될 수 있다(대판 2001. 3. 27. 99두8039)).

5. 한계(제한적 긍정설)

(1) 실체적 한계

하자의 치유는 법치주의의 관점에서 보아 원칙적으로는 허용될 수 없지만, 국민의 권리와 이익을 침해하지 않는 범위에서 예외적으로 인정되어야 한다.

(2) 시간적 한계

1) 학 설

치유의 시기와 관련하여 ⓐ 쟁송제기이후에 하자의 치유를 인정하면 당사자의 **신뢰보호**와 **예측가능성**을 침해할 수 있으므로 하자의 치유는 쟁송제기이전에 있어야 한다는 견해(**쟁송제기이전시설**)와 ⓑ 쟁송제기이후에 하자의 치유를 인정해도 처분의 상대방의 권리구제에 장애를 초래하지 않는 경우가 있을 수 있으므로 **소송경제**를 고려하여 쟁송제기이후에도 치유가 가능하다는 견해(**쟁송종결시설**)가 대립된다.

2) 판 례

판례는 「치유를 허용하려면 늦어도 과세처분에 대한 불복 여부의 결정 및 불복신청에 편의를 줄 수 있는 상당한 기간 내에 하여야 한다고 할 것(대판 1983. 7. 26. 82누420)」이라고 하고 있어 행정쟁송제기이전까지만 가능하다는 것이 판례의 입장이다.

3) 검 토

(특히 청문·이유제시 등 절차나 형식상의 하자의 경우) 당사자에게 **불복 여부 결정 및 불복신청에 편의를 줄 수 있도록** 하자의 치유는 쟁송제기이전에 있어야 한다는 견해가 타당하다(하명호).

6. 하자의 치유의 효과

하자의 치유가 인정되면 처음부터 적법한 행정행위가 발령된 것처럼 치유의 효과는 소급한다.

039 ｜ 하자 있는 행정행위의 전환★

1. 의 의

하자 있는 행정행위의 전환이란 하자 있는 행정행위가 다른 행정행위의 적법요건을 갖춘 경우 다른 행정행위로서의 효력발생을 인정하는 것을 말한다(예를 들어 사망자에 대한 과세처분은 무효이지만 이를 상속인에 대한 과세처분으로 인정하는 것을 말한다). 하자 있는 행정행위의 치유는 행정행위의 하자를 제거하는 보완적인 행위이지만, 행정행위의 전환은 기존행정행위 대신에 다른 새로운 행정행위로 대체된다는 점에서 차이가 있다.

2. 법적 성질

행정행위의 전환의 성질과 관련하여 행정청의 의사표시로 효력이 발생하는 행정행위라는 견해(행정행위설)가 **다수설**이고 타당하다. 따라서 행정행위의 전환에 하자가 있다면 항고소송을 제기할 수 있다(대판 1969. 1. 21. 68누190).

3. 요 건

(1) 전환 전의 행위는 위법할 것

전환 전의 행정행위가 위법하여야 한다. 다만, 하자 있는 행정행위의 전환을 무효인 행정행위에 대해서만 인정할 것인지, 취소사유 있는 행정행위에도 인정할 것인지 문제된다. ⓐ **취소사유 있는 행정행위에도 인정된다는 견해**는 이를 인정하는 것이 행정의 무용한 반복을 피하고자 하는 행정행위의 전환의 취지에 부합된다고 보지만, ⓑ 취소사유 있는 행정행위의 경우 하자가 치유될 가능성이 있으므로 행위의 효력이 불완전하나마 존재하고 있는 동안은 당사자가 의욕한 바가 아닌 다른 행위로 전환되어서는 아니 된다는 점에서 **무효인 행정행위에만 인정된다는 견해(다수견해)**가 타당하다.

(2) 전환 전·후 행위의 일치성

전환 전·후의 행정행위가 목적과 효과에 실질적 공통성이 있고, 절차와 형식이 동일하여야 한다.

(3) 전환 후의 행위는 적법할 것

전환 후의 행정행위가 내용적인 면뿐만 아니라 주체·절차·형식의 면에서도 적법할 것을 요한다.

(4) 당사자에게 전환의사가 있을 것

당사자에게 전환의사가 있어야 한다. 즉 위법한 행정행위 발령 당시 행정행위에 하자가 있다는 사실을 당사자가 알았더라면 다른 행정행위를 의욕했어야 한다.

4. 한계 — 행정청이나 관계자에게 불이익하지 않을 것

행정행위의 전환이 행정청의 의도에 반하지 않아야 하며, 행정행위의 상대방이나 제3자에게 불이익한 효과를 가져 오지 않아야 한다.

5. 효 과

① 하자 있는 행정행위의 전환은 새로운 행정행위를 가져온다. 새로운 행정행위의 효력은 당초 하자 있는 행정행위의 발령시점으로 소급하여 발생한다. ② 항고소송 계속 중에 행정행위의 전환이 이루어진다면 처분의 상대방은 처분변경으로 인한 소의 변경을 함으로써 종전의 소송을 전환된 행정행위에 대한 소송으로 유지할 수 있다(행정소송법 제22조 제1항 참조).

040 　하자 있는 직권취소(또는 철회)의 (재)취소의 가능성★

> 행정행위의 직권취소란 위법 또는 부당한 하자가 있는 행정행위를 그 행위를 발령한 처분청(감독청)이 직권으로 효력을 소멸시키는 것을 말한다.

1. 문제 상황

직권취소의 하자가 단순위법인 경우 직권취소로 소멸되었던 원처분이 행정청이 직권취소를 다시 취소함으로써 소생될 수 있는지가 문제된다(하자 있는 철회의 취소의 경우도 동일).

2. 학　　설

① 직권취소를 쟁송취소하는 경우 원처분의 효력이 회복되는데(운전면허취소처분에 대해 취소소송을 제기하여 확정판결을 받은 경우 운전면허처분의 효력은 회복된다) 직권취소를 취소함으로써 원처분의 회복이 불가능하다는 것은 모순이라고 보는 **적극설**, ② 직권취소로 원처분의 효력은 확정적으로 상실되었으므로 직권취소를 취소하더라도 원처분의 원상회복이 불가능하다는 **소극설**, ③ 원처분의 성질(수익인지 침익인지), 새로운 이해관계인의 등장 여부, 법적 안정성(신뢰보호), 행정능률 등을 고려하여 판단해야 한다는 **절충설**로 나누어진다.

3. 판　　례

① **원처분이 침익적 처분인 경우** 그 직권취소의 취소(예를 들어 과세처분에 대한 직권취소의 취소)는 소극적 입장을, ② **원처분이 수익적 처분인 경우** 그 직권취소의 취소(예를 들어 이사취임승인처분에 대한 직권취소의 취소)는 적극적 입장을 취한다. ③ 다만, 직권취소를 취소하여 회복되는 원처분이 수익적이라 할지라도 그 원처분이 동시에 제3자에게는 침익적 효과를 가져온다면(＝복효적인 경우) 원처분의 회복을 부정한다(대판 1967. 10. 23. 67누126).

4. 검　　토

① 소극설에 따르면 직권취소로 소멸된 원처분의 효력 회복은 불가능하므로 행정청은 직권취소로 소멸된 원처분과 동일한 처분을 하여야 하는데 이는 취소처분의 하자를 시정하는 근원적인 방법이 아니며(예를 들어 소극설에 따르면 하자 있는 운전면허취소처분을 취소해서는 운전면허처분의 효력을 회복시킬 수가 없기 때문에 사인이 운전면허가 취소된 기간 중 운전을 한 경우 무면허운전죄로 처벌받을 수밖에 없지만, 운전면허취소처분을 취소하여 운전면허처분의 효력을 소급적으로 회복시킬 수 있다면 무면허운전죄가 성립되지 않을 것이다), ② 적극설에 따르면 효력이 소급적으로 회복되는 원처분이 침익적 처분인 경우 당사자에게 불이익하게 작용하기 때문에(과세처분의 직권취소를 취소한다면 원처분인 과세처분의 효력이 소급적으로 회복되어 상대방에게 불이익하다), ③ 원처분이 침익적인 경우와 수익적인 경우를 분리하여 판단하는 판례의 입장이 타당하다.

041 　행정행위의 철회★★★

1. 의　　의
행정행위의 철회란 사후적으로 발생한 사유에 의해 행정행위의 효력을 장래를 향해 소멸시키는 의사표시를 말한다.

2. 법적 근거(법률유보)의 필요 여부

(1) 문 제 점
행정행위의 철회는 법령에 그 사유가 명시되지 않음이 일반적이어서 수익적 행정행위를 철회함에 있어서 명시적인 법적 근거가 필요한지가 문제된다(행정행위의 철회에 대한 명시적인 근거가 없는 경우 논의의 실익이 있다).

(2) 학　　설

1) 근거필요설
침익적인 행위의 철회는 수익적이므로 법률의 근거 없이도 가능하지만, 수익적 행위의 철회는 침익적이므로 행정의 법률적합성의 원칙상 법률의 근거가 필요하다고 보는 견해이다.

2) 근거불요설
행정법규가 완벽하지 않은 상태에서 철회에 일일이 법률의 근거를 요한다고 하면 **중대한 공익상의 필요**가 있는 경우에도 철회할 수 없다는 결론이 나오는바, 이것은 합리적이지 못하기에 명시적 근거가 없어도 철회는 가능하다는 견해이다.

3) 제한적 긍정설
당사자에게 **귀책사유**가 있거나 사전에 **철회권이 유보**(미리 정해두는 것)되어 있는 경우에는 당사자의 이해관계를 배려할 필요성이 크지 않으므로 법적 근거를 요하지 않으나, 새로운 사정의 발생으로 공익목적을 실현하기 위해 철회권이 행사되는 경우에는 공익실현과 더불어 당사자의 이해관계가 고려되어야 하기에 이 경우는 법적 근거가 필요하다는 견해이다.

(3) 판　　례
판례는 「행정행위를 한 처분청은 비록 그 처분 당시에 그 행정처분에 별다른 하자가 없었고 또 그 처분 후에 이를 취소할 별도의 법적 근거가 없다 하더라도 원래의 처분을 존속시킬 필요가 없게 된 사정변경이 생겼거나 또는 중대한 공익상의 필요가 발생한 경우에는 그 효력을 상실케 하는 별개의 행정행위로 이를 취소할 수 있다(대판 1989. 4. 11. 88누4782)」고 판시하여 사정변경이 있거나 중대한 공익상의 필요가 있는 경우 법적 근거 없이도 철회할 수 있다고 본다(근거불요).

(4) 검　　토
행정행위의 권한을 부여하는 규정(수권규정)은 동시에 **철회의 권한도 부여한 것으로 볼 수 있다**는 점(허가에 대한 권한 규정을 허가의 철회에 대한 근거규정으로 볼 수도 있다는 의미)에서 철회에 법적 근거가 필요하지 않다는 견해가 타당하다(근거불요설).

3. 철회의 사유
철회의 법적 근거불요설의 입장에서도 수익적 행정행위의 철회는 무제한적으로 가능한 것은 아니며, 일반적으로 ⓐ 철회권 행사의 가능성이 유보되어 있거나, ⓑ 상대방이 부담을 불이행하였거나, ⓒ 사실관계의 변화가 있거나, ⓓ 법적 상황의 변화가 있거나, ⓔ 기타 공익상 중대한 필요가 있는 경우에 철회가 인정된다.

4. (수익적 행정행위에 대한) 철회권 행사의 제한

수익적 행정행위의 철회는 상대방에게 침익적이므로 제한된다. 즉 성문법과 행정법의 일반원칙 특히 신뢰보호원칙이나 비례원칙 등에 위반되어서는 아니 된다.

💎 논점 일부 철회(취소)의 가능성★★

행정행위의 철회권(취소권)행사도 부당결부금지의 원칙과 비례원칙을 준수해야 하기 때문에 일부만의 철회가 가능하다면 전부철회가 아닌 일부철회의 방법을 선택하여야 한다. 다만, 일부만을 철회하기 위해서는 외형상 하나의 행정처분이라 하더라도 가분성이 있거나 그 처분대상의 일부가 특정될 수 있어야 한다(대판(전원) 1995. 11. 16. 95누8850). 특히 한 사람이 여러 종류의 자동차운전면허를 취득한 경우 이를 취소 또는 정지하는 경우 일부철회(취소)가 가능한지가 문제된다.

• 전부취소를 긍정한 판결
1. 제 1 종 보통면허로 운전할 수 있는 차량을 음주운전한 경우에 이와 관련된 면허인 제 1 종 대형면허와 원동기장치자전거면허까지 취소할 수 있는지 여부(적극)
자동차운전면허는 그 성질이 대인적 면허일 뿐만 아니라 도로교통법시행규칙 제26조 별표 14에 의하면, 제 1 종 대형면허 소지자는 제 1 종 보통면허로 운전할 수 있는 자동차와 원동기장치자전거를, 제 1 종 보통면허 소지자는 원동기장치자전거까지 운전할 수 있도록 규정하고 있어서 제 1 종 보통면허로 운전할 수 있는 차량의 음주운전은 당해 운전면허뿐만 아니라 제 1 종 대형면허로도 가능하고, 또한 제 1 종 대형면허나 제 1 종 보통면허의 취소에는 당연히 원동기장치자전거의 운전까지 금지하는 취지가 포함된 것이어서 이들 세 종류의 운전면허는 서로 관련된 것이라고 할 것이므로 제 1 종 보통면허로 운전할 수 있는 차량을 음주운전한 경우에 이와 관련된 면허인 제 1 종 대형면허와 원동기장치자전거면허까지 취소할 수 있는 것으로 보아야 한다(대판 1994. 11. 25. 94누9672).

2. 제 1 종 대형면허로 운전할 수 있는 차량을 운전면허정지기간 중에 운전한 경우, 이와 관련된 제 1 종 보통면허까지 취소할 수 있는지 여부(적극)
제 1 종 대형면허를 가진 사람만이 운전할 수 있는 대형승합자동차는 제 1 종 보통면허를 가지고 운전할 수 없는 것이기는 하지만, 자동차운전면허는 그 성질이 대인적 면허일 뿐만 아니라, 도로교통법시행규칙 제26조 [별표 13의6]에 의하면, 제 1 종 대형면허 소지자는 제 1 종 보통면허 소지자가 운전할 수 있는 차량을 모두 운전할 수 있는 것으로 규정하고 있어. 제 1 종 대형면허의 취소에는 당연히 제 1 종 보통면허소지자가 운전할 수 있는 차량의 운전까지 금지하는 취지가 포함된 것이어서 이들 차량의 운전면허는 서로 관련된 것이라고 할 것이므로, 제 1 종 대형면허로 운전할 수 있는 차량을 운전면허정지기간 중에 운전한 경우에는 이와 관련된 제 1 종 보통면허까지 취소할 수 있다(대판 2005. 3. 11. 2004두12452).

3. 갑이 제 2 종 원동기장치자전거면허 외에 다른 운전면허 없이 주취 상태에서 승용자동차를 운전하였다는 이유로 관할 지방경찰청장이 갑의 제 2 종 원동기장치자전거면허를 취소할 수 있는지 여부(적극)
원고에게 승용자동차를 운전할 수 있는 위 각 면허가 없었다 하더라도 원고의 이 사건 승용자동차의 음주운전행위는 제 2 종 원동기장치자전거의 운전을 금지시킬 사유에 해당하므로 그 면허를 취소할 수 있다고 봄이 마땅하므로 피고가 원고의 제 2 종 원동기장치자전거면허를 취소한 이 사건 처분은 적법하다고 할 것이다(대판 2012. 6. 28. 2011두358).

4. 갑이 혈중알코올농도 0.140%의 주취상태로 배기량 125cc 이륜자동차를 운전하였다는 이유로 관할 지방경찰청장이 갑의 자동차운전면허[제 1 종 대형, 제 1 종 보통, 제 1 종 특수(대형견인·구난), 제 2 종 소형]를 취소할 수 있는지 여부(적극)
갑에 대하여 제 1 종 대형, 제 1 종 보통. 제 1 종 특수(대형견인·구난) 운전면허를 취소하지 않는다면, 갑이 각 운전면허로 배기량 125cc 이하 이륜자동차를 계속 운전할 수 있어 실질적으로는 아무런 불이익을 받지 않게 되는 점, … 제1종 대형, 제1종 보통, 제1종 특수(대형견인·구난) 운전면허를 취소한 부분에 재량권을 일탈·남용한 위법이 있다고 본 원심판단에 재량권 일탈·남용에 관한 법리 등을 오해한 위법이 있다(대판 2018. 2. 28. 2017두67476).

- **전부취소를 부정한 판결**

1. 제1종 보통, 대형 및 특수면허를 가지고 있는 자가 레이카크레인을 음주운전한 행위가 특수면허의 취소사유 외에 보통 및 대형 면허의 취소사유에 해당하는지 여부

제1종 보통, 대형 및 특수 면허를 가지고 있는 자가 레이카크레인을 음주운전한 행위는 제1종 특수면허의 취소사유에 해당될 뿐 제1종 보통 및 대형 면허의 취소사유는 아니므로, 3종의 면허를 모두 취소한 처분 중 제1종 보통 및 대형 면허에 대한 부분은 이를 이유로 취소하면 될 것이나, 제1종 특수면허에 대한 부분은 원고가 재량권의 일탈·남용하여 위법하다는 주장을 하고 있음에도, 원심이 그 점에 대하여 심리·판단하지 아니한 채 처분 전체를 취소한 조치는 위법하다(대판(전원) 1995. 11. 16. 95누8850).

2. 제1종 대형, 제1종 보통 자동차운전면허를 가지고 있는 갑이 배기량 400cc의 오토바이를 절취하였다는 이유로 지방경찰청장이 갑의 제1종 대형, 제1종 보통 자동차운전면허를 모두 취소한 사안에서, 오토바이를 훔쳤다는 사유만으로 제1종 대형면허나 보통면허를 취소할 수 있는지 여부

제1종 대형, 제1종 보통 자동차운전면허를 가지고 있는 갑이 배기량 400cc의 오토바이를 절취하였다는 이유로 지방경찰청장이 도로교통법 제93조 제1항 제12호에 따라 갑의 제1종 대형, 제1종 보통 자동차운전면허를 모두 취소한 사안에서, 도로교통법 제93조 제1항 제12호, 도로교통법 시행규칙 제91조 제1항 [별표 28] 규정에 따르면 그 취소 사유가 훔치거나 빼앗은 해당 자동차 등을 운전할 수 있는 특정 면허에 관한 것이며, 제2종 소형면허 이외의 다른 운전면허를 가지고는 위 오토바이를 운전할 수 없어 취소 사유가 다른 면허와 공통된 것도 아니므로, 갑이 위 오토바이를 훔친 것은 제1종 대형면허나 보통면허와는 아무런 관련이 없어 위 오토바이를 훔쳤다는 사유만으로 제1종 대형면허나 보통면허를 취소할 수 없다(대판 2012. 5. 24. 2012두1891).

042　부관의 종류, 부관의 위법성, 위법성의 정도★★

I. 부관의 종류

1. 판단기준

부관의 종류 중 어디에 해당하는지는 ⓐ 그 표현에 관계없이 행정청의 객관적인 의사에 따라 판단하여야 한다. ⓑ 다만 그 의사가 불분명하다면 최소침해의 원칙상 상대방인 사인에게 유리하도록 판단한다.

2. 조　　　건

조건이란 행정행위의 효력의 발생·소멸을 장래에 발생 여부가 불확실한 사실에 종속시키는 부관을 말한다. 조건에는 정지조건과 해제조건이 있다. '정지조건'이란 조건의 성취로 행정행위의 효력이 발생하는 조건을 말하며, '해제조건'이란 조건의 성취로 발령된 행정행위의 효력이 소멸되는 경우의 조건을 말한다.

3. 기　　　한

기한이란 행정행위의 효력의 발생·소멸을 장래에 발생 여부가 확실한 사실에 종속시키는 부관을 말한다. 기한에는 시기(始期)와 종기(終期)가 있다.

4. 철회권(취소권)의 유보

철회권의 유보란 일정한 사정이 발생하면 행정행위를 철회할 수 있음을 미리 정해 두는(=유보) 부관을 말한다.

5. 부　　　담

(1) 의　　　의

부담이란 수익적인 주된 행정행위에 부가된 것으로 상대방에게 작위·부작위·수인·급부 등 의무를 과하는 부관을 말한다.

(2) 부담과 조건

ⓐ 부담부 행정행위는 부담의 이행 여부를 불문하고 일단 주된 행정행위의 효력은 발생하지만, 정지조건부 행정행위는 조건이 성취되어야 효력이 발생한다. 그러나 양자의 구별은 불분명한 경우가 많다. 이 경우 최소침해의 원칙상 상대방에게 유리하도록 부담으로 보아야 한다 (통설). ⓑ 부담부 행정행위는 부담을 불이행하더라도 별도로 행정행위를 철회하지 않는 한 당연히 행정행위의 효력이 소멸하지는 않지만(철회의 사유가 될 수 있다), 해제조건부 행정행위는 조건의 성취로 행정행위의 효력이 당연히 소멸된다.

(3) 성　　　질

조건이나 기한과 달리 부담은 주된 행정행위의 일부분이 아니라 그 자체로 독립된 행정행위다. 다만 부담은 주된 행정행위와 관련되어 있고 주된 행위의 효력에 의존한다는 종속적인 면에서 부관으로 볼 수 있는 것이다(부종성을 갖는 행정행위).

6. 부담유보

부담유보란 사후적으로 부담을 설정·변경·보완할 수 있는 권리를 미리 정해 두는(=유보) 내용의 부관을 말한다. 부담유보 후 사후에 부담을 부가하는 경우 상대방은 부담의 부가가능성을 알고 있었기에 신뢰보호원칙을 주장하지 못한다.

7. 법률효과의 일부배제

(1) 의 의
법률효과의 일부배제란 법률이 예정하고 있는 행정행위의 효과의 일부를 행정청이 배제하는 부관을 말한다. 예를 들어 공유수면 관리 및 매립에 관한 법률 제46조 제1항은 매립지의 소유권 취득에 관해 규정하면서 동법 제29조와 그에 근거한 동법시행령 제37조 제2호는 매립지의 소유권 취득에 대해 동법 제46조 제1항과 달리 부관으로 달리 정할 수 있음을 명시적으로 규정하고 있는데, 이 규정에 근거하여 소유권 귀속에 대한 사항을 정하는 부관을 행정기관이 발령하면 그 부관은 법률효과의 일부배제이다.

(2) 법적 성질·근거
① 일반적인 견해와 판례는 법률효과의 일부배제를 부관의 하나로 본다. ② 다만, 법률이 예정하는 행정행위의 효과를 부관으로 제한하기 위해서는 반드시 법률에 근거가 있어야 한다.

8. 수정부담
수정부담이란 행정행위에 부가하여 새로운 의무를 부과하는 것이 아니라 사인이 신청한 처분의 내용과 다르게 행정행위를 수정(변경)하는 경우를 말한다. 수정부담은 사인이 신청한 처분을 거부하고 다른 내용의 처분을 발령하는 것을 말하는 것이므로 이는 부관이 아니라 하나의 새로운 행정행위로 보아야 한다.

II. 부관의 적법성(부관의 가능성과 한계)

1. 부관의 가능성(법적 근거의 문제)

(1) 문 제 점
법률유보원칙에 비추어 부관의 부가가능성에 대한 명시적 법적 근거가 없더라도 침익적 부관을 부가할 수 있는지가 문제된다.

(2) 학 설
① 전통적인 견해는 법률행위적 행정행위이며 재량행위인 경우에는 법적 근거 없이도 침익적인 부관의 부가가 가능하고, 준법률행위적 행정행위와 기속행위는 부관의 부가가 불가능하다고 한다. ② 그러나 최근의 다수견해는 준법률행위적 행정행위와 기속행위도 부관의 부가가 가능한 경우가 있고(전자의 예: 여권의 유효기간. 후자의 예: 요건충족적 부관(예를 들어 기속행위인 일반건축물 건축허가신청을 하였으나 일부요건에 미비가 있는 경우 행정청이 건축허가를 거부하지 않고 미비된 요건을 충족할 것을 조건으로 건축허가처분을 발령하는 경우 이러한 부관은 당사자에게 수익적이므로 기속행위의 경우도 인정될 수 있다)), 재량행위도 부관의 부가가 불가능한 경우(예: 귀화허가에 조건이나 기한을 부가하는 경우)가 있으므로 행정행위와 부관의 성질을 개별적으로 검토하여 부관의 부가가능성을 판단하자는 입장이다(예를 들어 법률효과의 일부배제는 법률에서 명시적으로 규정되고 있는 경우만 부가할 수 있다).

(3) 판 례
판례는 전통적 견해와 마찬가지로 법률행위적 행정행위이며, 재량행위인 경우에만 부관의 부가가 가능하다고 한다(대판 1975. 8. 29. 75누23; 대판 2007. 7. 12. 2007두6663). 그리고 기속행위에 대하여는 법령상의 특별한 근거가 없는 한 부관을 붙일 수 없는데 부관을 붙였다면 이는 무효라고 본다(대판 1993. 7. 27. 92누13998).

(4) 검   토

(가) 원칙적으로 기속행위에는 침익적 부관을 부가할 수 없고 재량행위에는 부관을 부가할 수 있지만, 개개의 행정행위와 부관의 성질에 따라 예외가 있을 수 있음을 인정하는 **최근의 다수견해**의 입장이 타당하다.

(나) 부담은 행정청이 행정처분을 하면서 일방적으로 부가할 수도 있지만 부담을 부가하기 이전에 상대방과 협의하여 부담의 내용을 협약의 형식으로 미리 정한 다음 행정처분을 하면서 이를 부가할 수도 있다(대판 2009. 2. 12. 2008다56262).

2. 부관의 내용적 한계

부관은 부관부 행정행위의 구성부분이므로 성문의 법령이나 행정법의 일반원칙에 위반되어서는 아니 된다(특히 부당결부금지원칙이나 비례원칙 위반 여부가 문제될 것이다). 또한 부관의 내용은 실현 가능해야 하고 주된 행정행위의 목적에 반하여서는 아니 된다.

💎 논점 부관의 시간적 한계(사후부관의 문제)★★

1. 문 제 점

부관은 성질상 부종성이 있어 행정행위 발령과 동시에 부가되어야 하지만, 행정행위를 발령한 후에 따로 부관만을 부가하거나 기존 부관을 변경할 수 있는지가 문제된다.

2. 학   설

ⓐ 부관은 주된 행정행위에 부가된 **종된 규율**이므로 부관만의 독자적인 존재를 인정할 수 없다는 **부정설**, ⓑ 부관 중 부담은 독립된 **행정행위**이므로 가능하다는 **부담긍정설**, ⓒ 명문의 규정이나 부관의 유보, 상대방의 동의가 있는 경우 가능하다는 **제한적 긍정설(다수견해)**이 대립한다.

3. 판   례

판례는 「행정처분에 이미 부담이 부가되어 있는 상태에서 그 의무의 범위 또는 내용 등을 변경하는 부관의 사후변경은, 법률에 명문의 규정이 있거나 그 변경이 미리 유보되어 있는 경우 또는 상대방의 동의가 있는 경우에 한하여 허용되는 것이 원칙이지만, 사정변경으로 인하여 당초에 부담을 부가한 목적을 달성할 수 없게 된 경우에도 그 목적달성에 필요한 범위 내에서 예외적으로 허용된다(대판 2007. 9. 21. 2006두7973)」고 본다.

4. 검   토

주된 행정행위를 발령한 후 부관의 부가가 필요한 사정변경이 발생(예를 들어 건축허가 발령 후 보행자의 안전을 위해 안전펜스설치가 필요한 사정이 생긴 경우)하였음에도 사후부관의 부가가 불가능하다면 행정청은 주된 행정행위를 철회할 것이므로 당사자의 권리보호라는 면에서 사후부관의 가능성을 긍정하는 판례의 입장이 타당하다.

III. 부관의 위법성의 정도

부관의 적법성(부관의 가능성과 한계)의 범위를 벗어난 부관은 위법한 것이 된다. 위법한 부관은 **중대·명백설**에 따라 중대하고 명백한 하자를 가진 부관은 무효가 되고, 그에 이르지 않은 하자를 가진 부관은 단순위법사유가 된다. 그리고 부관의 위법 여부는 부관의 발령 당시의 법령을 기준으로 한다(대판 2009. 2. 12. 2005다65500).

043 부관의 독립쟁송가능성 등★★★

Ⅰ. 부관의 독립쟁송가능성

1. 문제 상황

사인이 수익적 행정행위를 발급받을 때 그 효과를 제한하는 기한, 조건 등이 부가되거나 의무를 과하는 부담이 부가되는 경우 상대방은 침익적인 **부관이 부가되지 않는 수익적인 주된 행정행위의 발급만을 원할** 것이다. 따라서 부관만의 독립쟁송가능성이 문제된다. 만일 부관부 행정행위 전체가 취소된다면 이미 발급받은 수익적인 행정행위도 소멸되므로 상대방에게는 더 침익적일 수 있기 때문이다.

2. 소송 형태

부관에 대한 소송형태로는 ① 행정행위의 일부만을 취소소송의 대상으로 하는 소송인 진정일부취소소송(형식상으로나 내용상으로도 부관만의 취소를 구하는 소송이다), ② 형식상으로는 부관부 행정행위 전체를 소송의 대상으로 하면서 내용상 일부의 취소를 구하는 소송인 부진정일부취소소송, ③ 형식상으로나 내용상으로 부관부 행정행위의 전체의 취소를 구하거나, 부관의 변경을 청구하고 거부하는 경우 거부처분취소를 구하는 소송이 있을 수 있다.

3. 학   설

(1) 모든 부관이 독립쟁송가능하다는 견해

1) 부담과 기타 부관의 쟁송형태가 다르다는 견해

부담은 행정행위이므로 부담만으로도 쟁송의 대상이 될 수 있지만, 그 이외의 부관은 부관부 행정행위 전체를 쟁송의 대상으로 하여야 한다는 견해이다. 즉, 부관은 모두 독립쟁송이 가능하지만, 부담은 진정일부취소소송의 형태로, 부담 이외의 부관은 부진정일부취소소송의 형태로 쟁송을 제기해야 한다고 한다.

2) 모든 부관의 쟁송형태가 같다는 견해

부담이든 다른 부관이든 구별하지 않고 모든 부관은 독립쟁송가능하다는 견해이다. 다만, (다수설은 부담을 행정행위로 보지만) 부담이 행정행위인지에 대해 의문을 가지면서 부관에 대한 쟁송은 모두 부진정일부취소소송의 형태를 취해야 한다고 본다.

(2) 분리가능성을 기준으로 하는 견해

(가) 이 견해는 주된 행정행위와 부관의 분리가능성을 기준으로 독립쟁송가능성을 판단한다. 즉, 주된 행정행위와 분리가능성이 없는 부관은 독립쟁송이 불가능하지만, 주된 행위와의 분리가능성이 인정되는 부관이라면 독립쟁송이 가능하다는 견해이다. 즉, ① 주된 행정행위와 분리가능성이 없는 부관은 (진정 또는 부진정일부취소소송이 아니라) 부관부 행정행위 전체에 대해 쟁송을 제기해야 하고, ② 분리가능성이 인정되는 부관은 ⓐ 처분성이 인정되는 것은 진정일부취소소송의 형태로, ⓑ 처분성이 인정되지 않는 것은 부진정일부취소소송의 형태로 쟁송을 제기해야 한다고 본다.

(나) 그리고 분리가능성의 판단기준은 ① 부관 없이도 주된 행정행위가 적법하게 존속할 수 있을 것과 ② 부관이 없는 주된 행정행위가 공익상의 장애를 발생시키지 않을 것을 든다.

4. 판 례

(가) 판례는 「행정행위의 부관은 행정행위의 일반적인 효력이나 효과를 제한하기 위하여 의사표시의 주된 내용에 부가되는 종된 의사표시이지 그 자체로서 직접 법적 효과를 발생하는 독립된 처분이 아니므로 현행 행정쟁송제도 아래서는 부관 그 자체만을 독립된 쟁송의 대상으로 할 수 없는 것이 원칙이나 부담의 경우에는 다른 부관과는 달리 행정행위의 불가분적인 요소가 아니고 그 존속이 본체인 행정행위의 존재를 전제로 하는 것일 뿐이므로 부담 그 자체로서 행정쟁송의 대상이 될 수 있다(대판 1992. 1. 21. 91누1264)」라고 하여 부담만 독립쟁송(진정 일부취소소송)이 가능하다는 입장이다.

(나) 즉, 판례는 부진정일부취소소송을 인정하지 않기 때문에 부담 이외의 부관에 대해서는 독립쟁송이 불가능하고 부관부행정행위전체를 소의 대상으로 하든지 아니면 부관이 없는 처분으로의 변경을 청구한 다음 그것이 거부된 경우에 거부처분취소소송을 제기하여야 한다는 입장이다.

5. 검 토

① 모든 부관이 독립쟁송가능하다는 견해 중 **부담과 기타 부관의 쟁송형태가 다르다는 견해**가 타당하다. ② 분리가능성을 기준으로 하는 견해에 대해서는 분리가능성(주된 행정행위와 부관과의 관계에 대한 규명)의 문제는 독립'쟁송'가능성(소송 요건)이 아니라 독립'취소'가능성(본안 판단)의 문제라는 비판이 있다. ③ 또한 부진정일부취소소송을 인정하지 않는 판례는 부담 이외의 부관에 대해서는 부관부행정행위 전체를 소의 대상으로 하든지 아니면 부관이 없는 처분으로의 변경을 청구한 다음 그것이 거부된 경우에 거부처분취소소송을 제기해야 하기 때문에 상대방의 권리구제에 문제점이 있다.

II. 독립취소가능성

1. 문 제 점

원고가 부관만의 취소를 구하는 경우에 법원이 심리를 통하여 부관이 위법하다고 판단한 경우 부관만을 독립하여 취소할 수 있는지(아니면 부관부 행정행위 전체를 취소하거나 기각해야 하는지) 여부가 문제된다.

2. 학 설

(1) 재량행위와 기속행위를 구분하는 견해

① 기속행위의 경우는 행정청이 임의로 부관을 붙일 수 없으므로 부관만의 취소는 가능하지만, ② 재량행위의 경우에는 부관이 행정행위의 본질적 요소이어서 행정청이 부관 없이는 당해 행위를 하지 않았을 것으로 판단되는 경우에는 부관만의 취소는 인정되지 아니한다고 한다. 왜냐하면 그러한 부관이 없이는 행정청이 발하지 않았을 처분을 법원이 강요하는 결과가 되기 때문이라고 한다(예를 들어 안전시설설치의 부담이 그 건축허가의 본질적 부분이어서 해당 부담 없이는 건축허가를 발령하지 않았을 것이 행정청의 의사인데, 만일 법원이 해당 부담만을 취소하여 건축허가처분만 남게 된다면 부담 없이는 건축허가를 발령하지 않으려는 행정청의 의사에 반하는 결과가 된다는 것이다). ③ 그리고 **요건충족적 부관**의 경우에는 부관만의 취소가 인정될 수 없다고 본다(요건충족적 부관만 취소된다면 요건미비인 처분이 되기 때문에).

(2) 중요성을 기준으로 하는 견해

법원은 위법한 부관이 주된 행정행위의 **중요한** 요소가 되지 않은 경우에는 부관만을 일부취소할 수 있지만, 부관이 주된 행정행위의 중요한 요소가 되는 경우에는 부관부행정행위 전체를 취소해야 한다고 본다.

(3) 부관의 위법성을 기준으로 하는 견해

부관에 대한 취소소송의 소송물은 부관 자체의 위법성이기 때문에 부관에 위법성이 존재하면 부관만을 취소할 수 있다는 견해이다.

3. 판   례

위법한 부관이 **부담**이면 독립취소가 가능하지만, 그 외의 **부관**에 대해 판례는 독립쟁송가능성을 부정하기 때문에 소송의 대상은 부관부행정행위 전체가 되고 결국 독립취소가능성은 부정된다. 따라서 부담 이외의 부관은 2가지 경우로 나누어 위법한 부관이 행정행위의 중요부분이면 부관부행정행위 전부를 취소하는 판결을, 그렇지 않다면 기각판결을 해야 한다는 입장이다.

4. 검   토

중요성을 기준으로 하는 견해가 타당하다. 이 견해에 따르면 부관이 주된 행정행위의 중요한 요소가 되는 경우에는 부관뿐만이 아니라 행정행위도 취소해야 하기 때문에 처분권주의(분쟁의 대상을 당사자(원고, 피고)가 결정한다는 원칙을 말한다)에 반한다는 비판이 있지만(1)설도 같은 비판이 있다), 처분권주의는 당사자가 자유로이 처분할 수 있는 경우 적용되는 것인데 '부관이 주된 행정행위의 중요한 요소이어서 부관만을 취소할 수 없는 경우임에도 불구하고 원고가 부관만의 취소를 구하는 것'은 원고가 자유로이 처분할 수 있는 성질의 것이 아니어서 처분권주의가 적용되지 않는다고 보아야 한다(송영천). 따라서 당사자는 부관만의 위법성을 주장하였지만 부관이 주된 행정행위의 중요한 요소가 되는 경우라면 법원은 부관부 행정행위 전체를 취소할 수 있다.

◆ 논점 부관의 무효와 주된 행정행위의 효력★

부관이 무효인 경우 주된 행정행위와의 관계에서 주된 행위의 효력에 어떤 영향을 미치는지가 문제되는데 ⓐ 부관의 무효는 주된 행위에 아무런 영향을 미치지 아니하므로 전체로서는 부관 없는 단순행정행위가 되므로 **부관만을 무효로 선언하여야 한다는 견해**, ⓑ 부관의 무효는 부관부 행정행위 전체를 무효화시키기 때문에 **부관부 행정행위 전부를 무효선언해야 한다는 견해**, ⓒ 부관의 무효는 **원칙적으로** 주된 행위에 아무런 영향을 미치지 아니하므로 부관만을 무효로 선언하여야 하나, **예외적으로** 부관이 없었다면 주된 행위를 하지 않았을 것이라 인정되는 경우에는 부관부 행정행위 전체가 무효가 되므로 부관부 행정행위 전체를 무효로 선언하여야 한다는 **견해**가 있다. ⓒ설이 **다수 견해**이며 타당하다.

◆ 논점 부관에 대한 쟁송취소와 집행정지★

(가) 부관에 대한 취소소송을 제기하면서 집행정지를 신청한다면 집행정지의 효력이 부관에만 미치는지 주된 행정행위에도 미치는지가 문제된다(예를 들어 부담부건축허가처분을 받고 부담에 대해 취소소송을 제기하면서 집행정지를 신청한다면 주된 행정행위인 허가의 효력도 정지되는지 문제된다).

(내) ① ⓐ 집행정지의 효력은 당해 **부관의 내용에만 미친다는 견해**와 ⓑ 부관과 주된 행정행위의 관련성을 이유로 주된 **수익적 행정행위에도 미친다는 견해**로 나누어진다. ② 법률관계의 안정 등을 고려할 때 집행정지의 효력은 수익적인 주된 행정행위에도 미친다고 볼 것이다.

💎 **논점 하자 있는 부관(특히 기부채납부담)에 따른 사법상 계약(특히 증여계약)의 취소가능성★★**

1. 문제 상황
부관부 행정행위의 경우에 부관(특히 부담)의 이행으로 사법상 행위(특히 증여계약)가 이루어지기도 하는데 그 부관에 하자가 있다면 부관의 하자와 그 이행으로 이루어진 사법상 행위는 어떤 관계가 있는지가 문제된다(예: 위법한 기부채납(국가 외의 자가 재산의 소유권을 무상으로 국가에 이전하여 국가가 이를 취득하는 것)의 부담이 부가된 허가를 받은 후 기부채납행위(증여계약)를 하는 경우). 전술한 예에서 기부채납행위(증여계약)의 중요부분에 착오가 있다면 상대방은 민법 제109조 제 1 항에 따라 이를 취소할 수 있는데, 이 증여계약은 부담의 내용인 기부채납의무의 이행행위로 이루어져 부담과 증여계약은 일정한 관련성을 가진다. 따라서 기부채납부담이 위법하나 효력이 있다면 원인행위인 부담을 그대로 둔 채 그로 인해 이루어진 증여계약만을 따로 중요부분의 착오를 이유로 취소할 수 있는지가 문제되는 것이다.

2. 학 설
(1) 종속설(증여계약의 독자적인 취소가 불가능하다는 견해)(부관구속설)
증여계약(기부행위)의 취소 여부는 행정법적 기준, 즉 부관의 효력 여부에 의존하여 결정되어야 한다고 주장하면서 증여계약에 중요부분의 착오가 인정되더라도 그 원인행위인 부담이 무효이거나 취소·철회되지 않는 한, 부관인 부담은 행정행위의 공정력이 있어 의무를 부담하므로 증여계약만을 중요부분의 착오를 이유로 취소할 수 없다는 견해(송영천)이다.

(2) 독립설(증여계약의 독자적인 취소가 가능하다는 견해)(부관비구속설)
이 견해는 증여계약의 중요부분에 착오성이 인정된다면 기부채납부담의 효력유지 여하와는 무관하게(즉 행정행위의 공정력과 무관하게) 민법 제109조 제 1 항에 따라 취소가 인정될 수 있다고 보아야 한다고 한다. 따라서 기부행위가 취소되더라도 행정행위인 부담의 효력은 당연히 상실되는 것이 아니므로, 당사자는 기부부관의 위법성을 취소소송을 통해 다툴 수 있다고 본다(류지태).

(3) 절충설(기부채납부담의 무효·단순위법 구별설)
기부채납부담이 무효이면 원칙적으로 증여계약(기부행위)의 중요부분에 대한 착오를 인정할 수 있어 기부행위의 취소가 가능하고, 기부채납부담이 단순위법사유인 경우에는 상대방은 기부의무를 부담하기 때문에 설사 그 위법성을 모르고 기부행위를 하였다고 하더라도 그러한 사정은 중요부분의 착오를 인정할 수 없어 기부행위를 취소할 수 없다는 견해이다(행정법적 유효·무효의 논리를 기부행위의 중요부분 착오인정에 참작하는 견해이다)(홍정선, 박정훈).

3. 판 례
① 「기부채납의 부관이 당연무효이거나 취소되지 아니한 이상 토지소유자는 위 부관으로 인하여 증여계약의 중요부분에 착오가 있음을 이유로 증여계약을 취소할 수 없다(대판 1999. 5. 25. 98다53134)」고 하여 **종속설**(또는 **절충설**)로 보이는 판례가 있는가 하면, ② 「처분을 받은 사람이 부담의 이행으로 사법상 매매 등의 법률행위를 한 경우에는 그 부관은 특별한 사정이 없는 한 법률행위를 하게 된 동기 내지 연유로 작용하였을 뿐이므로 … 부담의 이행으로서 하게 된 사법상 매매 등의 법률행위는 부담을 붙인 행정처분과는 어디까지나 별개의 법률행위이므로 그 부담의 불가쟁력의 문제와는 별도로 법률행위가 사회질서 위반이나 강행규정에 위반되는지 여부 등을 따져보아 그 법률행위의 유효 여부를 판단하여야 한다(대판 2009. 6. 25. 2006다18174)」라고 하여 **독립설**을 취한 것으로 보이는 판례도 있다.

4. 검　토

기부채납부담은 그대로 두고 기부행위(증여계약)만을 취소할 수 있다면 기부행위의 근거인 부담의 효력은 여전히 존재하는데 그 이행행위인 기부행위는 효력이 상실되는 결과가 되고 또한 이는 공정력과도 모순되는 해결이므로 종속설이 타당하다.

044 단계적 행정행위★

I. 부분허가(부분승인)★

1. 의   의

부분허가란 단계화된 행정절차에서 사인이 원하는 **특정부분**에 대해서만 허가하는 행위를 말한다(예: 주택법 제49조 제1항의 건축물의 분할 사용검사).

2. 성   질

부분허가는 종국결정의 중간단계에 대하여 이루어지는 결정이나 그 단계는 완결적인 행정행위의 성격을 갖는다.

3. 법적 근거

전체허가에 대한 권한을 가진 행정청은 부분허가에 대한 별도의 법적 근거가 없이도 부분허가를 할 수 있다.

4. 효   과

부분허가를 받은 자는 허가를 받은 범위 안에서 **허가받은 행위를 할 수 있다.** 그리고 부분허가는 그 자체로 완결적인 성격을 가지므로 행정청은 나머지 부분에 대한 결정에서 부분허가한 내용과 상충되는 결정을 할 수 없다.

5. 권리보호

(1) 부분허가의 발령·불발령에 대한 권리보호

부분허가도 행정쟁송법상 처분개념에 해당한다. 따라서 이를 항고소송으로 다툴 수 있다.

(2) 부분허가 후 종국결정의 불발령에 대한 권리보호

부분허가에 반하는 종국결정에 대하여 신뢰보호원칙위반을 주장할 수 있는 가능성이 있다.

II. 사전결정(예비결정)★

1. 의   의

사전결정이란 종국적인 행정행위에 요구되는 여러 요건 중 일부 요건들에 대해 사전적으로 심사하여 내린 결정을 말한다(예: 건축법 제10조 제1항의 사전결정).

2. 구   별

① 사전결정은 신청자인 사인에게 어떠한 종국적인 행위를 허용하는 것은 아니라는 점에서 부분허가와 구별된다. ② 사전결정은 종국적인 결정의 일부요건에 대한 결정이긴 하나 그 자체가 완결적 결정이라는 점에서, 종국적인 결정에 대한 약속에 불과한 확약과 구별된다(확약이란 행정주체가 하는 행정작용의 발령 또는 불발령에 대한 약속을 말한다).

3. 성   질

사전결정은 그 결정에서 정해진 부분에만 제한적인 효력을 갖지만, 그 부분에서는 하나의 완결된 행정행위이다.

4. 법적 근거

사전결정은 법적 근거가 없더라도 가능하다.

5. 효   과

사전결정은 개별요건에 대해서는 완결된 행위이기 때문에 본결정에서 사전결정의 내용과 상충되는 결정을 할 수 없다.

6. 권리보호

(1) 사전결정의 발령·불발령에 대한 권리보호

사전결정은 행정행위로 항고소송의 대상인 처분이다. 따라서 항고소송으로 다툴 수 있다.

(2) 사전결정 후 종국결정의 불발령에 대한 권리보호

사전결정에 반하는 종국결정을 한 경우 신뢰보호원칙위반을 주장할 수 있다.

III. 가행정행위(잠정적 행정행위)★★

1. 의   의

가행정행위란 사실관계나 법률관계가 확정되기 전이지만, 잠정적 규율의 필요성으로 인해 행정법관계의 권리·의무를 잠정적으로 규율하는 행위를 말한다(예: 국가공무원법 제73조의3 제1항 제3호에 의거하여 징계의결이 요구중인 자에게 잠정적으로 직위를 해제하는 경우, 과세액확정 전에 잠정세율로 과세하는 경우, 먹는물관리법 제10조 제1항의 샘물 개발의 가허가).

2. 구   별

ⓐ 가행정행위는 하나의 결정으로 이를 강제집행(이행을 확보)할 수 있으나(예를 들어 잠정적 세율로 과세처분을 한 경우라도 이를 불이행하면 강제집행할 수 있다), 확약은 하나의 약속에 불과하여 강제집행할 수 없다는 점에서 구별되며, ⓑ 가행정행위는 효과의 잠정성과 종국적인 결정에 의한 대체성을 전제로 하며 법률관계 전체를 대상으로 하지만, 부분허가나 사전결정은 그 자체가 완결적인 결정이어서 종국결정 이후에도 소멸되지 않고 존속하며 또한 가행정행위와는 달리 양적인 면에서 법률관계 일부를 대상으로 한다는 점에서 구별된다.

3. 성   질

① 가행정행위의 법적 성질에 관해 ⓐ 특수한 행정의 행위형식이라는 견해(김남진)와 ⓑ 행정행위라는 견해(다수설)가 대립한다. ② 효력발생이 잠정적이라는 사실은 조건부나 기한부 행정행위가 있음을 고려할 때 가행정행위가 행정행위라는 점에 장애가 되지 않으며, 잠정적이라 하더라도 그 범위에서는 당사자의 권리·의무를 규율하기 때문에 행정행위라는 견해가 타당하다.

4. 법적 근거

명시적 규정이 없더라도 행정청이 본처분의 권한이 있으면 가행정행위를 발령할 수 있다는 견해가 타당하다(다수설).

5. 효   과

종국적인 행정행위가 있게 되면 가행정행위는 종국적 행정행위로 대체되고 효력을 상실한다. 이러한 가행정행위의 잠정성 및 종국결정으로의 대체성으로 상대방은 신뢰보호를 주장할 수 없다.

6. 권리보호

(1) 가행정행위의 발령·불발령에 대한 권리보호

ⓐ 가행정행위는 항고소송의 대상인 처분이다. ⓑ 가행정행위에 대한 취소소송 중 종국결정이 발령되면 가행정행위는 효력이 상실되므로 취소소송은 협의의 소의 이익이 없고, 종국결정에 대한 소송으로 소변경을 하여야 한다(행정소송법 제22조의 처분 변경으로 인한 소의 변경 참조).

(2) 가행정행위 후 수익적 종국결정의 불발령에 대한 권리보호

가행정행위 발령 후 상당한 기간 내에 수익적인 종국결정을 발령하지 않는 경우에는 사인은 의무이행심판이나 부작위위법확인소송을 제기할 수 있다.

IV. 확   약*

1. 의   의

확약이란 행정주체가 하는 행정작용의 발령 또는 불발령에 대한 자기구속의 의사표시(약속)를 말한다.

2. 구   별

ⓐ 확약은 하나의 약속에 불과하여 집행할 수 없다는 점에서, 하나의 결정으로 이를 집행(이행을 확보)할 수 있는 가행정행위와 구별되며, ⓑ 확약은 행정행위의 발령을 목적으로 하는 점에서 그 자체가 완결적인 행정행위인 부분허가나 사전결정과는 구별된다.

3. 법적 성질

① ⓐ 확약으로 행정기관은 장래의 일정한 의무를 부담하며 그에 따라 상대방은 행정기관에 대해 확약내용의 이행을 청구할 권리가 인정된다는 점에서 **행정행위라고 보는 견해(다수설)**와 ⓑ 종국적인 규율은 약속된 행정행위를 통해서 이루어지는 것이지 확약 그 자체에 의한 것이 아니기에 확약은 행정행위가 아니라 **독자적인 행정의 행위형식이라는 견해**도 있다. ② 판례는 어업면허에 선행하는 우선순위결정과 관련된 사건에서 「어업권면허에 선행하는 우선순위결정은 행정청이 우선권자로 결정된 자의 신청이 있으면 어업권면허처분을 하겠다는 것을 약속하는 행위로서 강학상 확약에 불과하고 행정처분은 아니다(대결 1995. 1. 20. 94누6529)」라고 한다. ③ 확약의 구속적인 의사표시는 공권력행사로 법적 행위이므로 행정행위라는 견해가 타당하다.

4. 법적 근거

확약은 별도의 법적 근거가 없이도 본 처분의 권한자는 확약할 수 있는 권한까지 가지고 있는 것으로 본다. 즉 확약의 권한은 본 처분 권한에 내재하는 것으로 보는 견해가 **다수설**이다(허가권자는 허가를 약속할 권한도 있다고 본다).

5. 요   건

확약도 행정작용인 이상 적법요건을 갖추어야 한다. 즉, 본 처분을 발령할 수 있는 권한 있는 행정기관이 자기의 권한 범위에서 행해야 하며, 그 내용도 법령에 위반해서는 안 된다. 그리고 법정 절차·형식이 있다면 절차요건과 형식도 지켜야 한다.

6. 효   과

(1) 구 속 력

통상의 행정행위만큼 광범위한 것은 아니나 확약도 원칙적으로 구속력을 갖는다. 따라서 적법한 확약이 성립하면 행정청은 상대방에 대해 확약한 행위를 이행하여야 할 의무를 부담하고, 상대방은 당해 행정청에 대해 그 이행을 청구할 수 있다.

(2) 구속력의 배제

ⓐ 확약 후 사실상태 또는 법적 상태가 변경되면, 확약은 사후에 별다른 의사표시가 없이도 상실된다(대판 1996. 8. 20. 95누10877). 일반적인 행정행위는 발령 후 사실상태 또는 법적 상태가 변경되면 철회권을 행사해야 한다는 점에서 확약과 차이가 있다. ⓑ 또한 확약도 행정행위이므로 행정청은 이를 직권취소·철회할 수도 있다.

7. 한   계

ⓐ 본처분의 요건사실이 완성된 후에도 확약할 수 있을 것인가가 문제되나, 확약의 취지가 개인의 이익(예지이익·대처이익(미리 알고 준비를 할 수 있는 이익))의 보호에 있으므로 가능하다(다수설)(예: 과세처분에 대한 확약(상대방은 침익적인 과세처분의 발령을 미리 알 수 있는 이익이 있다)). ⓑ 확약은 재량행위뿐만 아니라 기속행위에도 가능하다. 논리적으로만 보면 기속행위는 본처분이 반드시 발해져야 하는 것이므로 확약이 의미 없다고 할 수도 있다. 그러나 기속행위에 있어서도 이익(예지이익·대처이익)이 있기 때문에 확약은 가능하다(예를 들어 건축허가처분이 기속행위라고 하여도 허가 여부가 결정되기 전에 행정청이 장래 허가를 약속한다면 이는 당사자에게 예지이익이 있다).

8. 하자의 정도

확약의 법적 성질에 대해 다수설인 행정행위설에 따른다면 그 하자는 행정행위와 마찬가지로 중대·명백설에 따른다.

9. 권리구제

ⓐ 확약을 행정행위로 보는 다수설에 따르면 상대방은 위법한 확약에 대해 항고소송을 제기할 수 있다. 다만 판례는 확약의 처분성을 인정하지 아니한다. ⓑ 위법한 확약 또는 확약한 후 위법한 불이행이 국가배상법 제 2 조 제 1 항이 정하는 요건을 충족하면 상대방은 손해배상을 청구할 수 있다.

045   공법상 계약★

1. 개 념

(1) 의 의

공법상 계약이란 공법상 효과(공법상 권리·의무의 발생·변경·소멸)의 발생을 목적으로 하는 복수당사자의 의사의 합치를 말한다(예: 사유지를 공원이나 도로로 제공하는 계약).

(2) 공법상 계약과 행정행위

1) 구 별

공법상 계약과 행정행위는 모두 공법상 권리·의무의 발생·변경·소멸을 목적으로 한다는 점에서는 동일하지만, 공법상 계약은 대등한 당사자 간의 의사의 **합치**를 전제로 성립되는 반면 (쌍방적 행위), 행정행위는 행정청의 우월한 지위에서 행하는 일방적 행위라는 점에서 양자는 구별된다.

2) 공법상 계약과 행정행위의 대체성

a. 문 제 점   행정행위(예를 들어 허가)를 대체하는 공법상 계약이 가능한지가 문제된다.

b. 학 설   ⓐ 법령상 금지되지 않는 한 행정주체는 행정행위 대신 공법상 계약을 체결할 수 있지만, 기속행위의 경우 법률에 규정된 사항을 합의해야 하며 재량행위인 경우 재량권의 한계에서 공법상 계약이 가능하다고 보는 **견해**(홍준형), ⓑ 침익적 행정행위의 경우 부정되지만, 수익적 행정행위는 합의를 통해 공법상 계약이 가능하다는 **견해**(김성수)가 대립된다.

c. 검 토   공법상 계약은 당사자의 의사 합의에 따른 것이므로 행정행위를 대체하는 협의가 가능하지만, 침익적 행정행위는 공법상 계약의 본질인 의사의 합치와 조화되기 어려워 ⓑ설이 타당하다.

2. 공법상 계약의 법적 근거·한계★★

(1) 법률 유보의 적용 여부

1) 문 제 점

행정주체는 법률에 명시적인 근거 없음에도 사인과 공법상 계약을 체결할 수 있는지가 문제된다.

2) 학 설

① 법치주의 원칙상 공법상 계약은 수권규범에서 그 체결과 성립이 명시적으로 수권된 경우에만 가능하다는 **법률유보적용긍정설**, ② 공법상 계약은 당사자의 자유로운 의사의 합치에 의한 것이므로 법적 근거가 없어도 자유롭게 체결할 수 있다는 **법률유보적용부정설**(다수견해), ③ 수익적 행위의 경우 법률에 근거가 없어도 성립하지만, 침익적 행위의 경우 법률에 근거 없이는 공법상 계약을 체결할 수는 없다는 **절충설**이 대립한다.

3) 검 토

공법상 계약은 당사자의 의사합의에 따른 것이므로 법적 근거가 없이도 성립될 수 있지만, 침익적 영역의 경우는 법적 근거가 필요하다는 견해가 타당하다(절충설).

(2) 한 계

공법상 계약도 공행정작용이므로 법률우위의 원칙을 준수해야 한다. 따라서 성문의 법령이나 행정법의 일반원칙에 위반되어서는 아니 된다.

3. 공법상 계약에 대한 행정절차법 적용 여부

공법상 계약은 행정절차법상의 처분개념에 해당되지 않으며, 따라서 행정절차법상의 처분절차가 적용되지 않는다.

4. 하   자

하자 있는 공법상 계약은 행정행위와 달리 공정력이 인정되지 아니하므로 **무효이다(다수설)**.

5. 권리구제

공법상 계약과 관련된 법률관계에 관한 소송은 행정소송법상 **당사자소송**으로 해결한다는 것이 일반적인 견해이다. 행정소송법 제 3 조 제 2 호는 당사자소송의 대상을 '행정청의 처분등을 원인으로 하는 법률관계에 관한 소송'뿐만 아니라 '그 밖에 공법상의 법률관계에 관한 소송'을 인정하고 있기 때문이다.

046   사실행위에 대한 권리구제수단★★★

> 권력적 사실행위란 공권력행사의 성질을 갖는 사실행위, 비권력적 사실행위란 공권력행사의 성질을 갖
> 지 않는 사실행위를 말한다. 공권력행사란 행정청이 우월한 지위에서 일방적으로 하는 행위를 말한다.

1. 행정쟁송

(1) 권력적 사실행위

1) 행정심판

권력적 사실행위는 후술하는 것처럼 항고소송의 대상인 처분이라고 보는 **일반적인 견해**이므로
행정심판의 대상인 처분이기도 하다. 따라서 상대방은 권력적 사실행위에 대해 취소심판이나
무효확인심판을 청구할 수 있다.

2) 항고소송

a. 소송요건

(ⅰ) 대상적격   (가) ⓐ 권력적 사실행위는 사실행위의 요소와 하명(의무를 명하는 행정행위)
적 요소가 결합된 **합성적 행위**이기 때문에 공권력 행사 및 법적 행위(국민의 권리·의무에 영향
을 미치는 행위)의 요건을 충족하여 항고소송의 대상인 처분이라고 보는 **일반적인 견해가** 타당
하다(예를 들어 전염병환자를 강제격리조치하는 경우 강제격리행위 자체는 사실행위이지만 그 안에
행정기관의 강제격리행위를 수인할 의무를 상대방에게 부과하는 하명적 요소가 포함되어 있다고 본
다). ⓑ 다만, 권력적 사실행위의 상대방은 수인하명을 명시적으로 인식하기 어렵다는 이유로
처분성을 부정하는 **소수견해도** 있다.

(나) ① 대법원은 명시적 태도를 보이고 있지는 않으나, <u>권력적 사실행위로 보이는 단수(斷水)조
치를 처분에 해당하는 것</u>으로 판시하였다(대판 1985. 12. 24. 84누598). ② 그리고 **헌법재판소는**
「<u>수형자의 서신을 교도소장이 검열하는 행위는 이른바 권력적 사실행위로서 행정심판이나 행
정소송의 대상이 되는 행정처분으로 볼 수 있다</u>(헌재 1999. 8. 27. 96헌마398)」고 하여 명시적으
로 권력적 사실행위의 처분성을 인정하고 있다.

(ⅱ) 권리보호필요성   취소소송등을 제기하더라도 권력적 사실행위는 대부분 단시간에
실행이 완료되어 그 이후에는 권리보호필요성이 없어 부적법 각하될 가능성이 많다. 그러나
예외적으로 물건의 영치, 전염병환자의 격리처럼 **계속적인 성격**(권력적 사실행위의 실행과 종료
가 시간적 간격을 가지는 경우)을 갖는 권력적 사실행위는 권리보호필요성이 인정될 수 있다.

b. 집행정지   권력적 사실행위는 대부분 단시간에 실행이 완료되기에 상대방은 취소
소송 등을 제기하면서 집행정지를 신청하여야 실효적인 권리구제를 받을 수 있다(행정소송
법 제23조 참조).

3) 당사자소송

권력적 사실행위로 발생한 법률관계가 있다면 당사자는 행정소송법 제 3 조 제 2 호에 따라 그
권리나 법률관계를 다투는 이행소송이나 확인소송을 권리주체를 상대로 제기할 수 있다(행정
소송법 제39조 참조).

(2) 비권력적 사실행위

① 비권력적 사실행위는 공권력행사도 아니고, 법적 효과가 발생하지도 않기 때문에 항고소송
의 대상인 처분이 아니다라는 것이 **다수설**이다(판례의 입장도 같다). ② 그러나 비권력적인 사실

행위 중 상대방에게 사실상의 지배력을 미치는 행위들을 행정소송법 제 2 조 제 1 항 제 1 호의 '그 밖에 이에 준하는 행정작용'으로 보고 **처분성을 긍정하는 견해도 있다**(쟁송법적 개념설).

2. 손해전보

(1) 손해배상청구

사실행위도 국가배상법 제 2 조 제 1 항의 성립요건(고의·과실, 위법성 등)을 충족한다면 상대방은 국가 등을 상대로 손해배상청구권을 행사할 수 있다. 왜냐하면 국가배상법 제 2 조 제 1 항의 직무행위는 행정행위뿐만 아니라 사실행위도 포함되기 때문이다.

(2) 손실보상청구

공공의 필요에 따른 적법한 행위로 사인이 손실을 입었고 그 손실이 특별한 희생에 해당하는 경우에는 손실보상을 청구할 수 있다.

3. 결과제거청구

공법상 사실행위로 인해 위법한 사실상태가 야기된 경우 법률상 이익을 침해받은 사인은 원상회복을 위한 결과제거청구를 할 수 있다(예를 들어 식품위생법 제79조는 행정청이 할 수 있는 영업소폐쇄조치로 '해당 영업소의 시설물과 영업에 사용하는 기구 등을 사용할 수 없게 하는 봉인(封印)'을 할 수 있도록 규정하는데 상대방이 행정청의 영업소폐쇄조치(권력적 사실행위)에 대해 취소소송을 제기하여 승소하였음에도 봉인을 제거하지 않는 경우 상대방은 행정청을 상대로 이를 제거해 줄 것(소유물의 방해제거)을 청구할 수 있고 이러한 권리구제수단이 결과제거청구이다).

4. 기   타

(1) 예방적 부작위소송과 가처분(권력적 사실행위 발령 전)

(개) 예방적 부작위소송이란 위법한 행정작용을 미리 저지할 것을 목적으로 장래에 있을 특정한 행정행위 또는 그 밖의 행위의 발동에 대한 방지를 구하는 소송을 말하는데, 그 인정 여부에 관해 ① 학설은 **부정설, 긍정설, 제한적 긍정설**이 대립하며 ② **판례**는 <u>처분을 하여서는 아니 된다는 내용의 부작위를 구하는 청구는 행정소송에서 허용되지 아니한다</u>고 본다(대판 1987. 3. 24. 86누182).

(내) 가처분이란 다툼이 있는 법률관계에 관하여 잠정적으로 임시의 지위를 보전하는 것을 내용으로 하는 가구제제도이다(민사집행법 제300조). 행정소송에 민사집행법상 가처분규정을 적용할 수 있는지에 관해 ① 학설은 **적극설, 소극설, 절충설**이 대립되지만, ② **판례**는 <u>민사집행법상의 보전처분은 민사판결절차에 의하여 보호받을 수 있는 권리에 관한 것이라고 보기 때문에 행정소송에 가처분을 인정하지 아니한다</u>(대결 2011. 4. 18. 2010마1576).

(대) 예방적 부작위소송을 긍정하고 가처분 규정을 적용하는 긍정설에 따른다면, 권력적 사실행위가 발령되기 전에 예방적 부작위 소송을 제기하면서 잠정적 금지를 구하는 가처분을 신청할 수 있다(다만, 판례는 부정한다).

(2) 헌법소원(공권력의 행사 또는 불행사로 인하여 헌법상 보장된 기본권을 침해받은 자가 헌법재판소에 권리의 구제를 청구하는 수단을 말한다(헌법재판소법 제68조 제 1 항 참조))

공법상 사실행위로 기본권을 침해 받은 상대방은 헌법재판소에 헌법소원을 청구할 수 있다(교도소 수형자에게 소변을 받아 제출하게 한 것은, … 권력적 사실행위로서 헌법재판소법 제68조 제 1 항의 공권력의 행사에 해당한다(헌재 2006. 7. 27. 2005헌마277))(헌법소원을 제기하려면 보충성 요건을 구비해야 하는데, 헌법재판소는 전심절차로 권리구제가능성이 없거나 권리구제의 허용 여부가 불확실한 경우 보충성의 예외를 인정한다. 따라서 권력적 사실행위의 경우에도 헌법소원을 청구할 수 있다).

047   비정식적 행정작용

1. 의의, 종류, 허용성

(1) 의 의

비정식적 행정작용이란 정식적 행정작용(행정입법, 행정행위 등)의 **준비행위** 또는 **대체행위**로 행해지는 법적 구속력 없는 사실행위를 말한다.

(2) 종 류

일반적인 비정식적 행정작용으로서 경고, 권고, 정보제공과 합의에 따른 비정식적 작용으로 구분된다.

(3) 허 용 성

행정의 행위형식은 한정된 개념이 아니므로 비정식적 행정작용은 원칙적으로 허용된다.

2. 법적 성질

행정기관이 우월한 지위에서 하는 일방적 행위가 아니므로 **비권력적 사실행위**이며, 항고소송의 대상인 처분이 아니다. 판례도 행정내부에서의 행위, 알선행위, 권유행위의 처분성을 부정한다.

3. 근거와 한계

(1) 근 거

1) 행정기관의 일방적인 행위에 따른 경우

특정인에 대해 침익적 효과를 나타내는 경우(특정제품에 대한 유해성 평가나 경고)에는 법적 근거가 필요하지만, 단순한 권고나 정보제공은 법적 근거가 필요하지 않다.

2) 당사자의 합의에 의한 경우

당사자의 합의에 따른 것은 별도의 근거규범이 필요하지 않다.

(2) 한 계

실체법적·절차법적 한계를 넘어서는 아니 되고, 행정법의 일반원칙도 준수해야 하며(특히 부당결부금지원칙), 비정식적 행정작용은 일반적으로 비권력적 사실행위이므로 구속력의 창설이 금지된다.

4. 효 과

비정식적 행정작용에는 **법적 구속력이 인정되지 않는다.** 따라서 합의 내용에 대한 이행청구권이나 불이행으로 인한 손해배상청구는 인정되지 않는다.

5. 권리구제

(1) 항고소송

법적 구속력이 없는 사실행위이므로 항고소송은 부정된다(단, 사실상의 강제력을 갖는 비정식적 행정작용은 항고소송의 대상으로 보자는 견해(쟁송법적 개념설, 형식적 행정행위개념 긍정설)도 있다).

(2) 국가배상

위법한 경우(예: 위법한 안내) 공무원의 고의·과실이 인정된다면 국가배상청구가 가능하다(국가배상법 제 2 조 제 1 항 참조).

048   행정지도★

> 행정지도란 행정기관이 그 소관사무의 범위 안에서 일정한 행정목적을 실현하기 위하여 특정인에게 일
> 정한 행위를 하거나 하지 아니하도록 지도·권고·조언 등을 하는 행정작용(행정절차법 제2조 제3호)
> 을 말한다.

Ⅰ. 행정지도의 위법성

1. 법적 근거(법적 근거의 필요 여부)

(1) 학   설

ⓐ 행정지도는 비권력적 작용으로 상대방의 임의적 동의를 본질로 하여 침익적이기 어렵기 때
문에 법적 근거가 필요 없다는 견해(**근거불요설, 다수설**)와 ⓑ 규제적 행정지도(일정한 행위의 억
제를 목적으로 하는 행정지도)는 임의성이 제한되므로 법적 근거가 필요하다는 견해(**제한적 긍정
설**)가 대립된다.

(2) 검   토

행정지도는 상대방의 임의적 협력을 전제로 하는 것이므로 그의 준수 여부는 상대방이 임의적
으로 결정한다고 보아야 한다. 따라서 근거불요설이 타당하다. 그리고 제한적 긍정설이 말하
는 규제적 행정지도(예: 무허가건축물 규제를 위해 무허가건축물은 규제대상임을 알리는 벽보광고
를 하는 것)는 행정지도의 수단이 규제적이라는 것이 아니고 규제적 지도를 발하는 목적(일정한
행위억제 ─ 앞의 예에서 무허가건축물규제 ─)이 규제적이라는 의미이기에, 규제적 행정지도에도
법적 근거는 필요하지 않다.

2. 법적 한계

(1) 성문법령상의 한계

1) 실체법상의 한계

(가) 행정지도를 발하는 행정기관은 조직법상의 한계를 준수해야 한다. 즉, 행정기관의 소관사
무 범위 안에서만 가능하며 소관사무의 범위 안에서도 원래 목적과 다른 목적으로 행정지도를
할 수는 없다.

(나) 행정지도를 발하는 행정기관은 비례원칙 및 임의성의 원칙을 준수해야 하며(행정절차법 제
48조 제1항), 행정지도에 따르지 아니하였다고 불이익조치를 하여서는 아니 된다(불이익조치금
지의 원칙, 행정절차법 제48조 제2항).

2) 절차법상의 한계

절차법상의 한계로 행정지도실명제·서면교부청구권(행정절차법 제49조), 의견제출(동법 제50
조), 공통사항의 공표(동법 제51조) 등을 준수하여야 한다.

(2) 행정법의 일반원칙에 따른 한계

행정지도는 신뢰보호원칙이나 부당결부금지원칙 등 행정법의 일반원칙에 위반되어서는 아니
된다.

II. 위법한 행정지도에 대한 권리구제

1. 항고소송

ⓐ 행정지도는 비권력적 행위라는 점에서 공권력행사를 개념요소로 하는 행정소송법상 처분개념에 해당하지 아니하고, 아울러 사실행위라는 점에서 법적 행위가 아니어서 항고소송의 대상이 되지 않는다는 것이 **전통적인 견해**이다. **판례**의 입장도 같다(대판 1995. 11. 21. 95누9099). ⓑ 다만, 사실상의 강제력을 갖는 행정지도를 행정소송법 제 2 조 제 1 항 제 1 호의 '그 밖에 이에 준하는 행정작용'으로 보고 처분성을 긍정하자는 견해도 있다(쟁송법적 행정행위 개념설, 형식적 행정행위 긍정설).

2. 손해전보

(1) 손해배상

① ⓐ 위법한 행정지도로 인해 피해를 입은 자는 국가배상법 제 2 조 제 1 항이 정하는 바에 따라 손해배상을 청구할 수 있다는 것이 **일반적 견해**이며, **판례**의 입장이다(국가배상법 제 2 조 제 1 항의 직무행위에 행정지도가 포함된다). ⓑ 다만, 행정지도의 상대방은 위법한 행정지도에 동의하였으므로 이를 위법행위로 볼 수 없다는 **견해**도 있다('동의는 불법행위의 성립을 조각시킨다'는 논리(동의는 불법행위의 성립요건을 탈락시키는 사유가 된다는 논리)). ② 그러나 상대방은 행정지도에 동의한 것이지 위법행위에 동의한 것이 아니므로 위법한 행정지도에 대해서 손해배상청구가 가능하다는 **일반적 견해**가 타당하다.

(2) 손실보상

학설은 대립하지만, 사실상의 강제로 인하여 특별한 희생이 있고, 그 희생이 행정지도와 인과관계를 갖는 경우에는 예외적으로 **수용적 침해보상**의 법리를 활용하여 보상이 가능하다고 본다(예: 특정 농산품을 재배할 것을 권고한 후 소비자의 수요 감퇴로 그 농산품의 가격이 폭락하여 막대한 손실을 본 경우)(78).

3. 결과제거청구

행정지도로 인해 위법한 사실상태가 야기된 경우 법률상 이익을 침해받은 사인은 적법한 상태로의 원상회복을 위한 결과제거청구권을 갖는다.

4. 헌법소원

헌법재판소법 제68조의 헌법소원의 요건을 충족하는 경우 상대방은 헌법소원을 청구할 수 있다(교육인적자원부장관의 대학총장들에 대한 이 사건 학칙시정요구는 … 임의적인 협력을 통하여 사실상의 효과를 발생시키는 행정지도의 일종이지만, 그에 따르지 않을 경우 일정한 불이익조치를 예정하고 있어 사실상 상대방에게 그에 따를 의무를 부과하는 것과 다를 바 없으므로 단순한 행정지도로서의 한계를 넘어 규제적·구속적 성격을 상당히 강하게 갖는 것으로서 헌법소원의 대상이 되는 공권력의 행사라고 볼 수 있다(헌재 2003. 6. 26. 2002헌마337, 2003헌마 7·8(병합))).

049 처분의 사전통지★★★

1. 의의

처분의 사전통지란 처분하기 전에 행정청이 일정한 사항을 당사자등에게 통지하는 제도를 말한다(행정절차법 제21조).

2. 요건

행정절차법 제21조는 행정청이 ① 의무를 부과하거나 권익을 제한하는 ② 처분을 하는 경우, ③ 예외사유에 해당하지 않는다면(제4항) 사전통지가 필요하다고 한다. ②의 '처분'은 항고소송의 대상인 처분과 일치한다.

3. 예외사유

(가) 행정절차법 제21조 제4항은 '1. 공공의 안전 또는 복리를 위하여 긴급히 처분을 할 필요가 있는 경우, 2. 법령 등에서 요구된 자격이 없거나 없어지게 되면 반드시 일정한 처분을 하여야 하는 경우에 그 자격이 없거나 없어지게 된 사실이 법원의 재판 등에 의하여 객관적으로 증명된 경우, 3. 해당 처분의 성질상 의견청취가 현저히 곤란하거나 명백히 불필요하다고 인정될 만한 상당한 이유가 있는 경우'를 사전통지의 예외사유로 규정한다. 다만, 사전통지를 하지 아니하는 경우 행정청은 처분을 할 때 당사자 등에게 통지하지 아니한 사유를 알려야 한다(행정절차법 제21조 제6항 본문).

(나) 행정절차법 제21조 제5항에 따라 동법 시행령 제13조는 처분의 사전통지 생략 사유를 규정하고 있다(1. 급박한 위해의 방지 및 제거 등 공공의 안전 또는 복리를 위하여 긴급한 처분이 필요한 경우, 2. 법원의 재판 또는 준사법적 절차를 거치는 행정기관의 결정 등에 따라 처분의 전제가 되는 사실이 객관적으로 증명되어 처분에 따른 의견청취가 불필요하다고 인정되는 경우, 3. 의견청취의 기회를 줌으로써 처분의 내용이 미리 알려져 현저히 공익을 해치는 행위를 유발할 우려가 예상되는 등 해당 처분의 성질상 의견청취가 현저하게 곤란한 경우, 4. 법령 또는 자치법규(이하 "법령등"이라 한다)에서 준수하여야 할 기술적 기준이 명확하게 규정되고, 그 기준에 현저히 미치지 못하는 사실을 이유로 처분을 하려는 경우로서 그 사실이 실험, 계측, 그 밖에 객관적인 방법에 의하여 명확히 입증된 경우, 5. 법령등에서 일정한 요건에 해당하는 자에 대하여 점용료·사용료 등 금전급부를 명하는 경우 법령등에서 규정하는 요건에 해당함이 명백하고, 행정청의 금액산정에 재량의 여지가 없거나 요율이 명확하게 정하여져 있는 경우 등 해당 처분의 성질상 의견청취가 명백히 불필요하다고 인정될 만한 상당한 이유가 있는 경우).

4. 결여의 효과

사전통지를 하여야 함에도 이를 하지 않고 처분한 경우 그 처분은 절차상 하자 있는 처분이 된다.

💎 **논점 거부처분의 사전통지의 필요성★★★**

1. 문제 상황

사전통지의 요건과 관련해 수익적 처분의 신청에 대한 거부가 '당사자에게 의무를 부과하거나 권익을 제한하는 것(전술한 사전통지의 요건 ①과 관련)'인지가 문제된다.

2. 학   설

(1) 불 요 설

거부처분의 경우 신청과정에서 행정청과 대화를 계속하고 있는 상태이므로 상대방에게 큰 불이익이 없어 사전통지를 요하지 않는다고 한다.

(2) 필 요 설

당사자가 신청을 한 경우 신청에 따라 긍정적인 처분이 이루어질 것을 기대하고 거부처분을 기대하지는 아니하고 있으므로 거부처분은 당사자의 권익을 제한하는 처분에 해당하며, 따라서 거부처분의 경우에도 사전통지가 필요하다고 한다.

(3) 중간설(절충설)

원칙적으로 거부처분은 사전통지의 대상이 되지 않지만, 신청인이 신청서에 기재하지 않은 사실을 근거로 거부하거나 신청서에 기재한 사실을 인정할 수 없다는 이유로 거부하거나 신청인이 자료를 제출하지 않았다는 이유로 거부하는 등의 경우에는 신청인의 예측가능성을 보호하기 위해 예외적으로 사전통지절차가 필요하다고 본다(최계영).

3. 판   례

판례는「행정절차법 제21조 제1항은 행정청은 당사자에게 의무를 과하거나 권익을 제한하는 처분을 하는 경우에는 … 당사자등에게 통지하도록 하고 있는바, 신청에 따른 처분이 이루어지지 아니한 경우에는 아직 당사자에게 권익이 부과되지 아니하였으므로 특별한 사정이 없는 한 신청에 대한 거부처분이라고 하더라도 직접 당사자의 권익을 제한하는 것은 아니어서 신청에 대한 거부처분을 여기에서 말하는 '당사자의 권익을 제한하는 처분'에 해당한다고 할 수 없는 것이어서 처분의 사전통지대상이 된다고 할 수 없다(대판 2003. 11. 28. 2003두674)」고 본다.

4. 검   토

거부처분은 행정절차법 제21조 제1항의 당사자의 권익을 제한하거나 의무를 부과하는 처분으로 볼 수 없어 사전통지가 필요 없다는 견해가 타당하다(불요설).

💎 **논점 처분기준의 설정·공표의무위반과 처분의 위법 여부★**

행정절차법 제20조 제1항 제1문은 행정청은 필요한 처분기준을 해당 처분의 성질에 비추어 되도록 구체적으로 정하여 공표하여야 한다고 규정하는데 ⓐ 처분기준을 설정하여 공표하여야 함에도 이를 하지 않고 처분을 발령한 경우, 처분기준의 설정·공표가 의무규정으로 되어 있으므로 처분의 절차상 **위법사유가 된다고 보는 것이 다수설**이며 타당하다. ⓑ 그러나 처분기준을 설정·공표하여야 할 경우와 하지 않아도 되는 경우의 구분이 **불분명**하고, 처분기준이 설정되지 않았다고 하여 처분을 할 수 없는 것도 아니므로 **처분의 효력에 영향이 없다는 견해**도 있다.

050 | 행정청이 사인과 협약으로 법령상 요구되는 청문을 배제할 수 있는지 여부★★

1. 문제 상황

청문실시의 요건 및 예외와 관련해 행정청이 사인과의 법령상 요구되는 청문을 배제한다는 협약(합의)을 한 경우 청문절차를 생략할 수 있는지가 문제된다.

2. 학 설

ⓐ 강제적인 방법이 동원되지 않는 이상 청문을 배제하는 협의는 가능한 것으로 당사자들은 합의에 의한 청문의 배제에 구속된다는 견해(**긍정설**)와 ⓑ 청문절차는 행정청에게 적정한 판단을 할 수 있도록 기회를 마련해주는 것뿐만 아니라 이해관계인의 참여를 확보하기 위한 것이므로(행정절차법 제 2 조 제 5 호·제 4 호 참조) 청문을 당사자 간의 협약으로 배제할 수 없다는 견해(**부정설**)가 대립된다.

3. 판 례

대법원은 주식회사 대경마이월드가 안산시장을 상대로 유희시설조성사업협약해지 등을 구한 사건에서 「행정청이 당사자와 사이에 도시계획사업의 시행과 관련한 협약을 체결하면서 관계 법령 및 행정절차법에 규정된 청문의 실시 등 의견청취절차를 배제하는 조항을 두었다고 하더라도, … 위와 같은 협약의 체결로 청문의 실시에 관한 규정의 적용을 배제할 수 있다고 볼 만한 법령상의 규정이 없는 한, 이러한 협약이 체결되었다고 하여 청문의 실시에 관한 규정의 적용이 배제된다거나 청문을 실시하지 않아도 되는 예외적인 경우에 해당한다고 할 수 없다(대판 2004. 7. 8. 2002두8350)」고 판시하여 당사자 간에 협약이 있었다고 하더라도 청문의 실시에 관한 규정의 적용이 배제된다거나 청문을 실시하지 않아도 되는 예외적인 경우에 해당한다고 할 수 없다는 입장이다(**부정**).

4. 검 토

행정처분을 하면서 계약을 체결하여 행정절차법상의 청문 등을 배제할 수 있도록 한다면 행정청은 자신의 우월한 지위를 이용하여 상대방의 의사에 반하여 여러 절차를 배제하는 내용의 계약을 강제함으로써 행정절차법의 취지를 잠탈할 우려가 있으므로 판례의 입장(**부정**)이 타당하다(하명호).

050-1 　의견제출★

1. 의　　의
의견제출이란 행정청이 어떠한 행정작용을 하기 전에 당사자등이 의견을 제시하는 절차로서
청문이나 공청회에 해당하지 아니하는 절차를 말한다(행정절차법 제2조 제7호).

2. 의견제출의 요건
(가) 행정청은 ① 당사자에게 의무를 부과하거나 권익을 제한하는 ② 처분을 할 때 ③ 청문이나
공청회를 하는 경우 외의 경우에 ④ 예외사유에 해당하지 않는다면 의견제출의 기회를 주어야
한다.

(나) 의견제출은 처분의 사전통지와 마찬가지로 의무를 부과하거나 권익을 제한하는 경우에만
적용된다. 그리고 처분의 사전통지의 예외사유 세 가지에 해당하는 경우와 당사자가 의견진술
의 기회를 포기한다는 뜻을 명백히 표시한 경우에는 의견제출의 기회를 주지 않을 수 있다(행
정절차법 제22조 제4항).

3. 의견제출의 효과
행정청은 처분을 할 때에는 당사자등이 제출한 의견이 상당한 이유가 있다고 인정하는 경우에
는 이를 반영하여야 한다(행정절차법 제27조의2). 행정청이 반드시 당사자등의 의견을 따라야
하는 것은 아니다.

4. 의견제출절차의 위반
의견제출절차는 의무적으로 규정되어 있기에 이를 실시하지 않고 발령한 처분은 절차상 위법
한 것이 된다. 그리고 하자의 정도는 중대·명백설에 따른다(많은 경우 의견제출절차를 위반한
처분은 명백하지만 중대하지 않아 취소사유에 해당될 것이다).

051　이유제시★★

1. 의　의

이유제시란 행정청이 처분을 할 때에는 그 근거와 이유를 제시하여야 함을 말한다(행정절차법 제23조 제1항 본문). 행정절차법 제23조는 처분을 함에 있어서 처분의 근거와 이유를 제시하여야 한다고 규정하여 이유제시를 처분시의 필수적 절차로 규정하고 있다. 따라서 이유제시를 생략할 수 있는 경우에 해당되지 않는 한, 수익적·침익적 처분을 불문하고 이유제시를 하여야 한다. 처분을 함에 있어서 이유제시를 전혀 하지 않은 경우, 이유제시를 하였으나 처분의 사실적·법률적 근거를 구체적으로 제시하지 않은 경우에는 이유제시에 하자가 있는 것이 된다.

2. 생략사유(행정절차법 제23조 제1항)

행정절차법 제23조 제1항은 일정한 경우 이유제시를 생략할 수 있음을 규정한다(1. 신청내용을 모두 그대로 인정하는 처분인 경우 2. 단순·반복적인 처분 또는 경미한 처분으로서 당사자가 그 이유를 명백히 알 수 있는 경우 3. 긴급을 요하는 경우).

3. 요　건

(1) 정　도

(가) 행정청이 자기의 결정에 고려하였던 사실상·법률상의 근거를 상대방이 이해할 수 있을 정도로 구체적으로 알려야 한다. 사실상 근거에는 행정행위의 결정에 근거로 삼은 사실관계가 포함되며, 법률상 근거에는 해석·포섭·형량이 포함된다(대판 1990. 9. 11. 90누1786). 그리고 재량행위에 있어서는 행정청이 재량행사에서 기준으로 삼았던 관점(재량행사의 고려사항)도 알려야 한다(다수설).

(나) 다만, 판례는 ① 당사자가 근거규정 등을 명시하여 신청하는 인·허가 등을 거부하는 처분을 함에 있어 당사자가 그 근거를 알 수 있을 정도로 상당한 이유를 제시한 경우(대판 2002. 5. 17. 2000두8912), ② 처분에 이르기까지 전체적인 과정을 종합적으로 고려하여 처분 당시 당사자가 어떠한 근거와 이유로 처분이 이루어진 것인지를 충분히 알 수 있어서 그에 불복하여 행정구제절차로 나아가는 데에 별다른 지장이 없었던 것으로 인정되는 경우 등은 이유제시의 정도가 완화된다고 본다(대판 2013. 11. 14. 2011두18571).

(2) 방　식

행정절차법 제24조 제1항의 규정에 의하여 원칙적으로 문서로 한다.

(3) 기준시점

이유제시는 원칙적으로 처분이 이루어지는 시점에 이루어져야 한다(행정절차법 제23조 제1항 참조).

4. 결여의 효과

이유제시결여의 하자는 독자적인 위법사유가 된다(다수설, 판례). 하자의 정도는 명백한 하자이지만 적법요건에 중대한 위반이라고 보기는 어려워 취소사유로 보아야 한다.

5. 이유제시의 절차상 하자의 치유와 처분사유의 추가·변경의 구별('처분이유'를 소송이 제기된 이후에는 '처분사유'라고 부르는 것이 일반적이다)

ⓐ 전자는 이유제시가 없이 처분을 발령한 후 이를 보완하는 것을 말하지만(형식적 적법성의 문제), 후자는 처분시에 이유제시가 있기는 하였으나 이것이 **불충분**(부적법)하여 소송절차에서 처분사유(이유)를 추가하거나 변경하는 것을 말한다(실질적 적법성의 문제). ⓑ 전자는 **행정절차**의 문제이고 후자는 **행정소송**의 문제이다.

052   절차상 하자★★★

Ⅰ. 절차상 하자의 독자적 위법사유 여부

1. 문제 상황

절차상 하자의 효과에 관한 명문의 규정이 있는 경우라면 문제가 없으나(국가공무원법 제13조
① 소청심사위원회가 소청 사건을 심사할 때에는 대통령령 등으로 정하는 바에 따라 소청인 또는 제
76조 제1항 후단에 따른 대리인에게 진술 기회를 주어야 한다. ② 제1항에 따른 진술 기회를 주지
아니한 결정은 무효로 한다), 절차상 하자의 효과에 관한 명문의 규정이 없는 경우 특히 그 행정
행위가 기속행위라면 절차상 하자로 취소판결이 확정된 후에도 행정청은 해당 절차만 거친다
면 다시 동일한 내용의 행정행위를 발령하여도 무방하기 때문에 절차상의 하자가 독자적인 위
법사유인지가 문제된다.

2. 학   설

(1) 소 극 설

절차규정이란 적정한 행정결정을 확보하기 위한 수단에 불과하며, 절차상의 하자만을 이유로
취소하는 것은 **행정능률 및 소송경제에 반한다**는 점을 근거로 절차상 하자는 독자적인 위법사
유가 될 수 없다고 본다.

(2) 적 극 설

법원이 절차상 하자를 이유로 취소한 후 행정청이 적법한 절차를 거쳐 다시 처분을 하는 경우
재량행위뿐 아니라 기속행위의 경우에도 처분의 발령에 이르기까지의 **사실판단**이나 **법률요건
판단을 달리하여 당초 처분과 다른 내용의 결정에 이를 수 있기 때문에 반드시 동일한 내용의
처분을 반복한다고 말할 수 없다**는 점을 근거로 절차상 하자는 독자적인 위법사유가 될 수 있
다고 본다(**다수설**).

(3) 절 충 설

기속행위와 재량행위를 나누어 **재량행위**는 절차의 하자가 존재할 때 위법해지지만, 기속행위
는 내용상 하자가 존재하지 않는 한 절차상 하자만으로 행정행위가 위법해지지 않는다고 본
다. **기속행위의 경우** 법원이 절차상 하자를 이유로 취소하더라도 행정청은 절차상 하자를 보
완하여 **동일한 내용의 처분**을 다시 해야 하므로 행정능률에 반한다는 점을 근거로 한다.

3. 판   례

대법원은 재량행위·기속행위를 불문하고 절차상 하자는 독자적인 위법사유가 될 수 있다는
입장이다(대판 1991. 7. 9. 91누971).

4. 검   토

행정의 법률적합성원칙에 따라 행정작용은 실체(내용)뿐만 아니라 절차상으로도 적법하여야
하며, 취소소송 등의 기속력이 절차의 위법을 이유로 취소되는 경우에도 준용된다는 점(행정소
송법 제30조 제3항)에 비추어 적극설이 타당하다.

Ⅱ. 절차상 하자의 치유

행정행위의 절차상 하자의 치유란 행정행위가 발령 당시에 적법요건의 하나인 절차요건에 흠결이 있어 위법한 것이라고 하여도 사후에 흠결을 보완하게 되면 적법한 행위로 취급하는 것을 말한다. **통설**과 **판례**는 국민의 방어권보장을 침해하지 않는 범위 안에서 절차상 하자의 치유를 제한적으로 인정한다(**제한적 긍정설**).

Ⅲ. 절차상 하자의 경우 취소판결의 기속력의 범위

절차상의 하자를 이유로 처분에 대한 취소판결이 확정된 후 처분청이 종전의 처분과 동일한 내용의 처분을 한다고 하여도 이 처분이 판결의 취지에 따라 **절차상 위법사유를 보완**한 것이면 취소판결의 기속력에 반하는 것이 아니다. 왜냐하면 기속력은 '판결에 적시된 절차 내지 형식의 위법사유'에 한정되는 것이므로 위법사유를 보완한 처분은 당초처분과는 별개의 처분이기 때문이다(대판 1987. 2. 10. 86누91).

054   공공기관의 정보비공개결정의 위법성★★★

1. 문제 상황

공공기관의 정보공개에 관한 법률 제3조는 공공기관이 보유·관리하는 정보에 대해 공개를 원칙으로 하고 있고, 동법은 제9조 제1항 단서에서 비공개대상정보를 규정하고 있다.

2. 정보공개청구권자와 공개대상정보

(1) 정보공개청구권자

공공기관의 정보공개에 관한 법률 제5조 제1항은 '모든 국민은 정보의 공개를 청구할 권리를 가진다'고 규정하고 있다.

(2) 공개대상정보

공공기관이 보유·관리하는 정보는 공개대상이 된다(공공기관의 정보공개에 관한 법률 제9조 제1항 본문). "공공기관"이란 국가기관(① 국회, 법원, 헌법재판소, 중앙선거관리위원회 ② 중앙행정기관(대통령 소속 기관과 국무총리 소속 기관을 포함한다) 및 그 소속 기관 ③「행정기관 소속 위원회의 설치·운영에 관한 법률」에 따른 위원회), 지방자치단체, 「공공기관의 운영에 관한 법률」제2조에 따른 공공기관, 그 밖에 대통령령으로 정하는 기관을 말한다(동법 제2조 제3호).

(3) 정보공개청구의 제한사유로서 권리남용

판례는 정보공개청구권자가 오로지 상대방을 괴롭힐 목적으로 정보공개를 구하고 있다는 등의 특별한 사정이 없는 한 정보공개청구가 신의칙에 반하거나 권리남용에 해당한다고 볼 수 없어 정보를 공개하여야 한다고 본다(대판 2006. 8. 24, 2004두2783).

3. 비공개대상정보

(1) 다른 법률 또는 법률에서 위임한 명령(국회규칙·대법원규칙·헌법재판소규칙·중앙선거관리위원회규칙·대통령령 및 조례에 한정한다)**에 의하여 비밀 또는 비공개 사항으로 규정된 정보**(제1호)

판례는 공공기관의 정보공개에 관한 법률 제9조 제1항 제1호의 '법률에 의한 명령'은 법규명령 전부가 아니라 정보의 공개에 관하여 법률의 구체적인 위임 아래 제정된 법규명령(위임명령)만을 의미한다고 본다. 즉 정보의 공개에 관하여 법률이 구체적인 위임을 한 경우 그 위임에 따라 제정된 법규명령에 비공개 사항으로 규정된 경우만을 제9조 제1항 제1호의 비공개대상정보로 보아 제1호(법률이 위임한 명령)의 범위를 제한적으로 해석하고 있다.

(2) 국가안전보장·국방·통일·외교관계 등에 관한 사항으로서 공개될 경우 국가의 중대한 이익을 현저히 해칠 우려가 있다고 인정되는 정보(제2호)

(3) 공개될 경우 국민의 생명·신체 및 재산의 보호에 현저한 지장을 초래할 우려가 있다고 인정되는 정보(제3호)

(4) 진행 중인 재판에 관련된 정보와 범죄의 예방, 수사, 공소의 제기 및 유지, 형의 집행, 교정, 보안처분에 관한 사항으로서 공개될 경우 그 직무수행을 현저히 곤란하게 하거나 형사피고인의 공정한 재판을 받을 권리를 침해한다고 인정할 만한 상당한 이유가 있는

정보(제4호)

(5) 감사·감독·검사·시험·규제·입찰계약·기술개발·인사관리에 관한 사항이나 의사결정 과정 또는 내부검토 과정에 있는 사항 등으로서 공개될 경우 업무의 공정한 수행이나 연구·개발에 현저한 지장을 초래한다고 인정할 만한 상당한 이유가 있는 정보. 다만, 의사결정 과정 또는 내부검토 과정을 이유로 비공개할 경우에는 의사결정 과정 및 내부 검토 과정이 종료되면 제10조에 따른 청구인에게 이를 통지하여야 한다(제5호)

(개) 공공기관의 정보공개에 관한 법률 제9조 제1항 제5호는 해당 정보가 ⓐ 감사·감독· 검사·시험·규제·입찰계약·기술개발·인사관리·의사결정과정 또는 내부검토과정에 있는 사 항이면서 ⓑ 공개될 경우 업무의 공정한 수행이나 연구·개발에 현저한 지장을 초래한다고 인 정할 만한 상당한 이유가 있는 정보일 때 이를 비공개할 수 있는 것으로 규정한다.

(내) ⓐ 판례는 공공기관의 정보공개에 관한 법률 제9조 제1항 제5호의 비공개사항들은 <u>한 정적인 것이 아니라 예시적으로 열거한 것으로 본다</u>(대판 2003. 8. 22. 2002두12946). 따라서 <u>의 사결정과정에 제공된 회의관련 자료나 의사결정 과정이 기록된 회의록 등은 의사가 결정되거 나 집행된 경우 의사결정과정 자체는 아니지만 "의사결정과정에 준하는 사항"으로 볼 수 있다</u> (대판 2003. 8. 22. 2002두12946). ⓑ 또한 판례는 '공개될 경우 업무의 공정한 수행에 현저한 지 장을 초래한다고 인정할 만한 상당한 이유가 있는 경우'라 함은 공개될 경우 업무의 공정한 <u>수행이 객관적으로 현저하게 지장을 받을 것이라는 고도의 개연성이 존재하는 경우</u>를 의미한 다고 보고, 여기에 해당하는지 여부는 비공개에 의하여 보호되는 <u>업무수행의 공정성 등의 이 익</u>과 공개에 의하여 보호되는 <u>국민의 알권리의 보장과</u> 국정에 대한 국민의 참여 및 <u>국정운영 의 투명성 확보 등의 이익</u>을 비교·교량하여 판단하여야 한다고 한다(대판 2003. 8. 22. 2002두 12946).

(6) 해당 정보에 포함되어 있는 성명·주민등록번호 등 개인에 관한 사항으로서 공개될 경우 사생활의 비밀 또는 자유를 침해할 우려가 있다고 인정되는 정보(제6호)

공공기관의 정보공개에 관한 법률 제9조 제1항 제6호는 비공개대상정보를 규정하면서 본 문에서 ⓐ 개인에 관한 사항일 것과 ⓑ 사생활의 비밀이나 자유의 침해 우려가 있을 것을 필 요로 하고 있다. ⓒ 그러나 단서에서 가-마목까지의 공개될 수 있는 예외를 규정한다(가. 법령 에서 정하는 바에 따라 열람할 수 있는 정보. 나. 공공기관이 공표를 목적으로 작성하거나 취득한 정 보로서 사생활의 비밀과 자유를 부당하게 침해하지 아니하는 정보. 다. 공공기관이 작성하거나 취득 한 정보로서 공개하는 것이 공익이나 개인의 권리구제를 위하여 필요하다고 인정되는 정보(여기에서 '공개하는 것이 공익을 위하여 필요하다고 인정되는 정보'에 해당하는지 여부는 비공개에 의하여 보 호되는 개인의 사생활 보호 등의 이익과 공개에 의하여 보호되는 국정운영의 투명성 확보 등의 공익 을 비교·교량하여 구체적 사안에 따라 신중히 판단하여야 한다(대판 2007. 12. 13. 2005두13117)), 라. 직무를 수행한 공무원의 성명·직위. 마. 공개하는 것이 공익을 위하여 필요한 경우로서 법령에 따라 국가 또는 지방자치단체가 업무의 일부를 위탁 또는 위촉한 개인의 성명·직업).

(7) 법인·단체 또는 개인의 경영상·영업상 비밀에 관한 사항으로서 공개될 경우 법인 등의 정당한 이익을 현저히 해칠 우려가 있다고 인정되는 정보(다만, 사업활동에 의하여 발생하 는 위해로부터 사람의 생명·신체 또는 건강을 보호하기 위하여 공개할 필요가 있는 정보(가목) 와 위법·부당한 사업활동으로부터 국민의 재산 또는 생활을 보호하기 위하여 공개할 필요가 있

는 정보(나목)는 제외)

(8) 공개될 경우 부동산 투기, 매점매석 등으로 특정인에게 이익 또는 불이익을 줄 우려가 있다고 인정되는 정보

4. 부분공개

공개청구한 정보가 제9조 제1항 각호의 어느 하나에 해당하는 부분과 공개가 가능한 부분이 혼합되어 있는 경우로서 공개청구의 취지에 어긋나지 아니하는 범위 안에서 두 부분을 분리할 수 있는 때에는 제9조 제1항 각호의 어느 하나에 해당하는 부분을 제외하고 공개하여야 한다(공공기관의 정보공개에 관한 법률 제14조).

5. 입증책임

해당 정보를 공공기관이 보유·관리하고 있을 상당한 개연성이 있다는 점에 대한 입증책임은 원칙적으로 공개청구자에게 있지만, 공개를 구하는 정보를 공공기관이 한때 보유·관리하였으나 후에 존재하지 않게 된 것이라면 그 정보를 더 이상 보유·관리하고 있지 아니하다는 점에 대한 입증책임은 공공기관에게 있다(대판 2010. 2. 25. 2007두9877).

054-1 정보공개청구의 절차★

1. 정보공개의 청구

(가) 정보의 공개를 청구하는 자는 해당 정보를 보유하거나 관리하고 있는 공공기관에 대하여 일정한 사항을 기재한 정보공개청구서를 제출하거나 말로써 정보의 공개를 청구할 수 있다(공공기관의 정보공개에 관한 법률 제10조 제 1 항).

(나) 공공기관의 정보공개에 관한 법률상 청구대상정보를 기재함에 있어서는 사회일반인의 관점에서 청구대상정보의 내용과 범위를 확정할 수 있을 정도로 특정함을 요한다(공개를 청구한 정보의 내용 중 너무 포괄적이거나 막연하여서 사회일반인의 관점에서 그 내용과 범위를 확정할 수 있을 정도로 특정되었다고 볼 수 없는 부분이 포함되어 있다면, 이를 심리하는 법원으로서는 마땅히 공공기관의 정보공개에 관한 법률 제20조 제 2 항의 규정에 따라 공공기관에게 그가 보유·관리하고 있는 공개청구정보를 제출하도록 하여 이를 비공개로 열람·심사하는 등의 방법으로 공개청구정보의 내용과 범위를 특정시켜야 하고, 나아가 위와 같은 방법으로도 특정이 불가능한 경우에는 특정되지 않은 부분과 나머지 부분을 분리할 수 있고 나머지 부분에 대한 비공개결정이 위법한 경우라고 하여도 정보공개의 청구 중 특정되지 않은 부분에 대한 비공개결정의 취소를 구하는 부분은 나머지 부분과 분리하여 이를 기각하여야 한다(대판 2007. 6. 1. 2007두2555)).

2. 공개 여부의 결정

(1) 공개 여부 결정기간

정보공개청구를 받은 공공기관은 정보공개의 청구를 받은 날로부터 10일 이내에 공개 여부를 결정하여야 한다(공공기관의 정보공개에 관한 법률 제11조 제 1 항). 공공기관은 부득이한 사유로 제 1 항에 따른 기간(10일) 이내에 공개 여부를 결정할 수 없는 때에는 그 기간이 끝나는 날의 다음 날부터 기산하여 10일의 범위에서 공개 여부 결정기간을 연장할 수 있다(공공기관의 정보공개에 관한 법률 제11조 제 2 항).

(2) 사전통지

공공기관은 공개대상정보의 일부 또는 전부가 제 3 자와 관련이 있다고 인정할 때에는 그 사실을 제 3 자에게 지체 없이 통지하여야 하며, 필요한 경우에는 그에 대한 의견을 들을 수 있다(공공기관의 정보공개에 관한 법률 제11조 제 3 항).

3. 공개 여부 결정의 통지

공공기관이 정보의 공개를 결정한 때에는 공개일시·공개장소 등을 분명히 밝혀 청구인에게 통지하여야 한다(공공기관의 정보공개에 관한 법률 제13조 제 1 항). 공공기관이 정보의 비공개결정을 한 경우에는 그 사실을 청구인에게 지체없이 문서로 통지하되, 비공개이유·불복방법 및 불복절차를 구체적으로 밝혀야 한다(공공기관의 정보공개에 관한 법률 제13조 제 4 항).

4. 정보공개의 방법

(가) 공공기관은 정보를 공개하기로 결정한 경우, 청구인은 제한사유(정보의 원본이 더럽혀지거나 파손될 우려가 있거나 그 밖에 상당한 이유가 있다고 인정할 때에는 정보의 사본·복제물을 공개할 수 있다)에 해당하지 않는 한 정보를 열람·시청할 수 있다(공공기관의 정보공개에 관한 법률 제

13조 제 1 항·제 3 항).

(나) 또한, 청구인이 사본 또는 복제물의 교부를 요청하는 경우 공공기관은 이를 교부하여야 한다. 다만, 공개 대상 정보의 양이 너무 많아 정상적인 업무수행에 현저한 지장을 초래할 우려가 있는 경우에는 정보의 사본·복제물을 일정 기간별로 나누어 제공하거나 열람과 병행하여 제공할 수 있다(공공기관의 정보공개에 관한 법률 제13조 제 2 항).

(다) 따라서 공개청구를 받은 공공기관이 정보공개방법을 선택할 수는 없다(대판 2003. 12. 12. 2003두8050).

(라) 정보공개 청구인에게는 특정한 공개방법을 지정하여 정보공개를 청구할 수 있는 법령상 신청권이 있다. 따라서 공공기관이 공개청구의 대상이 된 정보를 공개는 하되, 청구인이 신청한 공개방법 이외의 방법으로 공개하기로 하는 결정을 하였다면, 이는 정보공개청구 중 정보공개방법에 관한 부분에 대하여 일부 거부처분을 한 것이고, 청구인은 그에 대하여 항고소송으로 다툴 수 있다(대판 2016. 11. 10. 2016두44674).

055   정보비공개결정에 대한 공개청구권자의 권리구제★★

1. 이의신청

청구인이 정보공개와 관련한 공공기관의 비공개 결정 또는 부분 공개 결정에 대하여 불복이 있거나 정보공개 청구 후 20일이 경과하도록 정보공개 결정이 없는 때에는 공공기관으로부터 정보공개 여부의 결정 통지를 받은 날 또는 정보공개 청구 후 20일이 경과한 날부터 30일 이내에 해당 공공기관에 문서로 이의신청을 할 수 있다(공공기관의 정보공개에 관한 법률 제18조 제 1 항). 공공기관은 이의신청을 받은 날부터 7일 이내에 그 이의신청에 대하여 결정하고 그 결과를 청구인에게 지체 없이 문서로 통지하여야 한다. 다만, 부득이한 사유로 정하여진 기간 이내에 결정할 수 없을 때에는 그 기간이 끝나는 날의 다음 날부터 기산하여 7일의 범위에서 연장할 수 있으며, 연장 사유를 청구인에게 통지하여야 한다(공공기관의 정보공개에 관한 법률 제18조 제 3 항).

2. 행정심판

청구인이 정보공개와 관련한 공공기관의 결정에 대하여 불복이 있거나 정보공개 청구 후 20일이 경과하도록 정보공개 결정이 없는 때에는 「행정심판법」에서 정하는 바에 따라 행정심판을 청구할 수 있다. 이 경우 국가기관 및 지방자치단체 외의 공공기관의 결정에 대한 감독행정기관은 관계 중앙행정기관의 장 또는 지방자치단체의 장으로 한다(공공기관의 정보공개에 관한 법률 제19조 제 1 항). 청구인은 제18조에 따른 이의신청 절차를 거치지 아니하고 행정심판을 청구할 수 있다(공공기관의 정보공개에 관한 법률 제19조 제 2 항).

3. 항고소송

(1) 소송요건

1) 대상적격

정보공개청구에 대한 거부도 공권력행사의 거부이고, 국민의 권리·법적 이익에 직접 영향을 미치는 법적 행위이므로 항고소송의 대상이 되는 거부처분이다.

2) 원고적격

공공기관의 정보공개에 관한 법률 제 5 조 제 1 항은 모든 국민에게 정보공개청구권을 명시적으로 인정하고 있어 정보공개의 거부나 부작위로 인해 불이익을 받는 자는 원고적격이 인정된다. 판례도 「정보공개청구권은 법률상 보호되는 구체적인 권리이므로 청구인이 공공기관에 대하여 정보공개를 청구하였다가 거부처분을 받은 것 자체가 법률상 이익의 침해에 해당한다(대판 2003. 12. 12. 2003두8050)」고 본다.

3) 권리보호필요성

정보공개청구에 대하여 정보공개거부처분 후 대상 정보의 폐기 등으로 공공기관이 그 정보를 보유·관리하지 않게 된 경우에는 협의의 소익이 없다(대판 2003. 4. 25. 2000두7087).

(2) 집행정지

정보공개거부처분에 집행정지를 인정할 것인지에 대해 ① 학설은 부정설과 제한적 긍정설이 대립되지만, ② 판례는 거부처분은 그 효력이 정지되더라도 그 (거부)처분이 없었던 것과 같은 상태를 만드는 것에 지나지 아니하고 행정청에게 어떠한 처분을 명하는 등 적극적인 상태를 만

들어 내는 경우를 포함하지 아니하기에 거부처분의 집행정지를 인정할 필요가 없다고 본다(대판 1992. 2. 13. 91두47).

4. 당사자소송

정보비공개결정처분으로 발생한 법률관계가 있다면 당사자는 행정소송법 제 3 조 제 2 호에 따라 그 권리나 법률관계를 다투는 이행소송이나 확인소송을 권리주체를 상대로 제기할 수 있다(행정소송법 제39조 참조).

5. 손해전보

(1) 국가배상

정보공개청구에 대하여 공공기관이 공공기관의 정보공개에 관한 법률에 위반하여 정보공개를 거부한 경우, 정보공개청구인은 국가 등을 상대로 손해배상을 청구할 수 있다. 다만 정보공개청구인이 해당 정보의 직접적인 이해당사자가 아니라면(예를 들어 정보공개청구권자와 직접 관련 없는 정보공개를 청구한 경우) 국가배상청구의 성립요건 중 손해의 발생 또는 위법한 직무집행행위와 손해와의 인과관계 등을 입증하기 어려워 승소하기는 어려울 것이다.

(2) 손실보상

공공의 필요에 따른 공공기관의 정보공개거부로 공개청구권자가 특별한 희생을 입은 경우 손실보상을 청구할 수 있다.

6. 결과제거청구

공공기관의 정보공개거부로 위법한 사실상태가 야기된 경우 법률상 이익을 침해받은 공개청구권자는 결과제거를 청구할 수 있다.

7. 의무이행소송과 가처분

(가) 의무이행소송이란 사인의 신청에 대해 행정청의 위법한 거부나 부작위가 있는 경우 당해 처분의 발령을 구하는 이행소송을 말하는데, ① 인정 여부에 대해 **부정설, 긍정설, 제한적 긍정설**이 대립한다. ② 그러나 **판례**는 현행법상 명문의 규정이 없다는 이유로 인정하지 않는다.
(나) 가처분이란 다툼이 있는 법률관계에 관하여 잠정적으로 임시의 지위를 보전하는 것을 내용으로 하는 가구제제도이다(민사집행법 제300조). 행정소송에 민사집행법상 가처분규정을 적용할 수 있는지에 관해 ① 학설은 **적극설, 소극설, 절충설**이 대립되지만, ② **판례**는 민사집행법상의 보전처분은 민사판결절차에 의하여 보호받을 수 있는 권리에 관한 것이라고 보기 때문에 행정소송에 가처분을 인정하지 아니한다(대결 2011. 4. 18. 2010마1576).
(다) 판례는 의무이행소송과 가처분을 인정하지 않기 때문에 그에 따르면 정보비공개결정처분을 받은 정보공개청구권자는 의무이행소송을 제기하거나 가처분을 신청할 수 없다.

056   정보공개결정에 대한 제 3 자의 권리구제★

I. 절차상 권리구제

(가) ① 정보공개법 제11조 제 3 항(제 3 자에게 통지(의무), 의견청취(재량)), ② 제21조 제 1 항(제 3 자의 비공개요청), ③ 제21조 제 2 항(문서통지)이 있다.

(나) 제 3 자의 비공개요청에도 불구하고 공공기관이 공개결정을 하는 때에 제 3 자는 당해 공공기관에 문서로 이의신청을 할 수 있다. 이의신청은 통지를 받은 날부터 7일 이내에 하여야 한다(공공기관의 정보공개에 관한 법률 제21조 제 2 항).

II. 쟁송상 권리구제

1. 행정심판

제 3 자는 공공기관의 위법·부당한 정보공개결정에 대해 취소심판 등을 제기할 수 있다.

2. 항고소송(정보공개법 제21조 제 2 항)

(1) 소송요건(취소소송에 한정하여 논의한다)

1) 대상적격

공공기관의 정보공개결정은 행정소송법 제 2 조 제 1 항 제 1 호의 처분개념에 해당하고, 국민의 권리의무에 영향을 미치는 법적 행위이므로 항고소송의 대상이 되는 처분이다. 따라서 공개 청구된 정보와 관련 있는 제 3 자는 공공기관의 공개결정을 대상으로 항고소송을 제기할 수 있다.

2) 원고적격

공공기관의 제 3 자와 관련된 정보공개결정은 일반적으로 그 제 3 자에게는 침익적이기 때문에 공개청구된 정보와 관련된 제 3 자는 정보공개결정처분을 다툴 원고적격이 인정된다(정보공개법 제21조 제 2 항 참조).

(2) 집행정지

공공기관의 정보공개에 관한 법률 제21조 제 3 항은 공개 청구된 정보와 관련 있는 제 3 자의 정보비공개요청이 있음에도 공공기관이 정보공개결정을 한 경우 공개 결정일과 공개 실시일의 사이에 최소한 30일의 간격을 두도록 규정하고 있다. 따라서 공개가 실시된다면 취소소송은 실익이 없기에 제 3 자는 30일 이내에 취소소송 제기와 동시에 집행정지를 신청하여야 한다(행정소송법 제23조). 그러나 대법원이 집행정지의 요건을 엄격하게 해석하고 있어 집행정지가 기각될 가능성도 높다(예를 들어 대법원은 '회복하기 어려운 손해'를 사회통념상 금전배상이나 원상회복이 불가능하거나, 금전배상으로는 사회통념상 당사자가 참고 견딜 수 없거나 참고 견디기가 현저히 곤란한 경우의 유형·무형의 손해로 한정한다(대결 2004. 5. 17. 2004무6)). 만일 집행정지가 기각된다면 정보공개결정 취소소송 도중에 정보공개가 실시될 것이기에 취소소송은 실효성이 없다. 따라서 예방적 부작위소송의 인정필요성이 크다.

3. 당사자소송

정보공개결정처분으로 발생한 법률관계가 있다면 당사자는 행정소송법 제 3 조 제 2 호에 따라 그 권리나 법률관계를 다투는 이행소송이나 확인소송을 권리주체를 상대로 제기할 수 있다(행정소송법 제39조 참조).

4. 손해전보

(1) 손해배상청구

공공기관이 공공기관의 정보공개에 관한 법률에 위반하여 비공개대상정보임에도 제 3 자의 정보를 공개하면 공개된 정보와 관련 있는 제 3 자는 국가배상을 청구할 수 있다.

(2) 손실보상청구

공공의 필요에 따른 적법한 정보공개로 제 3 자가 손실을 입었고 그 손실이 특별한 희생에 해당하는 경우에는 손실보상을 청구할 수 있다.

5. 결과제거청구

공공기관의 정보공개로 인해 위법한 사실상태가 야기된 경우 법률상 이익을 침해받은 제 3 자는 원상회복을 위한 결과제거를 청구할 수 있다.

6. 예방적 부작위소송과 가처분(정보공개결정 전)

(가) 예방적 부작위소송이란 위법한 행정작용을 미리 저지할 것을 목적으로 장래에 있을 특정한 행정행위 또는 그 밖의 행위의 발동에 대한 방지를 구하는 소송을 말하는데, 그 인정 여부에 관해 학설은 **부정설**, **긍정설**, **제한적 긍정설**이 대립하며 **판례**는 처분을 하여서는 아니 된다는 내용의 부작위를 구하는 청구는 행정소송에서 허용되지 아니한다고 본다(대판 1987. 3. 24. 86누 182).

(나) 가처분이란 다툼이 있는 법률관계에 관하여 잠정적으로 임시의 지위를 보전하는 것을 내용으로 하는 가구제제도이다(민사집행법 제300조). 행정소송에 민사집행법상 가처분규정을 적용할 수 있는지에 관해 학설은 **적극설**, **소극설**, **절충설**이 대립되지만, **판례**는 민사집행법상의 보전처분은 민사판결절차에 의하여 보호받을 수 있는 권리에 관한 것이라고 보기 때문에 행정소송에 가처분을 인정하지 아니한다(대결 2011. 4. 18. 2010마1576).

(다) 예방적 부작위소송을 긍정하고 가처분 규정을 적용하는 긍정설에 따른다면, 정보공개결정 전에 예방적 부작위 소송을 제기하면서 잠정적 처분금지를 구하는 가처분을 신청할 수 있다 (다만, 판례는 부정한다).

057   행정형벌과 질서벌의 병과 가능성★

행정벌이란 행정주체가 행정법상 의무를 위반한 자에게 행정형벌이나 행정질서벌(과태료)을 과하는 행정상의 제재를 말한다. 행정형벌이란 행정법상 의무를 위반한 자에게 형법에 규정되어 있는 형벌이 가해지는 제재를 말하며, 행정질서벌이란 법익을 직접 침해하는 것이 아니라 행정상 가벼운 질서위반행위에 대해 과태료가 가해지는 제재를 말한다.

1. 문제 상황

행정형벌과 과태료부과처분을 병과하는 것이 이중처벌금지원칙에 반하는 것이 아닌지가 문제된다.

2. 학   설

ⓐ 행정질서벌과 행정형벌은 과벌절차가 다르지만 모두 **행정벌**에 해당하는 것으로 넓은 의미의 처벌이며, 동일한 위반행위에 대한 행정벌이라는 점에서 **병과가 불가능하다는 견해**(홍준형, 김남진·김연태, 박윤흔)와 ⓑ 행정형벌과 행정질서벌은 모두 행정벌의 일종이지만 규범의 목적이나 성질이 다르다고 볼 것이므로, 행정질서벌인 과태료부과처분 후의 행정형벌을 부과한다고 하여도 이중처벌이 아니어서 **병과가 가능하다는 견해**가 대립된다.

3. 판   례

판례는 「피고인이 거주지를 이전한 후 퇴거신고와 전입신고를 하지 아니하였다는 이유로 과태료처분을 받고 이를 납부한 일이 있다 하더라도 그 후에 형사처벌을 한다고 해서 일사부재리의 원칙에 어긋나는 것이라고 할 수 없다(대판 1989. 6. 13. 88도1983)」고 하여 병과가 가능하다는 입장이다.

4. 검   토

판례는 행정질서벌이 행정형벌과 실질적인 차이가 있는 것을 전제로 한 것이지만, 현재 행정질서벌과 행정형벌은 상대화(본질적 차이가 없음)되어 있으므로 병과될 수 없다는 견해가 타당하다(박정훈).

> **행정의 실효성 확보수단★**
> 행정의 실효성 확보수단은 ① **간접적 의무이행확보수단**(과거 의무 위반에 대해 제재를 가함으로써 간접적으로 실효성을 확보하는 수단을 말한다. 예를 들어 금지된 영업행위를 하여 과태료부과처분을 받는다면 동일한 금지행위를 다시 하지 않도록 간접적으로 강제하는 효과가 있을 것이다), ② **직접적 의무이행확보수단**(장래 의무이행을 확보하기 위한 직접적인 수단을 말한다. 예를 들어 무허가건축물을 행정청이 직접 철거하는 경우를 말한다)(①과 ②는 전통적인 의무이행확보수단이다), ③ **새로운 의무이행확보수단**, ④ **자료(정보)수집 작용**으로 나눌 수 있다. ①에는 행정벌(행정형벌, 행정질서벌(과태료)), ②에는 행정상 강제집행(대집행, 직접강제, 이행강제금, 행정상 강제징수)과 행정상 즉시강제가 있고, ③에는 과징금(부과금), 가산세, 가산금, 관허사업제한, 공급거부, 공표 등이 있고, ④에는 행정조사가 있다.

058　행정대집행의 요건, 절차 등★★★

대집행이란 타인이 대신하여 행할 수 있는 의무(대체적 작위의무)의 불이행이 있는 경우 행정청이 불이행된 의무를 스스로 행하거나 제3자로 하여금 이행하게 하고 그 비용을 의무자로부터 징수하는 것을 말한다.

1. 대집행의 요건(행정대집행법 제2조)

(1) 법률이나 명령에 따른 공법상 의무의 불이행

공법상 의무는 법률에 의해 직접 명령되는 경우도 있지만, 대부분 법률에 의거한 행정청의 명령에 의해 생긴다.

(2) 대체적 작위의무의 불이행

(가) 대집행의 대상인 의무는 대체적 작위의무라야 하며, 비대체적 작위의무나 부작위의무 또는 수인의무의 불이행의 경우에는 대집행이 적용될 수 없다.

(나) 행정청이 의무자에게 **토지나 건물의 인도**(점유(물건에 대한 사실상의 지배)이전)의무를 부과한 경우(인도명령의 발령) 그 의무부과의 목적은 토지 등의 점유이전이다. 그러나 이러한 의무는 대체적 의무가 아니어서 대집행은 불가능하다(점유이전을 할 수 있는 자는 점유자(그 물건 등에 대한 사실상의 지배자)밖에 없으므로 이는 타인이 대신할 수 없다). 따라서 토지·건물의 인도의무의 불이행이 있는 경우에는 사정에 따라 경찰관직무집행법상 위험발생방지조치(경찰관직무집행법 제5조) 등이나 형법상 공무집행방해죄(형법 제136조 참조)의 적용을 통해 의무의 이행을 확보할 수 있을 뿐이다. 판례도 **관악산매점시설의 퇴거와 관련된 사건**에서 같은 입장이다.

(다) 부작위의무는 철거명령 등을 통해 작위의무로 전환시킨 후에 대집행의 대상이 될 수 있다. 그러나 작위의무로 전환시킬 수 있는 명령등에 대한 법적 근거가 없다면, 법률유보의 원칙상 금지규정만으로는 의무를 과하는 명령을 발령할 수 없고 그렇다면 대집행은 불가능하다는 것이 **일반적 견해이자 판례의 입장**이다.

(3) 다른 수단으로 의무이행확보가 곤란할 것(보충성)

다른 수단으로 불이행된 의무이행을 확보할 수 있다면 대집행은 불가능하다. 이는 비례의 원칙이 적용됨을 뜻한다. 여기서 '다른 수단'이란 대집행보다 더 경미한 수단인 행정지도 등을 말하며 직접강제나 행정벌은 해당하지 않는다.

(4) 공익을 해할 것

의무불이행을 방치하는 것이 심히 공익을 해친다고 인정되는 경우라야 한다. 영세건축물이나 초대형건축물의 철거의무불이행의 경우처럼 공익침해보다 사익에 대한 보호필요성이 더 우월한 경우에는 대집행이 불가능하다.

◆ 논점 공익사업을 위한 토지 등의 취득 및 보상에 관한 법률 제43조 및 제44조·제89조를
근거로 토지(건물)의 인도의무를 불이행하는 자를 상대로 대집행할 수 있는지 여부**

1. 문제 상황

점유이전은 점유자만이 할 수 있고 대체성이 없기에 대집행의 대상이 되지 않는다는 것이
판례와 학설의 일반적인 입장이다. 그러나 토지보상법 제43조 및 제44조·제89조가 시장 등이
토지나 물건의 인도를 대집행할 수 있음을 규정하고 있어 문제가 된다.

2. 학   설

(1) 부 정 설

대집행의 본질에 비추어 대집행은 대체적 작위의무에만 가능하고, 토지나 건물의 인도의무
는 대체적 작위의무가 아니기에 대집행에 적합하지 않다는 견해이다.

(2) 긍 정 설

토지보상법 제44조 등은 대집행을 규정하고 있으므로 동 조항을 대집행은 대체적 작위의무
위반행위만을 대상으로 한다는 원칙(행정대집행법 제 2 조)의 예외규정으로 보는 견해이다.

(3) 목적론적으로 해석하는 견해

토지보상법 제43조 등을 목적론적으로 해석하여, 공용수용의 효과가 발생하여 보상금을 수
령한 토지소유자 등이 인도를 지연하는 경우 이미 인도가 된 것으로 보고 대집행이 가능하다
고 보는 견해이다(김남철).

3. 판   례

토지나 건물의 인도(명도)의무는 직접적인 실력행사가 필요한 것이지 대체적 작위의무라고
볼 수 없어 (구)토지수용법 제63조 등(현행 토지보상법 제43조 등)에도 불구하고 행정대집행법
에 의한 대집행의 대상이 될 수 없다는 입장이다(대판 2005. 8. 19. 2004다2809).

4. 검   토

토지나 건물의 인도의무의 불이행은 대체적 작위의무의 불이행이 아니기에 토지보상법 제43
조 등에 토지나 건물의 인도의무 불이행에 대한 대집행은 포함되지 않는다는 견해가 타당하다.

[참조조문]
공익사업을 위한 토지 등의 취득 및 보상에 관한 법률
제43조(토지 또는 물건의 인도 등) 토지소유자 및 관계인과 그 밖에 토지소유자나 관계인에 포
   함되지 아니하는 자로서 수용하거나 사용할 토지나 그 토지에 있는 물건에 관한 권리를 가진
   자는 수용 또는 사용의 개시일까지 그 토지나 물건을 사업시행자에게 인도하거나 이전하여야
   한다.
제44조(인도 또는 이전의 대행) ① 특별자치도지사, 시장·군수 또는 구청장은 다음 각 호의 어
   느 하나에 해당할 때에는 사업시행자의 청구에 의하여 토지나 물건의 인도 또는 이전을 대행
   하여야 한다.
   1. 토지나 물건을 인도하거나 이전하여야 할 자가 고의나 과실 없이 그 의무를 이행할 수 없
      을 때
   2. 사업시행자가 과실 없이 토지나 물건을 인도하거나 이전하여야 할 의무가 있는 자를 알
      수 없을 때
제89조(대집행) ① 이 법 또는 이 법에 따른 처분으로 인한 의무를 이행하여야 할 자가 그 정
   하여진 기간 이내에 의무를 이행하지 아니하거나 완료하기 어려운 경우 또는 그로 하여금 그
   의무를 이행하게 하는 것이 현저히 공익을 해친다고 인정되는 사유가 있는 경우에는 사업시
   행자는 시·도지사나 시장·군수 또는 구청장에게 「행정대집행법」에서 정하는 바에 따라 대집
   행을 신청할 수 있다. 이 경우 신청을 받은 시·도지사나 시장·군수 또는 구청장은 정당한 사
   유가 없으면 이에 따라야 한다.

2. 대집행의 절차(행정대집행법 제3조)

대집행주체는 대집행의 실행(철거의무 불이행의 경우에는 철거행위, 이전의무 불이행의 경우 이전행위)을 하기에 앞서 계고 및 대집행영장에 의한 통지 절차를 거쳐야 한다(행정대집행법 제3조 참조). 그리고 대집행을 실행한 후에는 소요된 비용을 의무자에게 납부하도록 명령한다(행정대집행법 제5조 참조).

(1) 계   고

1) 의의, 법적 성질

계고란 의무를 계속 불이행하는 경우 대집행한다는 사실을 알리는 것을 말한다. 법적 성질은 **준법률행위적 행정행위인 통지**이다(계고는 작위하명의 성격을 가진다. 전술한 준법률행위적 행정행위 중 통지 참조(32. 3.). 그리고 <u>계고처분 후 제2, 제3의 계고가 있다고 하더라도 제2, 제3의 계고는 독립한 처분이 아니라 대집행기한의 연기통지에 불과하다는 것이 판례의 입장이다(대판 1994. 10. 28. 94누5144)</u>. 다만, 비상시 또는 위험이 절박한 경우에 있어서 당해 행위의 급속한 실시를 요하여 계고절차를 할 여유가 없을 때에는 생략가능하다(행정대집행법 제3조 제3항).

2) 계고의 요건

(가) 계고는 ① 상당한 이행기간을 정하여, ② 문서로 하여야 하고(행정대집행법 제3조 제1항), ③ 행정대집행법 제3조 제1항에 명시적으로 규정된 것은 아니지만 계고의 범위(의무를 이행해야 할 범위, 의무불이행시 대집행할 행위의 내용 및 범위)는 특정되어 있어야 한다. 다만 <u>의무불이행시 대집행할 내용과 범위는 반드시 철거명령서나 대집행계고서에 의하여서만 특정되어야 하는 것은 아니고, 그 처분 전후에 송달된 문서나 기타 사정을 종합하여 이를 특정할 수 있으면 족하다</u>고 한다(대판 1990. 1. 25. 89누4543).

(나) 행정대집행법 제2조의 대집행의 요건(특히 법률이나 명령에 따른 공법상 의무의 불이행)이 계고를 할 당시 충족되어야 하는지 학설의 대립이 있다. ① ⓐ **계고를 할 당시 대집행의 요건은 이미 충족되어 있어야 한다는 견해(1설)**와 ⓑ 대집행의 요건충족 여부는 **대집행을 실행할 당시를 기준으로 한다는 견해(2설)**가 대립된다. ② 판례는 <u>「대집행계고처분을 하기 위하여는 법령에 의하여 직접 명령되거나 법령에 근거한 행정청의 명령에 의한 의무자의 대체적 작위의무 위반행위가 있어야 할 것이다(대판 1996. 6. 28. 96누4374)」</u>라고 하여 계고 당시에 대집행의 요건은 충족되어야 한다는 입장이다. ③ 이 논의는 의무를 과하는 행정행위와 계고처분이 결합할 수 있는가에 실익이 있다. 제1설은 이를 부정하지만, 제2설은 이를 긍정한다. 행정대집행법 제2조의 요건은 대집행의 요건으로 계고의 요건과는 구별되어야 하므로 제2설이 타당하다.

(2) 대집행영장에 의한 통지

(가) 의무자가 계고를 받고 그 지정기한까지 그 의무를 이행하지 아니할 때에는 당해 행정청은 대집행영장으로써 대집행을 할 시기, 대집행을 시키기 위하여 파견하는 집행책임자의 성명과 대집행에 요하는 비용의 개산(槪算)에 의한 견적액을 의무자에게 통지하여야 한다(행정대집행법 제3조 제2항). 그러나 비상시 또는 위험이 절박한 경우에 있어서 당해 행위의 급속한 실시를 요하여 대집행영장에 의한 통지의 절차를 취할 여유가 없을 때에는 그 수속을 거치지 아니하고 대집행을 할 수 있다(행정대집행법 제3조 제3항).

(나) 대집행영장에 의한 통지는 하명적 요소를 포함하고 있어 **준법률행위적 행정행위로 통지**이다.

(3) 대집행(실행)

(가) 의무자가 지정된 기한까지 의무를 이행하지 않으면, 당해 행정청 또는 제3자는 의무자가 해야 할 행위를 대신한다(예: 건축물의 철거, 물건의 이전). 실행행위는 하명과 사실행위가 결합된 합성행위로서 **권력적 사실행위**이다.

(나) 행정청(제3자를 포함한다)은 일정한 경우(1. 의무자가 동의한 경우 2. 해가 지기 전에 대집행을 착수한 경우 3. 해가 뜬 후부터 해가 지기 전까지 대집행을 하는 경우에는 대집행의 목적 달성이 불가능한 경우 4. 그 밖에 비상시 또는 위험이 절박한 경우) 외에는 해가 뜨기 전이나 해가 진 후에는 대집행을 하여서는 아니 된다. 그리고 행정청은 대집행을 할 때 대집행 과정에서의 안전 확보를 위하여 필요하다고 인정하는 경우 현장에 긴급 의료장비나 시설을 갖추는 등 필요한 조치를 하여야 한다. 또한 대집행을 하기 위하여 현장에 파견되는 집행책임자는 그가 집행책임자라는 것을 표시한 증표를 휴대하여 대집행시에 이해관계인에게 제시하여야 한다(행정대집행법 제4조).

(4) 비용의 징수

대집행에 요한 비용은 의무자가 부담한다. 당해 행정청은 실제에 요한 비용과 그 납기일을 정하여 의무자에게 문서로써 그 납부를 명하여야 한다(행정대집행법 제5조). 의무자가 그 비용을 납부하지 않으면 당해 행정청은 대집행에 요한 비용을 국세징수법의 예에 의하여 징수할 수 있다(행정대집행법 제6조 제1항). 비용납부명령은 **급부하명**으로 행정행위이다.

💎 논점 의무이행을 명하는 행위와 계고처분의 결합가능성★★★

1. 문제 상황

대집행의 요건 중 하나인 공법상 의무의 불이행의 전제가 되는 의무의 이행을 명하는 행위와 대집행의 사전 절차로서 계고가 한 장의 문서로 가능한지가 문제된다.

2. 학 설

학설은 ⓐ 계고처분을 발령할 당시에 대집행 요건은 이미 **충족**되어 있어야 하기 때문에 의무를 명하는 행위와 계고처분이 한 장의 문서로 발령될 수 없고(계고처분 발령시에 대집행의 요건인 법률이나 명령에 따른 공법상 의무의 불이행이 존재하려면 계고처분 발령 전에 미리 의무를 명하는 행위가 선행되어야 하므로 동시에 발령될 수는 없다), 의무이행을 명하는 행위와 계고처분을 한 장의 문서로 발령하는 경우 상대방이 기한의 이익을 상실하게 된다는 점을 근거로 양자의 결합이 **불가능하다는 견해**와 ⓑ 대집행 요건은 계고처분시가 아니라 대집행을 **실행할 당시에만 충족**하면 되기 때문에 의무를 명하는 행위는 계고처분시에 발령되어도 무방하며, **상당한 기간만 부여된다면** 한 장의 문서로 의무이행을 명하는 행위와 계고처분이 발령된다고 하여도 기한의 이익 상실이 문제되지 않기 때문에 양자의 결합이 **가능하다는 견해**가 있다.

3. 판 례

판례는 「계고서라는 명칭의 한 장의 문서로서 일정기간 내에 위법건축물의 자진철거를 명함과 동시에 그 소정기한 내에 자진철거를 하지 않을 때에는 대집행할 뜻을 미리 계고한 경우 건축법에 의한 철거명령과 행정대집행법에 의한 계고처분은 독립하여 있는 것으로서 각 그 요건이 충족되었다(대판 1992. 6. 12. 91누13564)」고 하여 긍정하고 있다. 다만 **상당한 기간**은 주어져야 한다고 본다.

4. 검 토

의무이행에 필요한 **상당한 기간**만 주어진다면 상대방에게 불이익이 없으므로 의무이행을 명하는 행위와 계고처분은 한 장의 문서로 동시에 발령될 수 있다고 보아야 한다(긍정).

💎 논점 의무위반자가 저항하는 경우 대집행실행에서 실력행사의 인정 여부★

1. 문제 상황

대집행실행의 법적 성질은 권력적 사실행위로서 하명을 수반하는 행위인데 이러한 하명에 위반하여 의무자가 저항하는 경우 행정청이 실력으로 이를 배제할 수 있는지 명문의 규정이 없어 문제된다.

2. 학 설

① **부정설**은 의무자의 저항을 실력으로 배제하는 것은 신체에 대해 **물리력을 행사하는 것**이므로 대집행의 내용(작위의무 불이행을 행정청이 대신해서 실행하는 것)에 포함된다고 볼 수 없고 **직접강제의 대상**이 된다고 한다. 따라서 저항하는 자는 경찰관이 공무집행방해로 체포하거나 경찰관직무집행법 제5조의 위험발생방지를 위한 조치 후 대집행을 해야 한다고 한다. ② **긍정설**은 대집행의 실행을 위해 **필요한 최소한의 범위** 내에서 부득이한 경우 실력으로 저항을 배제하는 것은 가능하다고 본다.

3. 검 토

대집행의 실행은 권력적 사실행위로 하명적 요소를 포함하는 이상 비례원칙에 반하지 않는 범위에서 실력행사가 가능하다는 학설이 타당하다.

💎 논점 대집행의 실행에 대한 권리구제수단

(대집행실행의 법적 성질은 권력적 사실행위이므로 그 권리구제는 권력적 사실행위에 대한 권리구제수단과 같다(46))

1. 행정쟁송

(1) 행정심판

위법·부당한 대집행에 대해 행정심판을 제기할 수 있다(행정대집행법 제7조 참조). 그리고 대집행에 대한 항고소송에 있어 행정심판은 임의적이다(행정소송법 제18조 제1항 참조).

(2) 행정소송

대집행의 실행행위는 하명과 사실행위가 결합된 권력적 사실행위로 항고소송의 대상인 처분이다. 다만 대집행의 실행행위가 완료된 후에는 그 항고소송은 협의의 소익이 없다. 다만 회복되는 법률상 이익이 있는 경우는 협의의 소익이 인정될 수 있다(행정소송법 제12조 제2문 참조).

2. 손해전보

(1) 손해배상청구

위법한 대집행을 통해 손해를 입은 자는 국가나 지방자치단체를 상대로 손해배상을 청구할 수 있다.

(2) 손실보상청구

공공의 필요에 따른 적법한 대집행의 실행으로 손실을 입었고 그 손실이 특별한 희생에 해당하는 경우에는 손실보상을 청구할 수 있다.

3. 결과제거청구

대집행 후에도 사실상 위법상태가 계속된다면 피해자는 결과제거의 청구를 주장할 수 있다 (예: 행정청이 무허가광고간판을 철거하면서 허가받은 광고간판도 같이 철거하여 광고간판의 소유자가 적법한 광고간판의 반환을 청구하는 경우).

4. 기 타

(가) 대집행의 실행이 시작된 후에 취소소송 등을 제기하는 것은 당사자에게 실효적이지 못한 권리구제수단이 될 수 있다. 따라서 **예방적 부작위소송**과 **가처분**이 인정될 필요가 있다.

(나) 대집행으로 기본권을 침해 받은 상대방은 헌법재판소에 **헌법소원**을 청구할 수 있다(헌법소원은 보충성을 요건으로 하지만, 다른 수단으로 권리구제가능성이 없거나 권리구제의 허용 여부가 불확실한 경우는 보충성의 예외를 인정한다).

1. 개　념

(1) 의　의

이행강제금이란 의무자의 의무불이행이 있는 경우 의무의 이행을 강제하는 금전을 부과하여 그 의무의 이행을 간접적으로 실현하는 수단을 말한다.

(2) 법적 성질

이행강제금 부과는 급부하명으로 행정행위다. 따라서 항고소송의 대상이 된다. 그리고 이행강제금 부과는 과거 의무위반에 대한 제재적 성격뿐만 아니라 장래를 향해 의무이행을 확보하기 위한 수단이므로 반복 부과·징수될 수 있다.

(3) 이행강제금부과의 계고

이행강제금을 부과하기 전에 일반적으로 이행강제금 부과·징수를 문서로 계고한다(건축법 제80조 제2항 참조). 따라서 계고(예: 이행강제금부과 예고)가 위법하다면 그에 따른 이행강제금부과처분도 위법하다(대판 2015. 6. 24. 2011두2170).

(4) 이행강제금 납부의무의 일신전속성

판례는 건축법상 이행강제금 납부의무는 일신전속적이므로 승계되지 않는다고 본다(대결 2006. 12. 8. 2006마470).

(5) 이행강제금과 행정벌의 병과

이행강제금은 장래 의무이행을 확보하기 위한 수단이며, 과거 의무위반에 대한 제재(예: 행정벌)가 아니다. 따라서 이행강제금은 행정질서벌(과태료)이나 행정형벌과 병과될 수 있다(헌재 2004. 2. 26. 2001헌바80).

2. 법적 근거

이행강제금 부과는 침익적이므로 법적 근거가 필요한데, 일반적인 법적 근거는 없고 개별법상 근거가 있을 뿐이다(예: 건축법 제80조).

3. 한　계

성문법과 행정법의 일반원칙을 준수해야 한다.

4. 권리구제수단

이행강제금부과는 항고소송의 대상인 처분이다. 개별법에서 달리 정하는 경우도 있다(비송사건절차법에 따르는 경우도 있다).

◆ 논점 대체적 작위의무위반이 이행강제금 부과대상이 되는지 여부★★

1. 문제 상황

건축법 제80조 제1항처럼 시정명령을 이행하지 않은 건축주에 대한 이행강제금 부과가능성을 명시적으로 규정하고 있다고 하더라도 **대체적 작위의무위반의 경우** 일반적으로 대집행이 **효과적인 실효성확보수단**이므로 이행강제금을 부과할 수 있는지에 대해 학설의 대립이 있다.

2. 학 설

ⓐ 대체적 작위의무위반에 대해서는 대집행이 실효적인 강제집행수단이므로 **이행강제금부과를 인정할 필요가 없다는 견해**와 ⓑ 경우에 따라서는 **이행강제금 부과**가 대집행보다 의무이행에 **더욱 실효적인 수단**이 될 수 있으므로 대체적 작위의무위반에 대해서도 **이행강제금의 부과를 인정하는 것이 타당하다는 견해**(다수 견해)로 나누어진다.

3. 판 례

헌법재판소는 「전통적으로 행정대집행은 대체적 작위의무에 대한 강제집행수단으로, 이행강제금은 부작위의무나 비대체적 작위의무에 대한 강제집행수단으로 이해되어 왔으나, … 이행강제금은 대체적 작위의무의 위반에 대하여도 부과될 수 있다. 현행 건축법상 위법건축물에 대한 이행강제수단으로 대집행과 이행강제금(제83조 제1항)이 인정되고 있는데, 양 제도는 각각의 장·단점이 있으므로 행정청은 개별사건에 있어서 위반내용, 위반자의 시정의지 등을 감안하여 대집행과 이행강제금을 선택적으로 활용할 수 있으며, 이처럼 그 합리적인 재량에 의해 선택하여 활용하는 이상 중첩적인 제재에 해당한다고 볼 수 없다(헌재 2004. 2. 26. 2001헌바80, 84, 102, 103, 2002헌바26(병합))」고 하여 긍정적인 입장이다.

4. 검 토

대체적 작위의무위반이지만 **대집행의 실행이 어려운 경우** 이행강제금 제도가 실효적인 의무이행 확보수단이 될 수 있는바(예를 들어 초고층건물의 철거처럼 대집행실행이 사익에 대한 중대한 침해가 되는 경우), 대체적 작위의무위반에 대해서노 이행강제금제노가 활용될 수 있다는 견해가 타당하다.

060 강제징수★★

1. 의 의

행정상 강제징수란 의무자가 공법상 금전급부의무를 불이행한 경우 강제로 그 의무이행을 실현하는 행정작용을 말한다.

2. 법적 근거

국세징수법은 원래 국세징수를 위한 법률이지만, 여러 법률이 강제징수에 있어서 국세징수법을 준용하고 있는 결과, 국세징수법은 공법상 금전급부의무의 강제에 관한 일반법으로 기능한다(실질적인 일반법).

3. 강제징수절차

(1) 독 촉

독촉이란 체납액을 완납하지 않는 경우 체납처분(압류·매각·청산)됨을 알리는 행위를 말한다. 독촉의 법적 성질은 준법률행위적 행정행위인 통지행위이며, 체납처분의 전제요건이 된다. 특히 국세를 그 납부기한까지 완납하지 아니하였을 때에는 세무서장은 납부기한이 지난 후 10일 내에 독촉장을 발급하여야 한다(국세징수법 제23조 제1항 본문).

(2) 체납처분절차

공법상 금전급부의무불이행이 있는 경우 이를 강제로 징수하는 절차를 체납처분이라 한다.

1) 압 류

압류란 의무자의 재산처분을 금지하여 그 재산을 강제적으로 확보하는 행위를 말한다. 그리고 판례는 독촉절차 없는 압류처분은 무효는 아니라고 본다(대판 1988. 6. 28. 87누1009).

2) 매 각

(가) 매각이란 압류된 재산을 금전으로 바꾸고 체납자의 재산권을 다른 자에게 이전시키는 절차이다. ① 매각예정가격의 결정(국세징수법 제63조), ② 공매공고(국세징수법 제67조 제2항), ③ 공매통지(국세징수법 제68조), ④ 공매(매각하여 소유권을 이전하기로 한 결정)로 이어진다. 다만, 재산을 공매하여도 매수 희망자가 없거나 입찰가격이 매각예정가격 미만일 때에는 재공매한다(재공매결정, 국세징수법 제74조).

(나) 판례는 공매를 항고소송의 대상인 처분으로 보지만(대판 1984. 9. 25. 84누201), 재공매하기로 한 결정(대판 2007. 7. 27. 2006두8464)과 공매통지(대판 2011. 3. 24. 2010두25527)는 항고소송의 대상이 되는 처분이 아니라고 보았다.

(다) 그리고 공매통지는 공매의 절차적 요건이기 때문에 체납자 등에게 공매통지를 하지 않았거나 적법하지 않은 공매통지를 한 경우 공매처분은 위법하다고 본다(대판(전원) 2008. 11. 20. 2007두18154). 다만, 판례는 무효는 아니라고 본다(대판 2012. 7. 26. 2010다50625).

3) 청 산

청산이란 행정청이 매각절차로 획득한 금전에 대하여 조세 등에 충당할 금액을 확정시키고, 잔여금전을 배분하는 것을 말한다.

061 즉시강제에 헌법상 영장주의가 적용되는지 여부*

: 권력적 조사도 같은 논의가 있다.

> 행정상 즉시강제란 미리 의무를 부과할 시간적 여유가 없거나 의무를 부과하여서는 목적달성이 곤란한 경우에 직접 국민의 신체 또는 재산에 실력을 가하여 행정상 필요한 상태를 실현하는 것을 말한다.

1. 문제 상황

헌법 제12조 제3항에서 신체의 구속 등에 영장이 필요함을, 제16조에서 주거의 수색에 영장이 필요함을 규정하는데, 즉시강제에 헌법상 영장주의가 적용되는지가 문제된다.

2. 학   설

(1) 영장필요설

헌법상 기본권보장의 취지에 비추어 즉시강제도 형사사법의 경우와 마찬가지로 신체, 재산에 대한 실력작용이라는 점에서 영장이 필요하다고 본다.

(2) 영장불요설

이 견해는 헌법상 영장주의는 형사사법원칙과 관련해 발전한 것이기 때문에 행정절차에는 적용되지 않으며, 영장주의를 엄격히 관철하면 실질적으로 즉시강제의 개념을 부정하는 결과가 되기 때문에 영장이 필요하지 않다고 본다.

(3) 절 충 설

원칙상 영장주의 이념이 적용되어야 하지만, 행정목적 달성을 위해 불가피하다고 인정할 만한 이유가 있는 경우는 사전영장은 필요하지 않다는 견해이다(다수견해).

3. 판   례

판례는 사전영장주의는 모든 국가작용의 영역에서 존중되어야 하지만 사전영장주의를 고수하다가는 도저히 행정목적을 달성할 수 없는 지극히 예외적인 경우에는 영장이 필요하지 않은 예외가 인정될 수 있다(대판 1997. 6. 13. 96다56115)고 보고 있어 절충설로 판단된다.

4. 검   토

즉시강제는 행정상 실효성 확보수단이지만 그에 따른 국민의 권익 침해가 형사사법절차에 비해 약하다고 볼 수 없기에 원칙적으로 영장주의는 적용되지만, 긴급한 사유가 있는 경우에는 영장주의는 적용되지 않는다는 절충설이 타당하다.

062 새로운 의무이행확보 수단★★

새로운 의무이행확보수단은 금전적 수단에 의한 제재(과징금)와 그 외 수단에 의한 제재(관허사업제한, 공급거부, 공표)로 나누어진다.

Ⅰ. 과징금(부과금)

1. 의의, 과태료와의 구별

(가) 과징금이란 행정법상 의무를 불이행하였거나 위반한 자에게 가해지는 금전적인 부담을 말한다.

(나) 과태료는 과거 의무위반에 대한 행정질서벌이지만 과징금은 의무위반에 대한 제재와 부당이득을 환수하기 위한 수단이며, 과태료는 불복시 질서위반행위규제법에 따르지만 과징금은 행정쟁송법에 따른다(비송사건절차법에 따르는 경우도 있다).

2. 유   형

(1) 협의(본래적 의미)의 과징금

과징금은 원래 행정법규 및 행정법상 의무위반으로 인한 경제적 이익을 박탈하기 위한 것으로 부당이득을 환수하는 성격만을 가지거나 부당이득을 환수하는 성격과 행정제재적인 성격을 동시에 가지는 과징금이 있다(예를 들어 공정거래법상 과징금).

(2) 변형된 과징금

변형된 과징금이란 영업정지 등에 갈음하여 과징금을 부과하는 경우를 말한다(제재적 성격의 과징금). 이는 당해 영업의 정지로 인해 초래될 공익 또는 사익에 대한 침해 등의 문제를 고려하여 영업정지를 하지 않고 대신 영업으로 인한 이익을 박탈하는 것이다(예를 들어 공익적 이유로 이동통신사업자에게 영업정지처분을 하지 않고 과징금을 부과하는 경우).

Ⅱ. 관허사업제한

1. 의   의

관허사업제한이란 행정청이 인·허가의 발급을 거부함으로써 행정법상의 의무이행을 확보하기 위한 수단을 말한다(예: 국세징수법 제7조(관허사업의 제한) ① 세무서장은 납세자가 대통령령으로 정하는 사유 없이 국세를 체납하였을 때에는 허가·인가·면허 및 등록과 그 갱신(이하 "허가등"이라 한다)이 필요한 사업의 주무관서에 그 납세자에 대하여 그 허가 등을 하지 아니할 것을 요구할 수 있다. ② 세무서장은 허가등을 받아 사업을 경영하는 자가 국세를 3회 이상 체납한 경우로서 그 체납액이 500만원 이상일 때에는 대통령령으로 정하는 경우를 제외하고 그 주무관서에 사업의 정지 또는 허가등의 취소를 요구할 수 있다. ④ 제1항 또는 제2항에 따른 세무서장의 요구가 있을 때에는 해당 주무관서는 정당한 사유가 없으면 요구에 따라야 하며, 그 조치결과를 즉시 해당 세무서장에게 알려야 한다).

2. 행정청의 요구행위의 법적 성질

국세징수법 제7조 제1항·제2항에서 세무서장의 요구행위가 항고소송의 대상인지가 문제된다.

(1) 학 설

ⓐ 요구행위는 행정청이 행하는 구체적 사실에 대한 법집행행위이기는 하지만, 우월한 지위에서 행하는 일방적인 행위가 아니며(일종의 행정지도에 해당함), 세무서장과 주무관청의 **내부적인 행위**로 국민의 권리의무에 직접 영향을 미치는 행위가 아니므로, 항고소송의 대상인 **처분이 아니라는 것이 다수 견해**이다. ⓑ 국세징수법 제 7 조 제 4 항이 "세무서장의 요구가 있을 때에는 해당 주무관서는 정당한 사유가 없으면 요구에 따라야 하며"라고 규정하고 있으므로 **처분성을 긍정하는 견해**도 있다.

(2) 검 토

주무관청이 세무서장의 요구에 구속되는 것은 법률의 효과가 맞지만, 국민의 권리·의무에 직접 영향을 주는 행위는 요구행위가 아니라 주무관청의 인·허가 거부(제 2 항의 경우 정지 또는 허가 등 취소)이므로 요구행위는 항고소송의 대상인 처분이 아니라는 견해가 타당하다.

III. 공급거부

1. 의 의

공급거부란 행정법상 의무를 위반한 자에게 일정한 재화나 서비스의 공급을 거부하는 작용을 말한다.

2. 권리구제수단

(1) 공급거부 요청행위에 대한 권리구제

행정청이 재화나 서비스의 공급자에게 공급을 중단해줄 것을 요청하는 행위는 비권력적인 사실행위인 행정지도로 항고소송의 대상인 처분이 아니다(행정청이 위법 건축물에 대한 시정명령을 하고 나서 위반자가 이를 이행하지 아니하여 전기·전화의 공급자에게 그 위법 건축물에 대한 전기·전화공급을 하지 말아줄 것을 요청한 행위는 권고적 성격의 행위에 불과한 것으로서 전기·전화공급자나 특정인의 법률상 지위에 직접적인 변동을 가져오는 것은 아니므로 이를 항고소송의 대상이 되는 행정처분이라고 볼 수 없다(대판 1996. 3. 22. 96누433)).

(2) 공급거부에 대한 권리구제

공급거부에 대해서는 공급자가 행정청인지 그리고 거부되는 재화나 서비스의 내용에 따라 행정쟁송 또는 민사소송을 제기할 수 있다. 판례는 (구) 건축법 제69조 제 2 항에 근거하여 건물의 무단변경을 이유로 한 행정청의 단수조치를 항고소송의 대상이 되는 행정처분으로 보았다(대판 1985. 12. 24. 84누598). 그러나 단수를 제외한 단전기·단전화 등은 공급자가 행정청이 아니어서 항고소송의 대상이 될 수 없다.

IV. 공 표

1. 의 의

공표란 행정법상 의무위반이 있는 경우 그 의무위반자의 명단이나 위반 사실을 불특정 다수인에게 발표함으로서 의무이행을 **간접적으로 강제**하는 수단을 말한다(예를 들어 고액·상습 세금 체납자의 명단을 공개함으로써 세금납부를 간접적으로 강제하는 것을 말한다).

2. 법적 성질

공표는 간접적·심리적 강제로 의무이행을 확보하려는 수단이므로 공권력 행사에 해당하지 않고 법률관계도 발생시키지 않는 비권력적 사실행위라는 것이 **다수설**이다.

3. 법적 근거

① ⓐ **법적 근거 불요설**(명단공표는 심리강제에 의해 간접적으로 의무이행을 확보하려는 수단에 불과하기에 침익적 결과를 가져오기 어렵다는 점을 근거로 한다)과 ⓑ **법적 근거 필요설**(상대방에게 인격권침해, 경제적인 신용의 손실, 프라이버시권의 침해 등 **침익적 효과**를 가져온다는 점을 근거로 한다)(**다수견해**)이 대립된다. ② 판례는 명시적인 태도가 없다. ③ 명단공표는 상대방에게 침익적이기에 헌법 제37조 제 2 항에 비추어 법적 근거 필요설이 타당하다.

4. 한   계

공표는 성문법과 행정법의 일반원칙을 준수해야 한다.

5. 권리구제수단

(1) 항고소송

ⓐ 공표는 비권력적 사실행위로서 공권력행사(또는 공권력행사에 준하는 행위)도 아니며, 당사자의 권리·의무에 영향을 주지 않기에 항고소송의 대상인 처분이 아니라는 것이 **다수설**이 타당하다. ⓑ 그러나 공표와 같은 **사실상의 지배력**을 미치는 비권력적 사실행위들을 행정소송법 제 2 조 제 1 항 제 1 호의 '그 밖에 이에 준하는 행정작용'으로 보고 **처분성을 긍정하는 견해**도 있다(쟁송법적 개념설, 형식적 행정행위 긍정설).

(2) 당사자소송

공표행위로 인하여 발생한 법률관계가 있다면 상대방은 행정주체를 상대로 해당 법률관계에 관해 당사자소송을 제기할 수 있다(행정소송법 제 3 조 제 2 호).

(3) 국가배상청구

공표는 비권력적 사실행위이지만 국가배상법 제 2 조 제 1 항의 직무행위에 해당하기에 상대방은 위법한 공표행위에 대해 국가 등을 상대로 손해배상을 청구할 수 있다.

(4) 손실보상

공공의 필요에 따른 공표행위로 상대방이 특별한 희생을 입은 경우 손실보상을 청구할 수 있다.

(5) 결과제거청구

공표의 상대방은 결과제거청구의 한 내용으로서 민법 제764조를 유추적용하여 정정공고를 청구할 수도 있다.

(6) 기타 권리구제수단

1) 예방적 부작위소송과 가처분(공표 전 수단)

(가) 공표행위를 항고소송의 대상인 처분으로 본다고 하더라도 이미 공표행위가 있었다면 그에 대한 취소소송은 실효적인 권리구제 수단이 될 수 없기 때문에 공표를 사전에 금지하게 하는 예방적 부작위소송과 가처분을 인정할 필요가 있다.

(나) 예방적 부작위소송이란 위법한 행정작용을 미리 저지할 것을 목적으로 장래에 있을 특정한 행정행위 또는 그 밖의 행위의 발동에 대한 방지를 구하는 소송을 말하는데, 그 인정 여부에 관해 ① 학설은 **부정설**, **긍정설**, **제한적 긍정설**이 대립하며 ② **판례**는 <u>처분을 하여서는 아니 된다는 내용의 부작위를 구하는 청구는 행정소송에서 허용되지 아니한다고 본다</u>(대판 1987. 3. 24. 86누182).

(다) 가처분이란 다툼이 있는 법률관계에 관하여 잠정적으로 임시의 지위를 보전하는 것을 내용

으로 하는 가구제제도이다(민사집행법 제300조). 행정소송에 민사집행법상 가처분규정을 적용할 수 있는지에 관해 ① 학설은 **적극설, 소극설, 절충설**이 대립되지만, ② **판례**는 민사집행법상의 보전처분은 민사판결절차에 의하여 보호받을 수 있는 권리에 관한 것이라고 보기 때문에 행정소송에 가처분을 인정하지 아니한다(대결 2011. 4. 18. 2010마1576).

(라) 판례는 부정하지만, 긍정설에 따르면 공표가 있기 전이라면 상대방은 예방적 부작위소송을 제기하면서 가처분을 신청할 수 있다.

2) 헌법소원

공표행위는 항고소송의 대상이 되지 않기 때문에, 헌법재판소법 제68조 제1항의 다른 요건을 만족한다면 상대방은 공표행위에 대해 헌법소원을 제기할 수도 있다.

063　행정조사★★

| 행정조사란 행정기관이 일정한 행정목적을 위해 필요한 자료나 정보를 수집하는 행정활동을 말한다. |

I. 권력적 행정조사에 대한 실력 행사의 가능성★

1. 문제 상황

현장조사·장부검사·가택수색 등 권력적 조사의 경우에 피조사자 측의 거부·방해 등이 있으면, 명시적인 규정이 없음에도 불구하고 행정조사를 행하는 공무원은 피조사자측의 저항을 실력으로 억압하고 강제조사(권력적 조사)할 수 있는가의 문제가 있다.

2. 학　설

(1) 부 정 설

부정설은 권력적 조사란 실력을 행사할 수 있는 조사가 아니라 상대방의 거부·방해가 있을 경우 벌칙이 가해지는 조사를 말한다고 보며, 실정법이 직접적 강제수단을 규정하지 않고 영업허가의 철회·벌칙 등의 규정을 마련하고 있는 취지를 근거로 한다(예: 식품위생법 제97조(벌칙) 다음 각 호의 어느 하나에 해당하는 자는 3년 이하의 징역 또는 3천만원 이하의 벌금에 처한다. 2. 제19조 제 2항, 제22조 제 1항(제88조에서 준용하는 경우를 포함한다) 또는 제72조 제 1항·제 2항(제88조에서 준용하는 경우를 포함한다)에 따른 검사·출입·수거·압류·폐기를 거부·방해 또는 기피한 자)(다수견해).

(2) 긍 정 설

긍정설은 권력적 조사란 실력을 행사할 수 있는 조사를 말하며, 권력적 조사의 성격상 권력적 조사의 방해를 실력으로 배제하는 것은 비례원칙에 어긋나지 않는 한 권력적 조사의 범위 안에 포함된다는 점을 근거로 한다.

3. 검　토

긍정설이 타당하다. 부정설은 법치국가에서 법률적 근거 없는 실력행사는 용인할 수 없다고 하지만, 권력적 조사는 권력적 사실행위로 하명적 요소를 포함하는 것이므로 비례원칙에 위반되지 않는다면 권력적 조사라는 범위 안에서는 실력행사를 할 수 있다고 볼 것이다.

II. 위법한 행정조사에 기한 행정행위의 위법성★★★

1. 문제 상황

행정조사는 적정한 행정작용을 위한 정보나 자료수집 활동으로 그 자체로 종결되는 경우도 있고 그 결과로 처분이 발령되는 경우도 있다. 즉, 행정조사작용은 행정결정에 선행하는 전제요건이 아님이 일반적이다(이 점이 행정절차와 다른 점이다). 그러나 행정조사를 하는 과정에서 절차법적 한계를 준수하지 못했거나 비례원칙에 위반되는 위법한 조사가 있었고 그에 근거하여 행정결정이 이루어진 경우 그 행정결정이 위법한지가 문제된다.

2. 학　설

ⓐ 행정조사가 법령에서 특히 행정행위의 전제요건으로 규정하고 있는 경우를 제외하고 행정조사와 행정행위는 별개의 제도이므로 행정조사의 위법이 바로 행정행위를 위법하게 만들지

는 않는다는 견해(**소극설**), ⓑ 법령에서 행정조사를 행정행위의 전제요건으로 하고 있는 경우 외에는 별개·독자적 제도이지만, 양자는 하나의 과정을 구성하고 있으므로 행정조사에 **중대한 위법사유**가 있다면 행정행위도 위법하다는 견해(**절충설**)(**다수견해**), ⓒ 행정조사에 의해 수집된 정보가 행정결정을 위한 정보 수집을 위한 것이라면 행정조사의 하자는 **행정결정의 절차상의 하자**라는 견해(**절차하자설**), ⓓ 행정조사가 어떠한 행정결정에 필수적으로 요구되는 것은 아니고 단지 예비적인 작용이라 하여도 **원칙적으로 위법은 승계**된다는 견해(**적극설**)로 나누어진다.

3. 판   례

명시적인 입장은 없다. 다만 <u>위법한 중복세무조사에 기초하여 이루어진 부가가치세부과처분은 위법하다</u>는 판결이 있다(대판 2006. 6. 2. 2004두12070).

4. 검   토

행정조사가 어떠한 행정결정에 필수적으로 요구되는 것은 아니라 단지 예비적인 작용이라 하여도 법치행정의 이념에 비추어 행정조사의 위법은 원칙적으로 행정행위에 승계된다는 견해가 타당하다(**적극설**).

064 국가배상청구권의 법적 성격★

1. 학 설

(1) 공 권 설

국가배상청구권은 **공법적 원인**(공무원의 위법한 직무집행이나 영조물의 설치나 관리에 하자)으로 야기되는 배상의 문제라는 점, **국가배상법 제 4 조**는 생명·신체의 침해로 인한 국가배상을 받을 권리는 양도하거나 압류하지 못하도록 규정함으로써 일반적인 사권과는 달리 규율하고 있는 점을 근거로 국가배상청구권을 공권으로 본다(**다수설**).

(2) 사 권 설

국가배상책임은 **민법상의 일반불법행위**(예를 들어 민법 제750조 이하)의 한 종류에 불과한 것이며, 국가배상법 제 8 조가 "… 이 법에 규정된 사항 외에는 「민법」에 따른다"고 규정하고 있는 것은 국가배상법이 민법에 대한 특별법적 성격을 나타낸 것으로 볼 수 있다는 점을 근거로 국가배상청구권을 사권으로 본다.

2. 판 례

판례는 사권설을 취한다(운전직원이 그 운전업무집행 중 타인에게 위법한 손해를 끼친 경우에는 별다른 사정이 없는 한, 민법의 특별법인 국가배상법을 적용하여야 할 것이다(대판 1971. 4. 6. 70다2955)).

3. 검 토

국가배상청구권은 공법상 원인에 의해 발생된 것이므로 **행정소송법 제 3 조 제 2 호**(당사자소송: 행정청의 처분등을 원인으로 하는 법률관계에 관한 소송 그 밖에 공법상의 법률관계에 관한 소송으로서 그 법률관계의 한쪽 당사자를 피고로 하는 소송)의 입법취지에 비추어볼 때 국가배상청구권을 공권으로 보고 이에 관한 소송은 공법상 당사자소송에 의하여야 한다고 보는 것이 타당하다.

065   국가배상법 제 2 조 제 1 항 본문 전단의 배상책임의 요건★★★

I. (국가배상법상) 공무원

1. 공 무 원

공무원이란 행정부, 입법부, 사법부, 헌법재판소 소속의 공무원을 포함하며, 지방자치단체소속 공무원도 포함된다. 그리고 공무원은 특정될 필요는 없다. 또한 공무원의 범위에 국회나 지방 의회, 선거관리위원회, 그 밖의 합의제기관도 포함되는지 논란이 있으나 포함된다고 보는 것이 타당하다.

2. 공무수탁사인

공무수탁사인(법률에 근거하여 공적인 임무를 수행하도록 권한이 주어진 사인을 말한다)이 국가배상법상 공무원에 해당하는지에 관해 논란이 있었으나, 최근 국가배상법 개정으로 공무수탁사인이 국가배상법상 공무원에 명시적으로 포함되었다.

3. 사   인

국가배상법 제 2 조의 공무원이란 국가공무원법이나 지방공무원법에 의하여 공무원으로서의 신분을 가진 자에 국한하지 않고, 널리 공무를 위탁받아 실질적으로 공무에 종사하고 있는 일체의 자를 가리키는 것으로 보는 것이 통설·판례의 입장이다(**광의설**)(대판 2001. 1. 5. 98다39060). 따라서 사인이 사법상 계약에 의하여 직무를 수행한다고 하여도 그 직무가 공법작용에 해당하면 공무원에 해당한다(예: 국가나 지방자치단체와의 사법상 계약으로 불법주차차량을 견인하는 일을 하는 자).

II. 직   무

1. 직무의 범위

(1) 학   설

국가배상법 제 2 조 제 1 항의 직무는 ⓐ 권력작용만을 말한다는 **협의설**, ⓑ 권력작용과 비권력 작용을 포함한다는 **광의설(다수설)**, ⓒ 권력작용과 비권력작용 및 사법(私法)작용까지 포함한다는 **최광의설**이 있다.

(2) 판   례

판례는 「국가배상법이 정한 손해배상청구의 요건인 '공무원의 직무'에는 국가나 지방자치단체의 권력적 작용뿐만 아니라 비권력적 작용도 포함되지만 단순한 사경제의 주체로서 하는 작용은 포함되지 않는다(대판 2004. 4. 9. 2002다10691)」고 하여 광의설의 입장이다.

(3) 검   토

헌법 제29조와 국가배상법은 공법형식의 행정작용으로 인한 손해를 전보하기 위한 제도이므로 권력작용과 비권력작용은 국가배상법 제 2 조 제 1 항의 직무에 당연히 포함된다. 그러나 사법(私法)작용은 원래 사법(私法)이 적용되는 것이므로 사법인 민법으로 규율하는 것이 정당하기 때문에 광의설이 타당하다.

2. 직무(직무를 규정한 근거규범)의 사익보호성

(1) 문 제 점

직무를 집행하는 공무원은 법규 또는 행정규칙 등에 의하여 여러 가지의 직무상 의무가 부여된다. 그런데 국가 등의 국가배상책임이 인정되려면 공무원이 개개 국민의 이익을 보호하기 위해 부과된 직무를 집행하는 과정에서 타인에게 손해를 입혀야 하는지가 문제 된다.

(2) 학   설

학설은 ① 직무의 사익보호성은 항고소송의 원고적격문제이므로 국가배상책임에는 적용되지 않으며, 공무원은 개개 국민(피해자)과의 관계에서 직무상 의무 — 전술한 참고(공무원의 직무상 의무)의 ①의 직무 — 를 부담하지는 않는다는 점을 근거로 하는 **불요설**과 ② 국가배상법의 입법목적이 행정작용으로 인하여 국민 개인이 입은 손해의 전보라는 점을 근거로 국가의 손해배상책임이 인정되려면 공무원이 전적으로 또는 부수적으로라도 개개 국민의 이익을 위한 직무를 집행하는 과정에서 상대방이 손해를 입은 경우라야 국가배상책임이 긍정된다고 보는 **필요설**이 대립된다.

(3) 판   례

(가) 판례는 **유람선극동호화재와 관련하여 피해자가 국가 등에게 손해배상을 청구한 사건**에서 「공무원에게 부과된 직무상 의무의 내용이 … 전적으로 또는 부수적으로 사회구성원 개인의 안전과 이익을 보호하기 위하여 설정된 것이라면 … 국가가 배상책임을 지는 것(대판 1993. 2. 12. 91다43466)」이라고 판시하여 사익보호성이 필요하다고 본다.

(나) 다만 판례가 직무의 사익보호성을 국가배상법 제 2 조 제 1 항의 어느 요건과 관련해 논의하는지에 관해, **학설**은 일반적으로 위법성 또는 인과관계의 문제로 보고 있다고 해석한다.

(4) 검   토

공무원의 과실이나 부작위등으로 인한 사인의 간접적 손해에 대해 국가 등의 책임범위를 제한하기 위해 직무의 사익보호성을 긍정함이 타당하다.

III. 집행하면서

직무를 '집행하면서'라는 것은 직무집행행위뿐만 아니라 널리 외형상으로 직무집행과 관련 있는 행위를 포함하는 의미이다(**외형설. 통설·판례**)(대판 2005. 1. 14. 2004다26805).

IV. 고의·과실

1. 의   의

고의란 위법한 결과의 발생을 인식하는 것을 말하고, 과실이란 위법한 결과의 발생을 부주의로 인식하지 못하는 것(주의의무위반)을 말한다.

2. 고의·과실의 주체

고의·과실의 유무는 국가가 아니라 해당 공무원을 기준으로 판단한다.

3. 공무원의 과실인정을 용이하게 하려는 논의

국가배상청구가 인용되려면 피해자는 공무원의 고의·과실을 포함하여 국가배상법 제 2 조 제 1 항의 요건을 입증해야 하는데 그 입증이 용이하지 않은 경우가 많다. 따라서 공무원의 과실 인정을 용이하게 하려는 논의들이 있다.

(1) 과실개념의 객관화

다수설과 **판례**는 과실을 '공무원이 그 직무를 수행함에 있어 당해 직무를 담당하는 평균인이 통상 갖추어야 할 주의의무를 게을리한 것'이라고 하여 과실의 수준을 당해 공무원이 아니라 당해 직무를 담당하는 평균적 공무원을 기준으로 한다(대판 1997. 7. 11. 97다7608).

(2) 가해공무원의 특정 불필요

구체적으로 어느 공무원의 행위인지가 판명되지 않더라도 손해의 발생상황으로 보아 공무원 의 행위에 의한 것이 인정되면 국가 등은 배상책임을 진다(**다수설**).

참고

객관적 과실의 문제

ⓐ **일부 견해**는 국가배상법상의 과실을 객관적으로 보고, 국가배상법 제 2 조 제 1 항의 과실을 '국 가작용의 하자'로 해석하여 피해자의 권리구제에 유리하도록 하여야 한다고 한다(공무원이 무과실 이어도 국가배상책임은 성립되므로). ⓑ 그러나 이 견해는 국가배상법 제 2 조 제 1 항이 공무원의 고의·과실에 대한 국가 등의 책임을 규정한 것이라는 취지에 맞지 않는다(**다수설**).

참고

위법성과 과실의 일원화

① ⓐ **일부 견해**는 위법성과 과실을 통합하여 위법성과 과실 중 어느 하나가 입증되면 다른 요건은 당연히 인정된다고 주장하기도 한다. ⓑ 그러나 이 견해는 국가배상법 제 2 조 제 1 항이 위법성과 고의·과실 요건을 별도로 규정하고 있음을 간과한다는 비판이 있다(**다수설**). ② **판례**도 고의·과실 과 위법성을 분리하여 판단한다(대판 2001. 3. 13. 2000다20731).

◆ **논점** **고의·과실에 대한 구체적 검토**

1. 공무원의 법령해석과 과실

공무원에게 자신의 직무관련 법령의 해석·적용과 관련하여 과실을 인정할 수 있는가가 문 제된다.

(1) 원   칙

공무원에게는 일반적으로 자신의 사무영역에서의 표준적인 법령에 대한 지식과 학설·판례 의 내용을 숙지하고 있어야 할 의무가 있다. 따라서 공무원의 법적 지식의 부족은 무과실이 아니다. 판례도 특별한 사정이 없는 한 일반적으로 공무원이 관계법규를 알지 못하거나 필요한 지식을 갖추지 못하고 법규의 해석을 그르쳐 행정처분을 하였다면 그가 법률전문가 아닌 행정 직 공무원이라도 과실이 있다고 한다(대판 1981. 8. 25. 80다1598).

(2) 예   외

그러나 판례는 「법령에 대한 해석이 그 문언 자체만으로는 명백하지 아니하여 여러 견해가 있을 수 있는데다가 이에 대한 선례나 학설, 판례 등도 귀일된 바 없어 의의가 없을 수 없는 경 우에 관계 공무원이 그 나름대로 신중을 다하여 합리적인 근거를 찾아 그중 어느 한 견해를 따 라 내린 해석이 후에 대법원이 내린 입장과 같지 않아 결과적으로 잘못된 해석에 돌아가고, 이 에 따른 처리가 역시 결과적으로 위법하게 되어 그 법령의 부당집행이라는 결과를 가져오게 되었다고 하더라도 그와 같은 처리방법 이상의 것을 성실한 평균적 공무원에게 기대하기는 어려운 일이고, 따라서 이러한 경우에까지 <u>공무원의 과실을 인정할 수는 없다</u>」고 한다(대판 2010. 4. 29. 2009다97925).

2. 행정규칙에 따른 처분과 과실

행정규칙에 따른 처분의 경우에는 후에 그 처분이 재량권을 일탈한 위법한 처분임이 판명된 경우에도 일반적으로 과실이 있다고 보기 어렵다(대판 1994. 11. 8. 94다26141).

3. 항고소송에서 행정청의 패소와 과실

어떠한 행정처분이 뒤에 취소소송에서 취소되었다고 할지라도 그 자체만으로 그 행정처분이 곧바로 공무원의 고의 또는 과실로 인한 행위라고 단정할 수는 없다(대판 2011. 1. 27. 2008다30703). 왜냐하면 취소소송에서는 처분의 위법성만을 판단하였기 때문이다.

4. 법률의 위헌결정과 과실

처분의 근거가 된 법률이 처분 이후에 위헌으로 결정된 경우 그 법률을 적용하여 처분한 공무원에게 과실이 있다고 보기 어렵다(헌재 2008. 4. 24. 2006헌바72). 왜냐하면 공무원에게는 법령심사권이 없는바, 명백히 무효인 경우가 아니라면 공무원으로서는 그 법률을 적용할 수밖에 없기 때문이다.

V. 위 법 성

1. 국가배상법 제 2 조 제 1 항의 위법의 본질

(1) 학   설

1) 행위위법설

이 견해는 위법을 공무원의 직무집행행위가 규범에 적합한지 여부(법규 위반이 있는지 여부)를 기준으로 판단하는 견해이다. ⓐ 엄격한 의미의 법규위반을 위법으로 보는 **일원설**(협의설)과 ⓑ 엄격한 의미의 법규위반뿐 아니라 인권존중·권력남용금지·신의성실의 원칙 위반도 위법으로 보는 **이원설**(광의설)(**다수설**)이 대립된다.

2) 결과불법설

공무원의 직무행위로 받은 손해를 국민이 수인할 수 있는가를 기준으로 위법성 여부를 판단하는 견해이다. 즉, 손해를 국민이 수인할 수 없다면 위법한 행위로 본다.

3) 상대적 위법성설

직무행위 자체의 위법·적법뿐만 아니라 피침해이익의 성격과 침해의 정도, 가해행위의 태양(모습) 등을 고려하여 위법성 인정 여부를 **상대적으로 판단**하자는 견해이다(위법의 의미가 개개 경우마다 상대화된다는 의미이다).

(2) 판   례

(가) 판례의 주류적인 입장은 행위위법설이다. 즉 **시위자들의 화염병으로 인한 약국화재에 대한 국가배상책임이 문제된 사건**에서 판례는 결과불법설을 배제하고 행위위법설을 취한 것으로 평가된다(대판 1997. 7. 25. 94다2480).

(나) 특히 '법령 위반'이라 함은 엄격한 의미의 법령 위반뿐만 아니라 인권존중, 권력남용금지, 신의성실, 공서양속 등의 위반도 포함한다고 보고 있어 **행위위법설 중 이원설**(광의설)의 입장이다(대판 2009. 12. 24. 2009다70180).

(다) 다만, 일부 판결에서 상대적 위법성설을 취한 것으로 보이는 경우도 있다(대판 2000. 5. 12. 99다70600).

(3) 검   토

법규위반은 없으나 특별한 희생이 있는 경우 그 손해에 대한 전보수단이 **손실보상**이라면 국가
배상은 법규위반(위법)이 있는 경우 그에 대한 손해전보수단이어야 하며(위법한 행위에 대한 손
해전보는 손해배상, 적법한 행위에 대한 손해전보는 손실보상의 문제이므로), 취소소송의 본안판단
에서의 위법의 본질이 법규위반임을 고려할 때 국가배상법상의 위법도 '법질서 위반'이라는
단일한 가치판단으로 보아야 할 것인바 **행위위법설**이 타당하다(특히 권리구제의 확대라는 측면
에서 이원설이 타당하다)(**다수설**).

2. 위법성의 판단시점과 입증책임

위법성의 판단시점은 공무원의 가해행위가 이루어지는 시점이며, 피해자가 직무행위의 위법성
을 입증해야 한다.

💎　　**논점　부작위로 인한 위법행위에서 조리상의 작위의무의 인정 여부★★**

---

1. 문제 상황

행위위법설에 따를 때 위법이란 법규위반을 말한다. 법규위반에는 적극적인 작위에 의한
위반과 소극적인 부작위에 의한 위반이 있다. 특히 부작위의 경우에는 작위의무가 있어야 한
다. 기속행위는 일반적으로 작위의무가 있지만, 공무원의 직무집행여부가 재량이라면 재량이
0으로 수축되는 경우 외에는 작위의무가 없다. 이와 관련하여 명문의 근거(기속행위나 재량행
위를 규정한 규범)가 없는 경우 헌법상 기본원리 및 행정법의 일반원칙(조리라 불리기도 한다)
을 근거로 작위의무를 인정할 수 있는지가 문제된다.

2. 학   설

ⓐ 법치행정의 원칙에 비추어 법률상의 근거를 결하는 작위의무를 인정할 수 없다는 **부정설**
과, ⓑ 법치행정의 목적은 인권보장과 생명과 재산보호라는 점(법치주의는 기본권을 확대하는
쪽으로만 기능한다)에서 법치행정을 근거로 조리상의 작위의무를 부정하는 견해는 부당하며
공서양속(공공의 질서와 선량한 풍속)·조리 내지 건전한 사회통념에 근거하여 작위의무를 인
정할 수 있다는 **긍정설(다수설)**이 대립한다.

3. 판   례

판례는 **에이즈항체검사의 관리 및 판정상의 위법성이 문제된 사건**에서 「여기서 '법령에 위반하
여'라고 하는 것이 엄격하게 형식적 의미의 법령에 명시적으로 공무원의 작위의무가 규정되어
있는데도 이를 위반하는 경우만을 의미하는 것은 아니고, … 국가가 초법규적, 일차적으로 그
위험 배제에 나서지 아니하면 국민의 생명, 신체, 재산 등을 보호할 수 없는 경우에는 형식적
의미의 법령에 근거가 없더라도 국가나 관련 공무원에 대하여 그러한 위험을 배제할 작위의무를
인정할 수 있을 것(대판 1998. 10. 13. 98다18520)」이라고 하여 **긍정**적인 입장이다.

4. 검   토

국가 등이나 공무원의 작위의무는 명문의 법규정뿐 아니라 각 행정 분야에서의 객관적 법
질서(조리) 및 인권존중의 원칙으로부터도 도출될 수 있는 것으로 보아야 하기에 **긍정**함이 타
당하다.

VI. 타인·손해·인과관계

1. 타   인

타인이란 위법한 행위를 한 자(그 행위에 가담한 자)를 제외한 모든 피해자를 말한다. 가해자인
공무원에게 피해를 받은 공무원도 타인에 해당한다. 다만 피해자가 공무원 중에서 군인·군무

원·경찰 등인 경우에는 후술(68)하는 바처럼 국가배상법에 특별규정을 두고 있다.

2. 손   해

손해란 가해행위로부터 발생한 일체의 손해를 말한다. 적극적 손해인가 또는 소극적 손해인가, 재산상의 손해인가 또는 생명·신체·정신적인 손해(위자료)인가를 가리지 않는다.

3. 인과관계

가해행위인 직무집행행위와 손해의 발생 사이에는 **상당인과관계**(사회 생활의 경험법칙상 어떤 원인이 있으면 어떤 결과가 발생하는 것이 일반적이라고 생각되는 범위 안에서만 인과관계를 인정하는 것)가 있어야 한다. 인과관계유무의 판단은 관련법령의 내용, 가해행위의 태양, 피해의 상황 등 제반사정을 고려하여 이루어져야 한다.

066   사법(司法) 및 입법작용으로 인한 국가배상책임★★

1. 사법작용으로 인한 국가배상책임

(1) 문 제 점

법관도 국가배상법 제 2 조 제 1 항의 공무원에 해당하고, 재판작용도 직무에 해당한다. 하지만 법관의 재판작용의 결과인 확정판결에 대해 국가배상청구를 인정한다는 것은 직접적이지는 않으나 실질적으로 확정판결의 기판력을 부정하는 것(확정판결에 대한 소송이 재개되는 결과가 되기에)으로 볼 수도 있기에 재판작용에 대한 국가배상청구가 가능한지가 문제된다.

(2) 학 설

ⓐ 국가배상책임의 인정이 확정판결의 효력을 직접 부정하는 것은 아니지만, 국가배상책임을 인정하기 위해서는 판결의 위법성을 인정해야 하므로 확정판결에 대한 국가배상책임의 인정은 **기판력**(법적 안정성)**을 침해하는 것이** 된다는 견해, ⓑ 법관의 불법행위를 이유로 국가배상책임을 인정하여도 확정판결의 **기판력을 침해하는 것은 아니므로 재판작용에 대한 국가배상청구가 가능하다는 견해,** ⓒ **사법행정작용**(司法行政)(집행정지, 강제집행)은 일반행정작용과 같이 국가배상책임을 **인정**하고, **재판작용**의 경우는 국가배상책임이 기판력을 침해할 우려가 있으므로 법적 안정성의 요구(기판력의 인정근거)와 권리구제의 요구를 적정히 조화시켜 **제한적으로** 국가배상책임을 **인정**하자는 견해로 나누어진다.

(3) 판 례

판례는 법관의 재판작용과 다른 공무원의 직무행위를 구분하지 않고 국가배상책임의 성립을 인정하고 있다. 다만, 「법관이 위법 또는 부당한 목적을 가지고 재판을 하는 등 법관이 그에게 부여된 권한의 취지에 명백히 어긋나게 이를 행사하였다고 인정할 만한 특별한 사정이 있어야 위법한 행위가 되어 국가배상책임이 인정된다(대판 2001. 10. 12. 2001다47290)」고 보고 있어 재판작용에 대한 국가배상책임을 상당히 제한적으로 인정한다.

(4) 검 토

이미 확정된 재판작용에 대해 법관의 불법행위를 이유로 국가배상책임을 인정하여도 기판력 침해가 아니며(재판작용으로 인한 국가배상책임을 인정하더라도 확정판결로 형성된 법률관계의 안정성을 침해하지 않는다), 일반 공무원의 직무집행과 비교하여 재판작용의 특수성은 국가배상책임의 성립가능성을 인정한 후 위법성 또는 고의 · 과실의 판단과정에서 고려될 수 있다는 점(재판작용의 특수성은 앞의 판례처럼 위법성이나 고의 · 과실을 제한적으로 인정하면 문제가 없다)을 고려할 때 ⓑ설이 타당하다.

2. 국회의 입법작용으로 인한 국가배상책임

(1) 적극적 입법작용의 경우

㈎ 직접성 있는 위헌적인 법률로 손해가 발생한 경우를 말한다. 다만, 이 경우 직접성 있는 법률의 입법과정에서 국회(국회의원)의 직무집행의 위법성이나 과실이 인정되기는 어려울 것이다.

㈏ 대법원도 「국회는 다원적 의견이나 각가지 이익을 반영시킨 토론과정을 거쳐 다수결의 원

리에 따라 통일적인 국가의사를 형성하는 역할을 담당하는 국가기관으로서 그 과정에 참여한 국회의원은 입법에 관하여 원칙적으로 국민 전체에 대한 관계에서 정치적 책임을 질 뿐 국민 개개인의 권리에 대응하여 법적 의무를 지는 것은 아니므로, 국회의원의 입법행위는 그 입법 내용이 헌법의 문언에 명백히 위배됨에도 불구하고 국회가 굳이 당해 입법을 한 것과 같은 특수한 경우가 아닌 한 국가배상법 제 2 조 제 1 항 소정의 위법행위에 해당한다고 볼 수 없다(대판 2008. 5. 29. 2004다33469)」라고 하여 입법행위의 위법성을 제한적으로만 인정한다.

(2) 입법부작위의 경우

(가) 구체적인 입법의무가 있음에도 이를 이행하지 않은 경우 국회(국회의원)의 고의·과실과 위법성은 예외적으로 인정될 수 있다.

(나) 대법원도 「국가가 일정한 사항에 관하여 헌법에 의하여 부과되는 구체적인 입법의무를 부담하고 있음에도 불구하고 그 입법에 필요한 상당한 기간이 경과하도록 고의 또는 과실로 이러한 입법의무를 이행하지 아니하는 등 극히 예외적인 사정이 인정되는 사안에 한정하여 국가배상법 소정의 배상책임이 인정될 수 있으며, 위와 같은 구체적인 입법의무 자체가 인정되지 않는 경우에는 애당초 부작위로 인한 불법행위가 성립할 여지가 없다(대판 2008. 5. 29. 2004다33469)」고 하여 입법부작위의 위법성을 제한적으로 인정한다.

067 가해공무원의 책임과 구상권*

I. 가해공무원의 대외적 배상책임

1. 문제 상황

민법 제750조(고의 또는 과실로 인한 위법행위로 타인에게 손해를 가한 자는 그 손해를 배상할 책임이 있다)에 따르면 피해자는 가해자에게 손해배상을 청구할 수 있는데, 만일 가해자가 공무원이라면 공무원의 직무집행행위는 국가 등을 위한 것이므로 헌법 제29조 제 1 항과 국가배상법제 2 조의 취지를 고려할 때 가해공무원 개인이 어떤 경우 배상책임을 부담하는지가 문제된다(국가배상책임도 성립하고, 가해공무원에게도 책임이 성립된다면 피해자는 선택하여 청구할 수 있기에 이를 선택적 청구권의 문제라고도 한다).

2. 학   설

가해공무원의 대외적 배상책임에 대한 학설은 크게 국가 등의 배상책임의 성질과 가해공무원의 대외적 배상책임에 대한 논의가 논리적 관련성이 있다는 견해와 논리적 관련성이 없다는 견해로 나누어진다.

(1) 국가배상책임의 성질과 관련된다는 견해

1) 대위책임설

공무원의 위법한 행위는 국가 등의 행위로 볼 수 없어 배상책임은 공무원 자신이 부담해야 할 것이지만 피해자보호를 위해 국가 등이 공무원을 대신하여 책임을 부담하므로 가해공무원은 피해자에게 책임이 없다는 입장이다.

2) 자기책임설

국가배상책임은 공무원의 행위에 대한 책임이 아니라 국가행위에 대한 책임이기 때문에, 공무원의 불법행위에 대한 개인책임은 국가배상책임과는 별개의 책임이며 두 책임은 양립할 수 있다고 본다. 따라서 이 학설에 따르면 피해자는 가해공무원에게 손해배상을 청구할 수 있다.

3) 중 간 설

이 학설은 국가배상법 제 2 조 제 2 항을 근거로 경과실로 피해자에게 손해가 발생한 경우 국가는 자신의 행위에 대해 책임(자기책임)을 부담하며, 공무원의 고의·중과실로 피해자에게 손해가 발생한 경우 국가는 공무원을 대신하여 책임(대위책임)을 부담한다고 본다. 따라서 어느경우나 국가 등이 배상책임을 지고 있기에 공무원은 대외적으로 배상책임을 지지 않는다고 한다.

4) 절 충 설

이 학설은 공무원이 행위가 경과실에 기한 경우에는 국가기관의 행위로 볼 수 있어 국가는 배상책임을 지고 공무원은 배상책임을 지지 않는다고 한다. 그러나 공무원의 고의·중과실에 따른 행위는 국가기관의 행위로 볼 수 없어 공무원만이 배상책임을 지지만, 그 행위가 직무로서외형을 갖춘 경우에는 피해자와의 관계에서 국가도 배상책임을 지기 때문에 이 경우에는 공무원과 국가에 대해 피해자는 선택적으로 청구할 수 있다고 본다.

(2) 국가배상책임의 성질과 무관하다는 견해

1) 긍 정 설

ⓐ 헌법 제29조 제 1 항 단서는 공무원 자신의 책임은 면제되지 않는다고 규정하는바, 여기서 면제되지 않는 책임은 공무원의 민사상 책임을 포함하고, ⓑ 손해배상은 가해공무원에 대한 경고 및 제재의 기능을 가지므로 공무원 개인의 직권남용과 위법행위를 방지할 수 있고, ⓒ 선택적 청구가 가능함으로써 피해자의 권리구제에도 만전을 기할 수 있다는 점을 근거로 한다.

2) 부 정 설

ⓐ 헌법 제29조 제 1 항 단서의 면제되지 않는 공무원의 책임은 내부적인 구상책임(국가배상법 제 2 조 제 2 항), 징계책임 내지 형사상의 책임을 의미하는 것이기에 민사상 책임은 면제되고, ⓑ 가해공무원에 대한 경고 및 제재는 국가배상법 제 2 조 제 2 항의 구상책임과 징계책임을 통해 충분히 담보되며, ⓒ 경제적 부담 능력 있는 국가가 손해배상책임을 부담하면 피해자 구제에도 문제가 없다는 점을 근거로 한다.

3. 판   례

판례는 **군용버스가 군용지프차를 추돌하여 지프차에 탑승했던 피해자가 군용버스운전자에게 손해배상을 청구한 사건**에서 「공무원이 직무를 수행함에 있어 경과실로 타인에게 손해를 입힌 경우에는 그 직무수행상 통상 예기할 수 있는 흠이 있는 것에 불과하므로, … 전적으로 국가 등에만 귀속시키고 … 반면에 공무원의 위법행위가 고의·중과실에 기한 경우에는 … 그 본질에 있어서 기관행위로서의 품격을 상실하여 국가 등에게 그 책임을 귀속시킬 수 없으므로 공무원 개인에게 불법행위로 인한 손해배상책임을 부담시키되, 다만 이러한 경우에도 그 행위의 외관을 객관적으로 관찰하여 공무원의 직무집행으로 보여질 때에는 피해자인 국민을 두텁게 보호하기 위하여 국가 등이 공무원 개인과 중첩적으로 배상책임을 부담한다(대판(전원) 1996. 2. 15. 95다38677)」고 하여 경과실의 경우와 고의·중과실의 경우를 구별하고 있다(학설은 대상판결을 절충설을 취한 것으로 평가한다).

4. 검   토

국가 등의 배상책임의 성질과 가해공무원의 대외적 배상책임에 대한 논의는 논리적 연관성이 없기 때문에 국가배상책임의 성질과 무관하게 공무원의 대외적 배상책임이 논의 될 수 있다. 그리고 손해배상책임에 대한 두려움으로 공무원의 직무집행을 위축시킬 수 있다는 점을 고려하면 가해공무원의 대외적 배상책임은 부정함이 타당하다.

II. 국가에 대한 가해공무원의 내부적 구상책임

국가 등이 피해자에게 국가배상법 제 2 조 제 1 항에 따라 손해를 배상한 경우 그 공무원에게 고의 또는 중대한 과실이 있으면 국가나 지방자치단체는 그 공무원에게 구상할 수 있다(동법 제 2 조 제 2 항).

III. 가해공무원의 국가에 대한 구상권

판례는 「공무원이 직무수행 중 불법행위로 타인에게 손해를 입힌 경우에 국가 등이 국가배상책임을 부담하는 외에 공무원 개인도 고의 또는 중과실이 있는 경우에는 불법행위로 인한 손해배상책임을 지고, 공무원에게 경과실이 있을 뿐인 경우에는 공무원 개인은 손해배상책임을 부담하지 아니한다. 이처럼 경과실이 있는 공무원이 피해자에 대하여 손해배상책임을 부담하지 아니함에도 피해자에게 손해를 배상하였다면 그것은 채무자 아닌 사람이 타인의 채무를 변제한 경우에 해당하고, … 그에 따라 피해자의 국가에 대한 손해배상청구권이 소멸하여 국가는 자신의 출연 없이 채무를 면하게 되므로, 피해자에게 손해를 직접 배상한 경과실이 있는 공무원은 특별한 사정이 없는 한 국가에 대하여 국가의 피해자에 대한 손해배상책임의 범위 내에서 공무원이 변제한 금액에 관하여 구상권을 취득한다(대판 2014. 8. 20. 2012다54478)」고 본다.

068   국가배상법 제 2 조 제 1 항 본문 전단의 국가배상청구권자★★

1. 원   칙
공무원의 위법한 직무집행행위로 손해를 입은 자는 누구나 배상금의 지급을 청구할 수 있다.

2. 예외(군인 등의 이중배상의 배제)

(1) 의   의
헌법 제29조 제 2 항과 국가배상법 제 2 조 제 1 항 단서와 제 5 조 제 1 항 단서는 군인·경찰 등 일정한 신분을 가진 자는 다른 법령에서 정하는 재해보상금 등을 받은 경우 국가배상법 및 민법에 따른 손해배상을 청구할 수 없도록 규정한다(예를 들어 국가를 상대로 민법 제756조의 공무원의 사용자로서의 배상책임을 청구하는 경우). 이를 군인 등의 이중배상배제의 문제라고 한다.

(2) 요   건
1) 군인·경찰공무원 등일 것
이중배상이 배제되는 자는 군인·군무원·경찰공무원 또는 향토예비군대원이다. 판례는 전투경찰대설치법에 따른 전투경찰순경은 여기의 경찰공무원으로 보지만, 공익근무요원은 이중배상이 배제되는 자에 속하지 않는다고 한다.

2) 전투·훈련 등 직무 집행과 관련하여 전사·순직하거나 공상을 입은 경우일 것
군인 등이 받은 모든 손해에 대하여 이중배상이 배제되는 것은 아니며 군인 등이 직무집행과 관련하여 전사·순직 또는 공상을 입은 경우의 손해만이 배제된다. 그러나 판례는 국가배상법 제 2 조 제 1 항 단서의 이중배상배제조항은 군인·경찰공무원 등의 전투·훈련 또는 이에 준하는 직무집행뿐만 아니라 '일반 직무집행'에 관하여도 국가 등의 배상책임을 배제하는 규정이라고 본다(대법원은 경찰공무원이 낙석사고 현장 주변 교통정리를 위하여 사고현장 부근으로 이동하던 중 대형 낙석이 순찰차를 덮쳐 사망한 사건에서 국가배상법 제 2 조 제 1 항 단서(제 5 조 제 1 항 단서)를 이유로 경찰공무원의 국가배상청구를 부정하였다(대판 2011. 3. 10. 2010다85942)).

3) 본인이나 그 유족이 다른 법령에 따라 재해보상금·유족연금·상이연금 등의 보상을 지급받을 수 있을 것
본인 또는 유족이 다른 법령의 규정에 의하여 보상을 지급받을 수 있어야 이중배상이 배제되므로, 이들이 다른 법령의 규정에 의하여 재해보상금 등의 보상을 지급받을 수 없을 때에는 국가배상법에 따라 배상을 청구할 수 있다(예: 신체장애 등급이 낮아 재해보상금을 지급받을 수 없는 경우).

(3) 효   과
군인·경찰공무원 등이나 그 유족은 다른 법령에 따라 지급 받는 재해보상금 등 외에는 국가 등을 상대로 국가배상법 또는 민법상 손해배상을 청구할 수 없다.

(4) 문 제 점
국가배상법에 의한 배상은 '불법행위에 대한 배상'이며, 다른 법령에 의한 보상은 '국가에 바친 헌신에 대한 보상'이어서 양자는 목적을 달리하므로, 이중배상을 금하는 헌법과 국가배상법의 관련규정은 개정이 필요하다. 다만, 헌법재판소는 국가배상법 제 2 조 제 1 항 단서를 합헌으로 본다(헌재 2001. 2. 22. 2000헌바38).

◆ 논점 국가 등과의 사인의 공동불법행위와 구상권

1. 문 제 점

직무 집행하는 공무원과 사인이 공동으로 불법행위를 하여 이중배상이 배제되는 군인 등이 피해를 입은 경우, 사인이 피해자인 군인 등에게 손해를 전액 배상하였다면(공무원의 부담부분을 포함하여 — 공무원의 직무집행에 따른 손해라면 실제 이 부담부분은 국가배상법에 따라 국가가 부담한다 —) 그 후 사인이 국가 등을 상대로 공무원의 부담부분에 대해 구상권을 행사할 수 있는지가 문제된다. 만일 사인이 국가 등을 상대로 구상권을 행사할 수 있다면 이는 국가 등이 피해자인 군인 등에게 국가배상을 해준 결과가 되기 때문이다.

[참조조문]
민법
제413조(연대채무의 내용) 수인의 채무자가 채무 전부를 각자 이행할 의무가 있고 채무자1인의 이행으로 다른 채무자도 그의무를 면하게 되는 때에는 그 채무는 연대채무로 한다.
제425조(출재채무자의 구상권) ① 어느 연대채무자가 변제 기타 자기의 출재로 공동면책이 된 때에는 다른 연대채무자의 부담부분에 대하여 구상권을 행사할 수 있다.

2. 판례의 입장

(개) **과거 대법원**은 피해자인 군인 등은 공동불법행위자인 사인에 대하여 국가부담부분을 포함한 전부를 손해배상청구를 할 수 있지만, 전액을 손해를 배상한 사인은 국가에 대해서는 (국가부담부분에 대한) 구상권을 행사할 수 없다는 입장이었다(대판 1983. 6. 28. 83다카500).

(내) 그 후 **헌법재판소**는 사인이 공무원과 공동불법행위로 직무집행중인 다른 군인에게 공상을 입혀 그 피해자에게 공동의 불법행위로 인한 손해를 전액 배상하였음에도 공동불법행위자인 군인의 부담부분에 관하여 국가에 대하여 구상권 행사를 허용하지 않는다면 이는 일반국민을 국가에 대하여 지나치게 차별하는 경우에 해당하여 평등원칙에도 위반되며, 비례원칙에 위반되는 재산권 제한이라고 보았다. 따라서 피해자인 군인 등은 사인인 공동불법행위자에 대하여 국가귀책(부담)부분을 포함한 전액을 손해배상청구할 수 있고, 전액 손해를 배상한 사인은 국가에 대해서 (국가부담부분에 대한) 구상권을 행사할 수 있다고 보았다(헌재 1994. 12. 29. 93헌바21).

(대) 이후 **대법원**은 피해자인 군인 등은 사인인 공동불법행위자에 대하여 그 사인의 부담부분에 대해서만 배상을 청구할 수 있게 하고 국가귀책부분의 배상청구를 부정함으로써 사인의 국가에 대한 구상문제가 발생하지 않도록 하였다. 따라서 사인은 국가에 대해 구상권을 행사할 수 없다고 한다(대판(전원) 2001. 2. 15. 96다42420)(**트럭·경찰오토바이 충돌사건**).

069 국가배상법 제 2 조 제 1 항 본문 후단의 국가 등의 자동차손해배상법상 책임*

1. 법률 규정

국가배상법은 "국가나 지방자치단체는 … 자동차손해배상보장법에 따라 손해배상의 책임이 있을 때에는 이 법에 따라 그 손해를 배상하여야 한다(국배법 제 2 조 제 1 항 본문 후단)"고 규정하고 있고, 자동차손해배상보장법(자배법)은 "자기를 위하여 자동차를 운행하는 자는 그 운행으로 인하여 다른 사람을 사망하게 하거나 부상하게 한 때에는 그 손해를 배상할 책임을 진다(동법 제 3 조)"고 규정하고 있다. 즉 공무원의 차량사고로 인한 국가배상과 관련하여서는 국가 등이 자동차손해배상보장법상의 책임성립요건을 갖추면, 손해배상책임의 범위와 절차는 국가배상법이 정한 바에 의하여 배상책임을 진다.

2. 국가배상법 제 2 조 제 1 항 본문 후단의 국가 등의 자배법상 책임의 성립요건

(1) 국가 등이 운행자일 것

판례는 ① 공무원이 ② 공무를 위해 ③ 관용차를 운행한 경우라야 국가 등이 운행자가 되고(이 요건을 만족해야 국가 등에게 운행이익과 운행지배가 있다고 본다), 국가 등이 국가배상법 제 2 조 제 1 항 본문 후단의 손해배상책임을 진다고 본다. 공무(직무관련성)는 객관적·외형적으로 판단한다(**외형설**. 전술한 국가배상법 제 2 조 제 1 항의 요건 중 직무를 '집행하면서' 참조(65)).

(2) 인적 손해일 것

자동차손해배상보장법 제 3 조는 본문은 '운행으로 다른 사람을 사망하게 하거나 부상하게 한 경우에는 그 손해를 배상할 책임을 진다'고 규정하고 있어 손해는 인적 손해에 한정된다. 만일 물적 손해가 발생하였다면 국가배상법 제 2 조 제 1 항 본문 전단의 국가배상책임의 성립 여부를 검토해야 한다.

(3) 면책사유가 없을 것

자동차손해배상보장법상의 면책사유가 없어야 한다(동법 제 3 조 단서 참조).

3. 공무원 개인의 책임

(1) 국가 등의 자동차손해배상보장법상의 책임이 인정되는 경우(운행자＝국가)

판례에 의하면 공무원은 고의 또는 중과실이 있는 경우에만 배상책임을 지게 된다(대판 1996. 2. 15. 95다38677).

(2) 국가 등의 자동차손해배상보장법상의 책임이 부정되는 경우(운행자＝공무원)

이 경우 자동차손해배상보장법이 적용(가해자의 책임이 가중)되기 때문에 판례는 자동차사고가 자동차를 운전한 공무원의 경과실에 의한 것인지 중과실 또는 고의에 의한 것인지를 가리지 않고 공무원이 자동차손해배상보장법상의 손해배상책임을 부담한다고 한다고 본다(대판 1996. 3. 8. 94다23876).

070   국가배상법 제 5 조 제 1 항 배상책임의 요건★★

1. 도로·하천 기타 공공의 영조물

국가배상법 제 5 조 제 1 항의 영조물(원래 영조물은 공적 목적에 제공된 인적·물적 결합체를 말하지만, 국가배상법 제 5 조 제 1 항의 영조물은 학문상 공물을 말한다)은 학문상 공물(공적 목적에 제공된 물건(집합물))을 의미한다. 공물에 공용물(국가나 지방자치단체가 직접 사용하는 재산. 예: 청사건물)과 공공용물(일반 대중이 사용하는 재산. 예: 도로)은 포함되지만, 일반재산(공용재산, 공공용재산, 공기업재산, 보존용재산을 제외한 국가나 지방자치단체의 재산)은 여기에 해당하지 않는다(국유재산법 제 6 조 참조). 그리고 자연공물·인공공물을 가리지 않는다. 또한, 국가 또는 지방자치단체가 소유권, 임차권 그밖의 권한에 기하여 관리하고 있는 경우뿐만 아니라 사실상의 관리를 하고 있는 경우도 포함한다(대판 1995. 1. 24. 94다45302).

2. 설치·관리에 하자

(1) 설치·관리의 의의

'설치'는 영조물의 설계에서 건조까지를 말하고, '관리'란 영조물의 건조 후의 유지·수선을 말한다.

(2) 하자의 의미

1) 문 제 점

국가배상법 제 5 조 제 1 항의 법문상 표현이 '영조물의 하자'라고 되어 있지 않고, '영조물의 설치나 관리에 하자'가 있기 때문에 손해가 발생한 경우라고 표현되어 있기에 학설의 대립이 있다.

2) 학   설

a. 주 관 설   이 학설은 '영조물의 설치나 관리에 하자'를 공물주체의 설치·관리상의 귀책사유로 이해한다. 따라서 배상책임의 성립 여부는 관리자의 주의의무위반 여부에 따라 결정한다.

b. 객 관 설   이 학설은 '영조물의 설치나 관리에 하자'를 공물 자체가 항상 갖추어야 할 객관적인 안전성의 결여로 이해하고, 관리자의 고의·과실을 문제 삼지 않는다(물적 상태 책임)(다수설).

c. 절 충 설   이 학설은 '영조물의 설치나 관리에 하자'에는 관리자의 주의의무위반에 기인한 것과 물적 결함에 기인한 것 모두가 포함된다고 본다.

d. 안전의무위반설   행정주체는 공물을 일반에 제공·노출시킨 경우 위험이 발생하지 않도록 안전조치를 취할 법적 의무를 부담하는데, 영조물의 설치나 관리에 하자란 관리주체의 안전조치를 취할 법적 의무 위반(위법)이라고 한다. 즉 국가배상법이 '영조물의 하자'라고 표기하지 않고 '영조물 설치·관리에 하자'라고 표현하고 있으므로 '물적상태책임'이 아니라 '행위책임'이며(객관설과 차이), 고의·과실을 요건으로 하지 않으므로 '무과실책임'이라고 한다(주관설과 차이).

3) 판   례

(가) 판례는 도로결빙으로 인한 사고로 국가배상책임이 문제된 사건에서 「국가배상법 제 5 조 소정의 영조물의 설치, 관리상의 하자라 함은 영조물의 설치 및 관리에 불완전한 점이 있어 이 때문에 영조물 자체가 통상 갖추어야 할 안전성을 갖추지 못한 상태에 있는 것을 말하는 것이

고, … 또 국가배상법 제 5 조 소정의 영조물의 설치, 관리상의 하자로 인한 책임은 무과실책임(대판 1994. 11. 22. 94다32924)」이라고 하여 객관설을 취한다.

(나) 그러나 **고장난 신호기로 인해 승용차가 오토바이와 충돌한 사건**에서 「**국가배상법 제 5 조 제 1 항 소정의 영조물의 설치 또는 관리의 하자**라 함은 영조물이 그 용도에 따라 **통상 갖추어야 할 안전성을 갖추지 못한 상태**에 있음을 말하는 것으로서, … 위와 같은 안전성의 구비 여부를 판단함에 있어서는 당해 영조물의 용도, 그 설치 장소의 현황 및 이용 상황 등 제반 사정을 종합적으로 고려하여 설치 관리자가 그 영조물의 위험성에 비례하여 **사회통념상 일반적으로 요구되는 정도의 방호조치의무**를 다하였는지 여부를 그 기준으로 삼아야 할 것(대판 2000. 2. 25. 99다54004)」이라고 하여 '사회통념상 일반적으로 요구되는 정도의 방호조치의무'라는 표현을 쓰고 있어 주관설 또는 안전의무위반설을 취했다고 볼 여지는 있다.

(다) 하지만 판례는 설치·관리상의 하자를 '영조물이 통상 갖추어야 할 물적 안전성의 결여'로 보는 기존의 입장에는 변화가 없으므로 **객관설을 취하면서도 주관적 사정을 고려**하는 것으로 보아 **수정(변형)된 객관설**을 취하고 있다고 보아야 할 것이다(사법연수원).

4) 검   토

국가배상법 제 5 조에는 '**고의·과실**'이란 **표현이 없음**에도 제 5 조의 책임을 제 2 조의 책임처럼 과실책임으로 보는 것은 타당하지 않으며, **피해자의 보호**를 위해서 관리자의 주의의무위반이 없더라도 공물 자체가 항상 갖추어야 할 객관적인 안전성의 결여만 있다면 국가 등의 배상책임을 인정하는 것이 타당하다.

3. 불가항력

(가) 영조물의 결함이 설치·관리자의 관리행위가 미칠 수 없는 불가항력의 경우 국가 등의 책임은 면제된다. 대법원은 「객관적으로 보아 시간적·장소적으로 영조물의 기능상 결함으로 인한 손해발생의 **예견가능성과 회피가능성**이 없는 경우, 즉 그 영조물의 결함이 영조물의 설치관리자의 관리행위가 미칠 수 없는 상황 아래에 있는 경우에는 영조물의 설치·관리상의 하자를 인정할 수 없다(대판 2007. 9. 21. 2005다65678)」고 하여 불가항력을 예견가능성과 회피가능성 여부로 판단한다.

(나) 예산의 부족은 배상액산정의 참작사유는 될지 모르나 불가항력의 경우처럼 면책사유가 되지는 않는다. 판례도 「영조물 설치의 … '하자' 유무는 객관적 견지에서 본 안전성의 문제이고 그 설치자의 재정사정이나 영조물의 사용목적에 의한 사정은 안전성을 요구하는 데 대한 정도 문제로서 참작사유에는 해당할지언정 안전성을 결정지을 절대적 요건에는 해당하지 아니한다 할 것(대판 1967. 2. 21. 66다1723)」이라고 하여 같은 입장이다.

4. 타인·손해·인과관계(65VI)

💎　**논점　영조물의 기능적 하자(설치·관리에 하자 Ⅰ)★★**

1. 의   의

영조물의 기능적(사회적) 하자란 영조물 자체에 물적 하자가 있는 경우가 아니라 공항의 소음이나 사격장의 소음, 도로의 배기가스 처럼 영조물이 공적 목적에 이용됨에 따라 그 이용 상태 및 정도가 일정한 한도를 초과하여 제 3 자에게 사회통념상 수인할 수 없는 피해를 입히는 경우를 말하며, 이러한 하자도 국가배상법 제 5 조 제 1 항의 영조물의 설치·관리의 하자로 보는 것이 일반적 견해이다.

2. 판 례

㈎ 대법원은 **매향리사격장에서 발생하는 소음** 등으로 인하여 지역 주민이 받은 손해의 배상을 청구한 사건(대판 2004. 3. 12. 2002다14242)과 **김포공항에서 발생하는 소음**으로 인한 인근 주민의 손해의 배상을 청구한 사건(대판 2005. 1. 27. 2003다49566)에서 기능적 하자를 인정하여 국가의 배상책임을 인정하였다.

㈏ 즉, 대법원은 영조물 자체에는 물적 하자가 없더라도 제 3 자가 사회통념상 수인한도를 넘는 피해를 입는 경우 기능적 하자는 인정된다. 대법원은 「수인한도의 기준을 결정함에 있어서는 일반적으로 침해되는 권리나 이익의 성질과 침해의 정도뿐만 아니라 침해행위가 갖는 공공성의 내용과 정도, 그 지역환경의 특수성, 공법적인 규제에 의하여 확보하려는 환경기준, 침해를 방지 또는 경감시키거나 손해를 회피할 방안의 유무 및 그 난이 정도 등 여러 사정을 종합적으로 고려하여 구체적 사건에 따라 개별적으로 결정하여야 할 것(대판 2005. 1. 27. 2003다49566)」이라고 본다.

💎 **논점 하천범람에서 영조물(하천)의 설치·관리에 하자(설치·관리에 하자 Ⅱ)**★

1. 문제 상황

일반적인 영조물의 설치·관리의 하자에 대해서는 객관설과 주관설, 절충설, 안전의무위반설 등이 대립하고 객관설이 **다수설·판례**의 입장이지만, 하천으로 인한 수해의 경우 설치·관리의 하자를 판단함에 있어 계획홍수량(치수 공사를 할 때에 설계의 기준이 되는 유량)이나 계획홍수위(계획 홍수량에 해당하는 물의 높이)를 기준으로 하자는 견해와 판례가 있어 문제가 된다.

2. 학 설

ⓐ **계획홍수량을 기준으로 하는 견해**는 하천의 경우 강수량의 정확한 예측이 어렵고 제방의 축조에 막대한 비용이 소요되기에 하천과 같은 자연공물의 경우에는 범람하여 수해가 발생할 때마다 그 손해 전부에 대하여 국가등이 책임을 질 수는 없다고 한다. 따라서 파제형 수해(제방파괴로 인한 수해)의 경우에는 영조물의 설치나 관리에 하자를 긍정할 수 있어 국가 등의 배상책임이 인정되지만, 일제형 수해(하천범람으로 인한 수해)의 경우에는 계획홍수량(계획고수량)을 기준으로 판단하는 입장이다. ⓑ **객관설을 기준으로 하는 견해**는 일제형 수해에 있어서 계획홍수량이라는 것도 객관설이 보는 객관적 안정성의 문제로 볼 수 있는바, 하천의 경우와 다른 공물이 다르지 않다는 입장이다.

3. 판 례

판례는 **삼성천범람사건**과 **중랑천범람사건**에서 하천관리청이 계획홍수량 및 계획홍수위를 잘못 책정하였다거나 그 후 이를 시급히 변경해야 할 사정이 생겼음에도 불구하고 이를 해태하였다는 등의 특별한 사정이 없는 한, 계획홍수량 및 계획홍수위를 충족하여 하천이 관리되고 있다면 하천은 용도에 따라 통상 갖추어야 할 안전성을 갖추고 있다(대판 2007. 9. 21. 2005다65678)고 하여 하천의 설치·관리에 하자가 없다는 입장이다.

4. 검 토

하천의 경우도 영조물의 하자에 관한 일반적인 기준인 객관설에 따라 통상 갖추어야 할 안전성의 결여를 기준으로 판단하고 예견불가능하거나 회피불가능한 경우는 불가항력으로 국가 등을 면책시키면 될 것이지, 하자의 기준을 하천과 다른 공물간에 별도로 인정할 필요는 없을 것이다.

| **071** | **국가배상법 제 2 조 제 1 항 책임과 국가배상법 제 5 조 제 1 항 책임의 경합★** |

1. 문제 상황

공무원의 직무가 영조물의 설치·관리에 관한 직무인 경우 즉, 영조물의 설치·관리의 하자와 영조물 설치·관리가 직무인 공무원의 고의·과실이 결합된 경우 피해자가 국가 등을 상대로 국가배상법 제 5 조 외에 국가배상법 제 2 조의 책임을 물을 수 있는지가 문제된다(예를 들어 영조물의 하자와 관리자의 주의의무위반이 결합하여 손해가 발생한 경우 또는 관리자의 주의의무위반으로 영조물에 하자가 발생하였고 그로 인해 손해가 생긴 경우를 말한다).

2. 학   설

(1) 국가배상법 제 5 조 제 1 항의 책임을 객관설로 보는 견해(70. 2.)

ⓐ 전통적인 견해는 국가배상법 제 2 조의 직무는 권력작용과 비권력작용을 포함하되 제 5 조에 규정된 직무를 제외한 것으로 보아 **국가배상법 제 5 조만 성립**된다고 본다. 그러나 ⓑ 제 2 조와 제 5 조의 책임이 경합할 수 있으며 당사자는 **선택적으로 청구할 수 있다는 견해**도 유력하다.

(2) 국가배상법 제 5 조 제 1 항의 책임을 주관설(절충설)로 보는 견해(70. 2.)

영조물과 관련된 관리자의 주의의무위반에 대해서는 항상 국가배상법 제 5 조의 책임이 성립되므로 국가배상법 제 5 조만이 적용된다는 입장이다.

3. 검   토

공무원의 직무가 영조물의 설치·관리에 관한 직무인 경우처럼 국가배상법 제 2 조와 제 5 조는 동시에 성립되는 경우가 있을 수 있으며, 양자의 경합을 인정하면 당사자는 둘 중 유리한 요건사실을 주장·입증할 수 있어 피해자의 권리구제측면에서도 경합을 인정하는 것이 타당하다.

I . 사무귀속주체(영조물의 관리주체)로서 배상책임자(국가배상법 제 2 조 제 1 항·제 5 조 제 1 항)

국가배상법 제 2 조 제 1 항은 '국가나 지방자치단체는 … 손해를 배상하여야 한다(동법 제 5 조 제 1 항은 '… 국가나 지방자치단체는 그 손해를 배상하여야 한다')'고 규정한다. 이는 사무의 귀속주체(사무처리로 인한 이익과 효과의 귀속주체)에 따라 국가사무를 집행하다 손해가 발생한 경우에는 국가가 배상책임을 지고, 지방자치단체의 자치사무를 집행하다 손해가 발생한 경우에는 그 지방자치단체가 배상책임을 진다는 것을 말한다. 이를 사무귀속주체(영조물의 관리주체)로서 배상책임이라고 한다(예를 들어 법령에서 '~사무는 장관이 한다'고 규정하는 경우 그와 관련된 손해는 국가가 배상책임을 지고, '~사무는 시장이 한다'고 규정하는 경우 그와 관련된 손해는 지방자치단체(시)가 배상책임을 진다).

II . 비용부담자로서 배상책임자(국가배상법 제 6 조 제 1 항)

1. 국가배상법 제 6 조 제 1 항의 내용

(가) 국가배상법은 배상책임자를 제 2 조 제 1 항과 제 5 조 제 1 항의 배상책임자(사무귀속주체, 영조물의 관리주체) 외에 제 6 조 제 1 항에서 별도로 비용부담자로서 배상책임자를 규정하고 있다. 원래 국가배상법 제 6 조 제 1 항은 공무원의 선임·감독자(영조물의 설치·관리를 맡은 자)와 공무원의 봉급·급여 기타의 비용을 부담하는 자(영조물의 설치·관리의 비용을 부담하는 자)가 동일하지 아니한 경우(일정한 사업을 경영·관리하는 자와 그 사업의 비용을 부담하는 자가 다른 경우. 예: 국가가 관리하는 도로의 유지·수선비용을 지방자치단체가 부담하는 경우 = 국영(관영)공비사업) 비용부담자의 배상책임의 근거 조항이다(배상책임자의 범위를 확대하는 기능).

(나) 그런데 **다수설과 판례**는 국가배상법 제 6 조 제 1 항을 수임자가 위임사무를 처리하는 과정에서 사인에게 손해를 발생시킨 경우 **수임자**(수임행정기관이 소속된 행정주체)**의 배상책임의 근거조항**으로도 해석한다. 즉, 행정권한의 위임이 있는 경우 피해자에게 손해배상청구의 피고를 잘못 선택함으로 인한 불이익을 주지 않도록 하기 위해 국가배상법 제 6 조 제 1 항을 (위임자와 더불어) 수임자도 국가배상책임을 부담하도록 하는 근거조항으로 해석한다.

2. 국가배상법 제 6 조 제 1 항의 분석

(1) 공무원의 선임·감독(영조물의 설치·관리)자와 봉급 등(설치 등) 비용을 부담하는 자

다수설과 판례는 '공무원의 선임·감독 또는 영조물의 설치·관리를 맡은 자'를 위임사무에서 위임청이 속한 행정주체로 해석한다. 그리고 '공무원의 봉급·급여 기타의 비용 또는 영조물의 설치·관리의 비용을 부담하는 자'를 위임사무에서 수임청이 속한 행정주체 즉, 위임사무를 현실적으로 처리하는 행정기관(= 관리청)이 속한 행정주체로 해석한다.

(2) 동일하시 아니하면

동일하지 아니한 경우란 지방자치단체가 국가로부터의 위임사무를 처리하는 경우를 말한다(광역자치단체가 기초자치단체에 위임한 경우도 같다). 물론 지방자치단체의 자치사무를 국가기관이 위임받아 처리하는 경우도 포함된다.

(3) 비용의 범위

봉급·급여뿐만 아니라 사무집행에 소요되는 비용까지 포함된다.

(4) 비용을 부담하는 자

1) 학 설

① 국가배상법 제6조 제1항의 비용부담자란 비용의 실질적·궁극적 부담자를 의미한다는 **실질적 비용부담자설**. ② 비용부담자란 외관상 비용을 지출하는 자를 의미한다는 **형식적 비용부담자설**. ③ 비용부담자란 피해자의 그릇된 피고선택에 대한 위험을 배제하기 위해 실질적 비용부담자와 형식적 비용부담자를 포함한다는 **병합설**(다수설)(비용부담자를 실질 또는 형식으로 한정하면 피해자는 피고를 선택함에 있어 잘못 선택할 가능성이 있게 된다)이 있다.

2) 판 례

판례는 국가배상법 제6조 제1항의 비용부담자를 ⓐ (관리청이 속한 행정주체의 비용부담규정이 개별법에 없는 경우) **천안시진성운송사건**에서는 **형식적 비용부담자로** 보았지만(지방자치단체의 장이 기관위임된 국가행정사무를 처리하는 경우 그에 소요되는 경비의 실질적·궁극적 부담자는 국가라고 하더라도 당해 지방자치단체는 국가로부터 내부적으로 교부된 금원으로 그 사무에 필요한 경비를 대외적으로 지출하는 자이므로, 이러한 경우 지방자치단체는 국가배상법 제6조 제1항 소정의 비용부담자로서 공무원의 불법행위로 인한 같은 법에 의한 손해를 배상할 책임이 있다(대판 1994. 12. 9. 94다38137)), ⓑ (관리청이 속한 행정주체의 비용부담규정이 개별법에 있는 경우) **여의도광장질주사건**에서는 **실질적 비용부담자로** 보고 있어(여의도광장의 관리청이 본래 서울특별시장이라 하더라도 그 관리사무의 일부가 영등포구청장에게 위임되었다면, 그 위임된 관리사무에 관한 한 여의도광장의 관리청은 영등포구청장이 되고, 같은 법 제56조에 의하면 도로에 관한 비용은 건설부장관이 관리하는 도로 이외의 도로에 관한 것은 관리청이 속하는 지방자치단체의 부담으로 하도록 되어 있어 여의도광장의 관리비용부담자는 그 위임된 관리사무에 관한 한 관리를 위임받은 영등포구청장이 속한 영등포구가 되므로, 영등포구는 여의도광장에서 차량진입으로 일어난 인신사고에 관하여 국가배상법 제6조 소정의 비용부담자로서의 손해배상책임이 있다(대판 1995. 2. 24. 94다57671)) 병합설을 취한 것으로 평가된다.

3) 검 토

사무수행비용이 어떻게 내부적으로 조달되는지 외부의 피해자는 알지 못하며, **피해자의 권리구제의 측면**(피고를 잘못 선택할 위험)에서도 병합설이 타당하다. 따라서 이 경우 피해자는 사무귀속주체(영조물의 관리주체)로서 배상책임자(위임청이 속한 행정주체)와 비용부담자로서 배상책임자(수임청이 속한 행정주체) 중 선택하여 국가배상을 청구할 수 있다.

🗣️참고

(실질적인) 비용부담에 관한 규정
① 개별법에서 위임사무처리에 대한 수임자의 비용부담을 명시적으로 규정하는 경우에는 수임청이 속한 행정주체가 비용을 부담한다(예: 도로법 제85조(비용부담의 원칙) 제1항 도로에 관한 비용은 이 법 또는 다른 법률에 특별한 규정이 있는 경우 외에는 도로관리청이 국토교통부장관인 도로에 관한 것은 국가가 부담하고, 그 밖의 도로에 관한 것은 해당 도로의 도로관리청이 속해 있는 지방자치단체가 부담한다).
② 그러나 개별법에 위임사무처리에 대한 수임자의 비용부담에 대한 명문의 규정이 없는 경우에는 지방자치법 제141조(지방자치단체는 그 자치사무의 수행에 필요한 경비와 위임된 사무에 관하여 필요한 경비를 지출할 의무를 진다. 다만, 국가사무나 지방자치단체사무를 위임할 때에는 이를 위임한 국가나 지방자치단체에서 그 경비를 부담하여야 한다)와 지방재정법 제21조 제2항(국가가 스스로 하여야 할 사무를 지방자치단체나 그 기관에 위임하여 수행하는 경우 그 경비는 국가가 전부

143

를 그 지방자치단체에 교부하여야 한다) 및 동법 제28조(시·도나 시·도지사가 시· 군 및 자치구 또는 시장·군수·자치구의 구청장에게 그 사무를 집행하게 할 때에는 시·도는 그 사무 집행에 드는 경비를 부담하여야 한다)에 따라 위임청이 속한 행정주체가 비용을 부담한다.

3. 내부적 구상문제(국가배상법 제6조 제2항)

(1) 문 제 점

국가배상법 제6조 제1항은 비용부담자의 피해자에 대한 외부적인 배상책임을 규정하면서, 제2항은 "제1항의 경우에 손해를 배상한 자는 내부관계에서 그 손해를 배상할 책임이 있는 자에게 구상할 수 있다"고 규정한다. 즉 '내부관계에서 그 손해를 배상할 책임이 있는 자'가 누구인지(= 종국적인 책임의 주체)에 관해 학설이 대립된다.

(2) 학   설

1) 사무귀속자설

손해배상금뿐만 아니라 사무수행의 모든 비용은 사무귀속주체(관리주체)(사무를 수행한 경우 그 이익의 귀속주체. 국가사무를 도지사에게 위임하여 도지사가 그 사무를 수행하는 경우 그 이익의 귀속주체는 국가가 된다)인 행정주체가 부담한다는 견해이다(**다수설**).

2) 비용부담자설

비용부담자가 부담하는 비용에는 공무원의 봉급 등 비용이나 영조물의 관리비용뿐만 아니라 손해배상금도 포함된다는 견해이다. 다만 실질적 비용부담자와 형식적 비용부담자가 다른 경우에는 실질적 비용부담자가 최종적인 책임자라고 본다.

3) 기여도설

사무귀속주체(관리주체)이든 비용부담자이든 실제 사건에서 손해발생에 기여한 자가 기여한 정도에 비례하여 최종적인 배상책임을 부담한다는 견해이다(예: 과실의 비율에 따라 부담).

(3) 판   례

ⓐ 폐아스콘더미를 피해 중앙선을 침범하여 진행하다가 반대차선의 자동차를 충돌한 사건에서 **기여도설로 평가되는 판결**(대판 1998. 7. 10. 96다42819)도 있고, ⓑ **안산시**(관리주체)**와 대한민국 간의 구상금이 문제된 사건**에서 **사무귀속자설을 취한 것으로 평가되는 판결**(대판 2001. 9. 25. 2001다41865)도 있다.

(4) 검   토

수임자가 위임사무를 처리하여도 위임사무처리로 인한 이익(효과)은 모두 위임자가 속한 행정주체에 귀속하며, 위임이 이루어지지 않았다면 수임자의 배상책임은 문제되지 않았을 것이라는 점을 고려할 때 사무귀속자설이 타당하다.

073　손실보상청구권의 법적 성질★

행정상 손실보상이란 국가 등이 공공의 필요에 의한 적법한 공권력행사로 사인의 재산권에 특별한 희생을 가한 경우 공적인 부담은 평등해야 한다는 이념에서 사인에게 보상을 해주는 제도를 말한다.

1. 학　설

ⓐ **공권설**은 손실보상의 원인행위가 공법적인 것이므로 그 효과로서 손실보상 역시 공법적으로 보아야 한다는 견해이다. 이에 따르면 손실보상에 관한 소송은 행정소송(당사자소송)의 문제가 된다. ⓑ **사권설**은 손실보상의 원인은 공법적이나 그 효과로서의 손실보상청구권은 사법상 권리라는 견해이다. 이에 따르면 손실보상에 관한 소송은 민사소송의 문제가 된다.

2. 판　례

판례의 입장은 3가지로 구분될 수 있다(김남철). ① **기본적**으로 판례는 손실보상의 원인이 공법적이라도 그 손실에 대한 보상청구권은 **사법상 권리라는 입장**이다(어업면허에 대한 처분등이 행정처분에 해당된다 하여도 이로 인한 손실은 사법상의 권리인 어업권에 대한 손실을 본질적 내용으로 하고 있는 것으로서 그 보상청구권은 공법상의 권리가 아니라 사법상의 권리이다(대판 1996. 7. 26. 94누13848)). ② **공익사업을 위한 토지 등의 취득 및 보상에 관한 법률상 손실보상청구**는 공익사업의 시행 등 적법한 공권력의 행사에 의한 재산상의 특별한 희생에 대해 공평부담의 견지에서 공익사업의 주체가 손해를 전보해 주는 공법상의 권리로 보고 그에 대한 소송은 행정소송으로 본다(대판 2012. 8. 23. 2010다23210). ③ 그리고 **하천법 부칙과 이에 따른 특별조치법에 의한 손실보상청구권**은 공법상 권리로 당사자소송의 대상이라고 본다(대판(전원) 2006. 5. 18. 2004다6207).

3. 검　토

행정소송법 제3조 제2호가 행정청의 처분등을 원인으로 하는 법률관계 기타 공법상 법률관계에 관한 소송을 행정소송의 한 종류(당사자소송)로 규정하고 있는 만큼 손실보상청구권은 공권으로 보는 것이 타당하다.

074 공용침해(손실보상)의 성립요건★

1. 공공의 필요
'공공의 필요'란 일정한 공익사업을 시행하거나 공공복리를 달성하기 위해 재산권의 제한이 불가피한 경우를 말한다. 구체적인 공공의 필요 여부는 재산권에 대한 침해로 얻게 되는 공익과 사인이 재산권을 보유함으로써 얻게 되는 사익 간의 **이익형량**을 통해서 판단된다(비례원칙). 그리고 특정 사기업이 급부영역에서 복리적인 기능을 수행한다면, 그 사기업을 위한 수용이 이루어질 수도 있다.

2. 재산권에 대한 수용·사용·제한
(가) 재산권은 원칙적으로 현재 법적으로 보호받는 개인의 재산적 가치 있는 권리를 말한다.
(나) 공용침해에는 수용·사용·제한이 있다(넓은 의미의 수용은 수용·사용·제한을 모두 포함하는 개념이다). '수용'이란 사인의 재산권을 강제로 박탈하는 것을 말하며, '사용'이란 수용에 이르지 않는 일시적인 사용을 말하며, '제한'이란 수용·사용을 제외한 재산가치를 감소·하락시키는 제약(예: 개발제한구역의 지정)을 말한다.

3. 적법·의도적인 공권력 행사
적법하고, 재산적 가치를 가진 대상에 대한 의도적인 공권력 행사에 의한 경우만이 대상이 되고 비권력적 행정작용이나 사실행위는 손실보상의 원인행위가 될 수 없다.

4. 특별한 희생
(1) 학 설
1) 형식적 기준설
이 견해는 행정기관의 행위에 의해 재산권에 대한 제약을 받는 자가 **특정되어 있는지**(소수(少數)인지)를 기준으로 특별한 희생 여부를 구분한다(재산권의 제약을 받을 자가 특정되어 있는지 소수인지의 여부라는 형식적 기준에 따른다).
a. 개별행위설 행정기관의 개별적인 행위로 특정인의 재산권이 제약되었는지를 기준으로 하는 견해이다.
b. 특별희생설 이 견해는 특정한 개인(집단)이 타인에 비해 불평등하게 다루어지고 또한 타인에게는 요구되지 않는 **수인할 수 없는 희생**을 강요하는 경우 특별한 희생이 있다고 본다.
2) 실질적 기준설
이 견해는 재산권에 대한 침해행위의 성질과 정도라는 실질적 기준으로 특별한 희생 여부를 구분한다.
a. 중 대 설 공용침해행위가 재산권에 미치는 침해의 중대성과 범위를 기준으로 하는 견해이다.
b. 목적위배설 공용침해이후 재산권이 객관적인 이용목적으로부터 이탈되었는지를 기준으로 하는 견해이다.
c. 보호가치설 재산권 중 보호가치 있는 부분에 대한 공용침해는 보상되어야 한다고 보는 견해이다.

d. 수인한도설　　　재산권에 대한 침해가 보상 없이는 그 상대방이 수인할 수 없다면 특별한 희생이 있다고 보는 견해이다.

(2) 검　　토

일반적 견해는 양자를 모두 고려하여 특별한 희생 여부를 판단한다. 즉, 형식적 기준설 중 특별희생설과 실질적 기준설의 중대설·목적위배설을 결합하는 것이 대표적인 견해이다.

075 헌법 제23조 제 3 항의 성질★

1. 문제 상황

헌법 제23조 제 3 항을 불가분조항(= 결부조항. 헌법이 법률에 일정한 사항을 위임 — 앞의 예에서 '재산권의 수용·사용·제한' — 하면서 동시에 그 법률에 일정한 다른 내용을 함께 규정 —앞의 예에서 '보상' — 하노록 의무지운 조항)으로 볼 것인지에 대해 견해의 대립이 있다(만일 불가분조항으로 본다면 법률이 재산권에 대한 수용 등을 규정하면서도 보상규정을 두고 있지 않다면 이러한 법률은 위헌적인 법률이 된다).

2. 학   설

ⓐ 헌법 제23조 제 3 항을 불가분조항 규정으로 보면 보상규정이 없는 수용((좁은 의미)수용+사용+제한= 넓은 의미의 수용)법률은 모두 위헌이 선언될 것이어서 **법적 안정성에 문제가 있다**는 점을 근거로 **불가분조항 규정이 아니라고 보는 견해**와 ⓑ 헌법 제23조 제 3 항의 문언상 **불가분조항 규정으로 보아야 한다는 견해**가 대립된다.

3. 검   토

헌법 제23조 제 3 항은 국가 등의 자의적인 재산권 침해(보상이 없는 재산권의 수용행위 등)로부터 개인의 권리를 보호하기 위한 헌법적인 고려라는 점을 생각할 때 불가분조항 규정으로 보아야 한다는 견해가 타당하다. 따라서 법률에 수용에 대한 규율은 있으나 보상에 대한 규율이 없다면 이는 헌법에 위반되는 위헌적인 법률이 된다. 또한 위헌적인 법률에 근거하여 수용 등이 있었다면 그 행위는 위법하다.

참고

존속보장과 가치보장
헌법 제23조의 재산권보장에는 존속보장과 가치보장이 있다. '존속보장(존속보호)'이란 재산권에 대한 침해를 중지시킴으로써 재산권 자체의 존속을 보호하는 것을 말한다. '가치보장(보상보호)'이란 재산권에 대한 침해는 수인하되 보상을 함으로써 재산적 가치를 보호하는 것을 말한다(예를 들어 건축허가 후 일정한 공익적 사정으로 행정청이 건축허가를 취소한 경우, 허가 받은 사인이 자신의 재산권 침해를 이유로 건축허가취소처분 취소소송을 제기하는 것은 존속보장의 방법이며, 만일 공익적 사정으로 인하여 건축허가취소처분이 적법하여 사인이 건축허가의 취소를 청구하지 못해 손실보상을 청구한다면 이는 가치보장의 방법이다).

참고

경계이론과 분리이론
1. 문 제 점
헌법 제23조 제 1 항·제 2 항(① 모든 국민의 재산권은 보장된다. 그 내용과 한계는 법률로 정한다. ② 재산권의 행사는 공공복리에 적합하도록 하여야 한다)과 헌법 제23조 제 3 항(③ 공공필요에 의한 재산권의 수용·사용 또는 제한 및 그에 대한 보상은 법률로써 하되, 정당한 보상을 지급하여야 한다)의 법률(제도)이 본질적으로 동일한 것인지 서로 독립한 별개의 것인지에 관해 경계이론과 분리이론이 대립된다.
2. 내   용
(1) 경계이론
(가) 경계이론이란 헌법 제23조 제 1 항·제 2 항의 사회적 제약(=사회구속성)(수인해야 하는 재산권에 대한 사회적인 제한)과 헌법 제23조 제 3 항의 공용침해(수용·사용·제한)는 별개의 제도가 아니며 정도의 차이만 있다는 견해로 양자는 특별한 희생 여부로 구별된다고 본다(특별한 희생에 이르지

못하면 헌법 제23조 제1항·제2항의 사회적 제약, 특별한 희생이 있으면 헌법 제23조 제3항의 공용침해라고 본다).

(나) 따라서 해당 법률조항에 따른 재산권 제한이 특별한 희생에 해당하는 경우 국가 등은 보상의무가 발생한다고 본다(가치보장으로 연결된다).

(2) 분리이론

(가) 분리이론이란 헌법 제23조 제1항·제2항의 사회적 제약과 헌법 제23조 제3항의 공용침해가 서로 **독립된 별개의 제도**라는 견해로 양자는 입법의 형식과 목적으로 구별된다고 본다.

(나) 따라서 이 견해는 헌법 제23조 제3항에 해당하는 법률인데 수용 등은 있으나 보상규정이 없는 법률은 위헌이므로 '금전보상에 대한 **입법**(분리이론에서 말하는 보상입법은 금전보상만을 말하는 것이 아니라 금전보상에 갈음하거나 손실을 완화할 수 있는 제도를 말한다)'이 필요하다고 본다(존속보장으로 연결된다).

3. 검   토

분리이론에 따르면 이 경우 보상입법을 통해 입법자가 해결해야 한다고 하지만, 적절한 입법이 행해지지 않는 우리 입법현실을 보면 권리구제의 공백을 해결하기 위해 특별한 희생이 있는 경우 손실보상을 인정하는 경계이론이 더욱 타당하다.

076 　　생활보상★★

> 손실보상은 재산권보상, 생활보상, 간접손실보상을 내용으로 한다. 재산권 보상(대물적 보상)이란 손실을 시장의 객관적 교환가치에 따라 보상하는 것을 말하며, 생활보상이란 재산권보상 후에도 남는 당사자의 생활근거상실로 인한 손실을 생존배려차원에서 보상하는 것을 말한다. 그리고 간접보상이란 공공사업의 시행 또는 완성 후의 시설이 간접적으로 사업지범위 밖에 위치한 타인의 토지 등의 재산에 손실을 가하는 경우의 보상을 말한다.

1. 법적 근거(특히 헌법적 근거)

(1) 학　　설

ⓐ 헌법 제23조 제3항의 보상을 완전보상으로 이해하면서 완전보상이란 수용 등이 이루어지기 전 상태와 유사한 생활상태를 실현할 수 있도록 하는 보상이므로, 생활보상도 **헌법 제23조 제3항의 완전보상에 포함될 수 있다는 견해(헌법 제23조설)**, ⓑ 헌법 제23조 제3항은 재산권보상을 염두에 둔 규정으로 제한적으로 이해되어야 하며, 재산권 보상으로 메워지지 않는 내용의 보장은 헌법 제34조에 의하여 해결되어야 한다고 하면서, 생활보상은 헌법 제34조의 사회보장수단으로서의 성격을 가진다는 견해**(헌법 제34조설)**(류지태·박종수, 김철용), ⓒ 생활보상을 헌법 제23조 제3항의 공적부담의 평등에 근거한 보상이라는 성격과 헌법 제34조의 **생존배려에 근거한 보상이라는 성격이 결합된 것으로 보는 견해(헌법 제23조·제34조 결합설)(다수설)**가 대립된다.

(2) 판　　례

(가) 생활보상의 성격인 **생활대책**을 대법원은 헌법 제23조 제3항의 보상으로 본다(대판 2011. 10. 13. 2008두17905)(**헌법 제23조설의 입장**).

(나) 그러나 생활보상의 성격인 **이주대책**을 ① 대법원은 인간다운 생활을 보장하기 위한 것으로 본 판결을 하였고(대판 2003. 7. 25. 2001다57778)(**헌법 제34조설의 입장**), ② **헌법재판소**는 이주대책에 대해 헌법 제23조 제3항의 보상이 아니라는 결정을 하였다(헌재 1993. 7. 29. 92헌마30)(**헌법 제34조설의 입장으로 해석될 수 있다**).

(3) 검　　토

생활보상은 헌법 제23조 제3항의 공적부담의 평등이라는 성격 외에 **생존배려의 성격**을 가지는바 헌법 제23조설은 타당하지 않고, 헌법 제34조설에 따르면 손실보상에는 헌법 제23조에 의한 것과 헌법 제34조에 의한 것이 있어 행정상 손실보상의 체계가 이원화된다는 문제가 있다. 따라서 헌법 제23조·제34조결합설이 타당하다.

2. 생활보상의 범위

(1) 학　　설

생활보상의 범위에 대해 ⓐ 광의설은 재산권 보상을 제외한 손실에 대한 보상을 생활보상이라고 본다(이 견해는 재산권 보상을 토지와 물건·권리 등에 대한 보상으로 한정한다)(다수설). ⓑ 협의설은 재산권보상을 각종 재산권의 상실과 그 재산권상실에 부대하는 경제적 손실에 대한 보상으로 보면서, 이 재산권보상 이외에의 추가적인 보상을 생활보상이라고 본다(이 견해는 재산권보상을 넓게 보면서 생활보상을 좁게 본다).

(2) 검   토

(개) 토지와 물건·권리 등에 대한 보상외의 추가적인 보상은 **생존배려차원에서 보상하는 것이**므로 헌법 제23조 제3항의 재산권보상과는 성질을 달리한다고 보아야 한다(앞의 헌법 제23조·제34조설 또는 헌법 제34조설 참조). 따라서 광의설이 타당하다.

(내) 그러나 광의설과 협의설이 어떤 본질적 사항에 대해 견해를 달리하는 것은 아니고, 다만 일부의 보상항목을 재산권보상으로 보는지 또는 생활보상으로 보는지 하는 점에서 차이가 있을 뿐이다. 광의설은 실비변상적 보상(예를 들어 물건의 이전료에 대한 보상처럼 재산권의 상실·이전에 따라 비용의 지출을 필요로 하는 보상)과 일실손실보상(전업기간 또는 휴업기간 중에 사업경영으로 얻을 수 있는 기대이익에 대한 보상)을 생활보상으로 보지만, 협의설은 재산권보상으로 본다.

3. 구체적 내용

생활보상(광의설)은 ① 이주대책(예: 이주자를 위한 주택건설)의 수립·실시나 주거대책비 보상(예: 이사비용의 지급)과 같은 주거안정을 위한 보상과 ② 상업용지의 공급, 생활대책, 생활비보상(예: 이농비(離農費)), 고용알선이나 직업훈련·조세감면과 같은 생활안정을 위한 보상으로 나눌 수 있다.

◆ 논점 간접손실보상(간접보상)★

1. 의   의

간접보상이란 공공사업의 시행 또는 완성 후의 시설이 간접적으로 사업지범위 밖에 위치한 타인의 토지 등의 재산에 손실을 가하는 경우의 보상을 말한다.

2. 성   질

① 간접보상을 ⓐ 재산권보상의 하나로 보는 견해와 ⓑ 생활보상의 한 내용으로 보는 견해, 그리고 재산권보상 및 생활보상과 구별되는 ⓒ 재산권보상이나 생활보상 외에 확장된 보상 개념으로 보는 견해로 나누어진다. ② 확장된 보상개념으로 보는 견해가 타당하다.

3. 유   형

물리적·기술적 손실(공사중의 소음·진동 또는 완성시설로 인한 일조나 전파 장애)과 경제적·사회적 손실(댐건설로 주민이 이전함으로써 생기는 지역경제의 영향이나 어업권의 소멸로 어업활동이 쇠퇴하게 됨으로써 생기는 경제활동의 영향 등)을 포함한다.

4. 실 정 법

공익사업을 위한 토지 등의 취득 및 보상에 관한 법률 제73조는 잔여지의 손실과 공사비 보상을, 제75조의2는 잔여 건축물의 손실에 대한 보상을, 제79조는 기타 토지에 관한 비용보상 등을 규정한다.

5. 명문의 규정이 없는 경우 간접손실보상

판례는 공공사업의 시행 결과 공공사업 시행지구 밖에서 발생한 간접손실에 대해 보상에 관한 명문의 규정이 없더라도 ① 공공사업의 시행으로 인하여 그러한 손실이 발생하리라는 것을 쉽게 예견할 수 있고, ② 그 손실의 범위도 구체적으로 이를 특정할 수 있는 경우라면 관련규정을 유추적용하여 보상할 수 있다고 본다(대판 2004. 9. 23. 2004다25581).

077 보상규정 없는 법률에 기한 수용(등)이 행해진 경우 손실보상★★★

1. 문제 상황

법률이 재산권에 대한 수용을 규정하면서도 보상규정을 두고 있지 않았지만, 이러한 법률에 근거하여 수용이 이루어졌다면 사인은 보상을 청구할 수 있는지가 문제된다(헌법 제23조 제3항의 성격과 관련해 이를 불가분조항으로 볼 것인지에 대해 학설의 대립이 있다. 만일 불가분조항으로 보게 된다면 보상규정을 두지 않은 법률은 위헌이기 때문이다(75 참조)).

2. 학 설

(1) 위헌무효설

보상규정이 없이 재산권제약을 허용하는 법률은 헌법 제23조 제3항에 반하는 위헌·무효의 법률이 되고 따라서 이에 근거한 행정작용은 위법하기 때문에 당사자는 재산상 손해를 받은 경우 국가배상을 청구할 수 있다는 견해이다.

(2) 직접효력규정설

공공필요에 의한 재산권의 수용·사용·제한을 수권하는 법률이 보상규정을 두고 있지 않은 경우에도 헌법 제23조 제3항을 직접 근거로 손실보상을 청구할 수 있다는 견해이다.

(3) 간접효력규정설

공용침해에 따르는 보상규정이 없는 경우에는 헌법 제23조 제1항(재산권 보장규정) 및 제11조(평등원칙)에 근거하고, 헌법 제23조 제3항 및 관련규정의 유추해석을 통하여 보상을 청구할 수 있다는 견해이다. 이 견해는 수용유사침해보상의 법리를 인정하여 이 문제를 해결하고자 한다.

(4) 유추적용설

관련 법률의 유추해석(일반적인 법의 해석원리)을 통해 손실보상을 청구할 수 있다는 견해이다. 간접효력규정설은 보상의 근거를 헌법규정으로 보지만 유추적용설은 보상의 근거를 관련 법률로 보기 때문에 관련 법률에 보상규정이 있는 경우에만 손실보상이 가능하다는 점에서 차이가 있다.

3. 판 례

(가) 대법원은 경계이론에 입각하여 ⓐ 국유화가 된 하천제외지(堤外地)의 소유자가 손실보상을 청구한 사건에서 관련규정의 유추해석을 통해 이를 인정하기도 하고(대판 1987. 7. 21. 84누126)(유추적용설로 평가된다). ⓑ MBC주식강제증여사건에서 수용유사침해보상이론에 대해서는 판단을 유보하였다(대판 1993. 10. 26. 93다6409).

(나) 헌법재판소는 분리이론에 입각해 (구)도시계획법 제21조에 규정된 개발제한구역제도와 관련된 사건(헌재 1998. 12. 24. 89헌마214, 90헌바16, 97헌바78(병합))에서 위헌무효설을 취한 것으로 평가된다(사법연수원. 홍준형, 류지태).

4. 검 토

수용 등의 행위가 공공복리를 위한 경우에는 국가배상보다는 손실보상으로 해결하는 것이 논리적이며, 보상에 관한 법률의 규정유무를 불문하고 공공필요에 의한 침해는 동일하게 취급하는 것이 정당하다(보상규정이 있는 경우 수용보상(전통적인 손실보상), 보상규정이 없는 경우 수용유사침해보상). 따라서 간접효력규정설이 타당하며, **헌법상의 여러 조항**(헌법 제23조 제 1 항(재산권 보장규정)과 제11조(평등원칙) 그리고 헌법 제23조 제 3 항 및 관련규정)의 유기적인 해석을 통해 **수용유사침해보상청구는** 인정될 수 있다.

077-1 위법·의도(비의도)적 침해에 대한 손실보상★

1. 학 설
ⓐ 위법·무과실인 행위로 인해 재산권이 침해된 경우, 그에 대한 보상규정이 없다면 국가배상법상 무과실책임이 도입되기 전에는 보상을 받지 못하는 권리구제의 공백상태가 존재하게 되므로 이를 해결하기 위해 수용유사침해보상의 법리가 필요하다는 수용유사침해보상도입 긍정설과 ⓑ 수용유사침해보상의 법리는 독일의 관습법에 근거한 것이므로 이를 우리나라에 도입할 수는 없고, 위법·무과실로 인한 재산권침해는 국가배상책임을 무과실책임으로 인정함으로써 해결할 수 있다는 수용유사침해보상도입 부정설이 대립된다.

2. 판 례
대법원은 MBC주식강제증여사건에서 수용유사침해보상의 도입에 대해 판단을 유보하였다(위와 같은 수용유사적 침해의 이론은 … 과연 우리 법제하에서 그와 같은 이론을 채택할 수 있는 것인가는 별론으로 하더라도 위에서 본 바에 의하여 이 사건에서 피고 대한민국의 이 사건 주식취득이 그러한 공권력의 행사에 의한 수용유사적 침해에 해당한다고 볼 수는 없다(대판 1993. 10. 26. 93다6409).

3. 검 토
공용침해가 공공복리를 위한 경우에는 국가배상보다는 손실보상으로 해결하는 것이 논리적이며, 행정작용의 위법·적법 여부를 불문하고 공공필요에 의한 침해는 동일하게 취급하는 것이 타당하다(수용유사침해보상 도입긍정설)(간접효력규정설).

💎 **논점 수용유사침해보상의 의의·요건**

1. 의 의
수용유사침해보상이란 위법한 공권력행사가 재산권에 특별한 희생을 가한 경우 수용보상(적법한 행위에 대한 손실보상)과 마찬가지로 그 손실을 보상하자는 이론을 말한다.
2. 요 건
아래의 요건을 만족하면 수용보상과 동일하게 손실보상을 청구할 수 있다.
(1) 공공의 필요
'공공의 필요'란 일정한 공익사업을 시행하거나 공공복리를 달성하기 위해 재산권의 제한이 불가피한 경우를 말한다.
(2) 재산권에 대한 수용·사용·제한
재산권은 원칙적으로 현재 법적으로 보호받는 개인의 재산적 가치 있는 권리를 말한다. 공용침해에는 수용·사용·제한이 있다.
(3) 위법·의도(비의도)적인 침해
㈎ 위법한 공용침해가 있어야 한다. 다만, 공용침해의 근거규정은 있으나 보상규정이 없는 상태에서 집행하는 경우 헌법 제23조 제3항을 불가분조항으로 볼 것인지(75.)에 따라 위법한 공용침해가 되는지가 문제된다. 헌법 제23조 제3항을 불가분조항으로 보고 전술한 '보상규정 없는 법률에 기한 수용으로 인한 재산권 침해에 대한 보상'에 대한 논의(77. 참조)에서 간접효력규정설에 따라 수용유사침해보상 도입을 긍정한다면 보상규정 없는 법률에 기한 수용에 대한 보상의 문제 역시 수용유사침해보상의 범위 안에 포함될 수 있다.

(내) 침해는 행정작용상의 위험성이 재산권 침해로 연결되면 되고(직접성), 의도적인 침해일 필요는 없다.

(4) 특별한 희생

형식적 기준설 중 특별희생설과 실질적 기준설의 중대설·목적위배설 등을 모두 고려하여 특별한 희생 여부를 판단해야 한다.

078 | 적법·비의도적 침해에 대한 손실보상★★

1. 학   설

(1) 수용적 침해보상 도입을 긍정하는 견해

예상치 못한 부수적인 결과로 인한 재산상 피해에 대하여 적절한 보상입법이 행하여지지 않는 우리 현실을 감안하면 수용적 침해보상이론을 원용하여 권리구제의 수요를 충족시키는 것이 타당하다는 견해이다.

(2) 수용적 침해보상 도입을 부정하는 견해

1) 보상부정설

수용적 침해가 논의되는 상황은 행정작용에 의해 의도된 손해가 발생한 경우가 아니어서 헌법 제23조 제 3 항이 적용될 수 없는 경우에 해당하므로 결국 입법적으로 별도의 손실보상규정을 마련하기 전에는 손실보상을 인정할 수 없다는 입장이다.

2) 헌법규정에 근거한 보상긍정설(헌법 제23조 제 3 항 확대적용설)

이 견해는 독일의 수용적 침해보상법리가 우리에게 적용될 수 없다는 전제하에 수용적 침해보상이 문제되는 경우도 적법한 공권력 행사에 의해 직접 가해진 손실이므로, 적법한 재산권 침해에 대한 보상의 일반적 근거조항인 헌법 제23조 제 3 항에 따라 보상을 청구할 수 있다는 견해이다.

2. 검   토

헌법 제23조 제 1 항의 재산권보장의 원리, 제11조의 평등의 원리 그리고 제23조 제 3 항의 특별희생의 원리, 제37조 제 1 항의 기본권보장의 원리를 종합적으로 고려한다면, 의도되지 아니한 재산권의 제약의 경우에도 수용적 침해보상을 긍정해야 한다는 견해가 타당하다(간접효력규정설).

💎 **논점** 수용적 침해보상의 의의·요건

1. 의   의

수용적 침해보상이란 적법한 행정작용의 비의도적·비전형적인 결과로 재산권에 특별한 희생을 가하는 경우에 그 손실을 보상하는 것을 말한다.

2. 요   건

(1) 공공의 필요

(2) 재산권에 대한 수용·사용·제한

(3) 적법·비의도적인 침해

① 수용보상(전통적인 손실보상)의 경우와 같이 적법한 것이어야 한다. ② 그러나 수용보상은 의도적인 경우인데 수용적 침해보상은 의도하지 않은 결과가 발생해야 하며, 또한 수용보상이 공권력행사로 인한 손해라면 수용적 침해가 문제되는 경우는 주로 원인행위가 사실행위(예: 건설공사)로 인한 손해된다.

(4) 특별한 희생

공공의 필요에 의한 비재산적 법익침해에 대한 손실보상★★

1. 학　설

(1) 희생보상 도입을 긍정하는 견해

공공의 필요에 따라 사인의 비재산적인 법익(생명·신체 등)에 대한 침해가 있는 경우 이러한 손실에 대한 적절한 보상입법이 이루어지고 있지 않으며, 국가배상책임은 공무원의 고의·과실과 위법성을 요건으로 하고 있는바 희생보상이론을 도입하자는 견해이다.

(2) 희생보상청구의 도입을 부정하는 견해

1) 보상부정설

희생보상제도는 독일의 관습법상 인정되는 제도로서 우리나라에서는 인정할 수 없다는 견해이다. 따라서 공공의 필요에 따른 생명·신체 침해에 대한 보상규정이 없는 경우 손실보상청구를 허용할 수 없다고 한다.

2) 헌법규정에 근거한 보상긍정설(헌법 제23조 제3항 확대적용설)

독일의 희생보상의 법리가 우리에게 적용될 수 없다는 전제하에 헌법 제23조 제3항을 확대적용하여 손실보상을 인정하여야 한다는 견해이다.

2. 검　토

재산권보다 생명, 신체에 대한 기본권이 우월하므로 그에 대한 침해가 있는 경우는 당연히 그 희생에 대한 보상청구를 인정하는 것이 정당하며, 그 근거는 특정조항이 아니라 여러 기본권 규정, 즉 헌법 제10조, 제12조, 제11조 그리고 제37조 제1항의 정신에서 간접적으로 도출할 수 있다는 견해가 타당하다(간접효력규정설).

◆ **논점** 희생보상의 의의·요건

1. 의　의

희생보상이란 공공의 필요에 따라 사인의 비재산적인 법익(생명·신체 등)에 특별한 희생을 가져오는 침해가 있는 경우 그 손실을 보상하자는 이론을 말한다(위법한 행정작용인 경우 희생유사침해보상이라고 한다).

2. 요　건

(1) 공공의 필요

(2) 비재산권에 대한 침해

희생보상청구권은 비재산적인 법익침해의 경우에 인정된다.

(3) 적법·의도(비의도)적인 침해

ⓐ 적법해야 하며, 위법한 경우는 희생유사침해보상의 문제가 된다. ⓑ 그리고 침해는 의도된·목적적인 침해일 것을 요하지 아니한다. 또한 수용보상의 원인행위가 공권력 행사라면, 희생보상의 원인행위는 주로 사실행위가 된다.

(4) 특별한 희생

1. 의   의

결과제거청구(원상회복청구)란 위법한 공법작용으로 인해 자기의 권리침해가 계속되는 경우에 행정주체에 대하여 그 위법한 결과(위법한 사실상태)의 제거를 구하는 권리구제 수단을 말한다.

2. 성   질

결과제거청구권은 행정주체의 위법한 공법작용에 대한 권리이므로 공법상의 권리다. 그리고 손해배상이나 손실보상의 청구가 아니고 위법한 사실상태의 제거를 구하는 권리이며 그 성질은 원상회복청구권이다.

3. 법적 근거

① 헌법상의 법치행정원리(헌법 제107조), 기본권(자유권) 규정(헌법 제10조, 제23조), ② 민법상 관련규정을 유추적용하고, ③ 행정소송법 제10조의 관련청구의 이송 및 병합에 관한 규정 그리고 제30조의 취소판결의 기속력규정을 소송법적인 근거로 든다.

4. 요   건

(1) 공법작용

결과제거청구의 전제가 되는 공법작용은 행정행위뿐 아니라 비권력작용(사실행위)도 그 대상이 된다.

(2) 법률상 이익의 침해

법률상 이익은 재산상 가치 있는 권리에만 한정되는 것은 아니고, 그 밖에 명예 등도 포함된다.

(3) 침해의 위법성

㈎ 결과제거청구는 위법한 침해의 제거를 내용으로 한다. 그 위법은 처음부터 위법한 것일 수도 있고, 기한의 경과나 조건의 발생 등으로 인해 사후에 위법해질 수도 있다.

㈏ 특히 결과제거청구의 원인행위가 된 행정작용이 행정행위인 경우, 당해 행정행위가 무효인 경우에는 문제가 없으나 유효(단순위법이나 적법)인 경우에는 당해 행정행위의 공정력(또는 구성요건적 효력) 때문에 현재의 상황이 정당화되기에 그런 경우 결과제거청구는 인정되지 않는다(예를 들어 자신의 자동차에 대한 행정기관의 압류처분이 위법하지만 무효가 아니라면 그 처분이 쟁송취소나 직권취소되기 전에 사인은 자동차의 반환을 청구 — 결과제거청구 — 할 수 없다. 왜냐하면 압류처분이 취소되기 전에는 공정력·구성요건적 효력이 있어 이러한 효력이 행정기관의 점유를 정당화하기 때문에 위법한 침해가 되지 않기 때문이다 — 민법 제213조(소유물반환청구권) 소유자는 그 소유에 속한 물건을 점유한 자에 대하여 반환을 청구할 수 있다. 그러나 점유자가 그 물건을 점유할 권리가 있는 때에는 반환을 거부할 수 있다).

(4) 침해의 계속

결과제거청구는 제거하고자 하는 침해가 존재함을 전제요건으로 한다. 만약 불이익을 가져오는 침해가 더 이상 존재하지 않는다면, 논리적으로 결과제거청구는 인정될 수 없다.

(5) 결과제거(회복)의 가능성 · 허용성 · 수인가능성(기대가능성)

원상회복(내지 유사한 상태의 회복)이 가능하고, 법률상 허용되고, 의무자에게 수인가능해야 한다.

5. 내　　용

청구의 내용은 행정작용으로 인하여 야기된 결과적인 위법상태를 제거하여 위법적인 침해가 없는 원래의 상태 또는 유사한 상태로 회복시켜 줄 것을 청구하는 것이다. 그리고 이를 행사한 후에도 남게 되는 손해의 배상이나 손실의 보상은 결과제거청구의 내용이 아니며, 손해배상이나 손실보상을 청구해야 한다.

6. 권리보호

① 학설은 공법상 결과제거청구에 관한 소송은 행정소송의 일종으로서 당사자소송이라는 입장이다. 따라서 사인은 국가 · 공공단체 그 밖의 권리주체를 피고로 당사자소송을 제기해야 한다(행정소송법 제39조). ② 또한 행정소송법 제10조에 따라 취소소송 등과 관련청구소송으로 병합하여 제기할 수도 있다.

Part
02

행정쟁송법

행정쟁송이란 행정법관계에서 위법(부당)한 행정작용으로 인해 권리나 이익을 침해당한 자가 일정한 국가기관에 그 행정작용의 위법(부당)을 시정토록 요구하는 제도를 말한다.
행정쟁송에는 행정심판(행정법상 분쟁을 행정기관이 심리·판단하는 절차)과 행정소송(행정법상 분쟁을 법원이 심리·판단하는 절차)이 있다.

[*행정쟁송상 권리구제수단] [08 사시] [09 5급] [11 입시] [11 5급] [12 사시]

제 1 편
행정심판법

080-1　이의신청★

1. 의　　의

이의신청이란 위법·부당한 행정작용으로 인해 권리가 침해된 자가 처분청에 대하여 재심사를 청구하는 절차를 말한다. 실정법상 불복신청·재심사청구 등으로 불리기도 한다.

2. 법적 근거

일반법이 없기 때문에 개별법에서 이의신청을 규정하지 않는 한 이의신청은 인정될 수 없다.

3. 법적 성격

이의신청에는 행정심판의 성질을 가지는 것과 단순히 진정의 성격(희망의 진술)을 가지는 것이 있다.

(1) 구별기준

양자의 구별기준에 대해 판례는 ① 동일한 처분청으로 하여금 다시 처분에 대하여 심사하도록 한 절차인지 여부(동일한 처분청이 이의신청을 심사한다면 진정의 성격에 가깝다), ② 이의신청과 상관없이 행정심판 또는 행정소송을 제기할 수 있는지 여부(이의신청과 상관없이 행정심판이나 행정소송을 제기할 수 있다면 그 이의신청은 진정의 성격에 가깝다), ③ 행정심판법 제4조의 행정심판법상 행정심판에 갈음하는 특별행정심판으로 볼 수 있는지 여부 등을 기준으로 한다(대판 2012. 11. 15. 2010두8676; 대판 2016. 7. 27. 2015두45953).

(2) 구별실익

① 행정심판의 성격을 가지는 이의신청은 행정심판법이 적용되기 때문에, 해당 불복 절차를 거친 뒤에는 다시 행정심판법상 행정심판을 청구할 수 없다(행정심판법 제51조). 그러나 진정의 성격을 가지는 이의신청은 행정심판법이 적용되지 않기 때문에, 이의신청을 거친 후에도 행정심판법상 행정심판을 청구할 수 있다.

② ㈎ 행정심판의 성격을 가지는 이의신청에 대한 결정은 재결이다. 그러나 진정의 성격을 가지는 이의신청은 이를 받아들여 처분청이 당초 처분을 취소한다면 이는 재결은 아니지만 원처분에 대한 새로운 직권취소'처분'으로 항고소송의 대상이 되지만, 이의신청을 받아들이지 않는 결정은 종전의 처분을 유지하겠다는 행위이므로 항고소송의 대상인 처분이 아니다(이것 역시 재결은 아니다).

㈏ 판례도 「민원사무처리에 관한 법률 제18조 제1항에서 정한 거부처분에 대한 이의신청(민원 이의신청)은 행정청의 위법 또는 부당한 처분이나 부작위로 침해된 국민의 권리 또는 이익을 구제함을 목적으로 하여 행정청과 별도의 행정심판기관에 대하여 불복할 수 있도록 한 절차인 행정심판과는 달리, 민원사무처리법에 의하여 민원사무처리를 거부한 처분청이 민원인의 신청 사항을 다시 심사하여 잘못이 있는 경우 스스로 시정하도록 한 절차이다. 이에 따라, 민원 이의신청을 받아들이는 경우에는 이의신청 대상인 거부처분을 취소하지 않고 바로 최초의 신청을 받아들이는 새로운 처분을 하여야 하지만, 이의신청을 받아들이지 않는 경우에는 다시 거부처분을 하지 않고 그 결과를 통지함에 그칠 뿐이다. 따라서 이의신청을 받아들이지 않는 취지의 기각 결정 내지는 그 취지의 통지는, 종전의 거부처분을 유지함을 전제로 한 것에 불과하고 또한 거부처분에 대한 행정심판이나 행정소송의 제기에도 영향을 주지 못하므로, 결국

민원 이의신청인의 권리·의무에 새로운 변동을 가져오는 공권력의 행사나 이에 준하는 행정작용이라고 할 수 없어, 독자적인 항고소송의 대상이 된다고 볼 수 없다(대판 2012. 11. 15. 2010두8676)」고 본다.

③ 행정심판의 성격을 가지는 이의신청은 취소소송에서 제소기간의 특례가 적용되지만(행정소송법 제20조 제1항 단서), 진정의 성격을 가지는 이의신청은 명문의 규정이 없는 한 제소기간의 특례가 적용되지 않는다(따라서 이 경우는 특별한 규정이 없는 한 행정소송법 제20조 제1항 본문이 적용된다).

④ 행정심판의 성격을 가지는 이의신청은 사법절차가 준용되지만, 진정의 성격을 가지는 이의신청은 사법절차가 준용되지 않는다(헌법 제107조 제3항).

4. 이의신청과 행정심판의 관계

(가) 이의신청과 행정심판의 관계에 대해서는 ① 이의신청 이외에 행정심판을 제기할 수 있다고 명시한 경우, ② 이의신청 이외에 행정심판을 제기할 수 없다고 명시한 경우, ③ 이의신청에 대한 결정 후 행정소송을 제기하여야 한다고 명시한 경우, ④ 이의신청 이외에 특별행정심판을 제기할 수 있고, 일반행정심판을 제기할 수 없다고 명시한 경우, ⑤ 아무런 규정을 두지 않은 경우 등 개별법에서 다양하게 규정하고 있다.

(나) 이의신청과 행정심판이 함께 인정되는 경우 양자는 선·후심의 관계로 보는 것이 일반적이다(김동희).

(다) 이의신청에 대한 규정 외에 아무런 규정이 없다면 사인의 권리구제를 확대한다는 측면에서 이의신청에 대한 결정 후에도 다시 일반행정심판을 제기할 수 있다고 보아야 한다(대판 2010. 1. 28. 2008두19987)(152-1 참조).

081   행정심판법상 고지제도★

1. 의 의

행정청이 처분을 할 때에는 처분의 상대방에게 해당 처분에 대하여 행정심판을 청구할 수 있는지 여부와 행정심판을 청구하는 경우의 심판청구 절차 및 심판청구 기간을 알려야 할 뿐만 아니라 이해관계인이 요구하면 해당 처분이 행정심판의 대상이 되는 처분인지 여부와 행정심판의 대상이 되는 경우 소관 위원회 및 심판청구 기간을 지체 없이 알려 주어야 하는바, 이를 고지제도라 한다(행정심판법 제58조).

2. 법적 성질

고지는 사실행위이며(준법률행위적 행정행위인) 통지가 아니다. 따라서 항고소송의 대상인 처분이 아니다.

3. 법적 근거

고지제도는 행정심판법(제58조), 행정절차법(제26조(고지) 행정청이 처분을 할 때에는 당사자에게 그 처분에 관하여 행정심판 및 행정소송을 제기할 수 있는지 여부, 그 밖에 불복을 할 수 있는지 여부, 청구절차 및 청구기간, 그 밖에 필요한 사항을 알려야 한다), 공공기관의 정보공개에 관한 법률(제18조 ③ 공공기관은 이의신청을 받은 날부터 7일 이내에 그 이의신청에 대하여 결정하고 그 결과를 청구인에게 지체 없이 문서로 통지하여야 한다) 등에 규정되어 있다. 특히 행정소송에 대한 고지는 행정소송법이 아니라 행정절차법에 규정되어 있다.

4. 고지의 종류

(1) 직권에 의한 고지

행정청이 처분을 할 때에는 처분의 상대방에게 일정한 사항(해당 처분에 대하여 행정심판을 청구할 수 있는지, 행정심판을 청구하는 경우의 심판청구 절차 및 심판청구 기간)을 알려야 한다(행정심판법 제58조 제 1 항).

1) 주체와 상대방

고지의 주체는 행정청이며(행정심판법 제 2 조 제 4 호), 상대방은 해당 처분의 상대방을 말한다. 제 3 자는 의무적인 직권고지의 상대방은 아니다.

2) 고지의 대상인 처분

고지의 대상인 처분에는 서면에 의한 처분뿐만 아니라, 구두에 의한 처분도 포함된다. 그리고 처분뿐만 아니라 재결도 고지의 대상에 포함된다.

3) 고지의 내용

해당 처분에 대해 행정심판을 청구할 수 있는지 여부 및 행정심판청구가 불필요한 경우(행정소송법 제18조 제 3 항) 불필요하다는 사항뿐만 아니라 행정심판을 제기하지 못하는 경우까지 알려야 한다. 그리고 행정심판을 청구할 수 있는 경우에는 심판청구절차 및 심판청구기간을 알려야 한다. 여기서 알려야 하는 '심판청구절차'에는 행정심판청구서가 제출되어야 하는 기관(행정심판위원회)이 포함되므로 이 또한 고지해야 한다.

4) 고지의 시기와 방법

① 고지는 처분과 동시에 이루어져야 한다. 다만 사후에 고지한 경우 만일 상당한 기간 내에 이루어졌다면 불고지의 하자는 치유되었다고 본다. ② 그리고 고지의 방법에 대해서는 특별한 규정이 없다.

(2) 신청에 의한 고지

행정청은 이해관계인이 요구하면 일정한 사항(해당 처분이 행정심판의 대상이 되는 처분인지, 행정심판의 대상이 되는 경우 소관 위원회 및 심판청구 기간)을 지체 없이 알려주어야 한다. 이 경우 서면으로 알려줄 것을 요구받으면 서면으로 알려주어야 한다(행정심판법 제58조 제 2 항).

1) 주체와 신청권자

고지의 주체는 행정청이며(행정심판법 제 2 조 제 4 호), 신청권자는 이해관계인이다. 이해관계인에는 처분의 상대방뿐만 아니라 법률상 이익을 가지는 제 3 자도 포함된다. 다만 여기서 처분의 상대방은 행정심판법 제58조 제 1 항에 비추어 직권고지를 받지 못한 자를 말한다.

2) 고지의 대상인 처분

직권에 의한 고지와 같다.

3) 고지의 내용

행정심판의 대상이 되는지 여부, 행정심판의 대상이 되는 경우에는 소관 위원회 및 심판청구 기간을 알려야 한다. 명시적 규정은 없지만 행정심판법 제58조 제 1 항과의 관계상 심판청구절차도 알려야 한다.

4) 고지의 시기와 방법

① 이해관계인이 요구하면 고지는 지체 없이 이루어져야 한다. 그리고 고지의 방법에 대해서는 특별한 규정이 없다. ② 다만, 이해관계인이 서면으로 요구한 경우에는 서면으로 알려주어야 한다.

5. 고지의무 위반의 효과

(1) 처분의 위법 여부

⑺ 고지제도에 대한 규정은 처분의 상대방이 그 처분에 대한 행정심판 등의 불복 절차를 밟는 데 있어 편의를 제공하려는 데 있으므로, 처분청이 해당 규정에 따른 고지의무를 이행하지 아니하였다고 하더라도 경우에 따라서 경유절차 및 청구기간과 관련하여 일정한 제약을 가하고 있을 뿐 처분을 위법하게 만들지는 못한다.

⑻ 판례도 「고지절차에 관한 규정은 행정처분의 상대방이 그 처분에 대한 행정심판의 절차를 밟는 데 있어 편의를 제공하려는 데 있으며 처분청이 위 규정에 따른 고지의무를 이행하지 아니하였다고 하더라도 경우에 따라서는 행정심판의 제기기간이 연장될 수 있는 것에 그치고 이로 인하여 심판의 대상이 되는 행정처분에 어떤 하자가 수반된다고 할 수 없다(대판 1987. 11. 24. 87누529)」라고 본다.

(2) 심판청구서 제출기관의 오고지·불고지

① 행정청이 제58조에 따른 고지를 하지 아니하거나(불고지) 잘못 고지하여(오고지) 청구인이 심판청구서를 다른 행정기관에 제출한 경우에는 그 행정기관은 그 심판청구서를 지체 없이 정당한 권한이 있는 피청구인에게 보내야 한다(행정심판법 제23조 제 2 항). ② 제 2 항에 따라 심판청구서를 보낸 행정기관은 지체 없이 그 사실을 청구인에게 알려야 한다(행정심판법 제23조

제 3 항). ③ 제27조에 따른 심판청구기간을 계산할 때에는 제 1 항에 따른 피청구인이나 위원회 또는 제 2 항에 따른 행정기관에 심판청구서가 제출되었을 때에 행정심판이 청구된 것으로 본다(행정심판법 제23조 제 4 항).

(3) 심판청구 기간의 오고지 · 불고지

① 행정청이 심판청구 기간을 제 1 항(행정심판은 처분이 있음을 알게 된 날부터 90일 이내에 청구하여야 한다)에 규정된 기간보다 긴 기간으로 잘못 알린 경우 그 잘못 알린 기간에 심판청구가 있으면 그 행정심판은 제 1 항에 규정된 기간에 청구된 것으로 본다(행정심판법 제27조 제 5 항).
② 행정청이 심판청구 기간을 알리지 아니한 경우에는 제 3 항(행정심판은 처분이 있었던 날부터 180일이 지나면 청구하지 못한다. 다만, 정당한 사유가 있는 경우에는 그러하지 아니하다)에 규정된 기간에 심판청구를 할 수 있다(행정심판법 제27조 제 6 항).

(4) 행정심판전치 여부의 오고지

행정소송법은 처분을 행한 행정청이 행정심판을 거칠 필요가 없다고 잘못 알린 때에는 필요적 심판전치 사항이라고 할지라도 행정심판을 청구함이 없이 행정소송을 제기할 수 있다고 규정한다(행정소송법 제18조 제 3 항 제 4 호).

082 행정심판법 제13조의 입법상 과오 여부★

1. 문제 상황

행정소송법 제 4 조 제 1 호(취소소송: 행정청의 위법한 처분등을 취소 또는 변경하는 소송)와 달리 행정심판법 제 5 조 제 1 호(취소심판: 행정청의 위법 또는 부당한 처분을 취소하거나 변경하는 행정심판)는 부당한 처분도 취소(변경)할 수 있도록 규정하고 있는데, 부당한 행위로는 법률상 이익이 침해될 수 없어 행정심판법 제13조가 입법상 과오라는 견해가 있어 문제된다(예를 들어 행정심판법 제13조 제 1 항 제 1 문은 "취소심판은 처분의 취소 또는 변경을 구할 법률상 이익이 있는 자가 청구할 수 있다"라고 규정한다).

2. 학   설

(1) 과 오 설

행정심판의 요건인 청구인적격과 처분의 위법·부당 여부에 대한 본안심리는 필연적 관련성이 있음을 전제로 하며, 부당한 처분으로는 법률상 이익이 침해될 수 없으므로 행정심판법 제13조는 과오라는 견해이다.

(2) 비과오설

청구인적격문제는 쟁송제기단계의 문제이고 처분의 위법·부당의 문제는 본안심리의 문제이므로 양자는 필연적인 관련성이 없으며, 부당한 처분에 의해서도 법률상 이익이 침해될 수 있음을 근거로 문제없다는 견해이다.

3. 검   토

법률상 이익 침해에는 적법한 침해도 있고, 위법한 침해도 있고, 부당한 침해(합목적성·경제성 판단을 잘못한 행정기관의 행위로 침해를 받는 경우)도 있을 수 있으므로 입법상 과오로 볼 수는 없다. 따라서 비과오설(다수설)이 타당하다.

083 임시처분★★★

1. 의   의

임시처분이란 처분 또는 부작위가 위법·부당하다고 상당히 의심되는 경우로서 처분 또는 부작위 때문에 당사자가 받을 우려가 있는 중대한 불이익이나 당사자에게 생길 급박한 위험을 막기 위하여 임시지위를 정하여야 할 필요가 있는 경우 행정심판위원회가 발할 수 있는 가구제 수단이다(행정심판법 제31조 제1항). 가구제제도로서 집행정지는 소극적으로 침익적 처분의 효력을 정지시키는 형성력(소극적 형성력)만이 있을 뿐 행정청에게 일정한 처분의무를 지우는 등의 기능(적극적 형성력)은 없기 때문에 집행정지제도는 잠정적 권리구제 수단으로서 한계가 있었다. 따라서 임시처분제도의 도입은 거부처분이나 부작위에 대한 잠정적 권리구제의 제도적인 공백상태를 입법적으로 해소하고 청구인의 권리를 두텁게 보호하려는 데 취지가 있다(류지태·박종수).

2. 요   건

적극적 요건은 신청인이, 소극적 요건은 행정청이 주장·소명하여야 한다.

(1) 적극적 요건(신청인이 주장·소명)

1) 심판청구의 계속

명시적 규정은 없지만, 집행정지제도가 심판청구의 계속을 요건으로 하고 있는 것을 보면 가구제제도로서 임시처분도 심판청구의 계속을 요건으로 하고 있다고 보아야 한다(김동희, 류지태·박종수).

2) 처분 또는 부작위가 위법·부당하다고 상당히 의심되는 경우일 것

① 적극적 처분, 거부처분, 부작위가 모두 포함된다. ② 그리고 위법·부당의 판단은 본안심리 사항이지만 임시처분을 위해서는 위법 또는 부당이 상당히 의심되는 경우라야 한다. 이는 임시처분이 본안판단에 앞서 처분이 있는 것과 같은 상태를 창출할 수 있기에(적극적 형성력) 집행정지보다 더 엄격한 요건을 요하는 것이다(김동희).

3) 당사자에게 생길 중대한 불이익이나 급박한 위험을 방지할 필요가 있을 것

이 요건은 행정심판법 제30조 제2항의 집행정지의 요건 중 '중대한 손해가 생기는 것을 예방할 필요성이 긴급하다고 인정할 때'와 유사하게 판단하면 될 것이다(김동희, 류지태·박종수).

(2) 소극적 요건(행정청인이 주장·소명)

행정심판법 제31조 제2항은 동법 제30조 제3항을 준용하는 결과 임시처분도 공공복리에 중대한 영향을 미칠 우려가 있을 때에는 허용되지 아니한다.

3. 임시처분의 보충성(집행정지와 임시처분의 관계)

임시처분은 집행정지로 목적을 달성할 수 있는 경우에는 허용되지 아니한다(행정심판법 제31조 제3항).

4. 임시처분의 절차

① 위원회는 직권으로 또는 당사자의 신청에 의하여 임시처분을 결정할 수 있다(행정심판법 제31조 제1항).

② 위원회는 임시처분을 결정한 후에 임시처분이 공공복리에 중대한 영향을 미치는 등의 사유가 있는 경우에는 직권 또는 당사자의 신청에 의하여 이 결정을 취소할 수 있다(행정심판법 제31조 제2항, 제30조 제4항).

③ 임시처분의 신청은 심판청구와 동시에 또는 심판청구에 대한 위원회나 소위원회의 의결이 있기 전까지, 임시처분 결정의 취소신청은 심판청구에 대한 위원회나 소위원회의 의결이 있기 전까지 신청의 취지와 원인을 적은 서면을 위원회에 제출하여야 한다. 다만, 심판청구서를 피청구인에게 제출한 경우로서 심판청구와 동시에 임시처분 신청을 할 때에는 심판청구서 사본과 접수증명서를 함께 제출하여야 한다(행정심판법 제31조 제2항, 제30조 제5항).

④ 위원회의 심리·결정을 기다릴 경우 중대한 손해가 생길 우려가 있다고 인정되면 위원장은 직권으로 위원회의 심리·결정을 갈음하는 결정을 할 수 있다(행정심판법 제31조 제2항, 제30조 제6항).

⑤ 위원회는 임시조치 또는 임시조치의 취소에 관하여 심리·결정하면 지체 없이 당사자에게 결정서 정본을 송달하여야 한다(행정심판법 제31조 제2항, 제30조 제7항).

084 행정심판에서 인용재결★★

1. 취소심판의 경우

위원회는 취소심판의 청구가 이유가 있다고 인정하면 처분을 취소 또는 다른 처분으로 변경하거나 처분을 다른 처분으로 변경할 것을 피청구인에게 명한다(행정심판법 제43조 제3항). 형성재결(법률관계의 발생·변경·소멸을 가져오는 재결)인 취소재결·변경재결과 명령재결(=이행재결=이행명령재결)인 변경명령재결이 있다. 여기에서 '변경'은 적극적 변경을 포함한다(따라서 6월의 영업정지처분에 대해 취소심판을 청구한 경우 위원회는 이를 과징금 100만 원으로 변경할 수 있다).

2. 무효등확인심판의 경우

위원회는 무효등확인심판의 청구가 이유가 있다고 인정하면 처분의 효력 유무 또는 처분의 존재 여부를 확인한다(행정심판법 제43조 제4항).

3. 의무이행심판의 경우

위원회는 의무이행심판의 청구가 이유가 있다고 인정하면 지체 없이 신청에 따른 처분을 하거나 처분을 할 것을 피청구인에게 명한다(행정심판법 제43조 제5항). 따라서 의무이행심판의 인용재결에는 형성재결인 처분재결과 명령재결인 처분명령재결이 있다.

(1) 처분재결과 처분명령(이행)재결의 선택

1) 학   설

① 행정심판위원회가 전적으로 선택에 재량을 갖는다는 견해, ② 행정심판위원회가 충분한 심사를 할 수 있다면 당사자의 신속한 권리구제를 위하여 처분재결을 활용하고, 기타의 경우에는 처분명령재결을 활용하자는 견해, ③ 처분청의 권한존중을 이유로 원칙적으로 처분명령재결을 활용하고, 예외적으로 처분재결을 활용해야 한다는 견해가 대립된다.

2) 검   토

행정심판법 제43조 제5항은 '처분을 하거나 처분을 할 것을 피청구인에게 명한다'고 규정하고 있으므로 ①설이 타당하다. 다만, 실무상으로는 주로 처분명령재결을 한다.

(2) 기속행위와 재량행위에서의 재결

1) 처분재결

기속행위의 경우 위원회는 재결로 청구인의 청구 내용대로의 처분을 할 수 있으나(특정처분재결), 재량행위라면 처분의 인용 여부가 처분청의 재량이므로 처분재결을 할 수 없다.

2) 처분명령재결

기속행위의 경우 특정처분을 할 것을 명하는 재결을(특정처분명령재결), 재량행위라면 처분청으로 하여금 다시 처분을 하도록 하는 재결정을 명하는 재결(재결정명령재결)을 한다. 따라서 위원회가 재결정명령재결을 하는 경우 피청구인은 청구인이 신청한 처분을 인용해야 하지만, 일정한 경우 다시 거부처분을 하는 것도 가능하다.

085   재결의 기속력★★★

1. 의　의

재결의 기속력이란 심판청구를 인용하는 위원회의 재결이 피청구인과 그 밖의 관계행정청에 대하여 재결의 취지에 따라야 할 실체법상의 의무를 발생시키는 효력을 말한다(행정심판법 제49조 제1항). 그리고 기속력은 인용재결에서의 문제이지, 각하재결이나 기각재결에서는 문제되지 아니한다.

2. 기속력의 범위(요건)(자세한 내용은 후술하는 판결의 기속력 참조(114))

아래의 기속력의 범위에 모두 포함되어야 기속력이 발생한다(아래의 세 가지 범위를 모두 충족해야 한다). 피청구인 및 관계행정청에게 기속력이 발생하면 내용은 후술하는 기속력의 내용으로 결정된다(기속력은 인용판결에만 미치는 것이므로 기속력이 미치는 범위(사유)에서는 행정청이 재처분을 할 수 없고, 기속력이 미치지 않는 범위에서는 재처분이 가능하다. 따라서 기속력의 범위와 재처분이 가능한 범위는 반비례가 된다).

(1) 주관적 범위

기속력은 피청구인과 그 밖의 관계행정청에 대하여 미친다(행정심판법 제49조 제1항). 여기서 '그 밖의 관계 행정청'이란 심판의 대상인 처분(거부, 부작위) 등과 관련되는 처분이나 부수되는 행위를 할 수 있는 행정청을 총칭하는 것이다.

(2) 시간적 범위

처분의 위법성 판단 기준시점은 처분시설이 통설·판례의 입장인바 기속력은 처분시까지의 사유를 판단의 대상으로 한다. 따라서 처분시 이후의 새로운 법률관계나 사실관계는 재결의 기속력이 미치지 않는다. 결국 처분시 이후의 사정을 이유로 처분청이 재처분하더라도 기속력위반이 아니다(재결의 기속력이 미치는 범위와 처분청이 재처분할 수 있는 범위는 반비례관계라고 할 수 있다).

(3) 객관적 범위

재결의 주문 및 이유에서 판단된 처분등의 구체적 위법(부당)사유에만 미친다.

1) 절차나 형식의 위법(부당)이 있는 경우

이 경우 재결의 기속력은 재결에 적시된 개개의 위법·부당한 사유에 미치기 때문에 재결 후 행정청이 재결에 적시된 절차나 형식의 위법사유를 보완한 경우에는 다시 동일한 내용의 처분을 하더라도 기속력에 위반되지 않는다.

2) 내용상 위법(부당)이 있는 경우

a. 범　위　　　처분사유의 추가·변경과의 관계로 인해 <u>재결의 주문 및 이유에서 판단된 위법사유와 기본적 사실관계가 동일한 사유</u>를 말한다. 따라서 재결에서 판단된 사유와 기본적 사실관계의 동일성이 인정되는 사유에 대해서만 기속력이 미치며 기본적 사실관계가 동일하지 않은 사유라면 동일한 내용의 처분을 하더라도 재결의 기속력에 위반되지 않는다(예를 들어 A사유의 운전면허취소와 B사유의 운전면허취소).

b. 기본적 사실관계의 동일성 판단　　　(개) 판례는 <u>기본적 사실관계의 동일성 유무는 처분사유를 법률적으로 평가하기 이전의 구체적인 사실에 착안하여 그 기초인 사회적 사실관계가 기</u>

본적인 점에서 동일한지 여부에 따라 결정된다고 한다(대판 2004. 11. 26. 2004두4482). 구체적인 판단은 시간적·장소적 근접성, 행위 태양·결과 등의 제반사정을 종합적으로 고려해야 한다(법원실무제요, 석호철).

(나) 즉, 처분청이 처분 당시에 적시한 구체적 사실을 변경하지 아니하는 범위 내에서 단지 그 처분의 근거법령만을 추가·변경하거나 당초의 처분사유를 구체적으로 표시하는 것에 불과한 경우처럼 처분사유의 내용이 공통되거나 취지가 유사한 경우에만 기본적 사실관계의 동일성을 인정하고 있다(대판 2007. 2. 8. 2006두4899).

3. 기속력의 내용(효과)

(1) 반복금지의무(소극적 의무)

위원회가 인용하는 재결을 하면 처분청(피청구인) 등은 동일한 처분을 반복할 수 없는 의무(부작위의무)가 발생하는데 이를 반복금지의무라 한다(대판 1983. 8. 23. 82누302). 반복금지의무는 행정심판법 제49조 제 1 항의 해석상 인정된다.

(2) 재처분의무(적극적 의무)

1) 의무이행심판에서 처분명령재결이 있는 경우

당사자의 신청을 거부하거나 부작위로 방치한 처분의 이행을 명하는 재결이 있으면 행정청은 지체 없이 이전의 신청에 대하여 재결의 취지에 따라 처분을 하여야 한다(행정심판법 제49조 제 3 항)(작위의무). 따라서 행정청은 ⓐ 재처분을 반드시 해야 할 의무와 ⓑ 재처분을 하는 경우 재결의 취지에 따라야 할 의무(재결의 취지에 위반되는 재처분을 해서는 안 되는 의무)를 부담한다(두 의무가 동시에 결합하여 발생된다)(예를 들어 갑이 A사유로 기속행위인 허가에 대해 거부처분을 받은 후 의무이행심판을 청구하여 처분명령재결을 받았다면 처분청은 두 가지 의무를 진다. 즉 처분청은 ⓐ 처분을 하여야 할 의무와 ⓑ 재결의 취지 — 위원회가 처분명령재결을 하였다는 것은 A거부사유가 위법·부당하다는 것이며, 이 점이 재결의 취지이다 — 에 따라 다시 A사유로 허가거부처분을 해서는 안 되는 의무를 부담한다).

2) 거부처분 취소심판 등에서 거부처분취소재결 등이 있는 경우

개정 행정심판법 제49조 제 2 항은 '재결에 의하여 취소되거나 무효 또는 부존재로 확인되는 처분이 당사자의 신청을 거부하는 것을 내용으로 하는 경우에는 그 처분을 한 행정청은 재결의 취지에 따라 다시 이전의 신청에 대한 처분을 하여야 한다'고 규정하여 거부처분취소재결 등이 있는 경우 재결의 취지에 따른 재처분의무를 인정하고 있다.

3) 절차의 하자를 이유로 처분을 취소하는 재결이 있는 경우

신청에 따른 처분이 절차의 위법 또는 부당을 이유로 재결로써 취소된 경우에도 재결의 취지에 따라 다시 처분을 하여야 한다(행정심판법 제49조 제 4 항)(자세한 내용은 후술하는 판결의 기속력 참조).

4) 취소심판에서 변경명령재결이 있는 경우

취소심판에서 취소재결이나 변경재결은 형성재결이므로 재처분의무는 문제되지 않지만, 변경을 명하는 재결이 있는 때에 처분청은 '행정심판법 제49조 제 1 항'에 따라 해당 처분을 변경해야 할 의무를 부담한다.

(3) 결과제거의무

취소·무효확인재결이 있게 되면 행정청은 위법·부당으로 명시된 처분에 의해 야기된 위법한 상태를 제거하여야 할 의무를 부담한다(이 의무는 행정심판법 제49조 제 1 항의 해석상 인정되는 의무이다).

4. 기속력의 위반

(1) 반복금지의무에 위반

반복금지의무에 위반하여 동일한 처분을 다시 한 경우 이러한 처분은 그 하자가 중대명백하여 무효이다.

(2) 재처분의무에 위반

피청구인이 재처분의무에 위반하는 경우 청구인은 행정심판법 제50조에 따라 위원회에 직접 처분을 신청하거나, 행정심판법 제50조의2에 따라 간접강제를 신청할 수 있다.

1) 직접처분

a. 직접처분의 의의　　(가) 직접처분이란 위원회가 처분의 이행을 명하는 재결 등을 하였음에도 재처분의무를 이행하지 않는 경우(행정심판법 제49조 제3항) 위원회가 해당 처분을 직접 하는 것을 말한다(행정심판법 제50조 제1항).

(나) 이는 위원회의 처분의 이행을 명하는 재결이 있었음에도 행정청이 이를 불이행하는 경우 재결의 실효성을 확보하기 위해 인정된 제도이다.

b. 직접처분의 요건　　① ⓐ 당사자의 신청을 거부하거나 부작위로 방치한 처분의 이행을 명하는 재결이 있었음에도 불구하고 행정청이 처분을 하지 않은 경우라야 한다. ⓑ 그리고 행정청이 재처분을 하였다고 하더라도 재결의 취지에 따르지 않고 기본적 사실관계가 동일한 사유로 다시 거부처분등을 한 경우 그러한 거부처분은 무효이므로 이 경우도 행정심판법 제50조 제1항의 '제49조 제3항에도 불구하고 처분을 하지 아니하는 경우'로 볼 수 있기 때문에 행정심판위원회는 직접처분을 할 수 있다(행정심판법 제50조).

② 처분의 성질이나 그 밖의 불가피한 사유로 위원회가 직접처분을 할 수 없는 경우는 제외된다(행정심판법 제50조 제1항). ⓐ 정보공개청구의 경우, 피청구인인 행정청이 재처분의무를 불이행하는 경우에도 위원회는 정보를 보유한 행정청이 아니어서 '처분의 성질'상 직접처분을 할 수 없다. ⓑ 그리고 '그 밖의 불가피한 사유'에는 행정청의 재정적 지원이 선행되어야 직접처분을 할 수 있는 경우를 들 수 있다.

c. 직접처분의 절차

(i) 청구인의 신청　　피청구인이 재처분의무를 이행하지 않으면 청구인은 직접처분을 신청해야 한다.

(ii) 위원회의 시정명령과 불이행　　청구인이 직접처분을 신청하면 행정심판위원회는 기간을 정하여 서면으로 시정을 명하고, 그럼에도 피청구인이 그 기간에 시정명령을 이행하지 않으면 위원회는 직접처분을 할 수 있다.

(iii) 관　　할　　행정심판위원회가 직접처분을 한다.

d. 직접처분의 후속조치　　위원회는 직접처분을 하였을 때에는 그 사실을 해당 행정청에 통보하여야 하며, 그 통보를 받은 행정청은 위원회가 한 처분을 자기가 한 처분으로 보아 관계 법령에 따라 관리·감독 등 필요한 조치를 하여야 한다(행정심판법 제50조 제2항).

e. 직접처분제도의 보완(한계)　　취소심판에서 행정심판법 제43조 제3항의 변경명령재결이 있는 경우 재처분의무는 행정심판법 제49조 제1항에 따라 인정되지만 이를 행정청이 이행하지 않는 경우 행정심판법 제50조의 직접처분제도가 인정되지 않아 실효성확보에 문제가 있다는 지적이 있다(이 경우 간접강제도 인정되지 않는다(행정심판법 제50조의2 제1항 참조)).

2) 간접강제

a. 간접강제의 의의　　간접강제란 피청구인이 재처분의무를 이행하지 않은 경우 재결의 실효성을 확보하기 위해 위원회가 행정청에게 일정한 배상을 명령하는 제도를 말한다(행정심판법 제50조의2).

b. 간접강제의 요건　　ⓐ 행정심판법 제49조 제 2 항(거부처분 취소심판 등에서 거부처분취소재결 등이 있는 경우)·제 3 항(의무이행심판에서 처분명령재결이 있는 경우)·제 4 항(절차의 하자를 이유로 처분을 취소하는 재결이 있는 경우)에 따른 재결의 취지에 따른 처분을 하지 아니한 경우라야 한다. ⓑ 그리고 행정청이 재처분을 하였다고 하더라도 재결의 취지에 따르지 않고 기본적 사실관계가 동일한 사유로 다시 거부처분등을 한 경우 그러한 거부처분은 무효이므로 이 경우도 행정심판위원회는 간접강제를 할 수 있다.

c. 간접강제의 절차

(i) 청구인의 신청　　피청구인이 재처분의무를 이행하지 않으면 청구인은 간접강제를 신청해야 한다.

(ii) 의견청취　　위원회는 간접강제 결정을 하기 전에 신청 상대방의 의견을 들어야 한다(행정심판법 제50조의2 제 3 항).

(iii) 관　　할　　간접강제는 행정심판위원회가 결정한다.

d. 간접강제 결정 내용　　위원회는 ⓐ 상당한 기간을 정하고 피청구인이 그 기간 내에 이행하지 아니하는 경우에는 그 지연기간에 따라 일정한 배상을 하도록 명하거나 ⓑ 즉시 배상을 할 것을 명할 수 있다(행정심판법 제50조의2 제 1 항). 그리고 위원회는 사정의 변경이 있는 경우에는 당사자의 신청에 의하여 간접강제 결정의 내용을 변경할 수 있다(행정심판법 제50조의2 제 2 항).

e. 간접강제의 효과　　간접강제 결정의 효력은 피청구인인 행정청이 소속된 국가·지방자치단체 또는 공공단체에 미치며, 결정서 정본은 행정소송제기와 관계없이 「민사집행법」에 따른 강제집행에 관하여는 집행권원과 같은 효력을 가진다(행정심판법 제50조의2 제 5 항).

f. 불　　복　　청구인은 간접강제 결정에 불복하는 경우 그 결정에 대하여 행정소송을 제기할 수 있다(행정심판법 제50조의2 제 4 항).

g. 간접강제제도의 보완(한계)　　취소심판에서 행정심판법 제43조 제 3 항의 변경명령재결이 있는 경우 재처분의무는 행정심판법 제49조 제 1 항에 따라 인정되지만, 이를 행정청이 이행하지 않는 경우 행정심판법은 직접처분뿐만 아니라 간접강제도 인정하고 있지 않기 때문에 실효성확보에 문제가 있다는 지적이 있다.

(3) 결과제거의무에 위반

행정청은 위법(부당)한 처분에 의해 야기된 위법한 사실상태를 제거하여야 할 의무를 부담하며 이를 이행하지 않는 경우 청구인은 결과제거를 청구할 수 있다.

◆ 논점 거부처분취소(무효등 확인)심판의 가능성★★★

1. 문제 상황
청구인이 거부처분을 받은 후 의무이행심판이 아니라 거부처분취소심판을 청구한 경우 이러한 심판청구가 인정될 수 있는지가 문제된다.

2. 학　설
ⓐ 행정심판법 제5조 제3호에 따르면 거부처분은 의무이행심판의 대상이지 **취소심판의 대상이 아니라는 견해도 있으나**, ⓑ 행정심판법 제2조 제1호("처분"이란 행정청이 행하는 구체적 사실에 관한 법집행으로서의 공권력의 행사 또는 그 거부, 그 밖에 이에 준하는 행정작용을 말한다)와 제5조 제1호(취소심판: 행정청의 위법 또는 부당한 처분을 취소하거나 변경하는 행정심판)를 근거로 거부처분취소심판의 가능성을 인정하는 견해가 다수설이다.

3. 판　례
판례는 거부처분취소심판의 제기가능성을 인정한다(당사자의 신청을 거부하는 처분을 취소하는 재결이 있는 경우에는 행정청은 그 재결의 취지에 따라 이전의 신청에 대한 처분을 하여야 하는 것…이다(대판 1988. 12. 13. 88누7880)).

4. 검　토
개정 행정심판법 제49조 제2항은 '재결에 의하여 취소되거나 무효 또는 부존재로 확인되는 처분이 당사자의 신청을 거부하는 것을 내용으로 하는 경우'라고 하여 거부처분의 취소심판 등을 인정하고 있고, 당사자의 효과적인 권리구제를 위해서도 거부처분 취소심판 등의 가능성을 인정하는 것이 타당하다.

> **참고**
> **거부처분취소심판의 인용재결에 따른 재처분의무★** [14 사시]
> (개) 과거 거부처분에 대해 취소(무효확인)심판을 청구하여 인용재결을 받은 경우 명문으로 재처분의무를 규정하고 있지 않아서 학설의 대립이 있었다.
> (내) 그러나 개정 행정심판법 제49조 제2항은 거부처분취소재결 등이 있는 경우 재결의 취지에 따른 재처분의무를 명문으로 인정하고 있다.

제 2 편

행정소송법

086 통치행위

1. 의 의
통치행위란 국가행위 중 고도의 정치성으로 인해 사법심사가 제한되는 행위를 말한다.

2. 통치행위의 인정 여부와 근거

(1) 학 설

1) 긍 정 설

ⓐ **권력분립설**(내재적 한계설)(정치적 문제를 정치적으로 책임지지 않는 법원이 심사할 수 없음을 근거로 한다), ⓑ **자유재량행위설**(통치행위를 행정행위이지만 자유재량행위로 보는 견해이다), ⓒ **사법자제설**(사법의 정치화를 막기 위한 헌법정책적인 고려에서 사법이 자제하여야 한다는 견해이다)이 대립된다.

2) 부 정 설

헌법상의 법치주의와 사법심사에서 개괄주의를 취하고 있음을 근거로 통치행위를 부정한다.

3) 제한적 긍정설

정치적인 사안에 대해 정책적 관점에서 예외적으로 통치행위를 인정하자는 견해이다.

(2) 판 례

1) 대 법 원

① 과거 권력분립설·자유재량행위설을 근거로 긍정하였으나, 5.18내란사건에서 '계엄선포의 요건 구비 여부나 선포의 당·부당'에 대한 판단(대판(전원) 1997. 4. 17. 96도3376)(권력분립설), 대북송금사건에서 '남북정상회담개최'에 대한 판단(사법자제설) 등을 통치행위로 보고 사법심사의 배제를 긍정하고 있다. ② 그러나 헌법과 법률이 정한 요건에 명백히 위반되는 특별한 사정이 있는 경우에는 사법심사가 가능하다고 본다(대판(전원) 1997. 4. 17. 96도3376).

2) 헌법재판소

① 헌법재판소는 대통령의 금융실명거래및비밀보장에관한긴급재정경제명령의 발령을 통치행위로 보았고, **사면과 이라크파병결정**(헌재 2004. 4. 29. 2003헌마814)도 통치행위로 보았다. ② 그러나 금융실명제사건(헌재 1996. 2. 29. 93헌마186)과 행정수도이전사건(헌재 2004. 10. 21. 2004헌마554)에서 고도의 정치적 결단에 의해 이루어지는 국가작용이라 할지라도 국민의 기본권침해와 직접 관련되는 경우 헌법재판소의 심판대상으로 보았다.

(3) 검 토

행정소송법의 개괄주의를 고려할 때 부정하여야 하지만, 정책적인 관점에서 예외적으로 인정함이 타당하다(제한적 긍정설).

> **참고**
> **행정소송의 한계**
> 행정소송의 한계란 행정소송에 대한 법원의 재판권이 어디까지 미치는가에 대한 문제를 말하는데, 사법의 본질에서 나오는 한계(구체적 사건성(추상적 규범통제, 사실행위, 객관적 소송, 반사적 이익 등이 논의된다), 법적 해결가능성(재량행위, 판단여지, 통지행위 등이 논의된다))와 권력분립에서 나오는 한계(의무이행소송, 예방적 부작위소송 등이 논의된다)로 나눌 수 있다.

087   의무이행소송의 인정 여부★★★

의무이행소송이란 사인의 신청에 대해 행정청의 위법한 거부나 부작위가 있는 경우 당해 처분의 발령을 구하는 이행소송을 말한다.

1. 학　설

(1) 부정설

이 견해는 행정소송법 제3조·제4조를 제한적으로 해석하며, 행정의 1차적 판단권은 행정청이 가지기 때문에 법원은 위법한 처분을 취소 또는 무효확인할 수 있을 뿐 이행을 명하는 판결을 할 수 없다고 주장한다.

(2) 긍정설

이 견해는 행정소송법 제3조·제4조를 예시적으로 보며, 행정청이 발령한 위법한 적극적 처분을 법원이 취소하는 것이 행정에 대한 사법권의 침해가 아니듯이 위법한 거부나 부작위에 대해 이행소송을 인정한다고 하여도 행정청의 1차적 판단권에 대한 침해가 되지 않는다고 본다.

(3) 절충설(제한적 긍정설)

원칙상 의무이행소송을 인정할 수 없지만, 법정항고소송으로 권리구제가 어려운 경우 인정해야 한다는 견해로 ① 처분요건이 일의적이고(처분요건의 일의성. 행정청에게 재량이 인정되지 않는 기속행위라야 법원이 특정한 행위(작위)를 명하는 판결을 할 수 있고 그러한 경우라야 의무이행소송 인정의 실익이 있다는 견해이다), ② 회복하기 어려운 손해발생우려가 있으며(긴급성), ③ 다른 권리구제방법으로는 권리구제가 어려운 경우(보충성)에는 의무이행소송이 인정된다고 본다.

2. 판　례

판례는 현행법상 규정이 없다는 이유로 법원이 행정청에게 일정한 행정처분을 명하는 이행판결을 구하는 소송(의무이행소송)이나 법원이 행정처분을 직접 행하도록 하는 형성판결을 구하는 소송(적극적 형성소송)을 인정하지 않는다(대판 1997. 9. 30. 97누3200).

3. 검　토

부정설은 의무이행소송을 인정하면 법원에 의한 행정청의 권한에 대한 침해가 있을 수 있다고 주장하지만, 의무이행소송에서의 인용판결은 '위법'한 거부나 부작위에 대해 '적법'한 이행을 명하는 판결이므로 행정청의 권한 침해가 아니라고 보아야 한다. 따라서 긍정설이 타당하다. 그리고 법무부 행정소송법 개정안은 국민의 신청 등에 대해 행정청이 응답하지 않거나 거부처분을 하는 경우 법원에 의무이행을 명하는 판결을 구하는 소송(의무이행소송)을 인정하고 있다.

088 예방적 부작위소송의 인정 여부★★★

예방적 부작위소송이란 위법한 행정작용을 미리 저지할 것을 목적으로 장래에 있을 일정한 처분 또는
그 밖의 행위의 발동에 대한 방지를 구하는 소송을 말한다.

1. 학 설
(1) 부 정 설
행정소송법 제3조·제4조는 제한적 열거규정으로 보아야 하며, 행정에 대한 제1차적 판단
권은 행정청이 가지기 때문에 행정작용의 발동·미발동에 대한 판단은 법원이 판단하는 것이
아니라 행정청의 고유권한이라는 점을 근거로 한다.

(2) 긍 정 설
행정소송법 제3조·제4조는 예시적 규정으로 보아야 하며, 장래 침익적 처분의 발령이 확실
하다면 행정청은 이미 제1차적 판단권을 행사하였다고 보아야 할 것이어서 그에 대한 예방적
소송은 행정청의 제1차적 판단권 침해가 아니라는 점을 근거로 한다(다수설).

(3) 절충설(제한적 긍정설)
원칙상 예방적 부작위소송은 인정할 수 없지만, 법정항고소송으로 실효적인 권리구제가 되지
않는 경우 보충적으로 무명항고소송을 인정하자는 견해로 ① 처분요건이 일의적이며(처분요건
의 일의성. 행정청에게 재량이 인정되지 않는 기속행위라야 법원이 특정한 행위(부작위)를 명하는 판
결을 할 수 있고 그러한 경우라야 예방적 부작위소송 인정의 실익이 있다는 견해이다), ② 미리 구
제하지 않으면 회복하기 어려운 손해발생 우려가 있고(긴급성), ③ 다른 권리구제방법으로는
권리구제가 어려운 경우(보충성)라야 예방적 부작위 소송이 가능하다고 본다.

2. 판 례
판례는 「피고에 대하여 이 사건 신축건물의 준공처분을 하여서는 아니 된다는 내용의 부작위
를 구하는 원고의 예비적 청구는 행정소송에서 허용되지 아니하는 것이므로 부적법하다(대판
1987. 3. 24. 86누182)」고 하여 부정한다.

3. 검 토
취소소송은 침익적 처분에 대한 사후적 권리구제 수단에 불과하고 현행법은 침익적 처분에 대
한 예방적인(사전적인) 권리구제수단을 인정하고 있지 않으므로 실효적인 권리구제를 위해 긍
정함이 타당하다(권력적 사실행위, 환경소송 등의 경우 인정필요성이 크다).

089 취소소송과 무효등확인소송의 관계★

1. 병렬관계

취소소송과 무효확인소송은 보충관계에 있는 것이 아니라 서로 병렬관계에 있다. 그러므로 행정청의 처분등에 불복하는 자는 소송요건을 충족하는 한 바라는 목적을 가장 효과적으로 달성할 수 있는 항고소송의 종류를 선택할 수 있다(과거 무효확인소송과 취소소송을 동시에 제기할 수 있는 경우 취소소송이 우선한다는 취소소송우선설이 있었다).

2. 포섭(포용)관계

취소소송과 무효확인소송은 종류를 달리하는 별개의 소송이기는 하나 다같이 행정처분등에 위법한 흠이 있음을 이유로 그 효력의 배제를 구하는 점에서 동일하고, 그 사유도 흠의 정도 등에 따른 상대적 차이가 있음에 불과하기에 이 두 소송은 서로 포용성을 가진다(법원은 당사자가 취소소송을 제기하는 경우 무효사유인지까지, 무효확인소송을 제기하는 경우 취소사유 여부까지 심사한다).

(1) 무효인 처분을 취소소송으로 다투는 경우

무효인 처분을 취소소송으로 다투면, 취소청구에는 엄밀한 의미의 취소뿐만 아니라 무효를 확인(선언)하는 의미의 취소를 구하는 취지가 포함되어 있다고 보아야 한다. 따라서 당사자가 무효인 처분에 대해 취소소송을 제기한다면 법원은 **무효를 확인(선언)하는 의미의 취소판결**을 하여야 한다(무효확인(선언)을 구하는 의미의 취소소송). 물론 이러한 경우에는 취소소송의 요건을 구비하여야 한다(행정처분의 당연무효를 선언하는 의미에서 그 취소를 구하는 행정소송을 제기하는 경우에는 전치절차와 그 제소기간의 준수 등 취소소송의 제소요건을 갖추어야 하는 것이다(대판 1987. 6. 9. 87누219)).

(2) 취소사유인 처분은 무효확인소송으로 다투는 경우

(가) 취소할 수 있는 처분을 무효확인소송으로 다투면, 행정처분의 무효확인을 구하는 청구에는 특별한 사정이 없는 한 그 처분의 취소를 구하는 취지까지도 포함되어 있다고 볼 수는 있으나 위와 같은 경우에 취소청구를 인용하려면 먼저 취소를 구하는 항고소송으로서의 제소요건을 구비한 경우에 한한다(대판 1986. 9. 23. 85누838). 다만, 행정소송의 제기에 앞서 경유하여야 할 행정심판 절차를 거치지 아니한 까닭에 행정처분취소의 소를 무효확인의 소로 변경한 경우에는 무효확인을 구하는 취지속에 그 처분이 당연무효가 아니라면 그 취소를 구하는 취지까지 포함된 것으로 볼 여지가 전혀 없다고 할 것이므로 법원으로서는 그 처분이 당연무효인가 여부만 심리판단하면 족하고 더 나아가 그 처분에 취소사유에 해당하는 위법이 있는가 여부까지 심리판단할 필요는 없다(대판 1987. 4. 28. 86누887).

(나) 다만, 소의 변경이 필요한가에 관해, ① ⓐ 무효확인청구에는 처분의 취소를 구하는 청구가 포함되어 있기 때문에 취소소송의 소송요건을 갖춘 경우 소의 변경 없이도 취소판결을 할 수 있다는 견해(**취소판결설**)와 ⓑ 취소소송의 소송요건을 갖추었다면 당사자에게 무효확인이 아니면 취소라도 구하는 것인지를 석명(당사자의 진술에 불명, 모순, 흠결이 있거나 증명을 다하지 못한 경우에 사건의 내용을 이루는 사실관계나 법률관계를 명백히 하기 위해 당사자에 대하여 사실상 또는 법률상의 사항에 관하여 질문을 하거나 증명을 촉구하는 법원의 권한을 말한다(민사소송법 제

136조))하여 취소소송으로 청구취지를 변경하도록 한 후 취소판결을 하여야 한다는 견해가 대립된다(**소변경이 필요하다는 견해, 다수설**). ② 취소소송과 무효확인소송은 그 종류를 달리하는 별개의 소송이므로 소의 변경이 필요하다는 견해가 타당하다.

090   항고소송의 대상인 적극적 공권력 행사★★★

[*항고소송의 소송요건 일반]

1. 문제 상황

취소소송의 대상에 대해 행정소송법 제19조 본문은 "취소소송은 처분등을 대상으로 한다"고 규정하고, 동법 제 2 조 제 1 항 제 1 호는 취소소송의 대상인 '처분등'을 ① 처분인 ⓐ 공권력의 행사, ⓑ 그 거부, ⓒ 그 밖에 이에 준하는 행정작용과 ② 행정심판에 대한 재결이라고 정의하고 있다. 따라서 취소소송의 대상은 적극적인 공권력 행사, 소극적인 공권력 행사인 거부처분, 이에 준하는 행정작용 그리고 행정심판에 대한 재결이 된다.

2. 행정행위와 처분의 관계

(1) 문 제 점

학문상 개념인 행정행위와는 달리 행정소송법 제 2 조 제 1 항 제 1 호는 취소소송의 대상인 '처분'을 "행정청이 행하는 구체적 사실에 관한 법집행으로서의 공권력의 행사 또는 그 거부와 그 밖에 이에 준하는 행정작용"이라고 정의하고 있다. 이처럼 행정소송법은 '처분'개념을 광의로 정의(그 밖에 이에 준하는 행정작용)하고 있어 행정소송법상의 처분개념이 강학상 개념인 행정행위와 동일한 것인지에 대해 학설이 대립된다.

(2) 학 설

1) 실체법적 (행정행위) 개념설(일원설, 형식적 행정행위 부정설)

행정쟁송법상 처분을 강학상 행정행위와 동일한 것으로 보는 입장이다. 행정소송법 제 2 조 제 1 항 제 1 호는 처분을 '공권력의 행사(또는 그 거부)'와 '이에 준하는 행정작용'이라고 규정하지만 '이에 준하는 행정작용'은 공권력행사에 준하는 행정작용을 말하는 것이며, 쟁송법적 개념설이 처분개념에 포함시키고 있는 **비권력적 행정작용에 대한 권리구제수단은 항고소송이 아니라 당사자소송**(비권력적 사실행위로 발생한 법률관계를 다루는 당사자소송)이나 **법정外소송**(일반적 이행소송)을 활용해야 한다는 점을 근거로 한다(김남진·김연태·류지태·박종수, 박윤흔·정형근, 김성수, 정하중).

2) 쟁송법적 (행정행위) 개념설(이원설, 형식적 행정행위 긍정설)

행정쟁송법상 처분을 강학상 행정행위와는 별개의 것으로 보는 입장이다. 행정소송법 제 2 조 제 1 항 제 1 호는 처분개념에 '공권력의 행사(또는 그 거부)'에 '이에 준하는 행정작용'을 더하고 있기 때문에 현행법상 처분은 강학상 행정행위보다 더 광의의 개념으로 보아야 하며, 다양한 행정작용(특히 비권력적 행정작용)에 대해 항고소송을 인정함으로써 실효적인 권리구제가 가능하다는 점을 근거로 한다(김동희, 박균성).

(3) 판 례

판례는 쟁송법적 개념설이 대표적으로 주장하는 비권력적 사실행위에 대해 처분성을 부정하고 있어 기본적으로 실체법적 개념설의 입장이다. 다만, 처분개념이 확대될 여지를 인정한 판결도 있다(행정청의 어떤 행위를 행정처분으로 볼 것이냐의 문제는 … 행정처분이 그 주체, 내용, 절차, 형식에 있어서 어느 정도 성립 내지 효력요건을 충족하느냐에 따라 개별적으로 결정하여야 하며, … 행정청의 행위로 인하여 그 상대방이 입는 불이익 내지 불안이 있는지 여부도 … 고려하여 판단하여야 한다(대판 1993. 12. 10. 93누12619)).

(4) 검   토

취소소송은 법률관계를 발생시키는 행정작용의 효력을 깨뜨리기 위한 **형성소송**(행정소송법 제29조 제1항 참조)이므로 취소소송의 대상은 법률관계를 발생시키는 행정행위(법적 행위)에 한정하는 실체법적 개념설이 타당하다.

3. 취소소송(항고소송)의 대상인 처분

(1) 행정청의 공권력 행사일 것

ⓐ 행정청(전통적 의미의 행정청뿐만 아니라 합의제기관, 실질적 의미의 처분을 하는 경우 법원이나 국회의 기관, 행정소송법 제2조 제2항의 행정청(법령에 의하여 행정권한의 위임 또는 위탁을 받은 행정기관, 공공단체 및 그 기관 또는 사인)등 자신의 명의로 처분을 할 수 있는 모든 행정청(기능적 의미의 행정청)을 말한다)이 행하는 행위로 ⓑ 구체적 사실(특정사건을 규율하는 것을 말한다)에 대한 ⓒ 법집행행위(입법이 아니라 법의 집행행위라야 한다)이며 ⓓ 공권력행사(행정청이 공법에 근거하여 우월한 지위에서 일방적으로 행사하여야 한다)이어야 한다.

(2) 법적 행위일 것

1) 문 제 점

'법적 행위'는 행정소송법 제2조 제1항 제1호에서 명시적으로 표현되고 있는 처분개념의 요소는 아니다. 그러나 **판례**와 **전통적인 견해**는 취소소송의 본질을 위법한 **법률관계의 소급적 제거**로 이해하기 때문에 법적 행위를 항고소송의 대상이 되는 요소로 보고 있다(법률관계의 소급적 제거가 취소소송의 목적이라면 취소소송의 대상은 법률관계를 형성할 수 있는 행위 — 법적 행위 — 라야 한다). 이러한 견해에 따르면 항고소송의 대상이 되는 처분은 행정소송법 제2조 제1항 제1호의 처분의 개념요소를 구비하는 것 외에 법적 행위일 것을 요한다(무효등확인소송과 부작위위법확인소송도 행정소송법 제38조 제1항, 제2항에서 취소소송의 대상(동법 제19조)을 준용하고 있기 때문에 취소소송의 대상과 나머지 항고소송의 대상은 같다).

2) 의   의

법적 행위란 ① 외부적 행위이며 ② 권리·의무와 **직접** 관련되는 행위를 말한다. 판례도 「항고소송의 대상이 되는 행정처분이라 함은 행정청의 공법상의 행위로서 특정사항에 대하여 법규에 의한 권리의 설정 또는 의무의 부담을 명하거나 기타 법률상 효과를 발생하게 하는 등 국민의 구체적인 권리의무에 직접적 변동을 초래하는 행위를 말하는 것이고, … 상대방 또는 기타 관계자들의 법률상 지위에 직접적인 법률적 변동을 일으키지 아니하는 행위 등은 항고소송의 대상이 될 수 없다(대판 2008. 9. 11. 2006두18362)」고 한다.

091   항고소송의 대상인 소극적 공권력 행사(거부처분)★★★

1. 문제 상황

취소소송의 대상에 대해 행정소송법 제19조 본문은 "취소소송은 처분등을 대상으로 한다"고 규정하고, 동법 제2조 제1항 제1호는 취소소송의 대상인 '처분등'을 ① 처분인 ⓐ 공권력의 행사, ⓑ 그 거부, ⓒ 그 밖에 이에 준하는 행정작용과 ② 행정심판에 대한 재결이라고 정의하고 있다. 따라서 취소소송의 대상은 적극적인 공권력 행사, 소극적인 공권력 행사인 거부처분, 이에 준하는 행정작용 그리고 행정심판에 대한 재결이 된다.

2. 행정행위와 처분의 관계(90. 2.)

3. 거부처분의 성립요건

(1) 행정청의 공권력 행사의 거부일 것(거부의 내용(=신청의 내용)이 공권력 행사일 것)

항고소송의 대상인 거부처분이 되기 위해서는 사인의 **공권력행사의 신청**에 대한 거부이어야 한다. 즉, 거부의 내용(=신청의 내용)이 ⓐ 행정청(전통적 의미의 행정청뿐만 아니라 합의제기관, 실질적 의미의 처분을 하는 경우 법원이나 국회의 기관. 행정소송법 제2조 제2항의 행정청등 자신의 명의로 처분을 할 수 있는 모든 행정청(기능적 의미의 행정청)을 말한다)이 행하는 행위로 ⓑ 구체적 사실(특정사건을 규율하는 것을 말한다 ─ 시간적으로 1회적, 공간적으로 한정 ─)에 대한 ⓒ 법집행행위(입법이 아니라 법의 집행행위라야 한다)이며 ⓓ 공권력행사(행정청이 공법에 근거하여 우월한 지위에서 일방적으로 행사하여야 한다)이어야 한다.

(2) 거부로 인하여 국민의 권리나 법적 이익에 직접 영향을 미치는 것일 것(=법적 행위일 것)

㈎ '국민의 권리나 법적 이익에 직접 영향을 미치는 것일 것(법적 행위일 것)'은 행정소송법 제2조 제1항 제1호에서 명시된 거부처분의 요소는 아니다. 그러나 **판례와 전통적인 견해**는 적극적 공권력행사와 마찬가지로 취소소송의 본질을 위법한 법률관계를 발생시키는 행정작용의 **효력을 소급적으로 제거**하는 것으로 이해하기 때문에 행정청의 소극적인 공권력행사의 경우에도 법적 행위를 거부처분의 성립요건으로 보고 있다.

㈏ '법적 행위'란 ① 외부적 행위이며 ② 국민의 권리나 법적 이익과 직접 관련되는 행위를 말한다. 판례도 「토지분할신청에 대한 거부행위는 국민의 권리관계에 영향을 미친다고 할 것이므로 이를 항고소송의 대상이 되는 처분으로 보아야 할 것이다(대판 1993. 3. 23. 91누8968)」라고 본다.

(3) 거부처분의 성립에 신청권이 필요한지 여부

1) 문 제 점

거부처분의 성립 요건으로 ① 공권력행사의 거부일 것, ② 거부로 인하여 국민의 권리나 법적 이익에 직접 영향을 미치는 것일 것 외에 ③ 신청권이 필요한지에 대해 학설이 대립한다.

2) 학　설

학설은 ① 부작위의 성립에 (행정청의) 처분의무가 요구되는 것처럼 거부처분의 성립에도 처분의무가 요구된다고 하면서(이러한 행정청의 처분의무에 대응하여 상대방은 '권리'를 가지는데 그 권리를 신청권이라고 본다)(행정소송법 제2조 제1항 제2호 참조) 이러한 신청권을 가진 자의 신청에 대한 거부라야 항고소송의 대상적격이 인정된다는 견해(**대상적격설**)(박균성), ② **취소소송의 소송물**을 '처분의 위법성과 당사자의 권리(신청권)침해'로 이해하면서 신청권을 소송요건의 문제가 아니라 본안의 문제로 보는 견해(**본안요건설**)(홍준형), ③ 어떠한 거부행위가 행정소송의 대상이 되는 처분에 해당하는가의 여부는 그 거부된 행위가 **행정소송법 제2조 제1항 제1호**의 처분에 해당하는가의 여부에 따라 판단하여야 하며 **행정소송법 제12조**를 고려할 때 (법률상 이익(신청권)은 원고적격의 판단기준이다) 신청권은 원고적격의 문제로 보아야 한다는 견해(**원고적격설**)가 대립된다.

3) 판 례

㈎ 판례는 **잠수기어업불허가처분취소 사건**에서 「거부처분의 처분성을 인정하기 위한 전제요건이 되는 신청권의 존부는 구체적 사건에서 신청인이 누구인가를 고려하지 않고 관계 법규의 해석에 의하여 일반 국민에게 그러한 신청권을 인정하고 있는가를 살펴 추상적으로 결정되는 것이고 신청인이 그 신청에 따른 단순한 응답을 받을 권리를 넘어서 신청의 인용이라는 만족적 결과를 얻을 권리를 의미하는 것은 아니다. 따라서 국민이 어떤 신청을 한 경우에 그 신청의 근거가 된 조항의 해석상 행정발동에 대한 개인의 신청권을 인정하고 있다고 보여지면 그 거부행위는 항고소송의 대상이 되는 처분으로 보아야 할 것이고, 구체적으로 그 신청이 인용될 수 있는가 하는 점은 본안에서 판단하여야 할 사항인 것이다(대판 1996. 6. 11. 95누12460)」라고 하여 거부처분의 성립에 신청권이 필요하다고 본다.

㈏ 신청권의 근거는 **법규상** 또는 **조리상** 인정될 수 있는데, 법규상 신청권이 있는지 여부는 관련법규의 해석에 따라 결정되며, 조리상 신청권 인정 여부는 거부행위에 대해 항고소송 이외의 다른 권리구제수단이 없거나, 행정청의 거부행위로 인해 국민이 수인불가능한 불이익을 입는 경우 조리상의 신청권은 인정될 수 있다고 한다(하명호).

4) 검 토

거부처분의 성립에 신청권이 필요하다는 판례와 대상적격설의 입장은 대상적격과 원고적격의 구분을 무시한 것이고, 신청권(권리)을 대상적격의 요건으로 본다면 행정청의 동일한 행위가 권리(신청권)를 가진 자에게는 대상적격이 인정되고 권리(신청권)를 가지지 못한 자에게는 대상적격이 부정되어 부당한 결론을 가져오게 된다(김유환). 따라서 권리인 신청권은 원고적격의 문제로 보아야 한다.

행정소송법 제2조 제1항 제1호의 "이에 준하는 행정작용"의 의미
① **실체법적 행정행위 개념설**은 행정소송법상 처분과 행정행위를 동일하다고 본다. 따라서 이 견해는 이에 준하는 작용에 포함될 수 있는 것으로 권력적 사실행위, 일반처분, 처분적 법규명령 등을 들면서, 비권력적 사실행위는 항고소송의 대상이 되지 않는다고 본다. ② **쟁송법적 행정행위 개념설**은 행정소송법상 처분을 행정행위보다 더 광의의 개념으로 본다. 따라서 이 견해는 비권력적 행정작용도 이에 준하는 행정작용에 포함시켜 항고소송의 대상으로 본다.

092 항고소송의 대상인 재결★★★

1. 개 념

(1) 재결소송의 의의

재결소송이란 재결을 분쟁대상으로 하는 항고소송을 말한다. 여기서 재결이란 행정심판법에서 말하는 재결(행정심판법 제2조 3. '재결'이란 행정심판의 청구에 대하여 행정심판법 제6조에 따른 행정심판위원회가 행하는 판단을 말한다)만을 뜻하는 것은 아니라 개별법상의 행정심판에 따른 재결도 포함된다.

(2) 원처분주의

행정소송법상 재결에 대한 취소소송은 재결 자체에 고유한 위법이 있는 경우에 한한다(행정소송법 제19조 단서). 즉 취소소송은 원칙적으로 원처분을 대상으로 해야 하며, 재결은 예외적으로만 취소소송의 대상이 될 수 있다. 이를 원처분주의라고 하며 재결주의(재결만이 항고소송의 대상이며, 재결소송에서 재결의 위법뿐만 아니라 원처분의 위법도 주장할 수 있다는 입장)와 구별된다. 행정소송법은 원처분주의를 취하고 있지만, 개별법에서 재결주의를 규정하기도 한다.

(3) 재결소송의 인정필요성

원처분주의의 예외로서 재결소송을 인정한 것은 원처분을 다툴 필요가 없거나 다툴 수 없는 자가 재결로 인하여 권리가 침해되는 경우가 있기 때문이다(예를 들어 연탄공장건축허가(원처분)를 거부당한 자가 행정심판을 제기하여 허가재결을 받은 경우, 그 연탄공장의 이웃에 거주하는 자에게 원처분은 연탄공장건축허가거부처분 — 수익적 처분 — 이기 때문에 침익적인 연탄공장건축허가재결의 취소를 구하는 소송을 인정해야 한다).

2. 재결소송의 사유★★★

(1) '재결 자체에 고유한 위법'의 의의

재결소송은 재결 자체에 고유한 위법(원처분에는 없는 재결만의 고유한 위법)이 있는 경우에 가능하다. 여기서 '재결 자체에 고유한 위법'이란 재결 자체에 주체·절차·형식 그리고 내용상의 위법이 있는 경우를 말한다.

(2) 주체·절차·형식의 위법

① 권한이 없는 기관이 재결하거나 행정심판위원회의 구성원에 결격자가 있다거나 정족수 흠결 등의 사유가 있는 경우 주체의 위법에 해당한다. ② 절차의 위법은 행정심판법상의 심판절차를 준수하지 않은 재결을 말한다. ③ 형식의 위법은 서면에 의하지 아니하고 구두로 한 재결(행정심판법 제46조 제1항)이나 행정심판법 제46조 제2항 소정의 주요기재 사항이 누락된 경우 등을 말한다.

(3) 내용의 위법

내용상의 위법에 대해서는 학설이 대립된다. ① ⓐ 내용의 위법은 재결 자체의 고유한 위법에 **포함되지 않는다는 견해**도 있고, ⓑ 내용상의 위법도 **포함된다는 견해(다수견해)**도 있다. ② **판례**는 「행정소송법 제19조에서 말하는 재결 자체에 고유한 위법이란 원처분에는 없고 재결에만 있는 재결청(현행법상으로는 위원회)의 권한 또는 구성의 위법, 재결의 절차나 형식의 위법, 내용의 위법 등을 뜻하고, 그 중 내용의 위법에는 위법·부당하게 인용재결을 한 경우가 해당한다(대판 1997. 9. 12. 96누14661)」고 판시하고 있다. ③ 재결이 원처분과는 달리 새롭게 권리·의무에 위법한 변동(침해)을 초래하는 경우(아래의 1)~3)의 경우 참조)도 재결 자체의 고유한 위법이므로 내용상 위법이 포함된다는 견해가 타당하다.

1) 각하재결의 경우
행정심판청구 요건을 모두 구비하여 심판청구가 부적법하지 않음에도 본안심리(위법·부당성 심사)를 하지 아니한 채 각하한 재결은 원처분에는 없는 재결만의 고유한 하자이므로 재결소송의 대상이 된다.

2) 기각재결의 경우
(가) 원처분이 정당하다고 하여 심판청구를 기각한 재결은 원칙적으로 재결 자체의 고유한 내용상 위법은 없다. 왜냐하면 기각재결은 원처분이 정당하다는 것을 내용으로 하기 때문에 기각재결을 다투는 것은 **원처분을 다투는 것과 동일한 위법을 주장**하는 것이며 재결 자체의 고유한 위법을 주장하는 것이 아니기 때문이다.

(나) 그러나 예외적으로 ① 행정심판청구가 심판청구요건을 구비하지 못해 각하재결을 하여야 함에도 기각재결을 한 경우, ② 기본적 사실관계가 동일하지 않아 처분사유의 추가·변경이 인정되지 않음에도 그 처분사유를 추가·변경하여 기각한 재결은 재결 자체에 고유한 위법이 있어 재결소송의 대상이 될 수 있다. ③ 또한 사정재결(행정심판법 제44조 참조)을 함에 있어서 공공복리에 대한 판단을 잘못하여 기각한 재결도 재결소송의 대상이 될 수 있다.

3) 인용재결의 경우
(가) 행정심판청구인은 자신의 심판청구가 받아들여진 인용재결에 대하여서는 불복할 이유가 없다. 그러나 인용재결로 말미암아 권리침해 등의 불이익을 받게 되는 제3자는 인용재결을 다툴 필요가 있다(앞의 예에서 연탄공장건축허가(원처분)를 거부당한 자가 행정심판을 제기하여 건축허가재결을 받은 경우, 그 연탄공장 이웃에 거주하는 자가 자신에게는 침익적인 건축허가재결의 취소를 구하는 경우).

(나) 판례도 「제3자효를 수반하는 행정행위에 대한 행정심판청구에 있어서 그 청구를 인용하는 내용의 재결로 인하여 비로소 권리이익을 침해받게 되는 자는 그 인용재결에 대하여 다툴 필요가 있고, 그 인용재결은 원처분과 내용을 달리하는 것이므로 그 인용재결의 취소를 구하는 것은 원처분에는 없는 재결에 고유한 하자를 주장하는 셈이어서 당연히 항고소송의 대상이 된다(대판 1997. 12. 23. 96누10911)」고 본다.

4) 재결의 범위를 벗어난 재결
재결(심리)의 범위를 벗어난 재결도 재결만의 고유한 하자가 될 수 있다(행정심판법 제47조 ① 위원회는 심판청구의 대상이 되는 처분 또는 부작위 외의 사항에 대하여는 재결하지 못한다. ② 위원회는 심판청구의 대상이 되는 처분보다 청구인에게 불리한 재결을 하지 못한다).

3. 원처분주의의 위반과 판결★

(1) 문 제 점
재결 자체의 고유한 위법이 없음에도 재결에 대해 취소소송을 제기한 경우의 소송상 처리에 관해서는 학설의 대립이 있다.

(2) 학 설
ⓐ 행정소송법 제19조 단서를 소극적 소송요건으로 보고 **각하판결을 해야 한다는 견해**(김용섭)

와 ⓑ 본안요건으로 보고 **기각판결을 해야 한다는 견해**(윤영선)로 나누어진다.

(3) 판　례

판례는 「재결 자체에 고유한 위법이 없는 경우에는 원처분의 당부와는 상관없이 당해 재결취소소송은 이를 기각하여야 한다(대판 1994. 1. 25. 93누16901)」고 한다.

(4) 검　토

재결 자체에 고유한 위법 여부는 **본안판단사항**(재결의 위법성 여부)이기 때문에 재결 자체에 고유한 위법이 없다면 기각판결을 하여야 한다는 견해가 타당하다.

4. 원처분주의의 예외(재결주의)★★

(1) 재결주의의 의의

(개) 개별법률에서 원처분주의의 예외로서 재결을 소의 대상으로 하는 경우가 있는데, 이처럼 재결만이 항고소송의 대상이며 재결취소소송에서 재결의 위법뿐만 아니라 원처분의 위법도 주장할 수 있다는 입장을 재결주의라고 한다(대판 1991. 2. 12. 90누288).

(내) 다만, 원처분이 무효인 경우 그 효력은 처음부터 당연히 발생하지 않는 것이어서 행정심판 절차를 거칠 필요도 없으므로 개별법률이 재결주의를 취하고 있는 경우라도 재결을 거칠 필요 없이 원처분 무효확인의 소를 제기할 수 있다(대판(전원) 1993. 1. 19. 91누8050).

(2) 재결주의와 필요적 심판전치

재결주의는 재결만이 소의 대상이 되므로 필연적으로 필요적 심판전치에 해당한다. 헌법재판소도 「개별법률에서 재결주의를 정하는 경우에는 재결에 대해서만 제소하는 것이 허용되므로 그 논리적인 전제로서 취소소송을 제기하기 전에 행정심판을 필요적으로 경유할 것이 요구(헌재 2001. 6. 28. 2000헌바77)」된다고 본다.

(3) 재결에 대한 취소판결의 효과

(개) 원처분이 위법함에도 원처분이 정당하다는 기각재결에 대해 취소판결이 있는 경우 판결의 기속력에 따라 원처분청은 원처분을 취소해야 한다.

(내) 하지만 원처분이 적법함에도 원처분이 위법하다는 인용재결(취소재결 등)에 대해 취소판결이 있는 경우는 원처분의 효력이 소급적으로 소생한다.

참고

재결주의의 예
1. 중앙노동위원회의 재심판정
노동위원회법
제26조(중앙노동위원회의 재심권)　① 중앙노동위원회는 당사자의 신청이 있는 경우 지방노동위원회 또는 특별노동위원회의 처분을 재심하여 이를 인정·취소 또는 변경할 수 있다.
제27조(중앙노동위원회의 처분에 대한 소)　① 중앙노동위원회의 처분에 대한 소는 중앙노동위원회 위원장을 피고로 하여 처분의 통지를 받은 날부터 15일 이내에 이를 제기하여야 한다.

[관련 판례]　당사자가 지방노동위원회의 처분에 대하여 불복하기 위하여는 처분 송달일로부터 10일 이내에 중앙노동위원회에 재심을 신청하고 중앙노동위원회의 재심판정서 송달일로부터 15일 이내에 중앙노동위원장을 피고로 하여 재심판정취소의 소를 제기하여야 할 것이다(대판 1995. 9. 15. 95누6724).

2. 감사원의 재심의 판정
감사원법
제36조(재심의 청구)　① 제31조에 따른 변상 판정에 대하여 위법 또는 부당하다고 인정하는 본인,

소속 장관, 감독기관의 장 또는 해당 기관의 장은 변상판정서가 도달한 날부터 3개월 이내에 감사원에 재심의를 청구할 수 있다.

제40조(재심의의 효력) ② 감사원의 재심의 판결에 대하여는 감사원을 당사자로 하여 행정소송을 제기할 수 있다. 다만, 그 효력을 정지하는 가처분결정은 할 수 없다.

[관련 판례] 감사원의 변상판정처분에 대하여서는 행정소송을 제기할 수 없고, 재결에 해당하는 재심의 판정에 대하여서만 감사원을 피고로 하여 행정소송을 제기할 수 있다(대판 1984. 4. 10. 84누91).

3. 특허심판원의 심결

특허출원에 대해 심사관이 특허거절결정 등을 한 경우 이 결정 등에 대해서는 행정소송을 제기할 수 없고, 특허심판원에 심판청구를 한 후 그 심결을 소송대상으로 하여 특허법원에 심결취소를 구하는 소를 제기해야 한다(특허법 제186조, 제189조, 실용신안법 제33조, 디자인보호법 제166조, 상표법 제162조 참조).

💎 **논점 특수문제**★★

1. 형성재결(취소심판에서 취소·변경 재결, 의무이행심판에서 처분재결)이 있는 경우 형성재결 결과의 통보가 항고소송의 대상이 되는지 여부

형성재결의 경우 위원회의 재결로 이미 법률관계는 형성되었기 때문에, 위원회로부터 재결을 통보받은 처분청이 행하는 재결결과의 통보는 사실행위에 불과하고 항고소송의 대상인 처분이 아니다(대판 1997. 5. 30. 96누14678)(예를 들어 이미 시내버스운송사업면허를 받은 갑은 A행정청이 을에게 동일한 면허처분을 발령하자 그 면허처분에 대해 취소심판을 제기하여 위원회가 취소재결을 하였는데 그 후 A행정청이 취소(재결결과의 통보)한 경우, 을은 취소소송을 제기하려면 위원회의 취소재결 — 원처분은 면허처분이고, 재결은 면허취소재결이므로 재결자체에 고유한 위법이 있다 — 을 대상으로 해야 하며 A행정청의 취소(재결결과의 통보)는 항고소송의 대상인 처분이 될 수 없다. 왜냐하면 면허취소재결은 형성재결이므로 위원회가 취소재결을 한 경우 이미 법률관계는 형성되었고, 그 후 A행정청의 취소(재결결과의 통보)는 관념의 통지(사실행위)에 불과하기 때문이다).

2. 명령재결(예를 들어 의무이행심판에서 처분명령재결을 제 3 자가 다투는 경우)과 그에 따른 재처분 중 항고소송의 대상

위원회의 명령재결이 있으면 재결의 기속력에 따라 처분청(피청구인)은 재결의 취지에 따른 재처분의무를 부담하는데(행정심판법 제49조 제 3 항 등), 이 경우 명령재결이 소의 대상인지 아니면 명령재결에 따른 재처분이 소의 대상인지가 문제된다(예: 의무이행심판청구에 대해 위원회의 건축허가명령재결이 있었고 그에 따른 처분청의 건축허가처분을 이웃인 제 3 자가 다투는 경우).

(1) 학 설

ⓐ 명령재결과 그에 따른 처분이 각 독립된 행위라는 데에 근거하여 명령재결과 그에 따른 처분이 각각 소송의 대상이 된다는 견해(**병존설**), ⓑ 명령재결에 따른 처분은 행정심판법 제49조에서 규정한 재결의 기속력에 따른 것으로 명령재결이 그대로 존재하는 상태에서 그에 따른 처분만을 위법하다고 할 수 없다는 점을 근거로 명령재결취소가 선행되어야 한다는 견해(**재결설**), ⓒ 명령재결이 있다 하더라도 그에 따른 행정청의 재처분이 있기 전까지는 구체적·현실적으로 권리이익이 침해되었다 볼 수 없으므로 재결에 따른 행정청의 재처분만이 소송의 대상이 될 수 있다는 견해(**처분설**)로 나누어진다.

(2) 판 례

판례는 인용재결과 그에 따른 처분 모두 항고소송의 대상이 될 수 있다는 입장이다(대판 1993. 9. 28. 92누15093; 이 판결은 취소명령재결이 있는 경우의 사안이지만 현행 행정심판법은 취소명령재결규정이 없다(제43조 제 3 항). 하지만 이 판결의 취지는 의무이행심판에서 처분명령재결을 제3자가 다투는 경우에도 적용될 수 있다).

(3) 검 토

명령재결도 재결자체의 고유한 위법이 있으면 소의 대상이 될 수 있고(ⓒ처분설 비판), ⓑ설(재결설)이 말하는 재결의 기속력 문제는 위원회와 처분청 간의 내부적인 문제에 불과하며 소의 대상 여부와는 직접적인 관계가 없다. 따라서 당사자의 효과적인 권리구제를 위해 명령재결과 그에 따른 처분 모두 소의 대상이 된다는 견해가 타당하다(**병존설**).

◈ **논점** 취소심판에서 위원회가 일부취소재결·변경재결을 한 경우 재결과 원처분(남은 원처분, 변경된 원처분) 중 항고소송의 대상★★★

❀ 전부취소재결의 경우 재결 후 남은 부분(남은 원처분, 변경된 원처분)이 없으나, 일부취소재결이나 변경재결은 인용재결 후에도 남은 부분이 존재하기 때문에 일부인용재결을 받은 후에도 당사자가 여전히 불복하려 한다면 일부취소재결(변경재결)이 소의 대상인지 재결 후 남은 부분(남은 원처분, 변경된 원처분)이 소의 대상인지가 문제된다.

1. 일부취소재결의 경우

(1) 문 제 점

침익적 처분에 대해 행정심판을 제기하여 일부취소재결(일부인용재결)을 받았지만 당사자는 여전히 남은 부분에 '내용상 위법'이 있다고 하여 불복하려는 경우 소송의 대상이 무엇인지가 문제된다(예: 3개월 영업정지처분이 일부취소재결로 1개월 영업정지처분이 된 경우).

(2) 학 설

ⓐ 일부취소재결은 원처분의 일부취소이므로 남은 원처분이 존재하며, 행정소송법 제19조 단서의 원처분주의에 따라 **남은 원처분이 소송의 대상이라는 견해**(피고는 처분청)(앞의 예에서 **1개월 영업정지처분을 남은 원처분으로 본다**)와 ⓑ 일부취소재결은 위원회가 원처분을 전부취소하고(원처분은 소멸됨) 원처분을 대체하여 발령한 것이므로 **일부취소재결이 소송의 대상이 된다는 견해**(피고는 행정심판위원회)(앞의 예에서 **1개월 영업정지처분을 일부취소재결로 본다**), ⓒ 그리고 일부취소재결은 양적 변경이므로 **남은 원처분**이 소송의 대상이고, 변경재결은 질적 변경이므로 **변경재결**이 소송의 대상이 된다는 견해가 대립한다.

(3) 검 토

원처분의 연속성이라는 관점에서 남은 부분은 원처분으로 보아야 한다는 견해가 타당하다(**일반적인 견해**). 따라서 이 경우 행정소송법 제19조 단서의 **원처분주의**가 적용되어 남은 원처분이 소송의 대상이 된다. 그리고 일부취소재결과 변경재결을 구별하는 ⓒ설은 3개월 영업정지처분이 일부취소재결로 1개월 영업정지처분이 된 경우에는 원처분청을 피고로 남은 원처분인 1개월 영업정지처분의 취소를 구해야 하지만, 3개월 영업정지처분이 변경재결로 100만원 과징금부과처분이 된 경우에는 행정심판위원회를 피고로 변경재결의 취소를 구해야 하므로 일관성이 결여된 것(김석우)이다.

2. 변경재결의 경우

(1) 문 제 점

침익적 처분에 대해 행정심판을 제기하여 변경재결(일부인용재결)을 받았지만 당사자는 여전히 남은 부분에 '내용상 위법'이 있다고 하여 불복하려는 경우 소송의 대상이 무엇인지가 문제된다(예: 3개월 영업정지처분이 변경재결로 100만원 과징금부과처분이 된 경우).

(2) 학 설

ⓐ 변경재결은 원처분의 일부취소의 성질을 가지기 때문에 변경된 원처분은 존재하며, 행정소송법 제19조 단서의 원처분주의에 따라 **변경된 원처분이 소송의 대상이라는 견해**(피고는 처분청)(앞의 예에서 **100만원의 과징금부과처분을 변경된 원처분으로 본다**)와 ⓑ 변경재결은 원처분을 전부취소하고(원처분은 소멸됨) 원처분을 대체하여 발령한 것이므로 **변경재결이 소송의 대상이 된다**

는 견해(피고는 행정심판위원회)(앞의 예에서 100만원의 과징금부과처분을 변경재결로 본다), ⓒ 일부취소재결은 양적 변경이므로 **남은 원처분**이 소송의 대상이고, 변경재결은 질적 변경이므로 **변경재결**이 소송의 대상이 된다는 견해가 대립한다.

(3) 판   례

소청심사위원회(특별행정심판위원회)가 감봉 1월의 원징계처분을 견책으로 변경한 소청결정(변경재결)이 재량권 일탈·남용이어서 위법하다는 주장은 (변경된 원처분인 견책처분의 위법성을 주장하는 것이며) 소청결정 자체의 고유한 위법을 주장하는 것은 아니다(대판 1993. 8. 24. 93누5673)라는 판결을 살펴볼 때, 판례는 원처분청을 피고로 재결에 의해 (변경된) 원처분의 취소를 청구해야지 위원회를 피고로 (변경) 재결의 취소를 청구해서는 아니 된다는 입장이다.

(4) 검   토

변경재결이 있는 경우도 일부취소재결과 마찬가지로 **원처분의 연속성**이라는 관점에서 변경되고 남은 부분은 원처분으로 보아야 한다는 견해가 타당하다(**일반적인 견해**). 따라서 행정소송법 제19조 단서의 **원처분주의가 적용**되어 변경된 원처분이 소송의 대상의 대상된다. 일부취소재결과 변경재결을 구별하는 ⓒ설은 3개월 영업정지처분이 일부취소재결로 1개월 영업정지처분이 된 경우에는 원처분청을 피고로 남은 원처분인 1개월 영업정지처분의 취소를 구해야 하지만, 3개월 영업정지처분이 변경재결로 100만원 과징금부과처분이 된 경우에는 행정심판위원회를 피고로 변경재결의 취소를 구해야 하므로 일관성이 결여된 것(김석우)이다.

◆ **논점   변경처분(일부취소처분)과 변경된 원처분(남은 원처분) 중 항고소송의 대상★★★**

❂ 이 쟁점이 논의되는 것은 ① 처분청이 처분을 발령한 후 이를 스스로 직권으로 변경처분(일반적으로 축소변경)을 한 경우, ② 처분청이 처분을 발령한 후 상대방의 취소심판제기에 따라 위원회의 변경명령재결이 있었고 그에 따라 처분청이 재결의 기속력에 따라 변경처분(축소변경)을 한 경우, ③ 처분청이 처분을 발령한 후 이를 스스로 일부취소처분을 한 경우가 있다.

아래의 설명은 ②의 경우에 따른 것이지만 ①과 ③의 경우도 논의는 같다. 주의할 것은 이 쟁점은 처분 중 어느 '처분'이 항고소송의 대상이 되는지에 대한 논의이며 재결이 소의 대상이 되는지에 대한 논의가 아니므로, 행정소송법 제19조 단서는 문제되지 않는다.

1. 문제 상황

위원회의 변경명령재결 후 피청구인인 행정청이 재결의 기속력에 따라 변경처분을 한 경우, 변경되고 남은 부분을(일부취소의 경우 취소되고 남은 부분) 변경처분(원처분의 변경행위)과 변경된 원처분(원처분의 변경행위 후 남게 되는 부분) 중 어느 것이라고 볼 것인지와 관련해 항고소송의 대상이 문제된다(위의 ③의 경우라면 일부취소처분과 남은 원처분 중 어느 행위가 항고소송의 대상인지의 문제가 된다).

2. 학   설

ⓐ 변경처분과 변경된 원처분은 독립된 처분으로 **모두 소송의 대상이라는 견해(병존설)**, ⓑ 변경처분으로 원처분은 전부취소되고 변경처분이 원처분을 대체(변경처분에 흡수됨)하기 때문에 **변경처분(일부취소처분)만이 소의 대상이 된다는 견해(흡수설)**, ⓒ 변경처분은 원처분의 일부취소로 변경처분 이후에도 원처분은 (축소) 변경된 원처분으로 존재하기 때문에 **변경된 원처분(남은 원처분)만이 소의 대상이라는 견해(역흡수설)**, ⓓ 행정청이 발령한 **처분시의 문언의 취지를 충실하게 해석**하여, 변경처분이 일부취소의 취지인 경우 변경된 원처분이 소송의 대상이 되고, 변경처분이 원처분의 전부취소와 변경처분의 발령의 취지인 경우 변경처분이 소송의 대상이 된다는 **견해(류광해)**가 대립된다.

3. 판   례

판례는 ① 행정심판위원회의 변경명령재결에 따라 처분청이 변경처분을 한 경우, **변경처분에 의해 원처분이 소멸하는 것이 아니라 변경된 원처분으로 존재하기 때문에 소송의 대상은**

변경된 원처분(당초처분)이라고 한다. 따라서 제소기간의 준수 여부도 변경처분이 아니라 변경된 '원처분'을 기준으로 한다(대판 2007. 4. 27. 2004두9302). ② 그리고 처분청이 스스로 일부취소처분을 한 경우에도, 일부취소처분(감액처분)은 원처분 중 일부취소부분에만 법적 효과가 미치는 것이며 원처분과 별개의 독립한 처분이 아니므로 소송의 대상은 취소되지 않고 남은 원처분이라고 한다. 따라서 제소기간의 준수 여부도 일부취소처분이 아니라 남은 '원처분'을 기준으로 한다(대판 2012. 9. 27. 2011두27247).

4. 검   토

원처분을 유리하게 변경하는 행위(일부취소의 경우 일부취소하는 행위)는 별도의 독립한 처분이 아니므로, 원처분의 연속성이라는 관점에서 소송의 대상은 변경된 원처분(일부취소의 경우 남은 원처분)이 된다는 견해가 타당하다.

093   원고적격★★★

1. 문제 상황

㈎ '원고적격'이란 행정소송에서 원고가 될 수 있는 자격을 말한다. 취소소송의 원고적격에 대해 행정소송법 제12조 제 1 문은 "취소소송은 처분등의 취소를 구할 법률상 이익이 있는 자가 제기할 수 있다"고 규정한다.

㈏ 일반적 견해는 법률상 이익의 범위(의미)를 취소소송의 본질에 대한 논의를 통해 결정한다.

2. 취소소송의 본질

(1) 학   설

취소소송의 본질(기능)에 관해 ⓐ 취소소송의 목적은 위법한 처분으로 야기된 개인의 **권리침해**의 **회복**에 있다는 **권리구제설**(권리구제설이 말하는 권리는 좁은 의미의 권리이다), ⓑ 위법한 처분으로 (좁은 의미)권리뿐 아니라 법에 의해 **보호되는** 이익을 침해당한 자도 처분을 다툴 수 있다는 **법률상 보호이익설(통설)**, ⓒ 처분의 효력을 다투어 이를 부정하는 것이 당사자에게 실질적 이익이 있다면 그것이 법률상 이익이든 사실상의 이익이든 그러한 이익이 침해된 자는 소송을 제기할 수 있다는 **보호가치 있는 이익설**, ⓓ 취소소송은 개인의 권리구제보다는 처분의 적법성을 유지하는 것이 주된 기능이기 때문에 처분의 **적법성 확보**에 가장 적합한 이익 상태에 있는 자가 원고적격을 갖는다는 **적법성보장설**이 있다.

(2) 판   례

판례는 「행정소송에서 소송의 원고는 행정처분에 의하여 직접 권리를 침해당한 자임을 보통으로 하나 직접 권리의 침해를 받은 자 아닐지라도 소송을 제기할 법률상의 이익을 가진 자는 그 행정처분의 효력을 다툴 수 있다(대판 1974. 4. 9. 73누173)」고 하여 법률상 보호이익설의 입장이다.

(3) 검   토

① 취소소송은 주관적 소송이므로 적법성보장설은 타당하지 않으며, **행정소송법 제12조**가 취소소송은 법률상 이익이 있는 자가 제기할 수 있다고 규정하기 때문에 법률상 보호이익설이 타당하다. ② 그리고 권리를 넓은 의미로 보고 '(넓은 의미) 권리＝법률상 보호 이익＝법률상 이익(원고적격을 가진 자)'으로 이해하는 것이 **다수설**이며 타당하다.

3. 법률상 이익이 있는 자의 분석

(1) 법률상 이익에서 '법률(법규)'의 범위

법률상 이익(권리)이 성립되려면 근거법률(법규) 등이 행정청의 의무와 사익보호성을 규정하고 있어야 하는데, 행정청의 의무 및 사익보호성 유무의 판단기준이 되는 법률(법규)을 어디까지 한정할 것인지가 문제된다.

1) 학   설

일반적인 견해는 처분의 근거법규의 규정과 취지, 관련법규의 규정과 취지 외에 헌법상 기본권 규정도 보충적으로 고려해야 한다는 입장이다.

2) 판　　례

(가) 판례는 기본적으로 당해 <u>처분의 근거가 되는 법규</u>가 보호하는 이익만을 법률상 이익으로 본다(대판 1989. 5. 23. 88누8135).

(나) 최근에는 **폐기물처리시설입지결정사건**에서 <u>근거법규 외에 관련법규</u>까지 고려하여 법률상 이익을 판단하고 있다(대판 2005. 5. 12. 2004두14229). 다만, 근거법규나 관련법규에서 명시적이지 않더라도 합리적인 해석상 행정청의 의무와 사익보호성을 인정할 수 있다고 한다(대판 2004. 8. 16. 2003두2175).

(다) 하지만 헌법상의 기본권 및 기본원리는 법률상 이익의 해석에서 일반적으로 고려하지는 않는다. 다만, ⓐ **대법원**은 **접견허가거부처분사건**에서 '<u>접견권</u>'을(대판 1992. 5. 8. 91누7552), ⓑ **헌법재판소**는 **국세청장의 납세병마개제조자지정처분과 관련된 헌법소원사건**에서 '<u>경쟁의 자유</u>'를(헌재 1998. 4. 30. 97헌마141) 기본권이지만 권리로 인정(또는 고려)하였다고 일반적으로 해석한다.

3) 검　　토

취소소송은 법률상 보호이익의 구제를 목적으로 하는 소송(법률상 보호이익설)이기 때문에 처분의 근거법규의 규정과 취지, 관련법규의 규정과 취지 외에 기본권 규정도 보충적으로 고려해야 한다는 **일반적인 견해**가 타당하다. 다만 그 순서는 처분의 근거법규(실체법＋절차법)와 관련법규의 명시적 해석 및 근거법규와 관련법규의 목적론적 해석, 근거법규·관련법규·헌법상의 기본권·법의 일반원리의 결합으로 판단한다.

(2) '이익이 있는'의 의미

(가) 판례는 법률상의 이익이란 당해 <u>처분등의 근거가 되는 법규에 의하여 보호되는 개별적·직접적이고 구체적인 이익</u>을 말하고, 단지 <u>간접적이거나 사실적, 경제적인 이해관계</u>를 가지는 데 불과한 경우에는 행정소송을 제기할 법률상의 이익이 아니라고 본다(대판 1992. 12. 8. 91누13700).

(나) 그리고 법률상 이익에 대한 침해 또는 침해 우려가 있어야 원고적격이 인정된다(대판 2006. 3. 16. 2006두330).

(3) '자'의 범위

(가) 법률상 이익의 주체에는 자연인, 법인(공법인도 그 자신의 권리가 침해된 경우는 주체가 될 수 있다), 법인격 없는 단체, 다수인(행정소송법 제15조 참조)도 가능하다. 특히 법률상 이익이 있다면 처분의 상대방이 아닌 제3자(경쟁자소송, 경원자소송, 이웃소송)도 법률상 이익의 주체가 될 수 있다.

(나) 행정주체가 아닌 행정기관은 원칙상 항고소송을 제기할 법률상 이익이 인정되지 않는다. 그러나 대법원은 **경기도선거관리위원회 위원장이 국민권익위원회를 상대로 불이익처분원상회복등 요구처분취소를 구한 사건**에서 <u>원고(경기도선거관리위원회 위원장)는 피고(국민권익위원회)의 조치요구에 따라야 할 의무를 부담하고 이를 불이행하는 경우 과태료나 벌금에 처해지기 때문에 행정기관의 장에게 이러한 조치요구를 다툴 소송상 지위를 인정해야 하지만, 현행법은 기관소송은 법정주의를 규정하고 있어 명문의 규정이 없으면 제기할 수 없고, 피고 위원회는 헌법에 의해 설치된 기관이 아니어서 권한쟁의심판도 청구할 수 없다고 보았다. 따라서 원고는 피고 위원회의 조치요구를 다툴 별다른 방법이 없지만, 피고의 조치요구는 처분성이 인정되기 때문에 원고는 항고소송을 제기하는 것이 유효·적절한 수단이므로 원고는 비록 국가기관이지만 원고적격을 가진다고 보았다</u>(대판 2013. 7. 25. 2011두1214).

◆ **논점 원고적격의 확대★★★**

1. 경쟁자소송(경업자소송)
(1) 의 의

경쟁자소송이란 서로 경쟁관계에 있는 자들 사이에서 특정인에게 주어지는 수익적 행위가
제 3 자에게는 법률상 불이익을 초래하는 경우에 그 제 3 자가 자기의 법률상 이익의 침해를
이유로 경쟁자에게 발령된 처분을 다투는 소송을 말한다(예: 갑이 여객자동차운송사업면허를
받아 영업을 하고 있는 지역에 을에게 동일한 여객자동차운송사업면허를 발령하여, 갑이 을에
게 발령된 여객자동차운송사업면허처분을 다투는 소송).

(2) 구체적 판단

일반적 견해와 **판례**는 원칙적으로 행정청의 처분(앞의 예에서 을에게 발령된 처분)으로 침익
적 효과를 받는 자(기존업자인 갑)가 영업을 하기 위해 받았던 처분(여객자동차운송사업면허)
이 학문상 **특허처분**(특정인에게 특정한 권리를 설정하는 행위)인 경우와 **허가처분**(경찰 목적
으로 금지하였던 바를 해제하여 개인의 자유권을 회복시켜주는 행위)인 경우를 나누어 판단한
다. 즉 특허인 경우(예: **여객자동차운송사업면허, 선박운송사업면허, 광업허가**) 그 영업으로
인한 이익은 법률상 이익이지만, 허가인 경우(예: **숙박업허가, 석탄가공업허가, 공중목욕장업
허가**) 영업으로 인한 이익은 법률상 이익이 아니라고 본다. 그 이유는 특허의 경우 근거법규
의 취지가 수특허자의 경영상 이익을 보호하기 위한 것인 반면, 허가의 경우 근거법규의 취지
가 수허가자의 경영상 이익을 보호하기 위한 것이 아니기 때문이다.

(3) 판 례

1) 긍정한 경우

① 담배소매업 영업자 간에 거리제한을 두고 있는 경우, 기존업자가 신규 담배소매인지정처
분을 다툴 수 있는지 여부(적극)(대판 2008. 3. 27. 2007두23811), ② 기존 업체 시설 수가 과
다한 경우 분뇨등 수집·운반업에 대한 추가 허가를 제한할 수 있음을 규정하는 경우에 기존
업자가 신규업자에 대한 분뇨등 관련 영업허가를 다툴 수 있는지 여부(적극)(대판 2006. 7. 28.
2004두6716), ③ 기존업자가 신규업자의 선박운항사업 면허처분을 다투는 경우의 법률상 이
익(적극)(대판 1969. 12. 30. 69누106), ④ 다른 운송사업자가 운행하고 있는 기존 시외버스를
시내버스로 전환을 허용하는 사업계획변경인가처분에 대하여 기존 시내버스업자가 취소를 구
할 법률상의 이익(적극)(대판 1987. 9. 22. 85누985).

2) 부정한 경우

① 숙박업구조변경허가처분을 받은 건물의 인근에서 다른 여관을 경영하는 자들에게 그 처
분의 무효확인 또는 취소를 구할 법률상 이익이 있는지 여부(소극)(대판 1990. 8. 14. 89누
7900), ② 석탄가공업에 관한 허가를 받은 기존 허가업자들이 다른 자들에 대한 신규허가를
다툴 법률상 이익이 있는지 여부(소극)(대판 1980. 7. 22. 80누33), ③ 기존 목욕장업허가처분
을 받은 자가 신규 목욕장업허가처분에 대하여 그 취소를 소구할 수 있는 법률상 이익이 있는
지 여부(소극)(대판 1963. 8. 31. 63누101), ④ 한의사들이 한약조제시험을 통하여 한약조제권
을 인정받은 약사들에 대한 합격처분의 무효확인을 구할 법률상 이익이 있는지 여부(소극)(대
판 1998. 3. 10. 97누4289).

2. 경원자소송
(1) 의 의

경원자소송이란 일방에 대한 면허나 인·허가 등의 행정처분이 타방에 대한 불면허·불인
가·불허가 등으로 귀결될 수밖에 없는 경우에 불허가 등으로 인한 자기의 법률상 이익을
침해당한 자가 타인의 면허 등을 다투는 소송을 말한다(예: 해당 지역은 1개의 가스충전소사
업만 허가할 수 있는데 갑과 을이 허가를 신청하여 갑은 허가처분을, 을은 불허가처분을 받은
경우, 을이 갑에게 발령된 허가처분을 다투는 소송).

(2) 구체적 판단

일반적 견해와 판례는 근거법규 등에서 경원자관계를 예정하고 있다면 그 법령은 허가 등의 처분을 받지 못한 자의 이익을 보호하는 것으로 본다(대판 2009. 12. 10. 선고 2009두8359).

3. 이웃소송(인인(隣人)소송)

(1) 의 의

이웃소송은 이웃하는 자들 사이에서 특정인에게 주어지는 수익적 행위가 타인에게는 법률상 불이익을 초래하는 경우에 그 타인이 자기의 법률상 이익의 침해를 이유로 이웃에게 발령된 처분을 다투는 소송을 말한다(예: 갑이 연탄공장건축허가를 받자 이웃하는 을이 갑에게 발령된 연탄공장건축허가처분을 다투는 소송).

(2) 구체적 판단

㈎ 근거법규 등이 이웃에 대한 행정청의 의무와 사익보호성을 규정하고 있는가(보호규범론)에 따라 원고적격을 판단한다.

㈏ 특히 환경상 이익 침해에 대한 소송에서 행정청이 특정 사업자에게 환경에 영향을 미치는 시설을 허가하여 제3자인 이웃주민이 환경상 이익의 침해를 이유로 행정청의 처분을 다투는 경우 제3자의 원고적격이 문제된다(예: 행정청이 A사업자에게 원자력발전소사업을 허가하여 이웃인 제3자가 그 허가처분을 다투는 경우).

(3) 환경행정소송에서 판례의 입장

1) 환경행정소송에서 원고적격의 법리의 정립 — 새만금사건

판례는 새만금사건에서 환경영향평가 대상지역 안의 주민은 환경상의 이익에 대한 침해(침해우려)가 있는 것으로 사실상 추정되어 원고적격이 인정되나, 환경영향평가 대상지역 밖의 주민은 환경상의 이익에 대한 침해(침해우려)가 있다는 것을 입증해야 원고적격이 인정될 수 있다는 법리를 정립하였다(대판(전원) 2006. 3. 16. 2006두330).

2) 새만금사건의 법리의 확대

판례는 환경영향평가법령 외에도 행정처분의 근거 법규(관련 법규)에 환경상 침해를 받으리라고 예상되는 영향권의 범위가 구체적으로 규정되어 있는 경우(환경정책기본법, 구 산업집적활성화 및 공장설립에 관한 법률, 광업법령등)까지 새만금사건의 법리(대상지역 안의 주민과 밖의 주민을 구별하는 법리)를 확대하여 판시하고 있다(대판 2006. 12. 22. 2006두14001).

3) 새만금사건의 법리의 구체화

㈎ 판례는 제주도 풍력발전소 개발승인사건에서 '환경상 이익에 대한 침해 또는 침해 우려가 있는 것으로 사실상 추정되어 원고적격이 인정되는 자'의 범위에는 환경상 침해를 받으리라고 예상되는 영향권 내의 주민·영향권 내에서 농작물을 경작하는 등 현실적으로 환경상 이익을 향유하는 자는 포함되지만, 단지 그 영향권 내의 건물·토지를 소유하거나 환경상 이익을 일시적으로 향유하는 데 그치는 자는 포함되지 않는다고 본다(대판 2009. 9. 24. 2009두2825).

㈏ 그리고 판례는 물금취수장사건에서 취수장으로부터 멀리 떨어진 곳에 거주하면서 취수장으로부터 수돗물을 공급받는 주민들이 제기한 공장설립승인처분취소를 구하는 소송에서 취수장의 수질이 악화된다면 당연히 환경상의 침해나 침해우려가 있다는 사실을 주민들이 입증하자 그들의 원고적격을 인정하였다(대판 2010. 4. 15. 2007두16127).

4) 헌법상 환경권을 근거로 한 원고적격 인정 여부

판례는 헌법 제35조 제1항의 환경권을 직접 근거로 해서는 원고적격을 인정하지 않는다(대판(전원) 2006. 3. 16. 2006두330).

094 | 행정심판의 피청구인이 속한 지방자치단체가 위원회의 인용재결 (직접처분을 포함)을 다툴 원고적격이 있는지 여부★★

1. 문제 상황

지방자치단체(공법상 법인을 포함한다)는 행정주체로 권리·의무의 귀속주체이므로 처분 등으로 권리가 침해당한 경우 취소소송을 제기할 수 있다. 이 경우 실제 취소소송은 지방자치법 제101조(지방자치단체의 장은 지방자치단체를 대표하고, 그 사무를 총괄한다)에 따라 지방자치단체의 장이 추행한다. 그러나 그 단체장(처분청)이 행정심판 인용재결의 기속력을 받는 자라면 인용재결에 대해 취소소송을 제기할 수 있는지가 문제된다(예를 들어 A광역시장으로부터 허가거부처분을 받은 자가 의무이행심판을 청구하여 중앙행정심판위원회가 허가재결을 한 경우, 처분청(A광역시장)이 속한 행정주체(A광역시)가 위원회의 허가재결이 자신의 자치권을 침해하였음을 이유로 취소소송 등을 청구할 수 있는가의 문제이다).

2. 학   설

(1) 부 정 설

이 견해는 인용재결이 있는 경우, 피청구인인 행정청은 재결의 기속력(행정심판법 제49조)을 받아 재결의 취지에 따라야 할 의무를 부담하기 때문에 취소소송을 제기할 수 없다는 입장이다.

(2) 긍 정 설

이 견해는 해당 소송을 기관소송으로 본다면 기관소송은 법률의 규정이 있는 경우에만 허용되기 때문에 법률의 규정이 없다면 소송이 불가능하겠지만(행정소송법 제45조), 위원회의 재결을 처분청이 속한 행정주체가 자신의 권리침해를 이유로 다투는 것은 기관소송이 아니라 항고소송이므로 법률의 규정이 없어도 가능하다는 점을 근거로 한다.

3. 판   례

판례는 「행정심판법 제37조 제1항(현행 제49조 제1항)은 '재결은 피청구인인 행정청과 그 밖의 관계행정청을 기속한다'고 규정하였고, 이에 따라 처분행정청은 재결에 기속되어 재결의 취지에 따른 처분의무를 부담하게 되므로 이에 불복하여 행정소송을 제기할 수 없다 할 것(대판 1998. 5. 8. 97누15432)」이라고 하여 **부정적인 입장**이다.

4. 검   토

긍정설이 타당하다. 행정심판법 제49조는 기속력을 규정하고 있으나 기속력을 받는 자는 행정심판의 피청구인인 처분청인 반면 재결에 대해 불복하여 **항고소송을 제기하는 것은 행정주체**이므로 재결의 기속력이 미치지 않는다고 보아야 하기 때문이다(박정훈)(앞의 예에서 재결의 기속력을 받는 자는 A광역시장이지만, 법률상 이익의 침해를 이유로 소송을 제기하는 자는 A광역시가 된다. 물론 실제 소송 제기는 지방자치법 제101조(지방자치단체의 장은 지방자치단체를 대표하고, 그 사무를 총괄한다)에 따라 A광역시장이 하지만 이는 A광역시의 권리 침해에 대한 소송이다).

095 권리보호필요성(협의의 소의 이익)★★★

1. 의의, 근거

(가) 권리보호필요성(=협의의 소익)이란 원고의 재판청구에 대하여 법원이 판단을 행할 구체적 실익 내지 필요성을 말한다(소익=원고적격+협의의 소익).

(나) 권리보호필요성은 법률에 명시적인 소송요건으로 규정되어 있지는 않다. 그러나 일반적으로 신의성실의 원칙(법률관계의 당사자는 상대방의 이익을 배려하여 형평에 어긋나거나 신뢰를 저버리는 내용 또는 방법으로 권리를 행사하거나 의무를 이행해서는 안 된다는 원칙)을 소송법에도 적용하여 이를 인정한다.

2. 권리보호필요의 일반 원칙(일반적으로 권리보호필요성이 부정되는 경우)

취소소송에서 대상적격과 원고적격이 인정된다면 협의의 소익은 일반적으로는 긍정된다. 그러나 아래의 경우는 원칙적으로 권리보호필요성이 부정된다.

(1) 보다 실효적인 권리구제절차가 있는 경우

취소소송보다 더 실효적인 권리구제절차가 있는 경우는 권리보호필요성은 부정된다. 예를 들어 기본행위의 하자를 내세워 행정청의 인가처분의 취소 또는 무효확인을 소구하는 경우(대판 1995. 12. 12. 95누7338), 관계법령에서 권리구제를 위한 특별규정이 있음에도 바로 행정소송을 제기하는 경우, 간단한 행정절차로 목적을 달성할 수 있음에도 소송을 제기하는 경우를 말한다.

(2) 원고가 추구하는 권리보호가 오로지 이론상으로만 의미 있는 경우(소송이 원고의 법적 지위에 도움이 되지 않는 경우)

원고가 추구하는 권리보호가 오로지 이론상으로만 의미 있는 경우에는 권리보호필요성이 부정된다. 예를 들어 국가시험에 불합격처분을 받고 다음해 동일한 국가시험에 합격한 후 종전의 불합격처분의 취소를 구하는 소송을 제기하는 경우, 광업권취소처분 취소소송 계속 중 기존의 광업권의 존속기간이 만료된 경우, 건축물에 대한 철거가 집행된 이후 철거명령을 다투는 소송을 제기하는 경우 등을 말한다.

(3) 소권남용의 금지에 반하는 경우

소권을 남용한 경우에는 권리보호필요성이 부정된다. 예를 들어 원고의 소송이 오로지 행정청에게 압력을 행사하거나 불편을 끼치려는 것을 목적으로 하는 경우를 말한다.

🔷 논점 처분의 효력이 소멸된 경우 권리보호필요성★★★

1. 문 제 점

기간이 정해진 처분(예: 1월의 영업정지처분)은 그 기간이 경과한 후에는 처분의 효력이 소멸되기 때문에 일반적으로 해당 처분의 취소를 구할 권리보호필요성은 없다(위의 '(2) 원고가 추구하는 권리보호가 오로지 이론상으로만 의미 있는 경우'에 해당한다). 그러나 **행정소송법 제12조 제2문**은 "처분등의 효과가 기간의 경과, 처분등의 집행 그 밖의 사유로 인하여 소멸된 뒤에도 그 처분등의 취소로 인하여 회복되는 법률상 이익이 있는 경우에는 소의 이익이 있다"고 규정하여 처분등의 효과가 소멸된 후에도 이를 다툴 소의 이익을 인정하고 있어 문제가 된다.

2. 행정소송법 제12조 제2문 일반론

(1) 소송의 성격

1) 학 설

a. 취소소송으로 보는 견해   위법한 처분의 효력은 소멸되었으나 처분의 외관(예를 들어 처분을 받은 전력)이 존재하는 경우 그 처분에 대한 취소청구는 단지 확인의 의미를 넘어서 형성소송으로서의 성격을 가지므로 행정소송법 제12조 제2문에 따른 소송을 취소소송으로 보는 견해이다.

b. 확인소송으로 보는 견해   기간의 경과 등으로 소멸해버린 처분을 '취소'하는 것은 이론상 불가능하므로, 행정소송법 제12조 제2문에 '취소'소송으로 되어 있더라도 취소소송이 아니라 '확인'소송으로 보는 것이 타당하다는 견해이다.

2) 검 토

처분의 효력이 소멸된 후에는 취소가 불가능하기에 행정소송법 제12조 제2문의 소송은 확인소송으로 봄이 타당하다.

(2) 소송요건으로서의 지위(제12조 제2문의 성격)

1) 학 설

a. 권리보호필요성에 관한 조항이라는 견해   행정소송법 제12조 제1문은 원고적격에 관한 것이고, 제2문은 권리보호필요성에 관하여 규정한 것이라고 본다(그러나 행정소송법 제12조는 '원고적격'이라고 규정하고 있어 입법상 과오가 있다고 본다(**입법상 과오설**)).

b. 원고적격 조항이라는 견해   행정소송법 제12조 제1문은 처분의 효력이 존재하는 경우의 원고적격조항이며, 제2문은 처분의 효력이 사후에 소멸된 경우의 원고적격조항이라고 본다(행정소송법 제12조가 '원고적격'이라고 규정하고 있어도 입법상 과오가 없다고 본다(**입법상 비과오설**)).

2) 검 토

행정소송법 제12조 제2문은 제12조 제1문(취소를 구할 법률상 이익)과는 달리 처분등의 취소로 인하여 '회복되는 법률상 이익'이라고 규정하고 있어 그 이익은 권리보호필요성으로 보는 것이 타당하다(다수설).

(3) '회복되는 법률상 이익'의 의미(범위)

1) 학 설

ⓐ 제2문의 회복되는 법률상 이익과 제1문의 법률상 이익을 같은 개념으로 보고, **명예·신용** 등은 포함되지 않는다고 보는 견해(제1설)와 ⓑ 제2문의 회복되는 법률상 이익을 제1문의 법률상 이익보다 넓은 개념으로 보면서, 회복되는 법률상 이익에는 제1문의 법률상 이익 외에 원고의 경제·정치·사회·문화적 이익도 포함된다고 보는 견해(제2설)가 대립된다.

2) 판 례

판례는 제2문의 회복되는 법률상 이익과 제1문의 법률상 이익을 구별하지 않고, 간접적·사실적·경제적 이해관계나 명예·신용 등의 인격적 이익을 가지는 데 불과한 경우는 법률상 이익에 해당하지 않는다고 본다(제 1 설)(대판(전원) 1995. 10. 17. 94누14148).

3) 검 토
제12조 제 2 문을 권리보호필요성조항으로 본다면 제 1 문과 제 2 문의 이익을 일치시킬 필요가 없으며, 권리구제의 확대라는 면에서 제 2 설이 타당하다.

3. 행정소송법 제12조 제 2 문의 구체적 검토
행정소송법 제12조 제 2 문은 처분등의 효과가 소멸되는 사유로 ① 기간의 경과, ② 처분등의 집행, ③ 그 밖의 사유를 들면서 이 경우에도 처분등의 취소로 회복되는 법률상 이익이 있다면 권리보호필요성을 인정하고 있다.

(1) 기간의 경과로 처분의 효력이 소멸된 후의 권리보호필요성
1) 제재적 처분기준(가중규정)이 법률에 있는 경우(예: 1회 법위반 — 1개월영업정지, 2회 법위반 — 영업허가취소와 같은 제재적 처분기준)
가중규정이 법률에 있다면, 제재처분(1개월영업정지)을 받은 후 그 기간이 경과하였다고 할지라도 그 이후 동일한 위반행위를 한다면 가중된 제재처분(영업허가취소)을 받을 것이 분명하기 때문에 — 가중규정이 법률에 기속적 규정되어 있기 때문 — 그 위험이나 불안을 제거하기 위해 제재처분기간이 경과하여 소멸된 처분이라고 할지라도 처분의 취소를 구할 권리보호필요성은 인정된다는 것이 **일반적 견해**와 **판례**의 입장이다(대판 1990. 10. 23. 90누3119).

2) 제재적 처분기준이 법규명령형식의 행정규칙에 있는 경우(법률은 재량으로 규정)(21)
a. 학 설
(ⅰ) **법규명령형식의 행정규칙의 법적 성질을 기준으로 권리보호필요성을 판단하는 견해**(자세한 내용은 전술한 법규명령형식의 행정규칙의 법적 성질 참조)

(a) 법규명령설 ㈎ 제재적 처분기준의 형식은 대통령령 등이므로 법규명령으로 보아야 하고, 제재적 처분기준이 법규명령이라면 행정청은 그러한 처분기준에 따라 처분을 하게 되므로 법적 안정성 확보에 도움이 된다는 점을 근거로 한다.

㈏ 법규명령형식의 행정규칙의 법적 성질을 법규명령으로 보는 경우 행정청은 법규명령인 제재적 처분기준에 **따라 처분할 것**이므로 가중된 제재적 처분을 받을 불이익은 분명하며, 따라서 권리보호필요성이 긍정된다고 본다(위의 '(ⅰ) 가중규정이 법률에 있는 경우'와 같게 된다).

(b) 행정규칙설 ㈎ 제재적 처분기준은 재량준칙(행정규칙)으로 그 실질이 행정규칙이므로 법규명령의 형식으로 정한다고 하더라도 그 성질은 변하지 않으며, 제재적 처분기준을 행정규칙으로 보면 행정청은 재량적으로 처분할 수 있음을 규정한 법률(법률은 제재적 처분을 재량행위로 규정하고 있으므로)에 따라 처분을 하게 되므로 **구체적 타당성과 탄력성 확보가** 가능하다는 점을 근거로 한다.

㈏ 법규명령형식의 행정규칙의 법적 성질을 행정규칙으로 본다면 행정청은 **반드시 제재적 처분기준에 따라 처분한다고 볼 수 없기 때문에** 가중된 제재적 처분을 받을 불이익은 확정적이지 않고 따라서 권리보호필요성이 부정된다고 본다(행정규칙은 내부적인 구속력만 있으며 법규성이 없어 1개월의 영업정지처분을 받은 자가 다시 동일한 법위반행위를 한다고 반드시 영업허가소소처분을 받는 것은 아니기 때문에 권리보호필요성을 부정하는 것이다).

(ⅱ) **현실적 불이익을 받을 가능성을 기준으로 하는 견해** 법규명령형식의 행정규칙의 법적 성질이 아니라, 현실적으로 불이익을 받을 가능성이 있는지를 기준으로 하는 견해이다(물론 제재적 처분기준을 법규명령으로 본다면 가중된 불이익을 받을 가능성은 확실하지만, 행정규칙으로 본다면 가중된 불이익처분을 받을 가능성은 법규명령처럼 확실하진 않다). 즉 현실적 불이익을 받을 가능성이 있다면 **법규명령인지 행정규칙인지 구별하지 않고** 권리보호필요성을 긍정하는 견해이다.

b. 판 례 ㈎ 판례는 **과거 법규명령형식의 행정규칙의 법적 성질을 기준으로 권리보호필요성을 판단하는 입장**에 따라 시행령에 규정된 처분기준은 법규명령으로 보고 협의의 소익을 긍정한 반면, 시행규칙에 규정된 처분기준은 행정규칙으로 보고 협의의 소익을 부정하였다.

㈏ 그러나 **환경영향평가대행영업정지처분취소와 관련한 전원합의체판결을 통해 현실적 불이익**

을 받을 가능성을 기준으로 하는 입장을 취하고 있다. 즉, 제재적 처분기준의 법적 성질이 대외적 구속력을 갖는 법규명령·행정규칙인지 여부에 상관없이 행정청이나 담당공무원은 이를 준수할 의무가 있으므로 그러한 처분기준에 따라 선행처분을 받은 상대방이 장래에 불이익한 후행처분을 받을 위험은 현실적으로 존재하기 때문에 협의의 소익을 긍정하고 있다(대판(전원) 2006. 6. 22. 2003두1684).

　　c. 검　　토　　법규명령형식의 행정규칙의 법적 성질에 대한 논의와 권리보호필요성 인정 여부의 논의는 직접적인 관련성이 없다. 왜냐하면 법규명령형식의 행정규칙을 행정규칙으로 보고 법규성을 부정하더라도 원고가 가중된 제재처분을 받을 불이익의 가능성은 여전히 존재하며 설사 이를 행정규칙으로 보더라도 협의의 소익을 긍정할 수 있기 때문이다. 또한 법규명령형식의 행정규칙을 행정규칙으로 보고 권리보호필요성을 부정한다면 권리보호필요성의 범위를 너무 좁히게 되어 원고의 재판청구권을 침해할 가능성도 높다. 결국 법규명령형식의 행정규칙의 법적 성질이 법규명령인지 여부와 상관없이 현실적으로 불이익을 받을 가능성이 있는지를 기준으로 권리보호필요성을 판단하는 견해가 타당하다.

(2) 처분등의 집행으로 처분의 효력이 소멸된 후의 권리보호필요성

　처분등의 집행으로 처분의 효력이 소멸된 후에도 회복되는 법률상 이익이 있으면 권리보호필요성이 인정된다(예를 들어 현역병으로 입영한 후 당초에 있었던 현역병입영통지처분을 다투는 경우)(대판 2003. 12. 26. 2003두1875).

(3) 그 밖의 사유로 처분의 효력이 소멸된 후의 권리보호필요성

　예를 들어 지방의회의원이 지방의회를 상대로 제명의결취소소송 계속 중 임기가 만료된 경우 지방의회 의원으로서의 지위를 회복할 수는 없다고 할지라도 제명의결시부터 임기만료일까지의 기간에 대해 월정수당의 지급을 구할 수 있는 이익이 있기 때문에 취소소송의 권리보호필요성은 인정된다(대판 2009. 1. 30. 2007두13487).

096 　피고적격★★

1. 원칙 ― 처분청

(가) 다른 법률에 특별한 규정이 없는 한 취소소송에서는 그 처분등을 행한 행정청이 피고가 된다(행정소송법 제13조 제1항 본문). 재결취소소송의 경우는 위원회가 피고가 된다. 논리적으로 보면 피고는 처분등의 효과가 귀속하는 권리주체인 국가나 지방자치단체가 되어야 하지만, 행정소송법은 소송수행의 편의를 위해 행정청을 피고로 규정하고 있다(당사자소송은 권리주체를 피고로 한다. 행정소송법 제39조 참조).

(나) '처분등을 행한 행정청'이란 원칙적으로 소송의 대상인 **처분등을 외부에 자신의 명의로 행한 행정청**을 의미한다. 전통적 의미의 행정청(행정조직의 우두머리)뿐만 아니라 합의제기관(예: 방송위원회, 공정거래위원회), 법원이나 국회의 기관도 실질적 의미의 행정적인 처분을 하는 범위에서 행정청에 속한다(예: 법원장의 법원공무원에 대한 징계처분을 다투는 경우 법원장, 지방의회의 지방의회의원에 대한 징계나 지방의회의장에 대한 불신임의결을 다투는 경우 지방의회).

2. 특수한 경우

(1) 행정청의 권한이 승계된 경우

처분등이 있은 뒤에 그 처분등에 관계되는 권한이 다른 행정청에 승계된 때에는 이를 승계한 행정청을 피고가 된다(행정소송법 제13조 제1항 단서).

(2) 행정청이 없게 된 경우

행정청이 없게 된 때에는 그 처분등에 관한 사무가 귀속되는 국가 또는 공공단체가 피고가 된다(행정소송법 제13조 제2항).

(3) 행정청의 권한이 위임·위탁된 경우

행정청의 권한이 법령에 의해 위임 또는 위탁된 경우 그 위임·위탁을 받은 행정기관이나 공공단체 및 기관 또는 사인이 피고가 된다(행정소송법 제2조 제2항).

(4) 행정청의 권한이 내부위임된 경우

내부위임은 행정권한의 위임·위탁과는 달리 위임자 명의로 권한이 행사되기 때문에 위임 **행정관청이 피고가 된다**(권한의 내부위임이란 행정조직 내부에서 수임자가 위임자의 명의와 책임으로 위임자의 권한을 사실상 행사하는 것을 말한다). 내부위임임에도 수임 행정관청이 **위법하게 자신의 명의로 처분을 발령하였다면 피고는 명의자인 수임 행정관청**이 된다. 만일 정당한 권한자를 피고로 해야 한다면 무권한자가 위법한 처분을 발령한 후 정당한 권한자를 찾아야 하는 부담을 원고인 사인에게 지우는 결과가 되기 때문이다.

(5) 행정청의 권한이 대리된 경우

행정권한의 대리(행정권한의 대리란 행정관청(피대리관청)이 자신의 권한을 다른 행정관청(대리관청)으로 하여금 행사하게 하고, 대리관청은 자신의 이름으로 권한을 행사하되 그 효과는 피대리관청에 귀속하게 하는 것을 말한다)가 있는 경우 대리행위의 효과는 피대리관청에게 귀속된다. 따라서 항고소송의 피고는 **피대리관청**이 된다. 다만, 대리권을 수여받은 데 불과하여 그 자신의 명의로는 행정처분을 할 권한이 없는 행정청의 경우 대리관계를 밝힘이 없이 그 자신의 명의로 행정처분을 하였다면 그에 대하여는 처분명의자인 당해 행정청이 항고소송의 피고가 되어야 하는 것이 원칙이지만, 비록 대리관계를 명시적으로 밝히지는 아니하였다 하더라도 처분명의자가 피대리 행정청 산하의 행정기관으로서 실제로 피대리 행정청으로부터 대리권한을 수여받아 피대리 행정청을 대리한다는 의사로 행정처분을 하였고 처분명의자는 물론 그 상대방도 그 행정처분이 피대리 행정청을 대리하여 한 것임을 알고서 이를 받아들인 예외적인 경우에는 피대리 행정청이 피고가 되어야 한다(대결 2006. 2. 23. 2005부4).

(6) 처분적 조례

처분적 조례에 대한 항고소송의 피고는 지방자치단체의 내부적 의결기관으로서 지방자치단체의 의사를 외부에 표시한 권한이 없는 지방의회가 아니라, 지방자치단체의 집행기관으로서 조례로서의 효력을 발생시키는 공포권이 있는 **지방자치단체의 장**이 된다(대판 1996. 9. 20. 95누8003).

(7) 지방의회 의장의 선거행위 및 의장에 대한 불신임의결

지방의회의 의장의 선거행위 및 의장에 대한 불신임의결도 항고소송의 대상인 처분이다. 따라서 이를 지방의회 의장이 다투는 경우 피고는 지방의회가 된다(대판 1995. 1. 12. 94누2602: 대판 1994. 10. 11. 94두23).

(8) 처분권한자와 통지(통보)한 자가 다른 경우

처분권한자 아닌 자가 단순히 통지만 한 경우, 피고는 **처분권자**이다(국무회의에서 건국훈장 독립장이 수여된 망인에 대한 서훈취소를 의결하고 대통령이 결재함으로써 서훈취소가 결정된 후 국가보훈처장이 망인의 유족 갑에게 '독립유공자 서훈취소결정 통보'를 하자 갑이 국가보훈처장을 상대로 서훈취소결정의 무효 확인 등의 소를 제기한 사안에서, 갑이 서훈취소 처분을 행한 행정청(대통령)이 아니라 국가보훈처장을 상대로 제기한 위 소는 피고를 잘못 지정한 경우에 해당한다(대판 2014. 9. 26. 2013두2518)).

(9) 법률에 특별히 규정된 경우

국가공무원법 제16조 제2항은 공무원이 징계등 불리한 처분이나 부작위에 대해 행정소송을 제기할 때 대통령의 처분 또는 부작위의 경우에는 소속 장관이 피고가 되며, 노동위원회법 제27조 제1항은 중앙노동위원회의 처분에 대한 소송은 중앙노동위원회위원"장"을 피고로 한다고 규정하고, 법원조직법 제70조는 대법원장이 한 처분에 대한 행정소송의 피고는 법원행정처장으로 한다고 규정한다.

💎 **논점 피고경정★**

1. 의 의

소송의 계속 중에 피고를 종전에 피고로 지정된 자와 동일성이 없는 다른 자로 변경하는 것을 말한다. 피고를 경정하는 경우 원고의 고의·과실을 요하지 않는다.

2. 종 류

(1) 피고를 잘못 지정한 경우

원고가 피고를 잘못 지정한 때에는 법원은 원고의 신청에 의하여 결정으로써 피고의 경정을 허가할 수 있다(행정소송법 제14조 제1항).

(2) 소의 변경의 경우

소의 변경이 있는 경우에도 피고의 경정은 인정된다(행정소송법 제21조 제4항)(예를 들어 취소소송을 당사자소송으로 변경하면 피고를 행정청에서 행정주체로 경정해야 한다).

(3) 권한 행정청의 변경으로 인한 피고경정

취소소송이 제기된 후에 **제13조 제1항** 단서(처분등이 있은 뒤에 그 처분등에 관계되는 권한이 다른 행정청에 승계된 때에는 이를 승계한 행정청을 피고로 한다) 또는 **제13조 제2항에 해당하는 사유**(행정청이 없게 된 때에는 그 처분등에 관한 사무가 귀속되는 국가 또는 공공단체를 피고로 한다)가 생긴 때에는 법원은 당사자의 신청 또는 직권에 의하여 피고를 경정한다(행정소송법 제14조 제6항).

3. 절차 및 불복

㈎ 법원은 원고의 신청에 의하여 결정으로써 피고의 경정을 허가할 수 있다(행정소송법 제14조 제1항).

㈏ 법원이 피고경정 신청을 각하하는 결정을 하는 경우 즉시항고할 수 있다(행정소송법 제14조 제3항).

4. 시 기

피고경정은 사실심변론종결시까지 가능하다(대결 2006. 2. 23. 2005부4).

5. 효 과

피고경정허가가 있으면 새로운 피고에 대한 소송은 **처음에 소를 제기한 때**에 제기된 것으로 보며, 아울러 종전의 피고에 대한 소송은 취하된 것으로 본다(행정소송법 제14조 제4항·제5항). 이처럼 제소시점의 소급을 인정한 것은 제소기간 경과로 인한 당사자의 불이익을 배제하기 위한 것이다.

097 행정소송법상 소송참가★★

Ⅰ. 소송참가의 의의, 종류

(개) 참가인이란 소송에 참가하는 자를 말하는데, 소송참가란 타인 간의 소송 계속 중에 소송 외의 제3자가 그 소송의 결과에 따라 자기의 법률상 이익에 영향을 받게 되는 경우 자기의 이익을 위해 **타인의 소송절차에 가입**하는 것을 말한다.

(내) 행정소송상 소송참가에는 ① 제3자의 소송참가(행정소송법 제16조)와 ② 행정청의 소송참가(행정소송법 제17조), ③ 민사소송법에 의한 소송참가(행정소송법 제8조 제2항)가 있다.

Ⅱ. 제3자의 소송참가

1. 의   의

법원은 소송의 결과에 따라 권리 또는 이익의 침해를 받을 제3자가 있는 경우에는 당사자 또는 제3자의 신청 또는 직권에 의하여 결정으로써 그 제3자를 소송에 참가시킬 수 있다(행정소송법 제16조 제1항). 이를 제3자의 소송참가라고 한다. 이처럼 제3자의 소송참가가 인정되는 것은 취소판결의 효력(형성력)이 제3자에게도 미치기 때문이다(행정소송법 제29조 제1항). 이는 주로 복효적 행정행위에서 문제된다.

2. 요   건

(1) 타인 간에 소송이 계속 중일 것

소송참가의 성질상 당연히 타인 간의 취소소송이 계속되고 있어야 한다. 소송이 계속되는 한 심급을 가리지 않고 참가할 수 있다.

(2) 소송의 결과에 따라 권리 또는 이익의 침해를 받을 제3자일 것

(개) ① '소송의 결과'에 따라 권리 또는 이익의 침해를 받는다는 것은 취소판결의 주문에 의하여 직접 자기의 권리 또는 이익을 침해받는 것을 말하므로 그 취소판결의 효력, 즉 **형성력에** 의하여 직접 권리 또는 이익을 침해받는 경우를 말한다. ② 또한 학설은 **취소판결의 기속력 때문에 이루어지는 행정청의 새로운 처분**(행정소송법 제30조 제2항 참조)에 의해서 권리 또는 이익을 침해받는 경우도 해석상 여기서 말하는 권리 또는 이익을 침해받는 경우에 해당한다고 본다(예를 들어 경원자관계에서 수익적 처분을 받지 못한 자(갑)가 — 을에 대한 허가처분을 다투는 것이 아니라 — 자신의 신청에 대한 거부처분에 대해 취소소송을 제기하는 경우. 수익적 처분을 받은 자(을)는 만일 갑의 거부처분취소소송이 인용된다면 자신에게 발령된 인용처분이 거부처분취소소송의 인용판결의 기속력에 따른 후속조치(재처분의무)로 직권취소될 수 있기에 을은 갑의 거부처분취소소송에 소송참가를 할 수 있다).

(내) '권리 또는 이익'이란 단순한 경제상의 이익이 아니라 **법률상 이익**을 의미한다(대판 2000. 9. 8. 99나26924).

(대) 권리 또는 이익의 '침해를 받을'이라는 것은 소송참가시 소송의 결과가 확정되지 않은 상태이므로 실제로 침해받았을 것을 요하는 것이 아니라 소송의 결과에 따라 침해될 **개연성**이 있는 것으로 족하다(주석행정소송법).

(래) '제3자'란 해당 소송당사자 이외의 자를 말하는 것으로서 개인에 한하지 않고 국가 또는

공공단체도 포함되나, 행정청은 권리나 이익을 침해 받을 수 없어 행정소송법 제17조의 행정청의 소송참가규정에 의한 참가만이 가능하다(행정청은 권한만 가지며, 권리는 없다).

(3) 원·피고 어느 쪽으로도 참가 가능

소송의 결과에 따라 권리 또는 이익을 침해받을 제3자인 한, 원·피고 어느 쪽을 위해서도 참가할 수 있다. 이 점이 피고 행정청을 위한 참가만 가능한 행정소송법 제17조의 행정청의 소송참가와 다르다.

3. 절차, 불복

(1) 신청 또는 직권

법원은 당사자 또는 제3자의 신청 또는 직권에 의하여 소송참가를 결정한다(행정소송법 제16조 제1항).

(2) 의견청취

소송참가결정을 하고자 할 때에는 미리 당사자 및 제3자의 의견을 들어야 한다(행정소송법 제16조 제2항).

(3) 불   복

참가신청이 각하된 경우 신청을 한 제3자는 즉시항고할 수 있다(행정소송법 제16조 제3항).

4. 소송참가인의 지위

(가) 제3자를 소송에 참가시키는 결정이 있으면 그 제3자는 참가인의 지위를 취득한다. 이때 제3자는 행정소송법 제16조 제4항에 따라 민사소송법 제67조의 규정이 준용되어 피참가인과의 사이에 필수적 공동소송에서의 공동소송인에 준하는 지위에 서게 되나, 당사자적격이 없어 강학상 **공동소송적 보조참가인**의 지위에 있다고 보는 것이 **통설**이다(제3자임에도 판결의 효력을 받는 자에게 공동소송인에 준하는 소송수행권을 인정해 주는 제도를 말한다)(민사소송법 제78조 참조)(대판 2017. 10. 12. 2015두36836).

(나) 그리고 소송참가인의 지위를 취득한 제3자는 실제 소송에 참가하여 소송행위를 하였는지 여부를 불문하고 **판결의 효력**(형성력, 기판력)을 받는다. 또한 참가인이 된 제3자는 판결확정 후 행정소송법 제31조의 재심의 소를 제기할 수 없다(행정소송법 제31조 참조).

III. 행정청의 소송참가

1. 의   의

행정소송법 제17조는 법원이 다른 행정청을 소송에 참가시킬 필요가 있다고 인정할 때에 신청 또는 직권으로 행정청을 소송에 참가시킬 수 있음을 규정하고 있다. 이를 인정하는 이유는 다른 행정청(관계행정청)도 취소판결이 확정되면 **행정소송법 제30조 제1항**에 따라 기속력을 받기 때문이다. 주로 처분청이 처분을 함에 있어 다른 행정청의 동의나 협의 등을 필요로 하는 **협력을 요하는 행정행위**에서 문제된다.

2. 요   건

(1) 타인 간에 소송이 계속 중일 것

소송참가의 성질상 당연히 타인 간의 취소소송이 계속되고 있어야 한다. 소송이 계속되는 한 심급을 가리지 않고 참가할 수 있다.

(2) 다른 행정청이 참가할 것

'다른 행정청'이란 행정소송법 제30조 제1항의 관계행정청을 의미한다고 봄이 다수설이다. '관계행정청'이란 소송의 대상이 된 처분과 관련되는 처분이나 부수되는 행위(예를 들어 동의나 협력)를 할 수 있는 행정청을 총칭하는 것이다.

(3) 법원이 참가시킬 필요가 있다고 인정할 것

'참가시킬 필요가 있다고 인정할 때'란 법원이 재량적으로 판단할 문제이나, 사건의 적정한 심리와 재판을 위해 필요한 경우를 말한다.

3. 절   차

법원은 행정청의 신청 또는 직권에 의한 결정으로 참가 여부를 결정한다.

(1) 신청 또는 직권

법원은 행정청의 신청 또는 직권에 의해 소송참가를 결정한다(행정소송법 제17조 제1항).

(2) 의견청취

소송참가결정을 하고자 할 때에는 당사자 및 당해 행정청의 의견을 들어야 한다(행정소송법 제17조 제2항).

4. 소송참가인의 지위

㈎ 행정청을 소송에 참가시키는 법원의 결정이 있으면, 그 참가하는 행정청에 대하여는 민사소송법 제76조의 규정이 준용되므로, 참가행정청은 소송수행상 **보조참가인**에 준하는 지위에 있다(타인간의 소송임에도 소송의 결과에 이해관계 있는 제3자에게 일정한 소송행위를 할 수 있도록 인정하는 것을 말한다)(민사소송법 제71조 참조)(행정소송법 제17조 제3항).

㈏ 참가인은 보조참가인에 준하는 지위에 있기 때문에 참가적 효력(참가인이 피참가인에 대한 관계에서 판결 후 판결내용이 부당하다고 주장할 수 없는 구속력을 말한다)만 받게 되고 **판결의 효력(형성력, 기판력)은 받지 않는다**(행정소송법 제30조의 판결의 기속력이 미칠 수 있음은 별개의 문제이다).

098 행정심판전치의 적용범위 등★

행정심판전치란 사인이 행정소송의 제기에 앞서서 행정청에 대해 먼저 행정심판을 제기하여 처분의 시정을 구하는 것을 말한다. 다만 취소소송은 처분에 대한 행정심판을 제기할 수 있는 경우에도 이를 거치지 아니하고 제기할 수 있다(임의적 행정심판전치).

1. 적용범위

(가) 부작위위법확인소송에는 준용되지만, 무효등확인소송에는 준용되지 않는다(행정소송법 제38조 제1항·제2항).

(나) 행정심판은 항고쟁송이므로 당사자소송의 경우에는 행정심판전치의 적용이 없다(다수설).

(다) 무효확인을 구하는 의미의 취소소송의 경우에도 행정심판전치가 적용된다(대판 1990. 8. 28. 90누1892).

(라) 처분의 직접 상대방이 아닌 제3자가 행정심판을 청구하는 경우에도 행정심판전치가 적용된다(대판 1989. 5. 9. 88누5150).

(마) 둘 이상의 행정심판절차가 규정되어 있다면 명문의 규정이 없는 한 하나의 절차만을 거치는 것으로 족하다는 것이 일반적 견해이다(국세심사청구와 국세심판청구).

2. 행정심판의 적법성과 심판전치요건의 충족 여부(필요적 심판전치의 경우)

① 행정심판청구 요건을 구비한 적법한 심판청구가 있었으나 각하한 경우에 심판전치 요건은 구비된 것으로 본다. ② 행정심판청구 요건을 구비하지 못한 부적법한 심판청구가 있었음에도 본안에 대한 재결(인용·기각재결)을 한 경우 심판전치의 요건이 구비되지 않은 것으로 본다.

3. 행정심판과 행정소송의 관련성(필요적 심판전치의 경우)

(1) 인적 관련성

행정심판은 특정한 처분에 대한 위원회의 재심사가 목적이기 때문에 행정심판의 청구인과 행정소송에서 원고는 일치될 필요가 없으며, 특정한 처분에 대한 행정심판이 있기만 하면 족하다.

(2) 물적 관련성

행정심판의 청구원인 등과 행정소송의 그것이 기본적인 점에서 동일하면 족하다(행정소송법 제18조 제3항 제2호 참조).

(3) 주장내용의 관련성

행정심판에서의 주장과 행정소송에서의 주장은 기본적인 점에서만 부합되면 된다.

(4) 공격방어방법의 동일성

사건의 동일성만 인정되면 행정심판전치 요건은 구비된 것이며, 공격방어방법(원고가 본안을 인용받기 위해 제출하는 일체의 자료를 공격방법, 피고가 이를 방어하기 위해 제출하는 일체의 소송자료를 방어방법이라고 한다)의 동일성은 필요로 하지 않는다(대판 1996. 6. 14. 96누754).

099 　제소기간★★

제소기간이란 처분의 상대방 등이 소송을 제기할 수 있는 시간적 간격을 말한다. 제소기간 준수 여부
는 소송요건으로서 법원의 직권조사사항이다.

1. 적용범위

(개) 제소기간 요건은 처분의 상대방이 소송을 제기하는 경우는 물론이고, 법률상 이익이 침해
된 제 3 자가 소송을 제기하는 경우에도 적용된다(대판 1991. 6. 28. 90누6521).
(내) 무효등확인소송의 경우에는 제소기간 제한이 없다. 그러나 무효를 확인(선언)하는 의미의 취소
소송은 제소기간의 준수 등 취소소송의 제소요건을 갖추어야 한다(대판 1993. 3. 12. 92누11039).

2. 안 날부터 90일

(1) 행정심판을 거치지 않은 경우
1) 특정인에 대한 처분의 경우(송달하는 경우)
상대방에게 처분 등을 송달할 수 있는 경우 처분 등의 효력은 송달받을 자에게 '도달'하면 발
생한다(행정절차법 제15조 제 1 항). 그러나 취소소송은 처분등이 있음을 안 날부터 90일 이내에
제기하여야 한다(행정소송법 제20조 제 1 항 제 1 문). '처분등이 있음을 안 날'이란 통지·공고 기
타의 방법에 의하여 당해 처분이 있었다는 사실을 현실적으로 안 날을 의미한다(대판 1964. 9.
8. 63누196). 처분이 있음을 앎으로 족하고 구체적인 내용이나 그 처분의 위법 여부를 알아야
하는 것은 아니다(대판 1991. 6. 28. 90누6521). 그리고 적법한 송달이 있었다면 특별한 사정이
없는 한 처분이 있음을 알았다고 추정된다. 따라서 이 경우 특별한 사정으로 알지 못했다는
사정은 원고가 입증해야 한다.
2) 불특정인에 대한 처분의 경우(고시 또는 공고하는 경우)
통상 고시 또는 공고에 의하여 행정처분을 하는 경우에는 그 처분의 상대방이 불특정 다수인
이고, 그 처분의 효력이 불특정 다수인에게 일률적으로 적용되는 것이므로, 그에 대한 행정심
판 청구기간도 그 행정처분에 이해관계를 갖는 자가 고시 또는 공고가 있었다는 사실을 현실
적으로 알았는지 여부에 관계없이 고시가 효력을 발생하는 날인 고시 또는 공고가 있은 후 5
일이 경과한 날(행정 효율과 협업 촉진에 관한 규정 제 6 조 제 3 항 '공고문서는 그 문서에서 효력발
생 시기를 구체적으로 밝히고 있지 않으면 그 고시 또는 공고 등이 있은 날부터 5일이 경과한 때에
효력이 발생한다')에 행정처분이 있음을 알았다고 보아야 한다(대판 2000. 9. 8. 99두11257).
3) 개별공시지가결정의 경우
개별토지가격결정은 각 개별토지에 대한 가격결정을 일괄하여 읍·면·동의 게시판에 공고하
는 것일 뿐 그 처분의 효력은 각각의 토지 또는 각각의 소유자에 대하여 각별로 효력을 발생
하는 것이므로, 개별토지가격결정의 공고로 그 효력은 발생하지만 처분의 상대방인 토지소유
자 및 이해관계인이 공고일에 개별토지가격결정처분이 있음을 알았다고 할 수는 없으므로 개
별토지가격결정을 알았다고 볼 만한 특별한 사정이 없는 한 처분이 있은 날로부터 1년 이내에
취소소송(행정심판은 처분이 있은 날로부터 180일 이내)을 제기하면 된다(대판 1993. 12. 24. 92누
17204 참조).

(2) 행정심판을 거친 경우

⑺ 행정심판을 거친 경우에는 재결서의 정본을 송달받은 날부터 90일 내에 소송을 제기해야한다(행정소송법 제20조 제 1 항 단서). '재결서정본을 송달받은 날'이란 재결서 정본을 민사소송법이 정한 바에 따라 적법하게 송달받은 경우를 말한다.

⑻ 그리고 행정소송법 제20조 제 1 항 단서는 '행정청이 행정심판청구를 할 수 있다고 잘못 알려 행정심판을 청구한 경우' 제소기간은 재결서의 정본을 송달받은 날부터 기산한다고 규정하는데, 이 규정의 취지는 처분 상대방에 대하여 행정청이 법령상 행정심판청구가 허용되지 않음에도 행정심판청구를 할 수 있다고 잘못 알린 경우에, 잘못된 안내를 신뢰하여 부적법한 행정심판을 거치느라 본래 제소기간 내에 취소소송을 제기하지 못한 자를 구제하려는 데에 있다(지방자치법 제19조 제 3 항(제 1 항에 따라 변상할 것을 명령받은 자는 이에 불복하는 경우 행정소송을 제기할 수 있다. 다만, 「행정심판법」에 따른 행정심판청구는 제기할 수 없다) 참조).

⑼ 따라서 이 경우와는 달리 이미 제소기간이 지남으로써 불가쟁력이 발생하여 불복청구를 할수 없었던 경우라면 그 이후에 행정청이 행정심판청구를 할 수 있다고 잘못 알렸다고 하더라도 그 때문에 처분 상대방이 적법한 제소기간 내에 취소소송을 제기할 수 있는 기회를 상실하게 된 것은 아니므로 이러한 경우에 잘못된 안내에 따라 청구된 행정심판 재결서 정본을 송달받은 날부터 다시 취소소송의 제소기간이 기산되는 것은 아니다(대판 2012. 9. 27. 2011두27247). 즉, 이 경우는 행정소송법 제20조 제 1 항 단서가 적용되는 것이 아니라 제20조 제 1 항 본문이 적용되어 처분등이 있음을 안 날부터 90일 이내에 취소소송을 제기하여야 한다.

(3) 불변기간

앞의 90일은 불변기간이다(행정소송법 제20조 제 3 항).

3. 있은 날부터 1년

(1) 행정심판을 거치지 않은 경우

취소소송은 처분등이 있은 날부터 1년을 경과하면 이를 제기하지 못한다(행정소송법 제20조 제 2 항). '처분등이 있은 날'이란 처분의 효력이 발생한 날을 말한다. 처분은 행정기관의 내부적 결정만으로 부족하며 외부로 표시되어 상대방에게 도달되어야 효력이 발생한다(대판 1990. 7. 13. 90누2284). '도달'이란 상대방이 현실적으로 그 내용을 인식할 필요는 없고, 상대방이 알수 있는 상태에 놓여지면 충분하다.

(2) 행정심판을 거친 경우

행정심판을 거친 경우에는 재결이 있은 날로부터 1년내에 소송을 제기해야 한다(행정소송법 제20조 제 2 항). '재결이 있은 날'이란 재결의 효력이 발생한 날을 말하며, 재결의 효력이 발생한날은 재결서 정본을 송달받은 날이 된다. 결국 행정소송법 제20조 제 1 항의 '재결서정본을 송달받은 날'의 의미와 제 2 항의 '재결이 있은 날'의 의미는 같다.

(3) 정당한 사유가 있는 경우

정당한 사유가 있으면 1년이 경과한 후에도 제소할 수 있다(행정소송법 제20조 제 2 항 단서). 일반적으로 행정처분의 직접 상대방이 아닌 제 3 자(예: 이웃소송에서 이웃하는 자)는 행정처분이 있음을 알 수 없는 처지이므로 특별한 사정이 없는 한 정당한 사유가 있는 경우에 해당한다(대판 1989. 5. 9. 88누5150). 따라서 이러한 제 3 자에게는 제소기간이 연장될 수 있다. 그러나 제 3 자가 처분등이 있음을 알았다면 안 날부터 90일 이내에 취소소송을 제기해야 한다.

4. 안 날과 있은 날의 관계

처분이 있음을 안 날과 처분이 있은 날 중 어느 하나의 기간만이라도 경과하면 제소할 수 없다.

5. 특수한 경우

(1) 처분 당시에 취소소송의 제기가 허용되지 않다가 위헌결정으로 허용된 경우

처분 당시에는 취소소송의 제기가 법제상 허용되지 않아 소송을 제기할 수 없다가 위헌결정으로 인하여 비로소 취소소송을 제기할 수 있게 된 경우 제소기간의 기산점은 처분등이 있음을 안 날이나 처분이 있은 날이 아니라 객관적으로는 '위헌결정이 있은 날('있은 날'과 관련하여)', 주관적으로는 '위헌결정이 있음을 안 날('안 날'과 관련하여)'이 된다(대판 2008. 2. 1. 2007두 20997).

(2) 불고지나 오고지의 경우

행정심판법 제27조 제5항의 규정은 행정심판 제기에 관하여 적용되는 규정이지, 행정소송 제기에도 당연히 적용되는 규정이라고 할 수는 없다(대판 2008. 6. 12. 2007두16875; 대판 2001. 5. 8. 2000두6916).

100 관련청구소송의 병합★★

1. 청구의 병합의 개념

(1) 의   의

청구의 병합이란 하나의 소송절차에서 수개의 청구를 하거나(소의 객관적 병합), 하나의 소송절차에서 수인이 공동으로 원고가 되거나 수인을 공동피고로 하여 소를 제기하는 것(소의 주관적 병합)을 말한다.

(2) 관련청구소송의 병합의 취지

관련청구소송의 병합은 상호관련성 있는 여러 청구를 하나의 절차에서 심판함으로써 심리의 중복, 재판상 모순을 방지하고 아울러 신속하게 재판을 진행시키기 위한 제도이다.

2. 형   태

행정소송법은 제10조 제2항과 제15조에서 특별규정을 두고 민사소송에서는 인정되지 않는 서로 다른 소송절차에 의한 청구의 병합을 인정하고 있다(민사소송법은 소의 객관적 병합에 관하여 동종의 소송절차에 의해서 심리되어질 것을 요건으로 하며, 각 청구 간의 관련성을 요건으로 하고 있지 않다).

(1) 객관적 병합(복수의 청구)

(가) 취소소송의 원고는 관련청구를 병합(원시적 병합)하여 제소하거나 또는 사실심변론종결시까지 추가하여 병합(후발적 병합)할 수 있다(행정소송법 제10조 제2항).

(나) 행정소송도 민사소송과 마찬가지로 객관적 병합의 형태로 **단순 병합**(원고가 서로 양립하는 여러 청구를 병합하여 그 전부에 대해 판결을 구하는 형태를 말한다(예: 손해배상청구에서 적극적 손해·소극적 손해·정신적 손해를 함께 청구하는 경우))·**선택적 병합**(원고가 서로 양립하는 여러 청구를 택일적으로 병합하여 그 중 어느 하나라도 인용하는 판결을 구하는 형태를 말한다(예: 물건의 인도를 소유권과 점유권에 기하여 청구하는 경우))·**예비적 병합**(주위적 청구(주된 청구)가 허용되지 아니하거나 이유 없는 경우를 대비하여 예비적 청구(보조적 청구)를 병합하여 제기하는 형태를 말한다(예: 주위적으로 무효확인소송을, 예비적으로 취소소송을 제기하는 경우))이 허용된다.

(2) 주관적 병합(복수의 당사자)

행정소송법 제10조 제2항은 '피고외의 자를 상대로 한 관련청구소송'을, 동법 제15조는 '수인의 청구 또는 수인에 대한 청구가 처분등의 취소청구와 관련되는 청구인 경우'를 규정하고 있다. 공동소송은 **통상의 공동소송**(공동소송인 사이에 합일확정(분쟁의 승패가 공동소송인 모두에 대해 일률적으로 결정되는 것을 말한다(재판의 통일))을 필요로 하지 않는 공동소송을 말한다)과 **필수적 공동소송**(공동소송인 사이에 소송의 승패가 통일적으로 결정되어야 하는 공동소송을 말한다(합일확정이 필요한 소송))이 모두 가능하다(민사소송법 제66조·제67조 참조).

3. 관련청구소송의 병합의 요건

① 관련청구의 병합은 그 청구를 병합할 취소소송을 전제로 하여 그 취소소송에 관련되는 청구를 병합하는 것이므로, 관련청구소송이 병합될 기본인 취소소송이 적법한 것이 아니면 안 된다. 따라서 관련청구를 병합할 취소소송은 그 자체로서 소송요건, 예컨대 출소기간의 준수,

협의의 소익 등을 갖춘 적법한 것이어야 한다(**취소소송의 적법성**). 만일 본래의 취소소송 등이
부적법하여 각하되면 그에 병합된 관련청구도 소송요건을 흠결하여 부적합한 것으로 각하되
어야 한다(대판 2001. 11. 27. 2000두697).

② 관련청구의 병합은 사실심변론종결 전이라면 원시적 병합이든 후발적 병합이든 가릴 것 없
이 인정된다(행정소송법 제10조 제 2 항)(**병합의 시기**). 다만, 행정소송법은 제 3 자에 의한 후발적
병합을 인정하고 있지 않으므로 수인의 원고는 처음부터 공동소송인(공동소송이란 하나의 소송
절차에 여러 사람의 원고 또는 피고가 관여하는 소송을 말한다)으로 제소하여야 하고 소송계속 중
에는 소송참가가 허용될 뿐이다(이상규, 오진환).

③ 행정소송법 제10조 제 1 항 제1·2호의 관련청구소송이어야 한다(**관련청구소송**). 제 1 호(당해
처분등과 관련되는 손해배상·부당이득반환·원상회복 등 청구소송)는 청구의 내용 또는 발생 원인
이 법률상 또는 사실상 공통되어 있는 소송을 말하며(예: 운전면허취소처분에 대한 취소소송과
위법한 운전면허취소처분으로 발생한 손해에 대한 손해배상청구소송), 제 2 호(당해 처분등과 관련되
는 취소소송)는 개방적·보충적 규정으로 증거관계, 쟁점, 공격·방어방법 등의 상당부분이 공
통되어 함께 심리함이 타당한 사건을 말한다(법원실무제요)(예: ① 하나의 절차를 구성하는 대집행
계고처분과 대집행영장통지처분에 대한 취소소송, ② 원처분과 재결에 대한 취소소송).

④ 행정사건에 관련 민사사건이나 행정사건을 병합하는 방식이어야 하고, 반대로 민사사건에
관련행정사건을 병합할 수는 없다. 행정소송 상호간에는 어느 쪽을 병합하여도 상관없다(**행정
사건에의 병합**).

⑤ 행정청을 피고로 하는 취소소송에 국가를 피고로 하는 손해배상청구를 병합하는 경우처럼
관련청구소송의 피고는 원래 소송의 피고와 동일할 필요가 없다(**피고의 동일성 불요**).

4. 적용법규

병합된 관련청구소송이 민사사건인 경우라도, 병합한다고 민사사건이 행정사건으로 변하는 것
은 아니므로 병합된 청구에 대해서는 민사소송법이 적용된다.

5. 취소소송에 부당이득반환청구가 병합된 경우, 부당이득반환청구가 인용되려면 취소
판결이 확정되어야 하는지 여부

㈎ 원심은「이 사건 처분이 위법하여 일부 취소됨을 전제로 … 부당이득으로서 반환을 구하는
이 사건에 있어서, 원고가 이 사건 처분 중 취소를 구하는 부분의 … 부당이득반환청구권은
그에 관한 처분이 취소·확정되어야 비로소 발생하게 된다 할 것인데, 이 사건 처분이 아직 취
소·확정되었다고 볼 수 없으므로, … 피고의 이익을 부당이득이라 할 수 없다(서울고법 2008.
11. 7. 2008누15147)」고 하여 미리 처분의 취소가 확정되어야 민사법원은 부당이득반환청구를
인용할 수 있다고 보았다.

㈏ 그러나 대법원은「행정소송법 제10조 제 1 항, 제 2 항은 처분의 취소를 구하는 취소소송에
당해 처분과 관련되는 부당이득반환소송을 관련 청구로서 병합할 수 있다고 규정하고 있는바,
이 조항을 둔 취지에 비추어 보면, 취소소송에 병합할 수 있는 당해 처분과 관련되는 부당이
득반환소송에는 당해 처분의 취소를 선결문제로 하는 부당이득반환청구가 포함되고, 이러한
부당이득반환청구가 인용되기 위해서는 그 소송절차에서 판결에 의해 당해 처분이 취소되면
충분하고 그 처분의 취소가 확정되어야 하는 것은 아니라고 보아야 한다. 이 사건 취소소송에
서 … 부과처분을 취소하고 있으므로, … 부당이득반환소송에서는 … 부과처분이 취소되었음

을 전제로 그 인용 여부를 판단하였어야 할 것(대판 2009. 4. 9. 2008두23153)」이라고 하여 당해 법원이 처분을 취소하면서 바로 부당이득반환청구를 인용할 수 있다는 입장이다. 대법원의 입장이 타당하다.

101 행정소송상 소의 변경★★

I. 소의 변경의 개념

1. 의 의

소송 계속 중 당사자, 청구의 취지, 청구의 원인 등 전부 또는 일부를 변경하는 것을 소의 변경이라 한다.

2. 종 류

행정소송상 소의 변경에는 ① 소의 종류의 변경(행정소송법 제21조), ② 처분변경 등으로 인한 소의 변경(행정소송법 제22조), ③ 민사소송법에 의한 소의 변경(행정소송법 제8조 제2항에서 준용하는 민사소송법 제262조)이 있으며, ④ 특수한 문제로 민사소송과 행정소송 간의 소의 변경의 허용 여부가 논의된다.

II. 소의 종류의 변경★★

1. 의 의

(가) 행정소송법 제21조 제1항은 취소소송을 당사자소송 또는 취소소송 외의 항고소송으로 변경할 수 있음을 규정하며, 행정소송법 제37조는 무효등확인소송이나 부작위위법확인소송을 취소소송 또는 당사자소송으로 변경하는 것도 인정하고 있고, 행정소송법 제42조는 당사자소송을 항고소송으로 변경하는 것도 인정한다. 이는 **행정소송의 종류가 다양한 까닭에 소의 종류를 잘못 선택할 가능성**이 있는바, 사인의 권리구제를 위해서 소의 종류의 변경을 인정하는 것이다.

(나) 무효등확인소송과 부작위위법확인소송 간에는 소의 변경을 명문으로 규정하고 있지 않지만, 학설은 긍정한다(행정소송법 제37조 참조).

2. 요 건

① 취소소송을 당사자소송 또는 취소소송 외의 항고소송으로 변경하는 것이어야 한다(무효등확인소송이나 부작위위법확인소송, 당사자소송을 다른 종류의 소송으로 변경하는 것도 가능하다).
② 소의 변경이 상당한 이유가 있어야 한다. 상당성은 각 사건에 따라 구체적으로 판단할 것이나 소송자료의 이용가능성, 다른 구제수단의 존재 여부, 소송경제, 새로운 피고에 입히는 불이익의 정도 등을 종합적으로 고려해야 한다(윤영선).
③ 청구의 기초에 변경이 없어야 한다. '청구의 기초'라는 개념은 신·구청구 간의 관련성을 뜻한다. 구체적으로 무엇이 동일해야 하는지에 관해 ⓐ 학설은 ㉠ **이익설**(청구를 특정한 권리의 주장으로 구성하기 전의 사실적인 이익분쟁 자체가 공통적인 때에 동일성을 인정하는 견해이다), ㉡ **사실자료동일설**(신청구와 구청구의 사실자료 사이에 심리의 계속을 정당화할 정도의 공통성이 있을 때에 동일성을 인정하는 견해이다), ㉢ **병용설**(신·구청구의 재판자료의 공통만이 아니라 신·구청구의 이익관계도 공통적인 때에 동일성을 인정하는 견해이다)의 다툼이 있다. ⓑ **판례**는 청구기초에 변경이 없는 경우를 '동일한 사실 또는 경제적 이익에 관한 분쟁에 있어서 그 해결 방법에 차이가 있는 것에 지나지 않는 경우'로 보는 이익설이 주류적인 입장이다(대판 1997. 4. 25. 96다32122).
④ 행정소송이 **사실심변론종결 전**이어야 한다. 따라서 상고심에서는 소의 종류의 변경이 인정

되지 않는다. 그리고 사실심변론종결 전이면 후술하는 처분변경으로 인한 소의 변경과는 달리 신청 기간의 제한이 없다.

⑤ 변경되는 신소는 적법한 제소요건을 갖추어야 한다. 따라서 무효확인소송 또는 당사자소송을 취소소송으로 변경하는 경우(또는 부작위위법확인소송을 거부처분취소소송으로 변경하는 경우) 제소기간 등을 준수해야 한다(행정소송법 제21조 제 4 항, 제14조 제 4 항 참조).

3. 절차·불복

① 원고의 신청에 따라 법원의 허가를 받아야 한다. 그리고 소의 변경을 허가를 하는 경우 피고를 달리하게 될 때에는 법원은 새로이 피고로 될 자의 의견을 들어야 한다(행정소송법 제 21조 제 2 항). ② 또한 법원의 허가결정에 대해 즉시항고할 수 있다(행정소송법 제21조 제 3 항).

4. 효   과

소종류 변경 허가결정이 있는 경우 변경되는 새로운 소송은 **처음 소를 제기한 때에 제기된 것** **으로 보며**(소의 변경의 경우 민사소송법 제265조는 경정신청서 제출시에 변경되는 소송이 제기된 것으로 보지만, 행정소송법은 처음 소를 제기한 때 제기된 것으로 보아 민사소송법의 특칙으로 제소 시점의 소급을 인정한다)(행정소송법 제21조 제 4 항, 제14조 제 4 항), 아울러 종전의 소송은 **취하** 된 것으로 본다(행정소송법 제21조 제 4 항, 제14조 제 5 항). 그리고 종전의 소와 관련하여 진행 된 절차는 변경된 새로운 소에 그대로 유효하게 유지된다.

III. 처분변경으로 인한 소의 변경★

1. 의   의

행정청이 소송의 대상인 처분을 소가 제기된 후 변경한 때에는 원고의 신청에 의하여 법원은 결정으로써 청구의 취지 또는 원인의 변경을 허가할 수 있다(행정소송법 제22조 제 1 항). 행정 청은 행정소송이 계속되고 있는 동안에도 **직권 또는 행정심판의 재결에 따라 행정소송의 대상** **이 된 처분을 변경**할 수 있는 바 이 경우 종전 소송의 각하(협의의 소익 없음을 이유로)나 새로 운 소의 제기라는 무용한 절차의 반복을 배제하여 간편하고도 신속하게 개인의 권익구제를 확 보하기 위해 이 제도를 인정한 것이다.

2. 요   건

ⓐ 처분에 대한 소제기 후 행정청에 의한 처분의 변경이 있을 것(처분의 변경은 원처분에 대한 적 극적인 변경이거나 일부취소를 가리지 않는다), ⓑ 처분의 변경이 있음을 안 날로부터 60일 이내에 원고가 신청을 할 것(행정소송법 제22조 제 2 항), ⓒ 변경될 소는 사실심변론종결 전이어야 한다.

3. 절   차

원고의 신청에 따라 법원의 허가를 받아야 한다.

4. 효   과

① 소의 변경을 허가하는 결정이 있으면 당초의 소가 처음에 제기된 때에 변경한 내용의 신소 가 제기되고, 구소는 취하된 것으로 간주된다. ② 그리고 변경되는 청구가 필요적 심판전치에 해당하는 경우라도 그 요건은 구비된 것으로 본다(행정소송법 제22조 제 3 항). 처분이 변경되기 전에 이미 해당 처분에 대해 행정심판을 거쳤다면 처분변경이 있은 후 다시 재심사할 필요가 없기 때문이다.

102 민사소송과 행정소송간의 소의 변경의 허용 여부★★★

1. 문제 상황
행정소송법이나 민사소송법에는 행정소송을 민사소송으로, 민사소송을 행정소송으로 변경하는 소의 변경에 관한 규정이 없다. 그렇다면 행정소송을 민사소송으로 또는 민사소송을 행정소송으로 소변경할 수 있는지가 문제된다.

2. 학   설
(1) 부 정 설
민사소송의 소의 변경의 요건으로 신·구청구가 동종의 소송절차에 의해 심리될 수 있을 것이 요구된다는 점, 민사소송법상 소의 변경은 당사자의 변경을 포함하지 않는데 예를 들어 무효확인소송을 부당이득반환청구소송으로 변경하는 경우 피고가 처분청에서 행정주체로 되는 것과 같이 당사자가 변경되므로 소의 변경이 인정될 수 없다는 견해이다.

(2) 긍 정 설
실무상 어떤 청구가 민사소송인지 당사자소송인지 구별이 분명하지 않고(예: 국가배상청구, 부당이득반환 청구), 당사자의 권리구제나 소송경제를 위해 민사소송과 행정소송 사이에서도 소변경이 가능하다는 견해이다.

3. 판   례
판례는 행정소송으로 제기하여야 할 사건을 민사소송으로 잘못 제기한 경우 수소법원이 변경되는 행정소송에 대한 관할도 동시에 가지고 있는 경우라면 항고소송으로 소 변경을 하도록 하여 심리·판단하여야 한다고 본다(긍정)(대판 1999. 11. 26. 97다42250). 그러나 구체적으로 어떠한 법률규정에 의하여 소변경을 할 수 있는지 여부는 설시하지 않았다.

4. 검   토
항고소송과 민사소송 사이에서의 피고(처분청과 처분청이 소속한 행정주체 ─ A광역시장과 A광역시)는 실질적으로 동일하여 소의 변경이 피고에게 큰 불이익을 주지 않으며, 소송경제 및 원고의 권리구제를 위하여 판례의 입장처럼 수소법원이 변경되는 행정소송(반대의 경우 민사소송)에 대한 관할도 동시에 가지고 있는 경우라면 행정소송과 민사소송 간에 소의 변경을 인정할 수 있을 것이다(수소법원이 행정소송과 민사소송의 관할을 동시에 가져야 하는 이유는 만일 하나의 관할만 가진다면 소의 변경을 인정하더라도 변경되는 재판에 대한 관할권이 없기 때문이다). 법무부 행정소송법 개정안은 민사소송과 행정소송간의 소의 변경을 허용하고 있다.

103   집행정지★★★

1. 개   념

(1) 의   의

행정소송법은 집행부정지원칙을 택하면서(행정소송법 제23조 제1항), 일정한 경우 본안이 계속되고 있는 법원은 당사자의 신청 또는 직권으로 집행정지를 결정할 수 있다.

(2) 법적 성질

집행정지는 사법(司法)절차에 의한 구제조치의 일종이며, 사법절차에는 재판절차뿐만 아니라 부수하는 가구제절차가 포함되기 때문에 집행정지결정은 **사법작용이라는 견해가 다수설**이며, 타당하다.

2. 요   건

집행정지의 적극적 요건은 신청인이 주장·소명하며, 소극적 요건은 행정청이 주장·소명한다(행정소송법 제23조 제4항 참조)(대결 1999. 12. 20. 99무42).

(1) 적극적 요건

1) 본안이 계속 중일 것

㈎ 민사소송법상의 가처분이 본안소송제기 전에 보전수단으로서 신청될 수 있는 것과는 달리 본안소송이 법원에 적법하게 제기되어 계속되어 있어야 한다. 따라서 본안소송은 소송요건을 갖춘 적법한 것이어야 한다(대판 1999. 11. 26. 99부3).

㈏ 본안소송의 대상과 집행정지의 대상은 원칙적으로 동일해야 하지만, 예를 들어 하자의 승계가 인정되는 경우나 선행처분의 집행행위의 집행이나 절차속행을 정지하는 경우 달라질 수 있다(예를 들어 과세처분취소소송에서 체납처분의 절차속행을 정지하는 경우).

㈐ 본안소송의 계속은 집행정지의 요건일 뿐만 아니라 그 효력지속의 요건이기도 하므로 집행정지결정을 한 후에 본안소송이 취하되어 소송이 계속되지 아니하면 집행정지결정은 당연히 그 효력이 소멸된다(대판 1975. 11. 11. 75누97).

㈑ 그리고 본안소송이 무효확인소송인 경우에도 집행정지는 가능하다(행정소송법 제38조 제1항). 왜냐하면 무효인 처분이라 하더라도 무효 여부는 본안판결이 나오기 전까지는 불확실하며, 본안판결 전에는 무효인 처분과 취소가능한 처분의 구별이 어렵기 때문이다.

2) 정지대상인 처분등의 존재

집행정지의 대상인 처분등이 존재해야 한다.

◆   **논점   거부처분에 대한 집행정지의 가능성★★★**

---

1. 문제점

집행정지가 인용되려면 처분등이 존재해야 하지만, 거부처분취소소송에서 집행정지신청이 가능한지에 대해 학설이 대립된다. 즉, 집행정지제도는 소극적으로 처분이 없었던 것과 같은 상태를 만드는 효력은 있으나(소극적 형성력. 예: ○ → ×), 행정청에 대하여 어떠한 처분을 명하는 등 적극적인 상태를 만드는 효력(적극적 형성력. 예: × → ○)은 인정되지 않기 때문에 거부처분에 집행정지가 인정될 수 있는지가 문제된다.

2. 학   설
(1) 부 정 설
행정소송법 제23조 제 6 항은 집행정지결정의 기속력과 관련하여 기속력에 관한 원칙규정인
행정소송법 제30조 제 1 항만을 준용할 뿐 재처분의무를 규정한 제30조 제 2 항을 준용하고 있
지 아니함을 근거로 한다(행정소송법 제23조 제 6 항이 제30조 제 2 항을 준용하지 않은 것은
거부처분에 대해 집행정지를 인정하지 않겠다는 취지로 볼 수 있다는 것이다).
(2) 제한적 긍정설
원칙적으로 부정설이 타당하지만, 예를 들어 기간에 제한이 있는 허가사업을 영위하는 자
가 허가기간의 만료전 **갱신**을 신청하였음에도 권한행정청이 **거부한** 경우에는 집행정지를 인
정할 실익도 있기 때문에 이러한 경우에는 제한적으로 긍정할 필요가 있다는 견해이다.
3. 판   례
판례는 거부처분은 그 효력이 정지되더라도 그 (거부)처분이 없었던 것과 같은 상태를 만드는
것에 지나지 아니하고 행정청에게 어떠한 처분을 명하는 등 적극적인 상태를 만들어 내는 경우
를 포함하지 아니하기에 거부처분의 집행정지를 인정할 필요가 없다고 본다(대판 1992. 2. 13.
91두47). 이에 따라 **접견허가거부처분**(대결 1991. 5. 2. 91두15), **투전기영업허가갱신거부처분**(대
결 1992. 2. 13. 91두47) 등의 집행정지신청을 모두 부적법하다고 보았다(**부정**).
4. 검   토
거부처분의 집행정지에 의하여 거부처분이 행해지지 아니한 상태(신청만 있는 상태)가 된다면
신청인에게 **법적** 이익이 인정될 수 있는 경우에는 예외적으로 집행정지신청의 이익이 있다고
할 것이다(예를 들어 인·허가갱신거부처분과 외국인 체류기간연장신청거부처분 등이 있다). 따
라서 제한적 긍정설이 타당하다.

3) 회복하기 어려운 손해발생의 우려
(가) 집행정지결정을 하기 위해서는 처분등이나 그 집행 또는 절차의 속행으로 인하여 회복하기
어려운 손해가 발생할 우려가 있어야 한다. 판례는 '회복하기 어려운 손해'를 일반적으로 사회
통념상 금전배상이나 원상회복이 불가능하거나, 금전배상으로는 사회통념상 당사자가 참고 견
딜 수 없거나 참고 견디기가 현저히 곤란한 경우의 유형·무형의 손해를 말한다고 본다(대결
2004. 5. 17. 2004무6). 기업의 경우 '회복하기 어려운 손해'에 해당한다고 하기 위해서는 그 경
제적 손실이나 기업 이미지 및 신용의 훼손으로 인하여 사업자의 자금사정이나 경영 전반에
미치는 파급효과가 매우 중대하여 사업 자체를 계속할 수 없거나 중대한 경영상의 위기를 맞
게 될 것으로 보이는 등의 사정이 존재하여야 한다고 본다(대결 2003. 4. 25. 2003무2).
(나) 집행정지의 요건이 너무 엄격하여 권리구제에 문제가 있다는 지적에 따라 법무부 행정소송
법개정안은 '위법성이 명백한 경우' 및 '금전상 손해라도 손해가 중대한 경우' 집행정지가 가
능하도록 요건을 완화하고 있다.
4) 긴급한 필요
이는 회복곤란한 손해가 발생될 가능성이 시간적으로 절박하여 본안판결을 기다릴 여유가 없
는 것을 말한다.
(2) 소극적 요건
1) 공공복리에 중대한 영향이 없을 것
행정소송법 제23조 제 3 항에서 집행정지의 요건으로 규정하고 있는 '공공복리에 중대한 영향
을 미칠 우려'가 없을 것이라고 할 때의 '공공복리'는 그 처분의 집행과 관련된 구체적이고도
개별적인 공익을 말하는 것이다.

2) 본안에 이유 없음이 명백하지 아니할 것

① 명문에 규정된 요건은 아니지만, **판례**는 본안에 이유 없음이 명백하다면 집행을 정지할 이유가 없다고 보면서 이를 집행정지의 소극적 요건으로 본다(대판 1997. 4. 28. 96두75). ② 다만 학설은 **집행정지요건이 아니라는 견해**, 집행정지의 **소극적 요건이라는 견해**, 집행정지의 **적극적 요건이라는 견해**가 대립한다. ③ 본안에서 원고가 승소할 가능성이 명백히 없다면 처분의 집행정지를 인정한 취지에 반하므로 집행정지의 요건으로 보아야 하며 이는 행정청이 주장·소명하여야 한다(소극적 요건).

3. 절차, 불복

① 당사자의 신청이나 법원이 직권으로 집행정지를 결정한다(행정소송법 제23조 제 2 항). 관할법원은 본안이 계속되는 법원이 된다. ② 그리고 집행정지의 결정 또는 기각의 결정에 대하여는 즉시항고할 수 있다. 이 경우 집행정지의 결정에 대한 즉시항고에는 결정의 집행을 정지하는 효력이 없다(행정소송법 제23조 제 5 항).

4. 집행정지결정의 대상

법원은 처분등의 효력이나 그 집행 또는 절차의 속행의 전부 또는 일부의 정지를 결정할 수 있다. 다만, 처분의 효력정지는 처분등의 집행 또는 절차의 속행을 정지함으로써 목적을 달성할 수 있는 경우에는 허용되지 아니한다(행정소송법 제23조 제 2 항 단서). 처분의 집행이나 절차의 속행이 있어야 실제로 사인의 권익이 침해되는 경우, 처분의 집행이나 절차속행이 없는 한 권익이 침해되지 않기 때문에 **행정청의 권한 존중**을 위해 처분의 효력을 유지시키기 위한 규정이다(아래의 예에서 (2) 집행의 정지에서 '집행(철거)의 정지'와 (3) 절차속행의 정지에서 '공매절차로의 진행의 정지'가 이루어지는 한 당사자에게는 특별한 권익침해가 없다).

(1) 효력의 정지

처분의 효력(예: 공정력·구성요건적 효력·존속력 등)이 정지되면 처분은 외형적으로는 존재하지만 실질적으로는 없는 것과 같은 상태가 된다. 이는 별도의 집행행위가 필요없이 의사표시만으로 완성되는 처분에 대한 집행정지를 말한다(예: 영업허가취소처분·공무원에 대한 해임처분에 대한 효력을 정지하는 것).

(2) 집행의 정지

집행의 정지란 처분의 집행력을 잠정적으로 박탈하여 그 내용의 강제적 실현을 정지시키는 것을 말한다(예: 철거명령에서 그 집행(철거)을 정지하는 것).

(3) 절차속행의 정지

절차속행의 정지란 단계적으로 발전하는 법률관계에서 후행행위로의 진전(절차속행)을 정지하는 것을 말한다(예: 압류처분을 다투며 압류처분의 효력을 정지하는 것이 아니라 그 후행행위인 공매절차로의 진행을 정지하는 것).

5. 효   력

(1) 형 성 력

집행정지결정이 되면 행정청의 별도의 절차 없이도 본안판결확정시까지 잠정적으로 처분이 없었던 **것과 같은 상태**가 된다(잠정적인 소극적 형성력이 발생)(예를 들어 운전면허취소처분에 대한 효력이 정지되면 운전면허의 효력이 소생되기 때문에 당사자는 운전을 할 수 있다)(행정소송법 제29

조 제 2 항). 그리고 집행정지의 효력은 제 3 자효 있는 행정행위의 경우 제 3 자에게도 미친다.

(2) 기 속 력

집행정지결정은 당사자인 행정청과 그 밖의 관계 행정청을 기속한다(행정소송법 제23조 제 6 항, 제 30조 제 1 항). 따라서 처분등에 대한 집행정지결정 이후, 그 결정에 위반되는 행정청의 행위가 있었다면 그 행위는 집행정지결정의 기속력에 위반되어 위법하며, 중대명백한 하자로 무효가 된다(예를 들어 압류처분취소소송에서 법원이 그 후행행위인 공매절차로의 속행을 정지하는 결정을 하였음에도 행정청이 이를 진행하였다면 이는 집행정지결정의 기속력에 위반되는 위법한 행위로 무효가 된다).

(3) 효력의 시간적 범위

(가) 법원은 신청인이 구하는 정지기간에 구애됨이 없이 집행정지의 시기와 종기를 자유롭게 정할 수 있다. 그러나 처분의 효력을 소급하여 정지하는 것은 허용되지 않으며 장래를 향해서만 정지시킬 수 있다(통설). 집행정지의 시기는 고지된 때부터 효력이 발생하며, 종기는 본안판결 선고시나 본안판결 확정시, 집행정지 결정시에 임의로 정할 수 있으나 종기를 정함이 없으면 본안판결이 확정될 때까지 그 효력은 존속한다(대판 1961. 4. 12. 4294민상1541).

(나) 집행정지결정의 효력은 결정주문 등에서 정한 종기 도래로 그 효력은 당연히 소멸한다. 따라서 법원이 집행정지결정을 하면서 그 주문에서 해당 법원에 계속 중인 본안소송의 판결선고 시까지 효력을 정지하였을 경우에는 본안판결의 선고로써 당연히 집행정지결정의 효력은 소멸하고 이와 동시에 당초처분의 효력은 부활한다. 따라서 본안판결 선고시까지 효력을 정지하게 되면 본안판결이 있더라도 그 '선고시'부터 처분의 집행력은 회복되어 본안판결 '확정시'까지 사이에 처분이 집행될 수 있으므로 이를 막기 위해서는 추가로 상소심판결 선고시까지 또는 판결확정시까지 집행을 정지시키는 별도의 조치(신청 또는 직권에 의한 집행정지결정)를 받아야 한다.

6. 집행정지의 취소

(1) 신   청

집행정지의 결정이 확정된 후 집행정지가 공공복리에 중대한 영향을 미치거나 그 정지사유가 없어진 때에는 당사자의 신청 또는 직권에 의하여 결정으로써 집행정지의 결정을 취소할 수 있다(행정소송법 제24조 제 1 항).

(2) 심리 및 결정

집행정지 취소신청에는 그 이유를 소명하여야 한다(행정소송법 제24조 제 2 항, 제23조 제 4 항). 그리고 집행정지취소결정은 형성력을 가지므로 집행정지로 정지되었던 처분등의 효력은 장래를 향해 다시 회복된다(대판 1970. 11. 20. 70그4). 또한 집행정지결정 취소의 효력은 제 3 자에게도 미친다(행정소송법 제29조 제 2 항, 제 1 항).

(3) 즉시항고

집행정지의 취소결정 또는 기각결정에 대하여는 즉시항고할 수 있다(행정소송법 제24조 제 2 항, 제23조 제 5 항). 이 경우 집행정지의 취소결정에 대한 즉시항고는 취소결정의 집행을 정지하는 효력이 없다(행정소송법 제24조 제 2 항, 제23조 제 5 항).

104 항고소송에서 가처분의 인정 여부★★

가처분이란 다툼이 있는 법률관계에 관하여 잠정적으로 임시의 지위를 보전하는 것을 내용으로 하는 가구제제도이다(행정소송법 제8조 제2항, 민사집행법 제300조 참조).

1. 문제 상황
행정소송법은 가구제수단으로 집행정지제도를 인정하고 있지만, 집행정지는 침익적 행정처분이 발해진 것을 전제로 그 효력을 잠정적으로 정지시키는 소극적 형성력이 있을 뿐이므로 적극적 형성력이 없다. 따라서 집행정지는 잠정적으로 수익적 처분의 발령을 행정청에 명하는 기능(잠정적인 처분의 발령명령. 잠정적으로 허가등을 명령하는 기능)이나 처분이 행해지기 전에 잠정적으로 발령금지를 명하는 기능(잠정적인 처분의 발령금지명령. 잠정적으로 허가등의 발령금지를 명령하는 기능)을 할 수 없다. 따라서 이러한 기능적 한계로 인해 민사집행법상의 가처분제도가 항고소송에 준용될 수 있는지가 문제된다.

2. 학 설
(1) 적 극 설
행정소송법 제8조 제2항에 의해 민사집행법상의 가처분 규정은 준용될 수 있으며, 현행법상 집행정지제도는 소극적 가구제 수단에 불과하기에 적극적 가구제 수단인 가처분이 필요하다는 점을 근거로 한다.

(2) 소 극 설
법원이 행정처분의 위법 여부를 판단하는 것을 넘어 행정청에게 수익적 처분을 명하거나 예방적으로 부작위를 명하는 가처분을 하는 것은 행정청의 1차적 판단권을 침해하는 것이며, 현행법은 의무이행소송이나 예방적 부작위소송을 인정하고 있지 아니하므로 가처분의 본안소송이 있을 수 없는 바, 긍정설을 취하여도 실익이 없다는 점을 근거로 한다.

(3) 절충설(제한적 긍정설)
원칙적으로 가처분 규정을 준용할 수 있지만, 행정소송법이 집행정지제도를 두고 있는 관계상 집행정지제도가 실효적인 권리구제가 되는 경우에는 가처분이 인정될 수 없고 그 외의 범위에서만 가처분제도가 인정된다고 보는 견해이다.

3. 판 례
판례는 민사집행법상의 보전처분은 민사판결절차에 의하여 보호받을 수 있는 권리에 관한 것이라고 보기 때문에 행정소송에 가처분을 인정하지 아니한다(대결 1992. 7. 6. 92마54).

4. 검 토
행정청에게 수익적 처분을 명하는 등의 권한을 법원에게 인정하더라도 가처분은 본안판결과는 달리 잠정적인 권리구제수단에 불과하기 때문에 행정청의 권한 침해는 크게 문제되지 않으며, 당사자의 실효적인 권리구제 확대라는 측면에서 민사집행법상 가처분규정을 항고소송에도 적용함이 타당하다. 다만 현행법이 처분등에 대해 집행정지제도를 두고 있는 이상 절충설이 타당하다(예를 들어 입학·전학의 거부처분이나 단계적 시험의 불합격처분의 경우 집행정지제도가 실효적인 권리구제가 되지 않는 경우이기 때문에 가처분을 인정해야 한다 ─ 단계적 시험에서 불합격처분(1차)을 받은 후 불합격처분에 대한 취소소송을 제기하며 집행정지를 신청하였다고 하더라도, 불합격처분에 대한 집행정지의 효과는 합격처분이 아니라 합격·불합격이 결정되기 전의 상태가 된다. 따라서 집행정지는 한계가 있으며, 이 경우 가처분(잠정적인 1차 합격처분)을 인정하지 않으면 당사자는 다음 단계 시험(2차)에 응시할 수 없기 때문에 종전의 불합격처분(1차)의 취소를 구하는 소송에서 승소하더라도 당사자에게는 실익이 없다). 법무부 행정소송법 개정안은 가처분제도를 인정하고 있다.

> 참고
> **주장책임, 증거제출책임, 자백의 구속력**
> **1. 주장책임**
> (가) 분쟁의 중요한 사실관계(요건사실)를 주장하지 않음으로 인하여 일방당사자가 받는 불이익부담
> 을 주장책임이라 부른다. 주장책임은 변론주의에서 문제되지만, 행정소송법 제26조(법원은 필요하
> 다고 인정할 때에는 … 당사자가 주장하지 아니한 사실에 대하여도 판단할 수 있다)로 인해 그 한
> 도에서 주장책임의 의미는 완화된다.
> (나) 주장책임을 부담하는 자를 주장책임자라고 하며, 주장책임자도 입증책임자처럼 법률요건분류설
> 에 따른다(대판 2000. 5. 30. 98두20162)(후술하는 입증책임 참조).
> **2. 증거제출책임**
> 증거제출책임이란 증거를 신청하지 않아 무증명의 상태가 됨으로 인해 당사자가 받게 되는 불이익
> 부담을 말한다. 변론주의하에서는 당사자가 신청한 증거에 대해서만 증거조사를 해야 하지만(직권
> 증거조사의 원칙적 금지) 행정소송법 제26조(법원은 필요하다고 인정할 때에는 직권으로 증거조사
> 를 할 수 … 있다)로 인해 행정소송에서 증거제출책임은 완화되고 있다.
> **3. 자백의 구속력**
> (가) 자백의 구속력이란 당사자 사이에 다툼이 없는 사실(자백한 사실과 자백으로 간주된 사실)은 증
> 거를 조사할 필요 없이 그대로 판결의 기초로 삼아야 하며, 설사 법원이 다툼이 없는 사실과 반대
> 의 심증을 얻었다고 하더라도 그에 반하는 사실을 인정할 수 없는 구속력을 말한다.
> (나) 변론주의에서는 인정되지만, 직권탐지주의에서는 자백의 구속력이 배제되어 당사자의 자백은 법
> 원을 구속하지 못한다.

1. 문제 상황

행정소송에도 행정소송법 제 8 조 제 2 항에 따라 **변론주의와 민사소송법 제292조**(법원은 당사
자가 신청한 증거에 의하여 심증을 얻을 수 없거나, 그 밖에 필요하다고 인정한 때에는 직권으로 증
거조사를 할 수 있다)가 준용되기에 법원은 보충적으로 직권에 의한 증거조사가 가능하다. 그러
나 행정소송법은 제26조에서 직권심리에 대한 별도의 규정을 두고 있는바 이 규정이 변론주
의 원칙을 넘어 직권탐지주의를 규정한 것인지가 문제된다.

2. 학   설

(1) 변론주의보충설

① 행정소송에 공익적인 면이 있다고 할지라도 사인이 원고로서 자신의 이익을 확보하기 위해
가능한 모든 소송자료를 제출할 것임은 민사소송에서와 같다는 것을 논거로 한다(**행정소송의
권리구제기능을 강조**). ② 당사자가 주장(구술)하지도 기록상 나타나 있지도 않은 사실을 법원이
심리·판단할 의무는 없지만 당사자의 명백한 주장이 없더라도 일건 기록상 **현출된** 경우는 법
원이 심리할 수 있고, 기록에 나타난 사항은 법원이 직권으로 증거조사할 수 있다는 견해이다.

(2) 직권탐지주의설

① 행정소송의 목적이 개인의 권리구제에만 있는 것이 아니라 **행정의 통제도 목적으로** 하고
있으며, 처분등을 취소하는 확정판결은 당사자뿐만 아니라 제 3 자에 대하여도 그 효력이 미치
는 것이므로(**행정소송법 제29조 제 1 항**) 변론주의에 의하여 판결내용을 당사자의 처분에 맡기
는 경우에는 그 소송에 관여할 기회가 없는 제 3 자의 이익을 해칠 우려도 있게 되므로 법원은
적극적으로 소송에 개입하여 재판의 적정·타당을 기하여야 한다는 점을 근거로 한다(이혁우).

② 행정소송법 제26조를 근거로 당사자가 주장하지 아니한 사실에 대해서도 법원은 심리·판단할 수 있고, 당사자의 증거신청에 의하지 않고도 직권으로 증거조사가 가능하다는 견해이다.

3. 판　　례

판례는 **변론주의보충설**을 취하고 있다(대판 1985. 2. 13. 84누467). 즉, 행정소송법 제26조는 행정소송의 특수성에서 연유하는 당사자주의, 변론주의에 대한 일부 예외규정일 뿐 법원이 아무런 제한 없이 당사자가 주장하지 아니한 사실을 판단할 수 있는 것은 아니고 일건 기록상 현출되어 있는 사항에 관해서만 판단할 수 있다고 함으로써 행정소송법 제26조 규정의 의미를 축소 해석한다고 볼 수 있다(박정훈).

4. 검　　토

행정소송법 제26조는 처분권주의·변론주의에 대하여 행정소송의 특수성에 연유한 예외를 부분적으로 인정하여 법원이 필요하다고 인정할 때에 한하여 청구의 범위 내에서, 일건 기록에 현출되어 있는 사항에 관해 직권으로 증거조사를 하고 이를 기초로 판단할 수 있음을 허용한 규정일 뿐이다. 따라서 변론주의의 원칙하에서 직권탐지주의를 가미한 것으로 봄이 타당하다 **(변론주의 보충설)**.

106	입증책임(취소소송)★

> 입증책임이란 어떠한 사실관계에 대한 명백한 입증이 없을 때 당사자가 받게 될 불이익한 부담을 말한다. 이렇게 주요 사실에 대한 입증책임을 지는 당사자를 입증책임자라 한다.

1. 소송요건사실에 대한 입증책임(자)

소송요건은 행정소송에서도 직권조사사항이지만 그 존부가 불명할 때에는 이를 결한 부적법한 소로 취급되어 원고의 불이익으로 판단되므로 결국 이에 대한 입증책임은 원고가 부담한다(법원실무제요). 즉, 입증책임은 변론주의하에서 특히 중요하지만, 진위불명상태가 되어 일방당사자가 불이익을 받은 경우에는 직권탐지주의하에서도 문제가 될 수 있다.

2. 본안에 대한 입증책임(자)

(1) 문 제 점

취소소송에서 원고와 피고 행정청 중 어느 당사자가 입증책임을 부담하는지에 대해 행정소송법에 명문의 규정이 없어 학설이 대립된다.

(2) 학 설

1) 원고책임설

행정행위는 공정력이 있어서 적법성이 추정되므로 입증책임은 원고에게 있다는 견해이다. 그러나 공정력은 법적 안정성이나 행정정책적인 이유로 행정행위에 인정되는 잠정적 효력이며, 적법성의 추정이 아니다.

2) 피고책임설

법치행정의 원리상 국가행위의 적법성은 국가가 담보하여야 하기에 피고인 행정청이 입증해야 한다는 견해이다. 그러나 어떤 사실관계에 대한 명백한 입증이 없는 경우 일방 당사자인 행정청에게만 패소부담을 준다는 것은 공평의 원칙에 반한다는 비판이 있다.

3) 법률요건분류설

민사소송법의 입증책임분배의 원칙에 따라 당사자는 각각 자기에게 유리한 요건사실의 존재에 대하여 입증책임을 부담한다는 입장이다(다수설). 즉, ⓐ 권한행사규정('一한 때에는 一의 처분을 한다')의 요건사실의 존재는 그 권한행사의 적법성(필요성)을 주장하는 자가 입증해야 한다. 따라서 권한행사에 대해서는 권한행사를 주장하는 당사자가, 권한불행사에 대해서는 권한불행사를 주장하는 당사자가 입증책임을 부담한다. ⓑ 그리고 권한불행사규정('一한 때에는 一의 처분을 하여서는 아니 된다')의 요건사실의 존재는 처분권한의 불행사(상실)를 주장하는 자가 요건사실에 대해 입증해야 한다. 따라서 권한불행사에 대해서는 권한불행사를 주장하는 당사자가, 권한행사에 대해서는 권한행사를 주장하는 당사자가 입증책임을 부담한다.

4) 독자분배설(행정행위의 내용에 의한 분배설)

행정소송의 특수성을 고려한다는 전제하에, 당사자의 권리를 제한하거나 의무를 부과하는 행위의 취소를 구하는 소송에서는 행정청이 적법성의 입증책임을, 당사자의 권리·이익의 확장을 구하는 소송에서는 원고가 입증책임을, 재량일탈이나 남용은 원고가 입증책임을 부담한다는 견해이다. 그러나 이 견해는 법률요건분류설과 실질적인 차이가 없다는 비판이 있다.

(3) 판 례

판례는 민사소송법의 규정이 준용되는 행정소송에 있어서 입증책임은 원칙적으로 민사소송의 일반원칙에 따라 당사자 간에 분배된다고 보고 있어 법률요건분류설의 입장이다(대판 1984. 7. 24. 84누124).

(4) 검 토

취소소송의 경우에도 소송상 당사자의 지위는 대등한 것이므로 당사자 일방이 입증책임을 부담하는 것이 아니라 민시소송의 일반원칙인 법률요건분류설에 따라 입증책임을 부담함이 타당하다(예를 들어 과세처분취소소송에서 과세처분의 적법성, 건축허가취소처분취소소송에서 건축허가취소처분의 적법성은 그 처분의 적법성을 주장하는 행정청이 입증책임을 진다(과세처분권·건축허가취소권이 있음을 주장하는 자). 다만, 행정소송의 특수성은 고려될 수 있다.

107 처분의 위법성 판단의 기준시점★★★

1. 문제 상황
다수설과 판례에 따르면 취소소송의 본안판단의 대상인 소송물은 처분의 위법성 일반인데, 이 위법성을 판단하는 기준시점이 어디인지에 대해 학설의 대립이 있다.

2. 학 설

(1) 처분시설(다수견해)
처분의 위법 여부는 처분시를 기준으로 판단하여야 한다는 견해로 항고소송의 주된 목적은 개인의 권리구제에 있기 때문에 처분시 이후의 공익적 사정을 법원은 고려할 필요가 없다고 본다(다수견해).

(2) 판결시설
항고소송의 목적을 행정법규의 정당한 적용이라는 공익실현으로 보면서, 법원은 처분시 이후 발생한 공익적 사정도 고려하여 처분의 효력을 유지시킬 것인지를 심리해야 한다는 입장이다.

(3) 절 충 설
ⓐ 원칙적으로 처분시를 기준으로 하면서, 예외적으로 영업정지처분이나 물건의 압수처분 등과 같이 계속효 있는 처분에 대하여는 판결시를 기준으로 하는 견해와 ⓑ **적극적 침익적 처분**의 경우 처분시를 기준으로 하고, **거부처분**의 경우 판결시를 기준으로 하는 견해가 있다.

3. 판 례
(가) 판례는 행정소송에서 행정처분의 위법 여부는 행정처분이 있을 때의 법령과 사실상태를 기준으로 하여 판단해야 한다고 본다(**처분시설**)(대판 1993. 5. 27. 92누19033). 그리고 거부처분의 경우도 거부처분시를 기준으로 처분의 위법성을 판단한다(대판 2008. 7. 24. 2007두3930).
(나) 다만, 법원은 행정처분 당시 행정청이 알고 있었던 자료뿐만 아니라 사실심 변론종결 당시까지 제출된 모든 자료를 종합하여 처분 당시 존재하였던 객관적 사실을 확정하고 그 사실에 기초하여 처분의 위법 여부를 판단할 수 있다(대판 2010. 1. 14. 2009두11843).

4. 검 토
위법성 판단의 기준을 판결시로 할 경우 판결지체 여하에 따라 처분시에 위법하였던 행위가 적법한 행위가 될 수도 있고, 반대로 처분시에는 적법했던 행위가 후에 위법한 것으로 될 수 있어 이론적으로 문제가 있다. 따라서 처분시설이 타당하다.

108 처분사유의 추가·변경★★★

1. 의의, 구별 개념

(1) 의   의
'처분사유의 추가·변경(처분이유의 사후변경)'이란 처분시에는 사유(이유)로 제시되지 않았던 사실상 또는 법률상의 근거를 사후에 행정쟁송절차에서 행정청이 새로이 제출하여 처분의 위법성판단(심리)에 고려하는 것을 말한다.

(2) 구별개념
(가) ⓐ 처분사유의 추가·변경은 실질적 적법성의 문제(적절하지 않은 처분사유를 제시하였다가 적절한 처분사유를 추가하거나 변경하는 것)이나 처분이유의 사후제시는 형식적 적법성의 문제(행정절차법 제23조에 따른 이유제시를 하지 않다가 사후에 이유를 제시하는 것)이며, ⓑ 처분사유의 추가·변경은 행정쟁송에서의 문제이나 처분이유의 사후제시(이유제시의 절차상 하자의 치유)는 행정절차의 문제이다(전술한 행정행위의 하자의 치유(38)와 이유제시(51) 참조).
(나) 처분사유란 처분시에 행정청이 고려하였던 사실상·법률상 근거를 말하는데 이를 행정쟁송절차에서 추가·변경하는 것을 처분사유의 추가·변경이라고 한다. 처분사유의 추가·변경은 '처분사유'가 아니라 '처분'의 동일성을 변경하는 처분변경과는 구별된다(행정소송법 제22조 참조).

2. 인정 여부

(1) 학   설
1) 긍 정 설
일회적인 분쟁해결이라는 소송경제적 측면을 강조하며 소송당사자는 처분의 위법성(적법성)의 근거가 되는 모든 사실상·법률상의 사유를 추가·변경할 수 있다는 입장이다. 즉, 처분사유의 추가·변경을 부정하여 피고 행정청이 패소한 경우, 피고는 추가·변경하려 했던 사유로 다시 재처분할 수 있기 때문에 사인인 원고가 다시 행정청의 재처분을 다투게 하기보다는 처분사유의 추가·변경을 인정하여 당초 소송에서 재처분하려는 사유까지 심리할 수 있다면 소송경제에 이바지할 수 있다고 본다.

2) 부 정 설
처분사유의 추가·변경을 긍정하면 처분의 상대방은 예기하지 못한 불이익을 입을 수도 있고, 정당하지 않은 처분사유를 소송 계속 중에 정당한 처분사유로 변경을 인정하는 것은 실질적 법치주의에 반하기 때문에 인정될 수 없다는 견해이다(하자 있는 처분의 치유를 인정하는 결과가 되기 때문).

3) 제한적 긍정설
처분사유의 추가·변경은 당초의 처분사유와 기본적 사실관계의 동일성이 인정되는 사유 내에서 제한적으로 인정된다는 견해이다(다수설).

(2) 판   례
대법원은 처분청은 당초 처분의 근거로 삼은 사유와 기본적 사실관계가 동일성이 있다고 인정되는 한도 내에서만 다른 사유를 추가하거나 변경할 수 있을 뿐, 기본적 사실관계의 동일성이 인정되지 않는 별개의 사실은 처분사유로 주장할 수 없다는 것이 일관된 입장이다(대판 1983.

10. 25. 83누396).

(3) 검   토
분쟁의 일회적 해결의 필요성과 원고의 소송상 방어권보호 및 신뢰보호의 필요성을 고려할 때 제한적 긍정설이 타당하다.

3. 처분사유의 추가·변경의 범위(요건)

(1) 시간적 범위

1) 처분사유의 추가·변경의 가능시점
처분사유의 추가·변경은 사실심변론종결시까지만 허용된다.

2) 처분사유의 추가·변경과 처분의 위법성판단 기준시점(자세한 내용은 전술한 처분의 위법성 판단 기준시 참조(107))
처분의 위법성 판단의 기준시점을 어디로 볼 것이냐에 따라 추가·변경할 수 있는 처분사유의 시간적 범위가 결정된다(예를 들어 처분시설에 따른다면 처분시의 사유만이 추가·변경의 대상이 될 수 있을 것이다).

a. 학   설   ① **처분시설(다수견해)**(행정처분의 위법 여부는 처분 당시를 기준으로 판단하여야 한다는 견해로 항고소송의 주된 목적은 개인의 권리구제에 있기 때문에 처분시 이후의 공익적 사정은 고려할 필요가 없다는 견해이다), ② **판결시설**(항고소송의 목적을 행정법규의 정당한 적용이라는 공익실현으로 보면서, 법원은 처분시 이후 발생한 공익적 사정도 고려하여 심리하여야 한다는 견해이다), ③ **절충설**(ⓐ 원칙적으로 처분시를 기준으로 하면서, 예외적으로 영업허가취소나 물건의 압수처분 등과 같이 계속효 있는 처분에 대하여는 판결시를 기준으로 하는 견해와 ⓑ 적극적 침익적 처분의 경우 처분시를 기준으로 하고, 거부처분의 경우 판결시를 기준으로 하는 견해가 있다)이 대립된다.

b. 판   례   판례는 행정소송에서 행정처분의 위법 여부는 <u>행정처분이 있을 때의 법령과 사실상태를 기준으로</u> 하여 판단해야 한다고 본다(처분시설)(대판 1993. 5. 27. 92누19033).

c. 검   토   위법성 판단의 기준을 판결시로 할 경우 판결지체 여하에 따라 처분시에 위법하였던 행위가 적법한 행위가 될 수도 있고, 반대로 처분시에는 적법했던 행위가 후에 위법한 것으로 될 수 있어 이론적으로 문제가 있다. 따라서 처분시설이 타당하다.

d. 소   결   처분시설에 따르면 처분시의 사유만이 추가·변경의 대상이 된다(만일 판결시설에 따른다면 처분시 이후 판결시까지의 사유도 추가·변경이 가능하다).

(2) 객관적 범위

1) 소송물의 동일성
처분사유를 추가·변경하더라도 처분의 동일성은 유지되어야 한다(예를 들어 '1번지 건물의 양도'를 이유로 한 양도소득세부과처분과 '2번지 건물의 양도'를 이유로 한 양도소득세부과처분은 처분사유를 변경함으로써 처분의 동일성이 변경되는 경우이다). 만일 처분의 동일성이 변경된다면 이는 '처분사유'의 변경이 아니라 '처분'의 변경이 된다. 이 경우에는 처분사유의 변경이 아니라 행정소송법 제22조의 처분변경으로 인한 소의 변경을 해야 한다(홍준형).

2) 기본적 사실관계의 동일성
(가) 판례는 기본적 사실관계의 동일성 유무는 <u>처분사유를 법률적으로 평가하기 이전</u>의 구체적인 사실에 착안하여 그 기초인 <u>사회적 사실관계가 기본적인 점에서 동일한지 여부</u>에 따라 결

정된다고 한다(대판 2004. 11. 26. 2004두4482). 구체적인 판단은 시간적·장소적 근접성, 행위태양(모습)·결과 등의 제반사정을 종합적으로 고려해야 한다(법원실무제요, 석호철).

(나) 즉, 처분청이 처분 당시에 적시한 구체적 사실을 변경하지 아니하는 범위 내에서 단지 그 처분의 근거법령만을 추가·변경하거나 당초의 처분사유를 구체적으로 표시하는 것에 불과한 경우처럼 처분사유의 **내용이 공통되거나 취지가 유사한 경우**에는 기본적 사실관계의 동일성이 인정된다고 본다(대판 2007. 2. 8. 2006두4899).

(다) 판례는 ① 산림형질변경불허가처분취소소송에서 준농림지역에서 행위제한이라는 사유와 자연환경보전의 필요성이라는 사유(대판 2004. 11. 26. 2004두4482)(준농림지역에서 일정한 행위를 제한한 이유가 자연환경보전을 위한 것이기 때문에 당초사유와 추가한 사유는 취지가 같다), ② 액화석유가스판매사업불허가처분취소소송에서 사업허가기준에 맞지 않는다는 사유와 이격거리 허가기준에 위반된다는 사유(대판 1989. 7. 25. 88누11926)(이격거리허가기준도 해당법령상 사업허가기준이었기 때문에 두 사유는 내용이 공통된다)는 **기본적 사실관계의 동일성을 인정**하였으나, ① 부정당업자제재처분취소소송에서 정당한 이유없이 계약을 이행하지 않았다는 사유와 계약이행과 관련해 관계공무원에게 뇌물을 준 사유(대판 1999. 3. 9. 98두18565), ② 종합주류도매업면허취소처분취소소송에서 무자료주류판매 및 위장거래금액이 과다하다는 사유와 무면허판매업자에게 주류를 판매하였다는 사유(대판 1996. 9. 6. 96누7427)는 **기본적 사실관계의 동일성을 부정**하였다.

(3) 재량행위와 처분사유의 추가·변경

① 다툼 있는 행위가 기속행위인 경우에는 처분사유의 추가·변경이 인정된다는 것이 **일반적인 견해**이지만, 재량행위인 경우 ⓐ 처분사유의 추가·변경이 **인정된다는 견해(다수설)**와 ⓑ **부정된다는 견해**(이 견해는 재량행위에서 처분사유의 추가·변경은 처분의 동일성을 변경시킨다고 본다)가 대립된다. ② 처분사유의 추가·변경은 분쟁대상인 처분이 본질적으로 변경되지 않음을 전제로 하는 것이므로 재량행위에서도 가능하다는 긍정설이 타당하다.

4. 처분사유의 추가·변경의 효과

처분사유의 추가·변경이 인정되면 법원은 추가·변경되는 사유를 근거로 심리할 수 있고, 인정되지 않는다면 법원은 당초의 처분사유만을 근거로 심리하여야 한다.

109　사정판결★★

1. 개　념

(1) 의　의
사정판결이란 원고의 청구가 이유있다고 인정하는 경우에도 처분등을 취소하는 것이 현저히
공공복리에 적합하지 아니하다고 인정하는 때에는 법원이 원고의 청구를 기각할 수 있는 판결
제도를 의미한다(행정소송법 제28조). 사정판결은 **법치주의의 예외현상으로** 공공복리를 위해
인정하는 것이므로 엄격한 요건하에 제한적으로 인정되어야 한다(대판 1991. 5. 28. 90누1359).

(2) 인정근거
사정판결을 인정하는 근거는 위법한 처분등에 수반하여 형성되는 법률관계·사실관계 등 기성
사실을 존중할 필요가 있기 때문이다.

2. 요　건

(1) 원고의 청구가 이유 있을 것
원고의 청구는 행정청의 처분이 위법하다는 것이므로 원고의 청구가 이유 있다는 것은 행정청
의 처분이 위법한 경우를 말한다.

(2) 처분등을 취소하는 것이 현저히 공공복리에 적합하지 아니할 것
'공공복리'란 급부행정 분야만을 말하는 것은 아니며 질서행정 분야까지 포함하는 넓은 개념
이다. 그리고 공익성 판단의 기준시점은 처분의 위법성 판단의 기준시점과 구별된다. 즉, 처분
의 위법성 판단 기준시점은 처분시설이 **다수설**과 **판례**의 입장이지만, 사정판결에서 공익성 판
단은 **변론종결시를 기준으로** 한다(대판 1970. 3. 24. 69누29).

(3) 당사자의 주장(항변)없이도 사정판결이 가능한지 여부
1) 학　설
ⓐ 행정소송법 제26조를 근거로 당사자의 주장이나 항변이 없더라도 법원의 직권탐지기능에
따라 가능하다는 **긍정설**, ⓑ 행정소송법 제26조를 근거로 당사자의 명백한 주장이 없는 경우
에도 기록에 나타난 여러 사정을 기초로 직권으로 사정판결할 수 있다는 **제한적 긍정설**, ⓒ 행
정소송법이 제26조를 규정하고 있다고 하더라도 당사자의 주장·항변 없이는 직권으로 사정판
결이 불가능하다는 **부정설(다수설)**이 대립된다.

2) 판　례
판례는 행정소송법 제26조를 근거로 당사자의 명백한 주장이 없는 경우에도 기록에 나타난
여러 사정을 기초로 직권으로 사정판결할 수 있다고 본다(대판 2006. 9. 22. 2005두2506)(**제한적
긍정**).

3) 검　토
행정소송법 제26조의 직권심리주의는 실체적 적법성보장(처분의 위법·적법성 규명)을 위해 인
정되는 것이고 사정판결제도는 공공복리적합성을 판단하는 것이므로 **양자는 취지를 달리하기**
때문에, 행정소송법 제26조를 근거로 당사자의 주장이나 항변 없이도 사정판결을 할 수 있다
는 견해는 부당하며 부정하는 견해가 타당하다.

3. 효   과

(1) 주문에서 처분의 위법성 명시

사정판결을 하는 경우 법원은 그 판결의 주문에서 그 처분등이 위법함을 명시하여야 한다(행정소송법 제28조 제1항 제2문). 따라서 사정판결은 원고의 청구를 기각하는 판결이지만 처분등이 위법하다는 점에 대해서는 기판력이 발생한다.

(2) 소송비용의 피고 부담

사정판결은 청구가 이유 있음에도 공익적 사정으로 원고를 패소시키는 것이기 때문에 소송비용은 피고가 부담한다(행정소송법 제32조).

(3) 사정조사와 원고의 권리구제

법원은 사정판결을 함에 있어서는 미리 원고가 그로 인하여 입게 될 손해의 정도와 배상방법 그 밖의 사정을 조사하여야 하며(행정소송법 제28조 제2항)(사정조사), 원고는 피고인 행정청이 속하는 국가 또는 공공단체를 상대로 손해배상, 제해시설의 설치 그 밖에 적당한 구제방법의 청구를 당해 취소소송등이 계속된 법원에 병합하여 제기할 수 있다(행정소송법 제28조 제3항).

(4) 불   복

사정판결에 대해 패소자인 원고뿐만 아니라 피고도 상소할 수 있다(특히 피고는 구제방법청구가 병합된 경우 상소할 수 있다).

💎 **논점   무효등확인소송에서 사정판결 인정 여부(적용범위)★★**

1. 문 제 점

행정소송법은 취소소송에만 사정판결 규정을 두고 있을 뿐 무효등확인소송에는 준용규정을 두고 있지 않다(부작위위법확인소송도 준용규정은 없지만 사정판결이 문제되지 않는다). 따라서 원고가 무효등확인소송을 제기한 경우 법원이 사정판결을 할 수 있는지가 문제된다.

2. 학   설

ⓐ 취소판결이 처분의 효력을 부정하는 것과는 달리 사정판결은 효력이 부정되지는 않지만 처분의 위법성을 확인하는 것인데, 처분이 무효라면 사정판결로 유지될 처분의 효력이 존재하지 않으므로 논리적으로 사정판결이 불가능하다는 **부정설(다수설)**과 ⓑ 무효인 처분에 근거한 기성사실도 이를 백지화하는 것이 공공복리를 해치는 경우가 있음은 그 하자가 취소사유에 그치는 처분과 다를 바 없다는 점을 근거로 하는 **긍정설**이 대립된다.

3. 판   례

판례는 「당연무효의 행정처분을 소송목적물로 하는 행정소송에서는 존치시킬 효력이 있는 행정행위가 없기 때문에 행정소송법 제28조 소정의 사정판결을 할 수 없다(대판 1996. 3. 22. 95누5509)」고 한다.

4. 검   토

행정심판법 제44조 제3항은 사정재결이 무효확인심판에 적용되지 않음을 규정하고 있으며, 처분이 무효인 경우에는 사정판결로 유지될 처분의 효력이 존재하지 않으므로 부정함이 타당하다(무효인 처분이 사정판결로 유효인 처분이 되는 것은 아니며 여전히 무효인 상태로 남아 있기 때문이다).

110 일부취소판결의 가능성★

1. 문제 상황

행정소송법 제4조 제1호는 취소소송을 행정청의 위법한 처분 등을 취소 또는 변경하는 소송으로 규정하고 있는데, 법원이 판결로 처분 등을 적극적으로 변경할 수 있는지에 대해서는 학설의 대립이 있지만(이 변경은 **적극적 변경을 포함한다는 견해**와 이 변경은 단지 **소극적인 일부취소만을 의미한다는 견해**가 대립된다. 판례는 이 변경에 적극적 변경이 포함되지 않는다고 본다) 일부취소가 가능하다는 점은 긍정한다. 다만, 어느 경우에 일부취소판결이 가능한지가 문제된다.

2. 일부취소판결의 가능성

(1) 일부취소판결이 가능한 경우

조세부과처분, 개발부담금부과처분과 같은 기속행위의 경우는 일부취소판결이 가능하다. 즉, 일부취소되는 부분이 가분성(특정성)이 있고 적법하게 부과될 정당한 부과금액이나 기간을 소송상 산정할 수 있는 가능성이 있다면 일부취소가 가능할 것이다(대판 1992. 7. 24. 92누4840; 대판 2004. 7. 22. 2002두868).

(2) 일부취소판결이 불가능한 경우

1) 재량행위

과징금부과처분, 영업정지처분과 같은 재량행위의 경우는 권력분립의 원칙과 행정의 1차적 처분권을 보장한다는 면에서 이를 부정하는 것이 **일반적인 견해**와 **판례**의 입장이다(대판 2009. 6. 23. 2007두18062; 대판 1982. 9. 28. 82누2).

2) 적법하게 부과될 금액이나 기간을 산출할 수 없는 경우

당사자가 제출한 자료에 의하여 적법하게 부과될 정당한 부과금액을 산출할 수 없을 경우에는 일부취소판결을 할 수 없고 부과처분 전부를 취소할 수밖에 없다(대판 2004. 7. 22. 2002두868).

1. 소송물의 의의, 논의 실익

(개) 소송물(소송상 청구)이란 소송절차에서 심판의 대상이 되는 구체적인 사항을 말한다(소송의 단위).

(내) 소송물의 개념은 행정소송 해당 여부, 관할법원, 소송의 종류, **소의 병합과 소의 변경**, 소송계속의 범위, 그리고 **기판력**의 범위 및 판결의 기속력의 범위를 정하는 기준이 되며 **처분사유의 추가·변경**과도 관련된다.

2. 취소소송의 소송물

(1) 학　　설

취소소송의 소송물에 대해 ① **처분의 위법성 일반**(성문법, 관습법, 조리 등의 모든 법의 위반을 말함)을 소송물로 보는 견해(다수설), ② '**당초처분 및 이와 동일한 규율인 처분의 위법성 일반**'을 소송물로 보는 견해가 있다. 이 견해는 소송물에서 처분의 범위를 '당초처분'을 넘어 '이와 동일한 규율인 처분'까지 확장하려는 입장이다. ③ 또한 **처분등이 위법하고 또한 자기의 권리를 침해한다는 원고의 법적 주장**이라는 견해와 ④ 처분의 위법성은 원고의 법적 주장과는 관계가 없음을 이유로 처분을 통해 **자신의 권리가 침해되었다는 법적 주장**을 소송물로 보는 견해가 있다.

(2) 판　　례

판례는 「취소판결의 기판력은 소송물로 된 행정처분의 위법성 존부에 관한 판단 그 자체에만 미치는 것이므로 전소와 후소가 그 소송물을 달리하는 경우에는 전소 확정판결의 기판력이 후소에 미치지 아니하는 것(대판 1996. 4. 26. 95누5820)」, 「과세처분취소소송의 소송물은 그 취소원인이 되는 위법성 일반(대판 1990. 3. 23. 89누5386)」이라고 하여 ②설의 입장이다.

(3) 검　　토

(개) ②설은 ①설과 논리적으로 큰 차이가 있는 것은 아니며, ③·④설은 행정소송법이 취소소송의 법률상 이익을 원고적격의 요건(행정소송법 제12조)으로 규정하고 있을 뿐 본안요건은 위법성에 한정(동법 제 4 조 제 1 호)하고 있고, 소송물은 본안판단에 관한 사항만을 대상으로 하는 것이므로, 소송요건에 관한 법률상 이익(권리)침해는 소송물의 요소가 될 수 없다는 비판이 있다(박정훈).

(내) 따라서 취소소송의 소송물을 **처분의 위법성 일반으로 보는 견해**(①설)가 타당하다.

112 확정판결의 기판력이 국가배상청구소송의 위법성 판단을 구속하는지 여부★★★

기판력이란 판결이 확정되면 당사자와 법원은 후소(後訴)에서 그 확정판결의 내용과 모순되는 주장·판단을 할 수 없는 구속력을 말한다. 그리고 본안판결은 인용판결이든 기각판결이든 묻지 않고 기판력이 발생한다. 그리고 취소판결의 기판력은 판결의 주문에 나타난 소송물에 대한 판단 즉, 처분의 위법성존부에 관한 판단에만 미친다(대판 2000. 2. 25. 99다55472).

❖ 예를 들어 위법한 운전면허취소처분에 대해 취소소송을 제기하여 취소판결을 받은 후, 동일한 운전면허취소처분으로 발생한 손해에 대해 국가배상청구소송을 제기한 경우, 후소법원인 국가배상청구소송의 수소법원은 국가배상청구권의 성립요건 중 위법성을 판단함에 있어 전소의 취소판결에 구속되는지의 문제이다.

1. 문제 상황

다수설에 따르면 취소소송의 소송물은 처분의 위법성이며, 국가배상청구소송의 소송물은 국가배상청구권의 존부인바, 확정판결의 기판력은 국가배상청구소송에 미치지 않음이 일반적인 논리이다(기판력의 객관적 범위는 소송물이므로). 다만, 전소와 후소의 소송물이 동일하지 아니하여도 **전소의 기판력 있는 법률관계**(앞의 예에서 운전면허취소처분의 위법성)**가 후소의 선결관계가 되는 때**에는 전소 판결의 기판력이 후소에 미칠 수 있다(앞의 예에서 후소법원은 국가배상청구소송의 소송물인 국가배상청구권의 존부를 판단하기에 앞서 국가배상청구권의 성립요건 중 공무원의 직무행위 — 사안에서는 운전면허취소처분 — 의 위법성을 먼저 판단해야 한다. 그러나 운전면허취소처분의 위법성은 전소(운전면허취소처분취소소송)에서 확인되었기 때문에, 후소법원이 공무원의 직무행위의 위법성을 판단함에 있어 전소판결의 구속력이 미칠 수 있는 것이다). 그러나 취소소송의 소송물을 어떻게 볼 것인지, 취소소송에서의 위법성과 국가배상청구소송에서의 위법성의 본질이 동일한지 등에 따라 결론은 달라진다.

2. 기판력의 의의

판결이 확정되면 당사자와 법원은 후소(後訴)에서 그 확정판결의 내용과 모순되는 주장·판단을 할 수 없는 구속력이 발생하는데 이를 기판력이라고 한다. 본안판결은 인용판결이든 기각판결이든 묻지 않고 기판력이 발생하며, 형성·확인·이행판결 모두 인정된다.

3. 취소소송의 소송물

(가) 취소소송의 소송물에 대해 ① **처분의 위법성 일반으로 보는 견해**, ② **처분등이 위법하고 또한 자기의 권리를 침해한다는 원고의 법적 주장**이라는 **견해**, ③ **처분을 통해 자신의 권리가 침해되었다는 원고의 법적 주장**이라는 **견해**가 대립된다.

(나) 행정소송법이 취소소송의 법률상 이익을 원고적격의 요건(행정소송법 제12조)으로 규정하고 있을 뿐 본안요건은 위법성에 한정(동법 제4조 제1호)하고 있고 소송물은 본안판단에 관한 사항만을 대상으로 하는 것이므로 ②·③설은 타당하지 않고 ①설이 타당하다(**다수설·판례**). 여기서 '위법'이란 외부효를 갖는 법규(성문의 법령, 불문법)위반을 말한다.

4. 확정판결의 기판력이 국가배상청구소송에 영향을 미치는지 여부

(1) 학 설

1) 취소소송의 소송물을 처분이 위법하다는 법적 주장으로 보는 견해

a. 국가배상법 제2조 제1항의 위법을 법규위반으로 보지 않는 견해 　　결과불법설(위법한

행위로 받은 손해를 국민이 수인할 수 있는가를 기준으로 위법성 여부를 판단하는 견해이다. 즉, 손해를 국민이 수인할 수 없다면 위법한 행위로 본다), **상대적 위법성설**(직무행위 자체의 위법·적법뿐만 아니라 피침해이익의 성격과 침해의 정도, 가해행위의 태양 등을 고려하여 위법성 인정 여부를 상대적으로 판단하자는 견해이다)은 국가배상청구소송에서의 위법의 본질을 법규위반으로 보지 않는다. 이렇게 취소소송과 국가배상청구소송에서의 위법의 의미가 질적으로 다르다는 견해는 양 소송이 선결관계가 되지 않기 때문에 확정판결의 기판력은 국가배상청구소송에 영향을 미치지 않는다고 본다(기판력 부정설).

b. 국가배상법 제 2 조 제 1 항의 위법을 법규위반으로 보는 견해(행위위법설)   이 견해는 국가배상청구에서 위법을 취소소송의 위법과 같이 공권력행사의 규범위반 여부를 기준으로 한다. 그러나 이 견해에도 ⓐ 취소소송의 위법과 국가배상청구소송에서의 위법이 양적으로도 같다는 **일원설**(협의설)과 ⓑ 취소소송의 위법보다 국가배상청구소송의 위법이 더 넓다는 **이원설**(광의설)이 있다.

(ⅰ) 취소소송의 위법과 국가배상청구소송의 위법이 양적으로도 같다는 견해(일원설)   양 위법이 질적·양적으로 일치되므로 확정판결의 기판력은 인용이든 기각이든 국가배상청구소송에 영향을 미친다고 본다(기판력 긍정설).

(ⅱ) 취소소송의 위법보다 국가배상청구소송의 위법이 더 광의라는 견해(이원설)   이 견해는 위법의 범위를 일원설이 말하는 엄격한 의미의 법규위반뿐 아니라 인권존중·권력남용금지·신의성실의 원칙 위반도 위법으로 보아 취소소송의 위법보다 국가배상청구소송의 위법을 더 광의로 본다. 이 견해에 따르면 취소소송의 청구 '인용' 판결은 기판력이 국가배상청구소송에 영향을 미치지만, 청구 '기각' 판결은 국가배상청구소송의 위법이 더 광의이므로 기판력이 미치지 않는다고 본다(제한적 긍정설).

2) 취소소송의 소송물을 처분이 위법하고 그러한 처분으로 권리가 침해되었다는 법적 주장으로 보는 견해(국가배상청구소송에서 위법을 행위위법설로 봄)
취소소송의 인용판결의 경우 처분의 위법성이 인정되어 국가배상청구소송에 기판력이 미치지만, 기각판결의 경우에는 위법성 인정 여부가 불분명하기에 기판력이 미치지 않는다고 본다(제한적 긍정설).

3) 취소소송의 소송물을 권리가 침해되었다는 법적 주장으로 보는 견해(국가배상청구소송에서 위법을 행위위법설로 봄)
이 견해에 따르면 취소소송과 국가배상청구소송은 선결관계가 되지 않기 때문에 취소소송의 기판력은 국가배상청구소송에 영향을 주지 않는다(기판력 부정설).

(2) 검   토
법규위반은 없으나 특별한 희생이 있는 경우 손해전보수단이 손실보상이라면 국가배상은 법규위반(위법)이 있는 경우 그에 대한 손해전보수단이어야 하며, 항고소송의 본안판단에서의 위법의 본질이 법규위반임을 고려할 때 위법이란 '법규 위반'이라는 단일한 가치판단으로 보아야 할 것인바 행위위법설이 타당하다(특히 권리구제의 확대라는 측면에서 이원설이 타당하다). 따라서 취소소송의 청구인용판결은 기판력은 국가배상청구소송에 영향을 미치지만, 청구기각판결은 기판력이 미치지 않는다고 보아야 한다(제한적 긍정설).

113   취소판결의 형성력★

1. 의의 · 근거

(가) 형성력이란 취소판결과 같이 형성판결이 확정되면 행정청에 의한 특별한 의사표시 내지 절차 없이 당연히 행정법상 법률관계의 발생·변경·소멸을 가져오는 효력을 말한다.

(나) 명시적이진 않지만, 행정소송법 제29조 제 1 항은 간접적으로 취소판결의 형성력을 인정한 것으로 볼 수 있다(행정소송법 제29조 제 1 항은 형성력의 주관적 범위에 관한 규정이다). 여기서 '처분등을 취소하는 확정판결이 제 3 자에 대하여도 효력이 있다'는 것은 취소판결의 존재와 그 판결에 의해 형성되는 법률관계를 제 3 자가 용인하여야 함을 의미한다(대판 1986. 8. 19. 83 다카2022).

2. 내　　용

(1) 형 성 효

형성효란 처분에 대한 취소의 확정판결이 있으면 그 이후에는 행정처분의 취소나 통지 등의 별도의 절차를 요하지 않는 효과를 말한다.

(2) 소 급 효

취소판결의 형성력은 처분이 발령된 시점으로 소급하여 행정법상 법률관계의 소멸(변경)을 가져온다.

(3) 제 3 자효

1) 의　　의

소송당사자 간에 당연히 발생하는 취소판결의 형성력은 제 3 자에 대해서도 발생한다(행정소송법 제29조). 이처럼 형성력이 제 3 자에게도 미치는 까닭에 제 3 자의 보호를 위한 제 3 자의 소송참가(행정소송법 제16조), 제 3 자의 재심청구(행정소송법 제31조) 등의 제도가 인정되는 것이다.

2) 제 3 자의 범위

'제 3 자'란 당해 판결에 의하여 권리 또는 이익에 영향을 받는 이해관계인에 한정된다. 즉, 당해 처분에 직접적인 이해관계 있는 제 3 자(예를 들어 복효적 행정행위의 경우), 일반처분에서 처분의 효력을 동일하게 받았던 제 3 자 등이 포함된다.

3) 제 3 자효의 확장

제 3 자에 대한 효력은 집행정지결정·집행정지결정취소(행정소송법 제29조 제 2 항)나 무효등확인소송과 부작위위법확인소송의 경우에도 준용된다(행정소송법 제38조 제 1 항, 제 2 항).

114   판결의 기속력★★★

1. 기속력의 의의

기속력이란 처분등을 취소하는 확정판결이 당사자인 행정청과 관계행정청에 대하여 **판결의 취지에 따라야 할 실체법상의 의무**를 발생시키는 효력을 말한다(행정소송법 제30조 제 1 항). 그리고 기속력은 인용판결에만 미치고 기각판결에서는 인정되지 않는다.

2. 기속력의 법적 성질

(1) 학　설

ⓐ 기속력은 기판력과 동일하다는 **기판력설**과 ⓑ 기속력은 판결 그 자체의 효력이 아니라 취소판결의 효과의 실질적인 보장을 위해 행정소송법이 특별히 인정한 효력이라는 **특수효력설**이 대립된다.

(2) 판　례

판례는 기판력과 기속력이라는 용어를 구분하지 않은 채 혼용하고 있어 그 입장이 불분명하다.

(3) 검　토

ⓐ 기속력은 취소판결(인용판결)에서의 효력이지만, 기판력은 **모든 본안판결**에서의 효력이라는 점, ⓑ 기속력은 당사자인 **행정청**과 그 밖의 관계행정청에 미치지만, 기판력은 **당사자와 후소법원**에 미친다는 점, ⓒ 기속력은 일종의 **실체법적 효력**이지만, 기판력은 **소송법상 효력**이라는 점에서 양자는 상이하므로 **특수효력설**이 타당하다(**다수설**).

3. 기속력의 범위(요건)

아래의 기속력의 범위에 모두 포함되어야 기속력이 발생한다(아래의 세 가지 범위를 모두 충족해야 한다). 행정청 및 관계행정청에게 기속력이 발생하면 내용은 후술하는 기속력의 내용으로 결정된다(기속력은 인용판결에만 미치는 것이므로 기속력이 미치는 범위(사유)에서는 행정청이 재처분을 할 수 없고, 기속력이 미치지 않는 범위에서는 재처분이 가능하다. 따라서 기속력의 범위와 재처분이 가능한 범위는 반비례가 된다).

(1) 주관적 범위

처분을 취소하는 확정판결은 그 사건(취소된 처분)에 관하여 당사자인 **행정청과 그 밖의 관계행정청**을 기속한다(행정소송법 제30조 제 1 항). 여기서 '그 밖의 관계 행정청'이란 취소된 처분 등을 기초로 하여 그와 관련되는 처분이나 부수되는 행위를 할 수 있는 행정청을 총칭하는 것이다(전술한 행정청의 소송참가(97) 참조).

(2) 시간적 범위(자세한 내용은 전술한 처분의 위법성 판단 기준시 참조(107))

처분의 위법성 판단의 기준시점을 어디로 볼 것이냐에 따라 기속력이 미치는 시간적 범위가 결정된다(예를 들어 처분시설에 따른다면 처분시의 사유만이 기속력이 미칠 수 있을 것이다).

1) 학　설

① **처분시설(다수견해)**(행정처분의 위법 여부는 처분 당시를 기준으로 판단하여야 한다는 견해로 항고소송의 주된 목적은 개인의 권리구제에 있기 때문에 처분시 이후의 공익적 사정은 고려할 필요가 없다는 견해이다), ② **판결시설**(항고소송의 목적을 행정법규의 정당한 적용이라는 공익실현으로 보

면서, 법원은 처분시 이후 발생한 공익적 사정도 고려하여 심리하여야 한다는 견해이다), ③ **절충설** (ⓐ 원칙적으로 처분시를 기준으로 하면서, 예외적으로 영업허가취소나 물건의 압수처분 등과 같이 계속효 있는 처분에 대하여는 판결시를 기준으로 하는 견해와 ⓑ 적극적 침익적 처분의 경우 처분시를 기준으로 하고, 거부처분의 경우 판결시를 기준으로 하는 견해가 있다)이 대립된다.

2) 판 례

판례는 행정소송에서 <u>행정처분의 위법 여부는 행정처분이 있을 때의 법령과 사실상태를 기준</u> <u>으로 하여 판단해야 한다고 본다</u>(처분시설)(대판 1993. 5. 27. 92누19033).

3) 검 토

위법성 판단기준을 판결시로 할 경우 판결지체 여하에 따라 처분시에 위법하였던 행위가 적법한 행위가 될 수도 있고, 반대로 처분시에는 적법했던 행위가 후에 위법한 것으로 될 수 있어 이론적으로 문제가 있다. 따라서 처분시설이 타당하다.

4) 소 결

처분시설에 따르면 처분시에 존재하던 사유만이 기속력이 미치는 처분사유가 된다(만일 판결시설에 따른다면 처분시 이후 판결시까지의 사유도 기속력이 미칠 수 있다). 따라서 처분시 이후의 새로운 사정은 기속력이 미치지 않으므로 행정청은 새로운 사정을 근거로 재처분할 수 있다.

(3) 객관적 범위

판결의 기속력은 <u>판결주문 및 이유에서 판단된 처분등의 구체적 위법사유</u>에만 미친다(대판 2001. 3. 23. 99두5238).

1) 절차나 형식의 위법이 있는 경우

절차나 형식에 위법이 있는 경우 판결의 기속력은 판결에 적시된 <u>개개의 위법사유에 미치기</u> 때문에 확정판결 후 행정청이 판결에 적시된 절차나 형식의 **위법사유를 보완**한 경우에는 다시 동일한 내용의 처분을 하더라도 기속력에 위반되지 않는다(대판 1987. 2. 10. 86누91).

2) 내용상 위법이 있는 경우

a. 범 위　　　이 경우 판결의 주문 및 이유에서 판단된 구체적 위법사유는 처분사유의 추가·변경과의 관계로 인해 <u>판결주문 및 이유에서 판단된 위법사유와 기본적 사실관계가 동일한 사유</u>를 말한다.

따라서 당초처분사유와 기본적 사실관계가 동일하지 않은 '사유'라면 동일한 '내용'의 처분을 하더라도 판결의 기속력에 위반되지 않는다.

b. 기본적 사실관계의 동일성 판단　　　(가) 판례는 기본적 사실관계의 동일성 유무는 <u>처분사유를 법률적으로 평가하기 이전의 구체적인 사실에 착안하여 그 기초인 사회적 사실관계가 기본적인 점에서 동일한지 여부</u>에 따라 결정된다고 한다. 구체적인 판단은 시간적·장소적 근접성, 행위 태양(모습)·결과 등의 제반사정을 종합적으로 고려해야 한다(법원실무제요, 석호철). (나) 즉, 처분청이 처분 당시에 적시한 구체적 사실을 변경하지 아니하는 범위 내에서 단지 그 <u>처분의 근거법령만을 추가·변경하거나 당초의 처분사유를 구체적으로 표시하는 것</u>에 불과한 경우처럼 처분사유의 내용이 공통되거나 취지가 유사한 경우에는 <u>기본적 사실관계의 동일성</u> <u>을 인정</u>하고 있다(대판 2007. 2. 8. 2006두4899). (다) 판례는 시장이 <u>주택건설사업계획승인신청을 거부</u>하면서 제시한 '미디어밸리 조성을 위한 시가화예정 지역'이라는 당초거부사유와 거부처분취소판결확정 후 다시 거부처분을 하면서 제시한 '해당 토지 일대가 개발행위허가 제한지역으로 지정되었다'는 사유는 <u>기본적 사실관계의</u>

동일성이 없기 때문에 재거부처분은 확정판결의 기속력에 반하지 않는 처분이라고 보았다(대판 2011. 10. 27. 2011두14401).

4. 기속력의 내용(효과)

(1) 반복금지의무(반복금지효)

반복금지의무란 처분이 위법하다는 이유로 취소하는 판결이 확정된 후 당사자인 행정청 등이 동일한 처분을 반복해서는 안 되는 부작위의무를 말한다(이 의무는 행정소송법 제30조 제1항의 해석상 인정된다).

(2) 재처분의무

재처분의무란 행정청이 판결의 취지에 따라 신청에 대한 처분을 하여야 할 의무(작위의무)를 말한다. 재처분의무는 행정청이 당사자의 신청을 거부하거나 부작위하는 경우 주로 문제된다 (즉, 당사자의 신청이 있는 경우)(행정소송법 제30조 제2항, 제38조 제2항 참조).

1) 거부처분취소판결이 확정된 경우

행정소송법 제30조 제2항은 거부처분취소판결이 확정된 경우 별도의 신청이 없어도 행정청은 판결의 취지에 따라 다시 이전의 신청에 대한 처분을 할 것을 규정하고 있다. 구체적으로 보면 이 재처분의무는 ㉠ 재처분을 해야 하는 의무와 ㉡ 재처분을 하는 경우 그 재처분은 판결의 취지에 따른(판결의 기속력에 위반되지 않는) 것이어야 하는 의무, 양자를 포함하는 개념이다(예를 들어 행정청으로부터 A라는 사유로 건축허가거부처분을 받은 갑이 취소소송을 제기하여 거부처분취소판결이 확정되면, 행정청은 재처분을 해야 할 처분의무를 부담하며(㉠) 동시에 재처분을 하더라도 ─ 다른 사유로 다시 거부처분이 발령될 여지는 있지만 ─ 취소판결에서 위법사유로 판단된 'A사유'로는 다시 거부처분을 할 수 없다(㉡)).

2) 절차의 위법을 이유로 처분이 취소되는 경우

(가) 행정소송법 제30조 제3항은 신청에 따른 처분이 단지 절차의 위법을 이유로 취소되는 경우 행정청의 재처분의무를 규정하고 있는데, 이는 주로 신청이 받아들여짐으로써 불이익을 받는 제3자(예: 경원자소송에서 거부처분을 받은 자)에 의한 소제기에 의해서 인용처분이 단지 절차상 위법으로 취소되는 경우의 재처분의무를 말한다(예를 들어 경원자관계에 있는 갑과 을의 신청에 대해, 을에게 허가처분이 발령되었지만 그 허가처분에 절차상 위법이 있어 갑이 취소소송을 제기하여 을에 대한 허가처분이 취소되었다고 해도, 판결의 취지는 단지 절차상 위법에 불과하기 때문에, 판결의 취지에 따라 ─ 절차상 위법을 제거하고 ─ 재처분을 하라는 것이다). 여기서 '절차의 위법'이란 좁은 의미의 절차상 위법뿐만 아니라 주체·형식 등의 위법을 포함하는 넓은 의미이다.
(나) 신청에 따른 (인용) 처분(앞의 예에서 허가처분)이 단지 절차상의 위법사유로 인해 취소된 경우 판결의 취지에 따라 행정청이 재처분(허가처분)을 해야 한다면 원래의 신청(앞의 예에서 허가신청)이 다시 인용될 수 있기 때문에 신청인(을)에게 재처분의 이익이 있는 것이다.

(3) 결과제거의무(원상회복의무)

취소소송의 경우 인용판결이 있게 되면 행정청은 위법처분으로 인해 야기된 상태를 제거하여야 할 의무인 결과제거의무가 발생한다. 이 의무는 행정소송법 제30조 제1항의 해석상 인정되는 행정청의 의무이다. 특히 법무부 행정소송법개정안은 이러한 행정청의 결과제거의무를 명시적으로 인정하고 있다.

5. 기속력의 위반

(1) 반복금지의무에 위반

반복금지의무에 위반하여 동일한 처분을 다시 한 경우 이러한 처분은 그 하자가 중대명백하여 무효이다(통설, 판례).

(2) 재처분의무에 위반 — 간접강제

재처분의무에 위반하는 경우 사인은 행정소송법 제34조에 따라 법원에 간접강제를 신청할 수 있다.

1) 간접강제의 의의

간접강제란 거부처분취소판결이나 부작위위법확인판결이 확정되었음에도 행정청이 행정소송법 제30조 제 2 항의 판결의 취지에 따른 처분을 하지 않는 경우 판결의 실효성을 확보하기 위해 법원이 행정청에게 일정한 배상을 명령하는 제도를 말한다(행정소송법 제34조 제 1 항, 제38조 제 2 항).

2) 요 건

a. 거부처분취소판결 등이 확정되었을 것   거부처분취소판결 등이 확정되었을 것을 요한다. 거부처분취소판결이나 부작위위법확인판결이 확정되거나 신청에 따른 처분이 절차위법을 이유로 취소가 확정되어야 한다(행정소송법 제30조 제 2 항·제 3 항, 제38조 제 2 항).

b. 행정청이 판결의 취지에 따른 재처분의무를 이행하지 않았을 것   (가) 행정청이 판결의 취지에 따른 재처분의무를 이행하지 않아야 한다. 즉, 행정청이 아무런 처분을 하지 않고 있을 때라야 간접강제가 가능하다.

(나) 또한, 판결의 취지에 따르지 않고 기속력에 위반되는 사유로 다시 거부처분등을 한 경우 그러한 거부처분은 무효이고, 이 경우 행정청은 행정소송법 제30조 제 2 항의 판결의 취지에 따른 재처분의무를 이행하지 않은 것이므로 사인은 간접강제를 신청할 수 있다(거부처분에 대한 취소의 확정판결이 있음에도 행정청이 아무런 재처분을 하지 아니하거나, 재처분을 하였다 하더라도 그것이 종전 거부처분에 대한 취소의 확정판결의 기속력에 반하는 등으로 당연무효라면 이는 아무런 재처분을 하지 아니한 때와 마찬가지라 할 것이므로 이러한 경우에는 위 규정에 의한 간접강제신청에 필요한 요건을 갖춘 것으로 보아야 할 것이다(대판 2002. 12. 11. 2002무22)).

3) 배상금의 법적 성격과 배상금의 추심

① 행정소송법 제34조 소정의 간접강제결정에 기한 배상금은 확정판결의 취지에 따른 재처분의 지연에 대한 제재나 손해배상이 아니고 재처분의 이행에 관한 심리적 강제수단에 불과한 것으로 보아야 하므로, ② 간접강제결정에서 정한 의무이행기한이 경과한 후에라도 확정판결의 취지에 따른 재처분이 행하여지면 배상금을 추심함으로써 심리적 강제를 꾀한다는 당초의 목적이 소멸하여 처분상대방이 더 이상 배상금을 추심하는 것이 허용되지 않는다(대판 2010. 12. 23. 2009다37725).

4) 간접강제의 절차(행정소송법 제34조 제 1 항)

a. 관할법원   간접강제는 제 1 심수소법원이 결정한다.

b. 당사자의 신청   당사자는 제1심수소법원에 간접강제를 신청한다.

5) 간접강제 결정 내용

제 1 심수소법원은 ⓐ 상당한 기간을 정하고 행정청이 그 기간 내에 이행하지 아니하는 때에는 그 지연기간에 따라 일정한 배상을 할 것을 명하거나 ⓑ 즉시 손해배상을 할 것을 명할 수 있다.

6) 간접강제의 효과

간접강제결정은 피고 또는 참가인이었던 행정청이 소속하는 국가 또는 공공단체에 그 효력을 미친다. 그리고 간접강제결정은 변론 없이도 할 수 있다. 다만 변론을 열지 않고 결정하는 경우 처분의무 있는 행정청을 심문하여야 한다(행정소송법 제34조 제 2 항 '행정소송법 제33조와 민사집행법 제262조의 규정은 제 1 항의 경우에 준용한다' 참조).

> **참고**
>
> ☞ **판결의 집행력**
>
> (가) 집행력이란 이행판결에서 명령된 이행의무를 강제집행절차를 통해 실현할 수 있는 효력을 말한다. 당사자소송의 경우 이행판결이 가능하고, 행정소송법 제 8 조 제 2 항에 따라 민사집행법이 준용되므로 강제집행이 가능하다.
>
> (나) 처분의 취소 또는 무효확인을 구하는 항고소송에서는 그 처분이 취소되거나 무효가 확인되면 원고는 완전한 권리구제를 받기 때문에 특별히 강제집행절차를 필요로 하지 않는다. 그러나 거부처분에 대해 취소소송을 제기하거나 부작위위법확인소송을 제기하여 인용판결이 확정되었음에도 행정청이 재처분의무를 이행하지 않고 있는 경우 이를 강제할 수단이 필요하게 된다. 이에 행정소송법은 간접강제를 규정하고 있다.

◆ 논점 간접강제의 적용범위★

1. 문제 상황

행정소송법은 거부처분취소판결에 따른 재처분의무에 대한 간접강제를 규정하고, 이를 부작위위법확인판결의 경우에 준용하고 있다(행정소송법 제38조 제 2 항). 문제는 거부처분에 대한 무효확인판결에 재처분의무를 규정하고 있음에도(행정소송법 제38조 제 1 항, 제30조 제 2 항), 무효등확인판결에는 간접강제의 준용규정이 없어 무효확인판결에도 간접강제가 허용되는지가 문제된다.

2. 학   설

ⓐ 재처분의무는 인정되나 간접강제는 준용규정이 없음을 이유로 **부정하는 견해**, ⓑ 행정소송법 제34조 제 1 항이 '거부처분취소판결이 있는 경우'라고 하지 않고 '행정청이 제30조 제 2 항의 처분을 하지 않은 때'라고 규정함을 근거로 **긍정하는 견해**로 나누어진다.

3. 판   례

행정소송법 제38조 제 1 항이 무효확인판결에 관하여 행정소송법 재처분의무 규정(행정소송법 제30조 제 2 항)은 준용하지만, 간접강제 조문(행정소송법 제34조)을 준용하지 않음을 근거로 거부처분무효확인판결에 대한 간접강제를 부정한다(대결 1998. 12. 24. 98무37).

4. 검   토

거부처분 무효확인판결도 행정청에게 재처분의무가 발생하며(행정소송법 제38조 제 1 항, 제30조 제 2 항), 그 의무의 **이행을 강제할 필요성**은 취소판결의 경우와 다를 바 없으므로 긍정함이 타당하다.

(3) 결과제거의무에 위반

행정청은 위법한 처분에 의해 야기된 위법한 사실상태를 제거하여야 할 의무를 부담하며 이를 이행하지 않는 경우 인용판결의 원고는 결과제거를 청구할 수 있나.

115 행정소송법상 제 3 자의 재심청구★

1. 의 의

(개) 제 3 자의 재심이란 처분등을 취소하는 판결에 의하여 권리 또는 이익의 침해를 받은 제 3 자가 자기에게 책임 없는 사유로 소송에 참가하지 못함으로써 판결의 결과에 영향을 미칠 공격 또는 방어방법을 제출하지 못하고 판결이 확정된 경우 이 **확정판결에 대한 취소와 동시에** **판결 전 상태로 복구시켜줄 것을 구하는 불복방법을 말한다(행정소송법 제31조). 이는 행정소송법 제29조 제 1 항(제38조 제 1 항·제 2 항)에서 취소판결의 제 3 자효를 규정하고 있기 때문이다.**

(내) 즉 취소판결의 효력(형성력)을 받은 제 3 자는 불측의 손해를 입지 않기 위해 소송참가를 할 수도 있으나(행정소송법 제16조 참조) 본인에게 **귀책사유 없이 소송에 참가하지 못하는 경우도** 있을 수 있으므로 그런 경우 제 3 자의 불이익을 구제하기 위한 방법이 재심청구제도이다. 그리고 당사자가 제기하는 일반적인 재심은 민사소송법 제451조가 적용된다(행정소송법 제 8 조 제 2 항).

2. 재심의 전제조건

재심은 처분 등을 취소하는 **판결의 확정을 전제로 한다.** 판결이 확정되기 전에는 통상적인 상소수단으로 불복할 수 있으므로 재심이 문제될 여지가 없어 당연한 전제이다.

3. 당 사 자

(개) 재심청구의 원고는 처분등을 취소하는 판결에 의해 권리 또는 이익의 침해를 받은 제 3 자이다. 여기서 '처분등을 취소하는 판결에 의하여 권리 또는 이익의 침해를 받은 제 3 자'란 행정소송법 제16조 제 1 항에서 소송참가를 할 수 있는 '소송의 결과에 따라 권리 또는 이익의 침해를 받을 제 3 자'와 같은 의미라는 것이 **다수견해이다(주석행정소송법, 행정구제법(사법연수원)).**

(내) 행정소송법 제31조 제 1 항을 분설하면, ⓐ '처분등을 취소하는 판결'에 의하여 권리 또는 이익의 침해를 받는다는 것은 취소판결의 **형성력**이 미침으로써 권리 또는 이익의 침해를 받는 것을 말한다. ⓑ '권리 또는 이익'이란 단순한 경제상의 이익이 아니라 **법률상 이익**을 의미한다. ⓒ 판결에 의하여 권리 또는 이익의 '**침해를 받은**' 제 3 자라야 한다. ⓓ '제 3 자'란 당해 소송당사자 이외의 자를 말하는 것으로서 개인에 한하지 않고 **국가 또는 공공단체도 포함되** 나, 행정청은 권리나 이익을 침해 받을 수 없어 해당되지 않는다.

4. 재심청구의 요건

① 자기에게 책임 없는 사유로 소송에 참가하지 못한 경우이어야 한다. '자기에게 책임 없는 사유'의 유무는 제 3 자가 종전 소송의 계속을 알지 못한 경우에 그것이 통상인으로서 일반적 주의를 다하였어도 알기 어려웠다는 것과 소송의 계속을 알고 있었던 경우에는 당해 소송에 참가를 할 수 없었던 특별한 사정이 있었을 것을 필요로 한다. 또한, 그 입증책임은 재심청구인인 제 3 자가 부담한다(대판 1995. 9. 15. 95누6762).

② 판결의 결과에 영향을 미칠 공격 또는 방어방법을 제출하지 못하였을 것을 요한다. 즉, 제 3 자가 공격 또는 방어방법을 종전의 소송에서 제출하였다면 그에게 유리하게 판결의 결과가 변경되었을 것인데 제출의 기회를 얻지 못하였음이 인정되는 경우라야 한다.

5. 재심청구기간

확정판결이 있음을 안 날로부터 30일 이내, 판결이 확정된 날로부터 1년 이내에 제기하여야 한다(행정소송법 제31조 제2항).

Ⅰ. 소의 취하

소의 취하란 원고가 청구의 전부 또는 일부를 철회하겠다는 의사를 법원에 표시하는 것을 말한다. 행정소송에서도 처분권주의에 따라 소의 취하로 취소소송이 종료되는 것은 당연하다.

Ⅱ. 청구의 포기·인낙

1. 의   의

청구의 포기란 변론 또는 준비절차에서 원고가 자신의 소송상의 청구가 이유 없음을 자인하는 법원에 대한 일방적 의사표시이며, 청구의 인낙이란 피고가 원고의 소송상 청구가 이유 있음을 자인하는 법원에 대한 일방적 의사표시이다. 청구의 포기나 인낙은 조서에 진술을 기재하면 당해 소송의 종료의 효과가 발생한다. 조서가 성립되면 포기조서는 청구기각의, 인낙조서는 청구인용의 확정판결과 동일한 효력이 있다(민사소송법 제220조).

2. 항고소송에서 허용 여부

(1) 학   설
1) 긍 정 설
긍정설은 행정소송사건심리에서도 민사소송과 마찬가지로 변론주의 및 처분권주의가 지배하며, 청구의 포기·인낙은 법원의 최종판결을 기다리지 않고 일찍이 소송절차에서 탈퇴하는 경우에 해당하기에 이를 인정하더라도 법치행정에 반하지 않고 오히려 소송경제에 유용하다는 점을 근거로 한다.

2) 부 정 설
부정설은 취소소송에서 행정청이나 개인은 소송의 대상인 처분을 임의로 취소·변경할 수 없는 것이어서 청구의 포기·인낙에 민사소송의 확정판결과 동일한 효력을 인정하기 어렵고, 원고가 청구를 포기한다고 하여도 위법한 처분이 적법해지는 것도 아니며 적법한 처분에 대해 피고가 인낙할 권한을 갖는 것도 아니라는 점(이것을 인정하면 법치행정에 반한다고 본다)을 근거로 한다.

(2) 검토(제한적 긍정설)
① 원고가 법원의 최종판결을 기다리지 않고 소송절차에서 탈퇴하는 것은 소송경제에도 유익하며 법치행정에 반하지 않기 때문에 청구의 포기는 인정함이 타당하다. ② 그러나 청구의 인낙은 법치행정의 구속력을 받는 피고행정청의 의사표시이기 때문에 법치주의에 반하는 결과가 발생해서는 아니 된다. 따라서 기속행위는 실정법에 반하지 않는 범위에서만 청구의 인낙이 허용될 수 있고, 재량행위는 재량의 범위 내에서만 가능하다고 보아야 한다(류지태·박종수).

Ⅲ. 재판상 화해

1. 의   의

재판상 화해란 당사자 쌍방이 소송 계속 중(소송 계속 전도 포함) 소송의 대상인 법률관계에 관한 주장을 서로 양보하여 소송을 종료시키기로 하는 합의를 말한다. 당사자 쌍방의 화해의 진술이 있는 때에는 그 내용을 조서에 기재하면 화해조서는 확정판결과 같은 효력이 있다(민사소송법 제220조).

2. 항고소송에서 허용 여부

(1) 학 설

1) 긍 정 설

긍정설은 해당 처분이 원고의 권리·이익에 속하는 한 원고에게 **처분권**을 인정할 수 있고 처분청도 처분에 대한 직권취소·변경 등의 권한을 소송상 행사하는 것이므로 행정청에게 처분권을 인정할 수 있어 서로 합의하여 소송을 종료시킬 수 있으며, **분쟁의 신속한 해결**을 위해 민사소송법상 화해가 준용될 수 있다고 한다.

2) 부 정 설

부정설은 항고소송의 대상인 행정처분은 **일방적 행위**이기 때문에 사인과의 합의에 의해 임의로 취소·변경될 수 없고, 재판상 화해를 항고소송에서 허용하면 행정의 **법률적합성** 원칙이 침해될 가능성이 있음을 근거로 한다.

(2) 검토(제한적 긍정설)

① 재판상 화해에서 원고는 최종판결을 기다리지 않고 소송절차에서 탈퇴하더라도 법치행정에 반하지 않지만, ② 피고인 행정청의 의사표시는 법치행정의 구속력을 받기 때문에 임의로 원고의 청구주장을 인정하여 법치주의에 반하는 결과를 발생시켜서는 아니 된다. 따라서 기속행위는 실정법에 반하지 않는 범위에서만 재판상 화해가 허용될 수 있고, 재량행위는 재량의 범위내만 가능하다고 보아야 한다(류지태·박종수).

IV. 당사자의 사망 등

① 행정소송 중 성질상 승계가 허용되지 않는 소송에서 원고가 사망한 경우, 그리고 성질상 승계가 허용되더라도 소송을 승계할 자가 없는 경우 해당 소송은 종료된다(대판 2007. 7. 26. 2005두15748). ② 그러나 취소소송이 제기된 후에 행정청이 없게 된 때에는 그 처분등에 관한 사무가 귀속되는 국가 또는 공공단체를 피고로 하기 때문에 이는 피고경정사유이며 취소소송의 종료사유는 아니다(행정소송법 제14조 제6항 참조).

117 무효등확인소송***

Ⅰ. 즉시확정의 이익의 필요 여부***

1. 문제 상황

민사소송으로 확인소송을 제기하려면 즉시확정의 이익이 요구된다(즉시확정의 이익이 요구된다는 것은 ① 당사자의 권리 또는 법률상의 지위에 ② 현존하는 불안·위험이 있고 ③ 그 불안·위험을 제거함에는 확인판결을 받는 것이 가장 유효·적절한 수단일 때(=확인소송의 보충성)에만 확인소송이 인정된다는 것이다). 따라서 확인소송이 아닌 다른 직접적인 권리구제수단(예를 들면 이행소송)이 있는 경우에는 확인소송이 인정되지 않는다. 즉 확인소송이 보충성을 가지는 것으로 본다. 그런데 민사소송인 확인소송에서 요구되는 즉시확정의 이익이 행정소송인 무효등확인소송의 경우에도 요구되는지가 문제된다(즉, 확인소송의 보충성이 요구되는지).

2. 학 설

(1) 긍 정 설(즉시확정이익설)

취소소송의 경우와 달리 행정소송법 제35조는 원고적격에 관한 규정일 뿐만 아니라 권리보호필요성에 관한 의미도 가지고 있는 것이며(동법 제35조의 '확인을 구할'이라는 표현을 즉시확정이익으로 본다), 민사소송에서의 확인의 소와 같이 무효등확인소송의 경우에도 '즉시확정의 이익'이 필요하다고 보는 견해이다. 결국 당사자에게 별도의 직접적인 권리구제수단이 없는 경우라야 무효등확인소송이 인정된다고 본다.

(2) 부 정 설(법적보호이익설)

행정소송법 제35조의 '법률상 이익'은 원고적격의 범위에 대한 것이어서 즉시확정의 이익으로 해석될 수 없고, 무효등확인소송에서는 취소판결의 기속력을 준용하므로 민사소송과 달리 무효판결 자체로도 판결의 실효성 확보가 가능하다는 점(행정소송법 제38조 제1항, 제30조 참조)을 들고 있다(다수견해).

3. 판 례

① 과거 판례는 행정소송인 무효등확인소송에도 민사소송처럼 확인소송의 일반적 요건인 '즉시확정의 이익'이 요구된다고 하였다. ② 그러나 **수원시장의 하수도원인자부담금부과처분의 무효확인을 구한 사건**에서 대법원은 행정소송은 민사소송과는 목적·취지 및 기능 등을 달리하며, 무효등확인소송에도 확정판결의 기속력규정(행정소송법 제38조, 제30조)을 준용하기에 무효확인판결만으로도 실효성확보가 가능하며, 행정소송법에 명문의 규정이 없다는 점을 이유로 무효등확인소송의 보충성이 요구되지 않는다고 판례를 변경하였다(대판(전원) 2008. 3. 20. 2007두6342). 따라서 행정처분의 무효를 전제로 한 이행소송 즉 부당이득반환청구소송, 소유물반환청구소송, 소유권이전등기말소청구소송, 소유물방해제거청구소송 등과 같은 구제수단이 있다고 하더라도 무효등확인소송을 제기할 수 있다고 본다.

4. 검 토

무효등확인소송도 처분등의 하자가 중대명백하다는 것일 뿐 항고소송이라는 점에서 취소소송과 본질이 다르지 않고, 무효등확인소송에서 원고가 소권을 남용한다면(예를 들어 원고가 권리구제에 도움이 되지 않는 우회적인 소송을 제기하는 경우) 법원은 권리보호필요의 일반 원칙으로 이를 통제할 수 있기 때문에 문제되지 않는다. 따라서 즉시확정의 이익은 요구되지 않는다는 견해가 타당하다.

> **대법원 판례 변경전 즉시확정의 이익이 없다고 하여 협의의 소익을 부정한 예**
> ① 금전급부하명(과세처분 등)을 받고 이행을 한 후 또는 불이행하여 공매처분이 있은 경우, 과세처분·공매처분에 대해 행정청을 상대로 무효확인소송을 제기하는 경우: 납부한 금전에 대해서는 국가 등을 상대로 부당이득반환청구하거나, 목적물의 소유자(공매의 경락인)인 타인에 대해서 소유물반환청구 또는 소유권이전등기말소청구소송을 제기하면 되기 때문에 즉시확정의 이익을 부정함.
> ② 환지처분(150-1)에 대해 행정청을 상대로 무효확인소송을 제기하는 경우: 환지처분이 무효임을 전제로 타인 명의의 소유권이전등기말소청구소송을 제기하면 되기 때문에 즉시확정의 이익을 부정함.
> ③ 무효인 사용승인처분에 기해 소유권자가 아닌 자가 건물을 사용·수익하는 경우 소유권자가 행정청을 상대로 사용승인처분무효확인소송을 제기하는 경우: 소유자는 무권한자에게 소유물방해제거·방해예방청구소송을 제기하면 되기 때문에 즉시확정의 이익을 부정함.

Ⅱ. 입증책임★

1. 문제 상황

취소소송의 경우 입증책임은 민사소송의 경우와 마찬가지로 법률요건분류설에 따른다는 것이 통설, 판례의 입장이지만, 무효확인소송의 경우 일부 학설과 판례가 이와 다르게 보고 있어 문제가 된다.

2. 학   설

(1) 법률요건분류설(취소소송의 경우와 같다는 견해)

위법의 중대·명백성은 법해석 내지 경험칙(법적 판단의 문제)에 의해 판단될 사항이기 때문에 입증책임의 문제(사실인정의 문제)와 직접관련이 없음을 논거로 한다.

(2) 원고부담설

무효등확인소송에서 주장되는 중대·명백한 흠은 특별한 예외적인 것이며, 무효등확인소송은 제소기간의 제한 없이 언제든 제기할 수 있어 그 사이에 증거가 없어질 수 있으므로 취소소송과 동일하게 볼 수 없다는 점을 논거로 한다.

3. 판   례

판례는 「행정처분의 당연무효를 주장하여 그 무효확인을 구하는 행정소송에 있어서는 원고에게 그 행정처분이 무효인 사유를 주장, 입증할 책임이 있다(대판 2000. 3. 23. 99두11851)」라고 하여 무효확인소송에서 무효원인에 대한 입증책임은 그 무효를 구하는 원고에게 있다고 하여 취소소송의 경우와는 달리 원고부담설을 취한다.

4. 검   토

무효인 처분은 취소사유인 처분보다 더 중대한 위법이 있는 것이므로 원고부담설은 부당하며 무효확인소송의 경우에도 입증책임의 일반원칙인 법률요건분류설에 따르는 것이 타당하다.

> **무효등확인소송에 준용되지 않는 취소소송 규정들**
> ① 행정소송법 제18조(행정심판전치), ② 행정소송법 제20조(제소기간), ③ 행정소송법 제28조(사정판결), ④ 행정소송법 제34조(간접강제)
> *행정소송법 제23조·제24조(집행정지), 제29조(취소판결등의 효력), 제30조(취소판결등의 기속력)는 준용규정 있음.

118 부작위위법확인소송★★

Ⅰ. 부작위위법확인소송의 대상 — 부작위★★

행정소송법 제 2 조 제 1 항 제 2 호는 '부작위'를 행정청이 당사자의 신청에 대하여 상당한 기간 내에 일정한 처분을 하여야 할 법률상 의무가 있음에도 불구하고 이를 하지 아니하는 것을 말한다고 규정한다.

1. 행 정 청

㈎ 행정청이란 행정에 관한 의사를 결정하고 이를 외부에 자신의 명의로 표시할 수 있는 행정기관을 말한다(기능적 의미의 행정청).

㈏ 행정청에는 ① 전통적 의미의 행정청(해당 행정조직의 우두머리), ② 합의제기관(예: 방송통신심의위원회, 공정거래위원회) 외에 ③ 법원이나 국회의 기관도 실질적 의미의 행정적인 처분을 하는 범위에서 행정청에 속하며(예: 법원장의 법원공무원에 대한 징계, 지방의회의 지방의회의원에 대한 징계나 지방의회의장에 대한 불신임의결), ④ 행정소송법 제 2 조 제 2 항에 따라 법령에 의하여 행정권한의 위임 또는 위탁을 받은 행정기관, 공공단체 및 그 기관 또는 사인도 포함된다.

2. 당사자의 신청이 있을 것

(1) 신청의 내용

사인은 행정소송법 제 2 조 제 1 항 제 1 호의 처분을 신청해야 한다. 그러나 신청이 반드시 적법할 필요는 없다. 부적법하면 행정청은 거부하면 되기 때문이다.

(2) 신청권의 필요 여부

1) 문 제 점

거부처분취소소송 등과 마찬가지로 부작위위법확인소송의 경우에도 부작위의 성립에 행정소송법 제 2 조 제 1 항 제 2 호의 요건 외에 신청권이 필요한지가 논의된다.

2) 학 설

학설은 ① 부작위(행정소송법 제 2 조 제 1 항 제 2 호 참조)의 성립에 처분의무(이 경우 상대방에게는 '신청권'이 주어진다고 본다)가 요구되기 때문에(이에 대응하여 상대방은 '신청권'을 가진다고 한다) 이러한 신청권을 가진 자의 신청에 대한 부작위라야 부작위위법확인소송의 대상적격이 된다는 견해(대상적격설), ② 부작위위법확인소송의 소송물을 '부작위의 위법성과 당사자의 권리의 존재'로 이해하면서 신청권은 소송요건의 문제가 아니라 본안의 문제로 보는 견해(본안요건설), ③ 어떠한 부작위가 행정소송의 대상이 되는가 여부는 행정소송법 제 2 조 제 1 항 제 2 호의 부작위에 해당하는가의 여부에 따라 판단하여야 하며 행정소송법 제36조를 고려할 때 신청권은 원고적격의 문제로 보아야 한다는 견해(원고적격설)가 대립된다.

3) 판 례

㈎ 대법원은 부작위의 성립에도 거부처분과 마찬가지로 신청권이 필요하다고 본다. 즉, 판례는 부작위위법확인소송은 아니지만 **잠수기어업불허가처분취소** 사건에서 「거부처분의 처분성을 인정하기 위한 전제요건이 되는 신청권의 존부는 구체적 사건에서 신청인이 누구인가를 고려하지 않고 관계 법규의 해석에 의하여 일반 국민에게 그러한 신청권을 인정하고 있는가를 살

퍼 추상적으로 결정되는 것이고 신청인이 그 신청에 따른 단순한 응답을 받을 권리를 넘어서 신청의 인용이라는 만족적 결과를 얻을 권리를 의미하는 것은 아니다. 따라서 국민이 어떤 신청을 한 경우에 그 신청의 근거가 된 조항의 해석상 행정발동에 대한 개인의 신청권을 인정하고 있다고 보여지면 그 거부행위는 항고소송의 대상이 되는 처분으로 보아야 할 것이고, 구체적으로 그 신청이 인용될 수 있는가 하는 점은 본안에서 판단하여야 할 사항인 것이다(대판 1996. 6. 11. 95누12460)」이라고 하여 신청권이 필요하다고 본다.

(내) 신청권의 근거는 법규상 또는 조리상 인정될 수 있는데, 법규상 신청권이 있는지 여부는 관련법규의 해석에 따라 결정되며, 조리상 신청권 인정 여부는 항고소송 이외의 다른 권리구제수단이 없거나, 국민이 수인불가능한 불이익을 입는 경우 조리상의 신청권은 인정될 수 있다고 한다(하명호).

(다) 다만, 일부 판결에서는 당사자에게 신청권이 없는 경우 원고적격이 없거나 항고소송의 대상인 부작위가 없다고 하여 원고적격의 문제로 보는 동시에 대상적격의 문제로 보기도 한다(대판 1999. 12. 7. 97누17568).

4) 검   토
판례의 입장은 대상적격과 원고적격의 구분을 무시한 것이고, 부작위의 성립에 신청권이 필요하다고 본다면 동일한 부작위가 신청권을 가진 자에게는 항고소송의 대상이 되고 신청권을 가지지 못한 자에게는 항고소송의 대상이 되지 않는 부당한 결론을 가져온다. 따라서 신청권은 원고적격 문제로 보아야 한다.

3. 상당한 기간이 경과할 것
상당한 기간이란 어떠한 처분을 함에 있어 통상 요구되는 기간을 의미한다. 다만, 행정절차법 제19조(처리기간의 설정·공표)의 처리기간은 주의 규정에 불과하기 때문에 그에 따라 공표된 처리기간을 행정청이 준수하지 아니하였다고 해서 바로 상당한 기간이 경과하였다고 보기는 어렵다.

4. 일정한 처분을 해야 할 법률상 의무가 있을 것
'처분'이란 행정소송법 제 2 조 제 1 항 제 1 호의 처분을 말한다. 그리고 여기서의 '일정한' 처분을 해야 할 법률상 의무란 행정청이 특정한 처분을 할 의무를 말하는 것이 아니라, 신청을 인용하는 적극적 처분 또는 각하하거나 기각하는 등의 소극적 처분을 하여야 할 법률상의 응답의무가 있음에도 불구하고 이를 하지 아니하는 경우를 말한다(대판 1990. 9. 25. 89누4758). 다만, '법률상 의무'에는 명문의 규정에 의해 인정되는 경우뿐만 아니라 법령의 해석상 인정되는 경우도 포함된다.

5. 아무런 처분을 하지 아니할 것
행정청이 아무런 처분도 하지 않았어야 한다. 만일 법령에 일정기간 동안 아무런 처분이 없는 경우 거부처분으로 간주하는 간주거부조항이 있으면 부작위위법확인소송이 아니라 취소소송 등을 제기하여야 한다.

II. 제소기간★★
1. 문제 상황
행정심판을 거쳐 부작위위법확인소송을 제기하는 경우에는 행정소송법 제20조 제 1 항 단서

등이 준용되어 제소기간의 제한이 있지만(행정소송법 제38조 제1항 참조), **행정심판을 거치지 않고** 부작위위법확인소송을 제기하는 경우 행정소송법 제20조가 준용될 수 있는지 문제된다. 왜냐하면 이 경우에는 외관상 아무런 명시적인 처분등이 없기 때문에 처분등을 기준으로 제소기간을 정하고 있는 행정소송법 제20조를 그대로 준용할 수 없기 때문이다.

2. 학   설

ⓐ 부작위개념의 성립요소의 하나인 **신청 후 상당기간이** 경과하면 그때에 처분이 있는 것으로 보고 행정소송법 제20조 제2항에 따라 **그때부터 1년 내에 제소해야 한다는 견해**와 ⓑ 행정소송법상 명문의 규정이 없기 때문에 **제소기간에 제한이 없다는 견해(다수설)**가 대립된다.

3. 판   례

판례는 <u>부작위위법확인의 소는 부작위상태가 계속되는 한 부작위위법의 확인을 구할 이익이 있다고 보아야 하므로 제소기간의 제한을 받지 않는다고 본다</u>(대판 2009. 7. 23. 2008두10560(ⓑ설)).

4. 검   토

부작위상태가 계속되는 한 위법임을 확인할 부작위의 종료시점을 정하기도 어려우며(ⓐ설 비판), 행정심판법상 부작위에 대한 의무이행심판의 경우에는 심판청구기간에 제한이 없다는 점(행정심판법 제27조 제7항) 등을 고려하면 제소기간 제한이 없다는 견해(ⓑ설)가 타당하다.

> **참고**
>
> **소의 변경과 제소기간**
> 행정심판을 전치하고 적법한 제소기간 내에 부작위위법확인의 소를 제기한 후, 교환적 변경과 추가적 변경을 거친 경우 제소기간의 준수 여부에 대해 판례는 「당사자가 동일한 신청에 대하여 <u>부작위위법확인의 소를 제기하였으나 그 후 소극적 처분이 있다고 보아 처분취소소송으로 소를 교환적으로 변경한 후 여기에 부작위위법확인의 소를 추가적으로 병합한 경우 최초의 부작위위법확인의 소가 적법한 제소기간 내에 제기된 이상 그 후 처분취소소송으로의 교환적 변경과 처분취소소송에의 추가적 변경 등의 과정을 거쳤다고 하더라도 여전히 제소기간을 준수한 것으로 봄이 상당하다</u>(대판 2009. 7. 23. 2008두10560)」고 한다.

III. 거부처분취소소송(무효등확인소송)으로의 소의 변경★

1. 문제 상황

부작위위법확인소송 계속 중 행정청이 거부처분을 한 경우 부작위위법확인소송은 권리보호필요성 결여로 각하된다(대판 1990. 9. 25. 89누4758). 따라서 이 경우 부작위위법확인소송을 거부처분취소소송으로 소의 변경을 할 수 있는지가 문제된다. 행정소송법은 부작위위법확인소송의 경우 제37조에서 소 종류의 변경규정인 제21조는 준용하고 있으나, 처분변경으로 인한 소의 변경규정인 제22조를 준용하고 있지는 않기 때문이다.

2. 학   설

(1) 부 정 설

행정소송법 제37조(제21조)의 취지는 행정소송의 다양성으로 인해 행정소송 간에 소송의 종류를 잘못 선택할 가능성 때문에 인정한 것이므로 부작위위법확인소송 계속 중에 거부처분이 발령된 경우에는 적용되지 않으며, 행정소송법 제22조는 부작위위법확인소송에 준용되지 않음을 근거로 한다.

(2) 긍 정 설

행정소송법이 제22조를 부작위위법확인소송에 준용하지 않는 것은 입법의 불비이며, 만일 소변경을 부정하면 당사자는 별도로 거부처분취소소송을 제기해야 하기에 이를 긍정함이 타당하다고 한다(다수견해).

3. 검   토

부작위위법확인소송과 거부처분취소소송은 양 청구가 모두 일정한 처분을 얻으려는 것을 목적으로 하고 있어 청구의 기초에 변경이 없으므로(행정소송법 제21조 제1항의 요건 참조) 행정소송법 제37조(제21조)를 준용하여 소의 변경이 가능하다고 보아야 한다(긍정설).

IV. 심리의 범위★★

1. 문제 상황

행정소송법은 제4조 제3호에서 부작위위법확인소송을 '행정청의 부작위가 위법하다는 것을 확인하는 소송'이라고 정의하고 있어 부작위위법확인소송에 있어서 법원은 행정청의 부작위의 위법성만을 심리해야 하는지 아니면 당사자가 신청한 처분의 실체적인 내용도 심리할 수 있는지가 문제된다(예를 들어 갑이 허가를 신청하였음에도 행정청이 아무런 처분을 하지 않아 부작위위법확인소송을 제기한 경우. 법원은 행정청의 부작위 여부만 심리해야 하는지 아니면 부작위 여부와 갑의 허가 신청에 대한 행정청의 인용 여부도 심리할 수 있는지의 문제이다).

2. 학   설

(1) 절차적 심리설

부작위위법확인소송의 수소법원은 부작위의 위법 여부만을 심사하여야 하며 만약 실체적 심리설처럼 실체적인 내용을 심리한다면 그것은 의무이행소송을 인정하는 결과가 되어 정당하지 않다는 견해이다(다수설). 이 견해에 따르면 부작위위법확인소송의 인용판결이 있더라도 부작위가 위법하다는 것에만 기속력이 미치기 때문에(형식적 기속력), 인용판결 후에 행정청은 당사자의 청구를 인용하든 거부하든 부작위 상태를 해소하기만 하면 부작위위법확인판결의 기속력에 위반되지 않는다고 본다.

(2) 실체적 심리설

법원은 단순히 행정청의 방치행위의 위법성 심리에만 그치지 않고 신청의 실체적 내용도 이유 있는 것인지도 심리하여 그에 대한 적정한 처리방향(당사자가 신청한 처분의 인용 여부)에 관한 법률적 판단을 하여야 한다고 보는 입장이다. 이 견해는 법원에 의해 실체적 심리가 이루어진다면 인용판결에 대한 실질적 기속력이 인정될 것이고(부작위 자체의 위법성뿐만 아니라 일정한 거부사유까지 기속력에 위반되어 위법해질 수 있다는 의미) 그에 따라 무용한 소송의 반복을 피할 수 있으며 당사자의 권리구제에도 실효적임을 근거로 한다.

3. 판   례

판례는 부작위위법확인소송을 '부작위의 위법을 확인함으로써 행정청의 응답을 신속하게 하여 부작위 내지 무응답이라고 하는 소극적인 위법상태를 제거하는 것을 목적으로 하는 소송'으로 보고 있어 절차적 심리설을 취하고 있다(대판 1990. 9. 25. 89누4758).

4. 검 토

부작위위법확인소송의 소송물(부작위의 위법성)과 행정소송법 제4조 제3호의 부작위위법확인소송의 정의규정(행정청의 부작위가 위법하다는 것을 확인하는 소송)에 비추어 절차적 심리설이 타당하다.

V. 판결의 효력★★

(가) 형성력을 제외하면 취소소송과 같다. 따라서 부작위위법확인소송의 인용판결이 있는 경우 행정청은 판결의 기속력에 따라 재처분의무가 발생하며, 간접강제도 가능하다(동법 제38조 제2항, 제30조, 제34조).

(나) 그러나 부작위위법확인소송의 심리범위에서 다수설과 판례는 절차적 심리설의 입장이기 때문에 인용판결이 있는 경우에도 형식적 기속력만 발생한다. 따라서 부작위위법확인소송에서 인용판결이 확정된 후 행정청이 당사자의 신청을 거부하였다고 하더라도 이는 행정소송법 제30조 제2항에 따른 재처분(판결의 취지에 따른 재처분 = 기속력에 반하지 않는 재처분)이기 때문에 원고는 동법 제34조의 간접강제를 신청할 수 없다(대결 2010. 2. 5. 2009무153).

> **참고**
>
> **부작위위법확인소송에 준용되지 않는 취소소송 규정들**
> ① 행정소송법 제22조(처분변경으로 인한 소의 변경)
> ② 행정소송법 제23조·제24조(집행정지)
> ③ 행정소송법 제28조(사정판결)
> *행정소송법 제13조(피고적격), 제18조(행정심판전치), 제20조(제소기간), 제29조(취소판결등의 효력), 제30조(판결의 기속력), 제34조(간접강제)는 준용규정 있음.

I. 실질적 당사자소송★

1. 처분등을 원인으로 하는 법률관계에 관한 소송

예를 들어 과세처분의 무효를 이유로 한 부당이득반환청구소송, 위법한 운전면허취소처분으로 빌생한 재산상 손해에 대한 국가배상청구소송이 있다(물론 판례는 이를 민사소송사항으로 본다).

2. 기타 공법상의 법률관계에 관한 소송

(1) 공법상 계약에 관한 소송

공법상 계약에 대한 분쟁은 당사자소송의 대상이다.

(2) 공법상 금전지급청구소송

예를 들어 공무원이 미지급된 봉급에 대한 지급을 청구하는 소송, 사회보장적 성격의 금전지급을 청구하는 소송 등은 당사자소송의 대상이다.

(3) 공법상 신분·지위의 확인을 구하는 소송

예를 들어 국가유공자의 확인을 구하는 소송은 당사자소송의 대상이다.

(4) 공법상 결과제거청구소송

예를 들어 국가를 상대로 사인이 자신의 소유물의 반환을 청구하는 소송은 당사자소송의 대상이다(실무에서는 민사소송으로 처리된다).

(5) 행정처분에 이르는 절차적 요건의 존부나 효력 유무에 관한 소송

판례는 「도시 및 주거환경정비법상 행정주체인 주택재건축정비사업조합을 상대로 관리처분계획안에 대한 조합 총회결의의 효력 등을 다투는 소송은 행정처분에 이르는 절차적 요건의 존부나 효력 유무에 관한 소송으로서 그 소송결과에 따라 행정처분의 위법 여부에 직접 영향을 미치는 공법상 법률관계에 관한 것이므로, 이는 행정소송법상의 당사자소송에 해당한다(대판(전원) 2009. 9. 17. 2007다2428)」고 본다.

II. 형식적 당사자소송★★

1. 의   의

형식적 당사자소송이란 형식적으로는 처분등으로 인해 형성된 법률관계(주로 재산상 법률관계)를 다투는 소송이나 실질은 행정청의 처분등(위원회의 결정)에 불복하는 소송을 말한다(예를 들어 사업시행자와 토지소유자 간에 보상금에 관한 분쟁이 있어 토지수용위원회(행정청)가 1m당 10만 원의 보상금을 재결한 경우, 토지소유자가 토지수용위원회의 재결을 다투는 것이 아니라 사업시행자를 상대로 보상금의 증액을 청구하는 당사자소송을 제기하는 경우를 말한다. 그러나 이러한 당사자소송은 형식은 당사자소송이지만 실질은 토지수용위원회의 10만 원의 보상금재결에 불복하는 항고소송이다. 따라서 이를 전체로 보아 형식적 당사자소송이라 한다. 아래의 3. 실정법상의 예 참조).

2. 인정 근거

당사자가 다투고자 하는 것이 법률관계인 경우 처분청이 아니라 실질적인 이해관계자를 소송당사자로 하는 것이 소송의 진행이나 분쟁의 해결에 보다 적합하다는 점이 형식적 당사자소송을 인정하는 근거가 된다.

3. 실정법상의 예

공익사업을 위한 토지등의 취득 및 보상에 관한 법률 제85조 제 2 항의 보상금증감청구소송이 대표적이다. 이 소송의 실질은 토지수용위원회의 보상금재결에 불복하는 것이지만 형식은 대등한 당사자인 사업시행자와 토지소유자(관계인) 사이의 당사자소송이다.

4. 형식적 당사자소송의 일반적 인정 여부(명문의 규정이 없는 경우)

(1) 문제 상황

공익사업을 위한 토지 등의 취득 및 보상에 관한 법률 제85조 제 2 항의 보상금증감청구소송과 같은 명문의 규정이 없음에도 불구하고 당사자에게 실질적으로는 행정청의 처분등을 다투는 것이나 형식적으로는 처분등으로 인해 형성된 법률관계를 다투기 위해 제기하는 소송을 일반적으로 인정할 수 있는지가 문제된다.

(2) 학   설

1) 긍 정 설

긍정설은 ⓐ 처분(또는 재결)의 구성요건적 효력을 제거하지 않은 채 그 결과로 발생한 법률관계만을 형식적 당사자소송으로 변경하더라도 그것이 바로 구성요건적 효력을 침해하는 것은 아니며, ⓑ 취소소송의 심리에 대한 행정소송법 제25조·제26조가 동법 제44조에 의해 당사자소송에도 준용된다는 것은 형식적 당사자소송을 긍정하는 것으로 보아야 한다는 점을 근거로 한다.

2) 부정설(다수설)

부정설은 ⓐ 처분(또는 재결)의 구성요건적 효력을 제거하지 않은 채 그 결과로 발생한 법률관계를 형식적 당사자소송으로 변경하는 것은 실질적으로 처분의 효력을 변경시키는 것과 같은 결과가 되기 때문에 이를 인정할 수 없고, ⓑ 개별법에 규정이 없는 경우에는 원고적격·피고적격·제소기간 등의 소송요건도 불분명하다는 점을 근거로 한다(다수설).

(3) 검   토

형식적 당사자소송은 실질이 처분등을 다투는 것이고 처분(또는 재결)에 대한 불복은 항고소송에 의하는 것이 원칙이라는 점을 고려할 때 부정설이 타당하다.

120 | 항고소송과 당사자소송의 관계*

1. 문제 상황

행정소송법 제3조는 행정소송의 종류에서 (특히 주관적 소송) 항고소송과 당사자소송을 규정하고 있는데 양 소송의 관계가 문제될 수 있다.

2. 처분이 취소사유인 경우

처분은 하자가 있다고 하더라도 무효가 아닌 한 권한 있는 기관에 의해 취소되기 전까지는 유효한 것으로 취급된다(공정력, 구성요건적 효력). 따라서 처분에 단순위법인 하자가 있는 경우에는 취소소송 이외의 소송(당사자소송)으로는 처분의 효력을 부정할 수 없어 권리구제를 받을 수 없고 취소소송에 의해서만 처분의 효력을 소멸시킬 수 있다(예를 들어 취소사유인 과세처분이 발령된 경우, 해당 과세처분이 판결로 취소되기 전이라면 조세채무는 존재하는 것이기에 당사자소송으로 채무부존재확인소송을 제기해서는 인용판결을 받을 수 없다. 따라서 과세처분취소소송을 먼저 제기해야 한다).

3. 처분이 무효사유인 경우

처분이 무효인 경우 처분에 대한 무효확인소송 외에 처분으로 발생한 법률관계에 대해 당사자소송을 제기하여 권리구제를 받을 수 있는지가 문제된다.

(1) 학   설

1) 무효확인소송우선설

당사자소송은 공법상 법률관계 일반을 대상으로 하는 포괄적인 소송의 성격(행정소송법 제3조 제2호 참조)을 가지므로 무효확인소송으로 해결이 가능한 경우는 당사자소송이 불가능하다는 견해이다(당사자소송의 보충성을 긍정하는 견해).

2) 병렬적 관계설

무효인 처분은 공정력(구성요건적 효력)이 없어 누구든 어떤 방법으로든 그 효력을 부정할 수 있기 때문에 당사자는 무효확인소송이나 당사자소송 중 선택할 수 있다는 견해이다(당사자소송의 보충성을 부정하는 견해(다수 견해)).

(2) 검   토

처분이 무효인 경우에는 어떤 방법으로도 효력 없음을 확인할 수 있는 것이며, 당사자소송의 보충성에 대한 명문의 규정이 없으므로 당사자는 무효확인소송과 당사자소송 중 선택할 수 있다는 병렬적 관계설이 타당하다(앞의 예에서 과세처분이 무효라면 당사자는 과세처분무효확인소송을 제기할 수도 있고, 당사자소송으로 채무부존재확인소송을 제기하여 인용받을 수도 있다).

> 참고
>
> **당사자소송에 준용되지 않는 중요한 취소소송 규정들(주로 처분등을 전제로 하는 규정들)**
> ① 행정소송법 제18조(행정심판전치), ② 행정소송법 제20조(제소기간)(단, 행정소송법 제41조에서 당사자소송의 제소기간에 관해 따로 규정함), ③ 행정소송법 제23조·제24조(집행정지), ④ 행정소송법 제28조(사정판결), ⑤ 행정소송법 제29조(취소판결등의 효력), ⑥ 행정소송법 제30조 제2항(판결의 기속력 중 재처분의무), ⑦ 행정소송법 제31조(제3자의 재심청구), ⑧ 행정소송법 제34조(간접강제)
> *행정소송법 제9조(재판관할), 제10조(관련청구소송의 이송·병합), 제14조(피고경정), 제16조(제3자의 소송참가), 제25조(행정심판기록의 제출명령)·제26조(직권심리), 제30조 제1항(단, 제2항은 제외)(판결의 기속력)은 준용규정 있음.

121 　기관소송*

I. 개　　념

1. 의　　의

기관소송이란 국가 또는 공공단체의 기관 상호 간에 있어서의 권한의 존부 또는 그 행사에 관한 다툼이 있을 때에 이에 대하여 제기하는 소송을 말한다(행정소송법 제 3 조 제 4 호). 다만, 헌법재판소법 제 2 조의 규정에 의하여 헌법재판소의 관장사항으로 되는 소송(1. 법원의 제청에 의한 법률의 위헌 여부 심판 2. 탄핵의 심판 3. 정당의 해산심판 4. 국가기관 상호간, 국가기관과 지방자치단체 간 및 지방자치단체 상호간의 권한쟁의에 관한 심판 5. 헌법소원에 관한 심판)은 제외한다(행정소송법 제 3 조 제 4 호).

2. 권한쟁의심판과의 구별

① 형식에서 기관소송은 행정소송이나 권한쟁의심판은 헌법재판이고, ② 대상에 있어 기관소송은 공법상의 법인 내부에서의 법적 분쟁을 대상으로 하는 데 반해, 권한쟁의 심판은 공법상의 법인 상호 간의 외부적인 분쟁을 대상으로 한다. 그러나 헌법재판소법 제62조는 헌법재판소의 관할사항이 되는 소송(예: 국가기관 상호 간, 국가기관과 지방자치단체 및 지방자치단체 상호 간의 기관쟁의)을 열거하고 있어 국가기관 상호 간의 분쟁은 권한쟁의심판의 대상이다.

3. 인정필요성

행정주체 내에 이러한 분쟁을 해결할 수 있는 적당한 기관이 없거나 제 3 자에 의한 공정한 해결을 할 필요가 있는 경우가 있고, 이러한 경우 법원에 제소하여 해결하는 제도가 기관소송이다.

II. 성　　질

1. 동일한 행정주체내부기관 간의 소송만을 말하는 것인지 여부

① ⓐ 기관소송은 동일한 행정주체 내부의 기관 간의 소송으로 보아야 한다는 견해(한정설)(다수설)와 ⓑ 기관소송을 동일한 행정주체 내부의 기관 간의 소송에 한정할 필요가 없이 쌍방당사자가 행정주체가 아닌 기관인 행정소송으로 보아야 한다는 견해(비한정설)가 대립된다. ② 행정소송법의 법문상 기관소송은 동일한 행정주체 내부의 기관 간의 분쟁을 의미하지, 행정주체 사이의 분쟁을 의미하는 것은 아니다(행정소송법 제 3 조 제 4 호는 헌법재판소의 관장사항인 권한쟁의심판 등을 제외한 소송을 행정소송인 기관소송으로 규정하고 있는데, 이는 공법상 법인 상호간의 외부적 분쟁은 헌법소송으로, 공법상 법인 내부적 분쟁은 행정소송인 기관소송으로 해결하라는 취지로 볼 수 있기 때문이다). 따라서 한정설이 타당하다.

2. 객관적 소송

기관소송을 제기할 수 있는 권리는 주관적 권리가 아니다. 따라서 기관소송은 객관적 소송의 한 종류이다.

3. 제소권자

기관소송은 법률이 정한 경우에 법률에 정한 자에 한하여 제기할 수 있다(행정소송법 제45조).

4. 법정주의

기관소송은 법률이 정한 경우에 제기할 수 있다(행정소송법 제45조).

III. 기관소송의 예(지방자치법상 기관소송)

1. 지방의회재의결에 대해 단체장이 제소하는 경우(지방자치법 제107조 제 3 항)

지방자치법 제107조 제 3 항에 따라 단체장이 지방의회의 재의결에 대해 대법원에 제기하는 소송은 기관소송이라는 견해가 **일반적인 견해**이다.

2. 감독청의 재의요구명령에 따라 지방의회의결에 대해 단체장이 제소하는 경우(지방자치법 제172조 제 3 항)

지방자치법 제172조 제 3 항에 따라 단체장이 위법한 재의결된 사항에 대해 대법원에 제기하는 소는 지방자치법 제172조 제 3 항의 제소요건과 지방자치법 제107조 제 3 항의 요건이 동일하다는 점을 근거로 기관소송이라는 견해가 **다수설**이다.

IV. 적용법규

행정소송법은 기관소송에 대해 성질에 반하지 않는 한 취소소송, 무효등확인소송, 당사자소송에 관한 행정소송법의 규정을 준용하도록 규정하고 있다(동법 제46조).

Part

03

행정법각론

122　　공무수탁사인*

1. 개　　념

(1) 의　　의

공무수탁사인이란 **법률이나 법률에 근거한 행위**(행정행위, 공법상 계약)로 공적인 임무를 자기의 이름으로 수행하도록 **권한이 주어진 사인**을 말한다.

(2) 구별개념

① 행정의 보조인은 행정주체를 위해 일하는 단순히 도구이며 독립성이 없으므로 공무수탁사인이 아니다(예: 교통사고 현장에서 경찰의 부탁에 의해 경찰을 돕는 사인). ② 공의무부담사인은 권한을 행사하는 것이 아니라 의무를 부담하는 것이므로 공무수탁사인이 아니다(예: 석유 및 석유대체연료 사업법 제17조 제 1 항에 따라 석유비축의무를 지는 석유정제업자). ③ 사법상 계약에 의하여 경영위탁을 받은 사인은 공무수탁사인이 아니다(예: 지방자치단체와 사법상 계약에 의해 주차위반차량을 견인하는 민간사업자).

2. 법적 근거

(가) 공무수탁사인제도는 공권의 행사가 사인에게 이전되는 것이므로 **법적 근거를 필요로 한다.**

(나) **개별적인 근거**로는 여객자동차운수사업법 제76조 제 1 항(국토교통부장관 또는 시·도지사는 이 법에 따른 권한의 일부를 대통령령으로 정하는 바에 따라 조합·연합회·공제조합, 교통안전공단법에 따른 교통안전공단 또는 대통령령으로 정하는 전문검사기관에 위탁할 수 있다), 항공보안법 제22조 제 1 항(기장이나 기장으로부터 권한을 위임받은 승무원(이하 "기장등"이라 한다) 또는 승객의 항공기 탑승 관련 업무를 지원하는 항공운송사업자 소속 직원 중 기장의 지원요청을 받은 사람은 다음 각 호의 어느 하나에 해당하는 행위(1. 항공기의 보안을 해치는 행위 2. 인명이나 재산에 위해를 주는 행위 3. 항공기 내의 질서를 어지럽히거나 규율을 위반하는 행위)를 하려는 사람에 대하여 그 행위를 저지하기 위한 필요한 조치를 할 수 있다), 공익사업을 위한 토지 등의 취득 및 보상에 관한 법률 제19조 제 1 항(사업시행자는 공익사업의 수행을 위하여 필요하면 이 법에서 정하는 바에 따라 토지등을 수용하거나 사용할 수 있다)이 있다.

(다) **일반적인 근거**로는 정부조직법 제 6 조 제 3 항과, 지방자치법 제104조 제 3 항이 있다.

3. 행정주체 여부

공무수탁사인은 권리능력의 주체(권리·의무의 귀속주체)로서 권한행사의 효과가 귀속되며, 자기책임하에 공권력을 행사하기 때문에 행정주체로 보는 것이 타당하다(다수설).

4. 공무수탁사인의 법률관계

(1) 국가 등과 공무수탁사인의 관계

국가 등과 공무수탁사인은 공법상 위임관계에 해당한다. 따라서 공무수탁사인은 자신의 책임하에 의사를 결정하며, 국가 등에 대해 비용상환을 청구할 수 있다. 다만, 공무수탁사인은 국가 등의 감독하에 놓인다.

(2) 공무수탁사인과 국민과의 관계

1) 공무수탁사인의 국민에 대한 관계

독립한 행정주체로 자신의 이름과 권한으로 행정행위를 발령하거나 공법상 행위를 할 수 있다.

2) 국민의 공무수탁사인에 대한 관계

a. 행정쟁송　　① 공무수탁사인은 행정주체이며 행정기관이 아니지만 **행정소송법 제 2 조 제 2 항**(행정심판법 제 2 조 제 4 호: 행정절차법 제 2 조 제 1 호)의 행정청이다. 따라서 공무수탁사인의 임무수행과 관련해 위법한 행정처분으로 권리를 침해당한 사인은 **공무수탁사인을 피청구인이나 피고로** 하여 행정심판이나 항고소송을 제기할 수 있다(행정심판법 제17조 제 1 항; 행정소송법 제13조 제 1 항). ② 그리고 공법상 계약의 형식으로 이루어진 행정작용의 경우 국민은 행정소송법 제39조에 따라 공무수탁사인을 피고로 당사자소송을 제기할 수 있다.

b. 국가배상청구　　국가배상법의 개정(2009. 10. 21.)으로 제 2 조 제 1 항의 공무원은 공무수탁사인을 포함한다. 따라서 공무수탁사인의 행위에 대해 국가 등이 배상책임을 부담한다.

c. 손실보상　　공익사업을 위한 토지 등의 취득 및 보상에 관한 법률(토지보상법) 제61조가 "공익사업에 필요한 토지 등의 취득 또는 사용으로 인하여 토지소유자나 관계인이 입은 손실은 사업시행자가 보상하여야 한다"고 규정하고 있으므로 토지보상법상 사업시행자가 공무수탁사인인 경우에는 공무수탁사인은 손실보상책임을 부담한다.

123 행정권한 위임의 법적 근거★

> 행정관청이 자기에게 주어진 권한을 법에 근거하여 타자(수임자)에게 사무처리권한의 일부를 실질적으로 이전하여 그 자의 이름과 책임으로 사무를 처리하게 하는 것을 권한의 위임이라고 한다.

1. 법적 근거의 필요성

권한이 위임되면 권한의 실질적인 이전이 일어나 수임 행정관청으로 하여금 새로운 책임과 의무를 부담시키므로 권한의 위임과 재위임은 법적 근거를 요한다는 것이 판례와 일반적인 견해이다.

2. 법적 근거의 내용

(1) 문 제 점

행정권한 위임의 법적 근거가 개별법에 규정된 경우도 있지만, 개별법에 근거규정이 없는 경우 정부조직법 제6조(자치사무의 경우 지방자치법 제104조)와 이에 근거한 행정권한의 위임 및 위탁에 관한 규정(대통령령)이 위임과 재위임의 일반적 근거규정이 되는지 여부에 관해 학설·판례가 대립된다.

(2) 학 설

1) 긍 정 설

행정조직에 관한 것은 국민의 권리 또는 의무에 직접적으로 관련이 없어 포괄적인 위임이 가능하다고 한다.

2) 부 정 설

동 법령들을 권한의 위임이나 재위임에 관한 일반규정으로 보면 행정조직법정주의에 위반되는 위헌·위법인 규정이 되며, 사인의 입장에서도 권한의 소재파악이 어려우므로 부정함이 타당하다고 보는 견해이다.

(3) 판 례

판례는 난지도펜스공사와 관련된 영등포구청장의 건설업영업정지처분사건에서 정부조직법 제6조와 이에 근거한 행정권한의 위임 및 위탁에 관한 규정을 위임 및 재위임의 일반적 근거규정으로 보았다(대판 1990. 2. 27. 89누5287).

(4) 검 토

중앙행정기관의 권한이 지방으로 간편하게 이전될 수 있는 장점이 있음을 고려할 때 개별법에 명문규정이 없더라도 정부조직법 제6조 등과 행정권한의 위임 및 위탁에 관한 규정이 행정권한 위임의 일반적 근거규정이 된다는 견해가 타당하다.

124 　행정권한의 내부위임★★★

1. 의 　 의
권한의 내부위임이란 행정조직 내부에서 수임자가 위임자의 명의와 책임으로 위임자의 권한을 사실상 행사하는 것을 말한다.

2. 구별개념
㈎ 내부위임은 위임자의 명의와 책임으로 권한을 행사하고 권한의 대외적인 변경이 없기 때문에 법률에 근거를 요하지 않는다는 점에서, 수임자의 명의와 책임으로 권한을 행사하고 권한의 실질적 변경을 수반하기 때문에 법률에 근거를 요하는 권한의 위임과 구별된다.

㈏ ① 위임전결(행정청이 내부적으로 행정청의 보조기관 등에게 일정한 경미한 사항의 결정권을 위임하여 보조기관 등이 사실상 그 권한을 행사하는 것)은 권한이 이전되지 않는다는 점에서 내부위임과 같지만, 내부위임은 소속 하급행정관청에 행해지는 것이 보통이지만(예: 국세청장이 세무서장에게 위임) 위임전결은 해당 행정관청의 보조기관에게 행해진다는 점(예: 구청장이 부구청장에게 위임)에서 구별된다. ② 대결(기관구성자의 일시부재시에 보조기관이 사실상 권한을 대신하는 것)은 권한 행정관청 명의로 그 권한을 사실상 행사한다는 점에서 내부위임이나 위임전결과 같지만, 권한의 행사가 일시적이라는 점에서 상대적으로 나마 내부위임과 구별된다. 그러나 위임전결과 대결은 넓은 의미의 내부위임으로 볼 수 있다.

3. 내부위임이 있는 경우 행정쟁송에서 피고(피청구인)
① 행정권한의 위임은 수임자 명의로 권한이 행사되기 때문에 행정쟁송에서 피고(피청구인)는 수임 행정관청이 되지만(행정소송법 제 2 조 제 2 항 등 참조), ② 내부위임은 위임자 명의로 권한이 행사되기 때문에 위임 행정관청이 피고가 된다.

4. 권한행사방식 위반의 효과
① 행정권한이 내부위임 되었음에도 수임자가 자신의 명의로 행정처분을 하였다면, 그 하자는 중대하고 명백하여 그 처분은 무효이다(대판 1993. 5. 27. 93누6621). 이 경우 피고는 정당한 권한자가 아니라 처분명의자인 수임 행정관청이 된다. 만일 정당한 권한자를 피고로 해야 한다면 무권한자가 위법한 처분을 발령한 후 정당한 권한자를 찾아야 하는 부담을 원고인 사인에게 지우는 결과가 되기 때문이다. ② 그리고 판례는 원래 전결권자가 아닌 보조기관이 처분권한자의 명의로 처분을 하였다고 해도 무효는 아니라고 본다(대판 1998. 2. 27. 97누1105).

125 주민소송★★★

1. 개 념

(1) 의 의

주민소송이란 지방자치단체의 장, 직원 등의 위법한 재무회계행위에 대해 지방자치법 제17조에 따라 주민이 제기하는 소송을 말한다.

(2) 주민감사청구전치주의

지방자치법은 주민소송이 적법하게 제기되기 위해서는 먼저 일정한 주민 수 이상 주민의 연서로 감독청에 주민감사를 청구하여야 하며 감사결과에 불복이 있는 경우 주민감사청구에 참여한 주민에 한해 주민소송을 제기할 수 있도록 규정하고 있다(지방자치법 제17조 제 1 항 참조).

> **감사청구권★**
> **1. 의 의**
> 19세 이상의 일정한 수의 주민은 연서(連署)로, 시·도에서는 주무부장관에게, 시·군 및 자치구에서는 시·도지사에게 그 지방자치단체와 그 장의 권한에 속하는 사무의 처리가 법령에 위반되거나 공익을 현저히 해한다는 이유로 감사를 청구할 수 있다(지방자치법 제16조).
> **2. 청구의 대상**
> 주민감사청구의 대상은 그 지방자치단체와 그 장의 권한에 속하는 사무로서 그 처리가 법령에 위반되거나 공익을 현저히 해한다고 인정되는 사항이다(지방자치법 제16조 제 1 항 본문). 지방자치단체의 사무와 그 장의 권한에 속하는 사무는 **자치사무, 단체위임사무, 기관위임사무도** 포함된다. 다만 '1. 수사나 재판에 관여하게 되는 사항, 2. 개인의 사생활을 침해할 우려가 있는 사항, 3. 다른 기관에서 감사했거나 감사중인 사항(다른 기관에서 감사한 사항이라도 새로운 사항이 발견되거나 중요 사항이 감사에서 누락된 경우와 제17조 제 1 항에 따라 주민소송의 대상이 되는 경우는 제외한다), 4. 동일한 사항에 대하여 제17조 제 2 항 각호의 어느 하나에 해당하는 소송이 계속중이거나 그 판결이 확정된 사항'은 감사청구의 대상에서 제외된다(지방자치법 제16조 제 1 항 단서).
> **3. 청구의 주체**
> 시·도는 500명, 제175조에 따른 50만 이상 대도시는 300명, 그 밖의 시·군 및 자치구는 200명을 넘지 아니하는 범위에서 그 지방자치단체의 조례로 정하는 19세 이상의 주민이 청구의 주체가 된다(지방자치법 제16조 제 1 항 본문).
> **4. 청구의 상대방**
> 감사청구의 상대방은 해당 지방자치단체의 장이 아니라 **감독청**이다. 즉, 시·도에서는 주무부장관, 시·군 및 자치구에서는 시·도지사가 주민감사청구의 상대방이 된다(지방자치법 제16조 제 1 항 본문).
> **5. 청구의 기한**
> 감사청구는 사무처리가 있었던 날이나 끝난 날부터 2년이 지나면 제기할 수 없다(지방자치법 제16조 제 2 항).
> **6. 감사의 절차**
> **(1) 감사의 실시**
> 주무부장관이나 시·도지사는 감사청구를 수리한 날부터 60일 이내에 감사청구된 사항에 대하여 감사를 끝내야 하며, 감사결과를 청구인의 대표자와 해당 지방자치단체의 장에게 서면으로 알리고 공표하여야 하다(지방자치법 제16조 제 3 항 본문)
> **(2) 중복감사의 방지**
> 주무부장관이나 시·도지사는 주민이 감사를 청구한 사항이 다른 기관에서 이미 감사한 사항이거나 감사 중인 사항이면 그 기관에서 실시한 감사결과 또는 감사 중인 사실과 감사가 끝난 후 그 결과를 알리겠다는 사실을 청구인의 대표자와 해당 기관에 알려야 한다(지방자치법 제16조 제 4 항).
> **(3) 의견진술**
> 주무부장관이나 시·도지사는 주민 감사청구를 처리할 때 청구인의 대표자에게 반드시 증거 제출 및 의견 진술의 기회를 주어야 한다(지방자치법 제16조 제 5 항).

2. 소송의 대상

주민소송은 **위법한 재무회계행위**를 대상으로 하는바, ⓐ 공금의 지출, ⓑ 재산의 취득·관리·처분, ⓒ 계약의 체결·이행, ⓓ 공금의 부과·징수를 게을리한 사실 등의 네 종류로 유형화되어 있다(지방자치법 제17조 제 1 항).

3. 당사자와 이해관계자

(1) 당 사 자

1) 원   고

감사청구한 주민이면 1인이라도 가능하다(지방자치법 제17조 제 1 항). 소송의 계속 중에 소송을 제기한 주민이 사망하거나 제12조에 따른 주민의 자격을 잃으면 소송절차는 중단된다(지방자치법 제17조 제 6 항). 그러나 감사청구에 연서한 다른 주민은 주민의 사망 등의 사유가 발생한 사실을 안 날부터 6개월 이내에 소송절차를 수계(受繼)할 수 있다(지방자치법 제17조 제 7 항).

2) 피   고

해당 지방자치단체의 **장**(해당 사항의 사무처리에 관한 권한을 소속 기관의 장에게 위임한 경우에는 그 소속 기관의 장을 말한다)이 피고가 된다(지방자치법 제17조 제 1 항).

(2) 이해관계자

1) 소송고지

해당 지방자치단체의 장은 제17조 제 2 항 제 1 호부터 제 3 호까지의 규정에 따른 소송이 제기된 경우 그 소송 결과에 따라 권리나 이익의 침해를 받을 제 3 자가 있으면 그 제 3 자에 대하여, 제17조 제 2 항 제 4 호에 따른 소송이 제기된 경우 그 직원, 지방의회의원 또는 상대방에 대하여 소송고지를 하여줄 것을 법원에 신청하여야 한다(지방자치법 제17조 제10항).

2) 소송참가

국가, 상급 지방자치단체 및 감사청구에 연서한 다른 주민과 소송고지를 받은 자는 법원에서 계속 중인 소송에 참가할 수 있다(지방자치법 제17조 제13항).

4. 제소사유

주민소송의 대상이 되는 감사청구사항에 대하여 ① 주무부장관이나 시·도지사가 감사청구를 수리한 날부터 60일(제16조 제 3 항 단서에 따라 감사기간이 연장된 경우에는 연장기간이 끝난 날을 말한다)이 지나도 감사를 끝내지 아니한 경우, ② 제16조 제 3 항 및 제 4 항에 따른 감사결과 또는 제16조 제 6 항에 따른 조치요구에 불복하는 경우, ③ 제16조 제 6 항에 따른 주무부장관이나 시·도지사의 조치요구를 지방자치단체의 장이 이행하지 아니한 경우, ④ 제16조 제 6 항에 따른 지방자치단체의 장의 이행 조치에 불복하는 경우에 주민소송을 제기할 수 있다(지방자치법 제17조 제 1 항).

5. 주민소송의 형태

(1) 제 1 호 소송

1) 의 의

제 1 호 소송은 '해당 행위를 계속하면 회복하기 곤란한 손해를 발생시킬 우려가 있는 경우에는 그 행위의 전부나 일부를 중지할 것을 요구하는 소송'이다(중지청구소송). 즉 이 소송은 행정기관에 대하여 일종의 소극적인 직무집행을 명할 것을 목적으로 하는 소송으로, 중지를 구하는 재무회계행위의 위법성을 소송물로 한다(김용찬·선정원·변성완).

2) 대 상

제 1 호 소송의 대상이 되는 행위는 공권력 행사 외에도 비권력적인 행위나 사실행위도 포함된다. 예를 들어 공금지출의 중지를 구하거나, 계약체결의 중지를 구하거나 계약이행의 중지를 구하는 등의 소송이 있다(김용찬·선정원·변성완).

3) 요 건

요건은 ① 당해 행위를 계속할 경우 지방자치단체에 회복하기 곤란한 손해를 발생시킬 우려가 있을 것, ② 당해 행위를 중지할 경우에도 생명이나 신체에 중대한 위해가 생길 우려나 그 밖에 공공복리를 현저하게 저해할 우려가 없을 것(지방자치법 제17조 제 3 항)이다.

4) 효 과

이 소송에서 원고승소판결이 확정되면 지방자치단체는 중지소송의 대상이 된 재무회계행위를 해서는 안 되는 중지의무가 발생한다.

(2) 제 2 호 소송

1) 의 의

제 2 호 소송은 '행정처분인 해당 행위의 취소 또는 변경을 요구하거나 그 행위의 효력 유무 또는 존재 여부의 확인을 요구하는 소송'이다. 재무회계행위 중 행정처분의 성질을 갖는 행위를 취소하거나 무효 등임을 확인하는 소송으로 처분의 위법 또는 효력 유무를 소송물로 한다.

2) 제소기간

행정소송법과는 달리 취소소송 외에 무효등확인소송도 제소기간의 제한이 있다(지방자치법 제17조 제 4 항).

3) 효 과

원고승소판결이 확정되면 해당 처분이 취소·변경되거나 처분의 효력 유무·존재 여부가 확인된다.

(3) 제 3 호 소송

1) 의 의

제 3 호 소송은 '게을리한 사실의 위법확인을 요구하는 소송'으로 부작위의 위법성을 소송물로 한다. 제 3 호 소송은 재무회계행위 중 게을리한 사실이라는 부작위를 대상으로 한다는 점에서 적극적 행위인 공금의 지출, 재산의 취득·관리·처분, 계약의 체결·이행을 대상으로 하는 제 1 호나 제 2 호 소송과는 성격을 달리한다.

2) 부작위위법확인소송과의 관계

부작위위법확인소송은 그 대상을 처분의 부작위에 한정하고 있지만, 제 3 호 소송은 공법상의 행위뿐만 아니라 사법상의 행위 나아가 행정내부적인 행위나 사실행위도 포함한다(김용찬·선정원·변성완).

3) 효   과

원고승소판결이 확정되면 해당 지방자치단체는 판결의 취지에 따른 작위의무가 발생한다.

(4) 제 4 호 소송

1) 의   의

제 4 호 소송은 주민이 직접 지방의회의원이나 직원 등을 상대로 손해배상 등을 청구하는 것이 아니라, 단체장이 지방자치법 제17조 제 2 항 제 4 호의 전단이나 후단의 상대방에게 손해배상 등을 청구할 것을 주민이 요구하는 소송을 말한다.

2) 종   류

a. 제 4 호 본문 소송   ㈎ 본문 소송은 주민이 단체장에게 '해당 지방자치단체의 장 및 직원, 지방의회의원, 해당 행위와 관련이 있는 상대방에게 손해배상청구 또는 부당이득반환청구를 할 것을 요구하는 소송(이행청구요구소송)'을 말한다.

㈏ 그리고 본문 소송은 **전단소송**(해당 지방자치단체의 장 및 직원, 지방의회의원을 상대로 하는 소송)과 **후단소송**(해당 행위와 관련이 있는 상대방)으로 나눌 수 있는데, ㉠ 전단소송은 예컨대 지방자치단체의 직원 등이 위법한 급여를 지급하거나 보조금을 교부한 경우, 위법한 공유지 매각 등을 통해 지방자치단체에 손해를 발생시킨 경우, 해당 직원 등에게 손해배상청구할 것을 요구하는 소송을 말하며, ㉡ 후단소송은 예컨대 위법하게 보조금을 수령한 자에게 손해배상청구 또는 부당이득반환청구할 것을 요구하는 소송을 말한다(김용찬·선정원·변성완).

b. 제 4 호 단서 소송   단서 소송은 '지방자치단체의 직원이 「지방재정법」 제94조나 「회계관계직원 등의 책임에 관한 법률」 제 4 조에 따른 변상책임을 져야 하는 경우 주민이 단체장에게 변상명령을 할 것을 요구하는 소송(변상명령요구소송)'을 말한다.

3) 효   과

a. 제 4 호 본문 소송의 효과

(i) 손해배상금 또는 부당이득금의 지불청구   이 소송에서 원고승소 판결이 확정되면 그 판결이 확정된 날부터 60일 이내를 기한으로 하여 지방자치단체의 장은 당사자에게 그 판결에 따라 결정된 손해배상금이나 부당이득반환금의 지불을 청구하여야 한다. 다만, 손해배상금이나 부당이득반환금을 지불하여야 할 당사자가 지방자치단체의 장이면 지방의회 의장이 지불을 청구하여야 한다(지방자치법 제18조 제 1 항).

(ii) 불이행하는 경우 ─ 소송의 제기   만일 지불청구를 받은 자가 손해배상금이나 부당이득반환금을 지불하지 아니하면 지방자치단체는 손해배상·부당이득반환의 청구를 목적으로 하는 소송을 제기하여야 한다. 이 경우 그 소송의 상대방이 지방자치단체의 장이면 그 지방의회 의장이 그 지방자치단체를 대표한다(지방자치법 제18조 제 2 항).

b. 제 4 호 단서 소송의 효과

(i) 변상명령의 발령   지방자치단체의 장은 제 4 호 단서에 따른 소송에 대하여 변상할 것을 명하는 판결이 확정되면 그 판결이 확정된 날부터 60일 이내를 기한으로 하여 당사자에게 그 판결에 따라 결정된 금액을 변상할 것을 명령하여야 한다(지방자치법 제19조 제 1 항).

(ii) 불이행하는 경우 ─ 강제징수   변상할 것을 명령받은 자가 같은 항의 기한 내에 변상금을 지불하지 아니하면 지방세 체납처분의 예에 따라 징수할 수 있다(지방자치법 제19조 제 2 항).

(iii) 변상명령에의 불복　　변상할 것을 명령받은 자는 이에 불복하는 경우 행정소송을 제기할 수 있다. 다만, 행정심판법에 따른 행정심판청구는 제기할 수 없다(지방자치법 제19조 제3항).

6. 기　　타

(1) 제소기간
제17조 제1호 소송은 해당 60일이 끝난 날(제16조 제3항 단서에 따라 감사기간이 연장된 경우에는 연장기간이 끝난 날을 말한다)부터, 제2호 소송은 해당 감사결과나 조치요구내용에 대한 통지를 받은 날부터, 제3호 소송은 해당 조치를 요구할 때에 지정한 처리기간이 끝난 날부터, 제4호 소송은 해당 이행 조치결과에 대한 통지를 받은 날부터 각각 90일 이내에 제기하여야 한다(지방자치법 제17조 제4항).

(2) 관할법원
주민소송은 해당 지방자치단체의 사무소 소재지를 관할하는 행정법원(행정법원이 설치되지 아니한 지역에서는 행정법원의 권한에 속하는 사건을 관할하는 지방법원본원을 말한다)의 관할로 한다(지방자치법 제17조 제9항).

(3) 소의 취하·화해·청구포기의 금지
주민소송에서 당사자는 법원의 허가를 받지 아니하고는 소의 취하, 소송의 화해 또는 청구의 포기를 할 수 없다. 이 경우 법원은 허가하기 전에 감사청구에 연서한 다른 주민에게 이를 알려야 하며, 알린 때부터 1개월 이내에 허가 여부를 결정하여야 한다. 위 통지에 관하여는 제8항 후단을 준용한다(지방자치법 제17조 제14항).

(4) 실비보상
소송을 제기한 주민은 승소(일부 승소를 포함한다)한 경우 그 지방자치단체에 대하여 변호사 보수 등의 소송비용, 감사청구절차의 진행 등을 위하여 사용된 여비, 그 밖에 실제로 든 비용을 보상할 것을 청구할 수 있다. 이 경우 지방자치단체는 청구된 금액의 범위에서 그 소송을 진행하는 데에 객관적으로 사용된 것으로 인정되는 금액을 지급하여야 한다(지방자치법 제17조 제16항).

126   조례의 적법요건★★★

I. 형식적 적법요건

1. 주체·형식요건

조례의결의 주체는 지방의회이다. 그리고 조례는 성문의 법원으로서 일정한 문서형식으로 하여야 한다.

2. 절차요건

조례안은 지방자치단체의 장이나 재적의원 5분의 1 이상 또는 의원 10인 이상의 연서로 발의된다(지방자치법 제66조 제 1 항). 조례안이 지방의회에서 의결되면 의장은 의결된 날부터 5일 이내에 그 지방자치단체의 장에게 이송하여야 하고(지방자치법 제26조 제 1 항), 이송받은 지방자치단체의 장은 20일 이내에 공포하여야 한다(지방자치법 제26조 제 2 항).

3. 보고요건

조례를 제정하거나 개정하거나 폐지할 경우 지방의회에서 이송된 날부터 5일 이내에 시·도지사는 안전행정부장관에게, 시장·군수 및 자치구의 구청장은 시·도지사에게 그 전문(全文)을 첨부하여 각각 보고하여야 하며, 보고를 받은 안전행정부장관은 이를 관계 중앙행정기관의 장에게 통보하여야 한다(지방자치법 제28조).

II. 내용요건(실질적 적법요건)

지방자치법 제22조는 "지방자치단체는 법령의 범위 안에서 그 사무에 관하여 조례를 제정할 수 있다. 다만, 주민의 권리 제한 또는 의무 부과에 관한 사항이나 벌칙을 정할 때에는 법률의 위임이 있어야 한다"고 규정한다. 즉 ① 그 사무에 대해 조례를 제정할 수 있으며(조례제정대상인 사무), ② 일정한 경우 법률의 위임이 있어야 하고(법률유보의 원칙), ③ 법령의 범위에서만 제정할 수 있다(법률우위의 원칙).

1. 조례제정대상인 사무

(1) 지방자치법 제22조와 제 9 조 제 1 항

지방자치법 제22조 본문은 "지방자치단체는 법령의 범위 안에서 '그 사무'에 관하여 조례를 제정할 수 있다"고 규정하고 있으며, 제 9 조 제 1 항은 "지방자치단체는 관할 구역의 '자치사무와 법령에 따라 지방자치단체에 속하는 사무'를 처리한다"고 하므로 조례로 제정할 수 있는 사무는 자치사무와 단체위임사무이며 기관위임사무는 제외된다. 다만 예외적으로 법령이 기관위임사무를 조례로 정하도록 규정한다면 기관위임사무도 조례로 정할 수는 있다(대판 1999. 9. 17. 99추30).

(2) 자치사무와 (기관)위임사무의 구별

① 먼저 법률의 규정형식과 취지를 먼저 고려하여 판단하고(예를 들어 '중앙행정기관의 장이 행한다'고 규정한 경우는 국가의 사무이고, '지방자치단체의 장이 행한다'고 규정하는 경우는 일반적으로는 자치사무이다), ② 불분명하다면 전국적·통일적 처리가 요구되는 사무인지 여부, 경비부담, 책임귀속주체 등도 고려한다. ③ 그리고 지방자치법 제 9 조 제 2 항(지방자치단체사무의 예시)이 판단기준이 된다. ④ 만일 그래도 불분명하다면 지방자치단체사무의 포괄성의 원칙에 따라 자치단체사무로 추정한다.

2. 법률유보의 원칙

(1) 지방자치법 제22조 단서의 위헌 여부

1) 문 제 점

헌법 제117조 제 1 항은 "지방자치단체는 … 법령의 범위 안에서 자치에 관한 규정을 제정할 수 있다"고 하여 형식적으로만 본다면 법률우위원칙만을 규정하고 있다. 그러나 지방자치법 제22조는 본문에서 조례는 법률우위원칙을, 단서에서 법률유보원칙을 준수해야 함을 규정하고 있다. 따라서 지방자치법 제22조 단서가 헌법상 인정된 지방의회의 포괄적 자치권을 제한하는 위헌적인 규정이 아닌지에 대해 학설의 대립이 있다.

2) 학 설

ⓐ 위헌설(지방자치법 제22조 단서는 헌법이 부여하는 지방자치단체의 자치입법권(조례제정권)을 지나치게 제약하고 있으며, 지방자치단체의 포괄적 자치권과 전권한성의 원칙에 비추어 위헌이라는 입장이다)과 ⓑ 합헌설(헌법 제117조 제 1 항에 법률유보에 대한 명시적 규정이 없더라도 지방자치법 제22조 단서는 헌법 제37조 제 2 항(국민의 모든 자유와 권리는 국가안전보장·질서유지 또는 공공복리를 위하여 필요한 경우에 한하여 법률로써 제한할 수 있으며…)에 따른 것이므로 합헌이라는 입장이다)(다수설)이 대립한다.

3) 판 례

대법원은 지방자치법 제15조(현행 제22조)는 기본권 제한에 대하여 법률유보원칙을 선언한 헌법 제37조 제 2 항의 취지에 부합하기 때문에 합헌이라고 본다(대판 1995. 5. 12. 94추28).

4) 검 토

지방자치법 제22조 단서는 헌법 제37조 제 2 항에 따른 확인적인 규정에 불과하며, 조례제정에 법적 근거가 필요하다는 내용을 법률에 직접 규정할 것인지는 입법정책적인 사항이므로 합헌설이 타당하다.

(2) 지방자치법 제22조 단서의 적용

1) 법률유보가 필요한 경우

지방자치법 제22조 단서는 조례가 ⓐ 주민의 권리제한 또는 ⓑ 의무부과에 관한 사항이나 ⓒ 벌칙을 정할 때에만 법률의 위임이 필요하다고 한다. 따라서 수익적인 내용의 조례나 수익적 내용도 침익적 내용도 아닌 조례(비침익적인 조례)는 법률의 근거를 요하지 않는다.

2) 법률유보의 정도(포괄적 위임의 가능성)

조례는 지방의회가 지역적 민주적 정당성을 가지고 있고 헌법이 포괄적인 자치권을 보장하고 있는 점에 비추어 포괄적인 위임으로 족하다는 다수설과 판례(대판 1991. 8. 27. 90누6613)(헌재 1995. 4. 20. 92헌마264·279)가 타당하다.

3. 법률우위의 원칙

(1) 헌법과 법률규정

헌법 제117조 제 1 항, 지방자치법 제22조 본문·제24조는 조례에도 법률우위원칙은 당연히 적용된다고 한다. 여기서 말하는 법률은 지방자치법, 지방재정법, 지방공무원법을 포함한 모든 개별법령과 행정법의 일반원칙을 말한다.

(2) 법률우위원칙 위반 여부 판단

1) 국가 법령과 다른 목적으로 동일한 사항(대상)을 규율 조례

해당 조례가 국가 법령과 입법목적이 다르다면 동일한 사항을 규율한다고 하더라도 법령위반은 아니다(조례가 규율하는 특정사항에 관하여 그것을 규율하는 국가의 법령이 이미 존재하는 경우에도 조례가 법령과 별도의 목적에 기하여 규율함을 의도하는 것으로서 그 적용에 의하여 법령의 규정이 의도하는 목적과 효과를 전혀 저해하는 바가 없는 때 … 그 조례가 국가의 법령에 위배되는 것은 아니라고 보아야 한다(대판 2007. 12. 13. 2006추52)).

2) 국가 법령과 동일한 목적으로 해당 법령외의 사항(대상)을 추가로 규율하는 조례(추가조례)

해당 조례가 국가 법령과 동일한 목적으로 법령외의 사항(대상)을 추가로 규율한다고 하더라도 법령위반은 아니다(조례안의 보조금 지급사무는 … 지방자치단체가 법령의 위임 없이도 조례로 규율할 수 있는 자치사무에 해당한다(대판 2015. 6. 24. 2014추545)).

3) 국가 법령과 동일한 목적으로 동일한 사항(대상)을 더 강화된 기준으로 규율하는 조례(초과조례)

a. 조례내용이 침익적인 경우   헌법 제117조 제 1 항과 지방자치법 제22조 본문에 비추어 법령의 규정보다 더 침익적인 조례는 법률우위원칙에 위반되어 위법하며 무효이다(대판 1997. 4. 25. 96추251).

b. 조례내용이 수익적인 경우(수익도 침익도 아닌 경우도 포함)   ① 조례의 내용이 수익적(또는 수익도 침익도 아닌 경우)이라고 할지라도 성문의 법령에 위반되어서는 아니 된다는 것이 일반적인 입장이다. 다만, 판례와 일반적 견해는 조례가 성문의 법령에 위반된다고 하더라도 국가법령의 취지가 지방자치단체의 실정에 맞도록 별도 규율을 용인하려는 것이라면 국가법령보다 더 수익적인 조례제정이 가능하다(침익적 조례의 경우는 이러한 법리가 인정되지 않고, 성문의 법령보다 더 침익적인 조례는 위법하다). ② 이 경우도 지방자치법 제122조, 지방재정법 제 3 조 등의 건전재정운영의 원칙과 행정법의 일반원칙에 위반되어서는 아니 된다.

◆ 논점 조례안의 일부무효 인정 여부

1. 문 제 점

조례안재의결 무효확인소송에서의 심리대상은 단체장이 지방의회에 재의를 요구할 당시 이의사항으로 지적되어 재의결에서 심의의 대상이 된 것에 국한되기 때문에 그 이의사항으로 지적된 재의결의 일부에 위법이 있는 경우 조례안의 일부무효를 인정할 수 있는지가 문제된다.

2. 학 설

학설은 일부무효를 ⓐ **부정하는 견해**(조례안 중 일부만을 무효로 할 경우 지방의회가 당초 **의도하지 않은 결과**를 초래할 수 있다는 점을 근거로 한다)와 ⓑ **긍정하는 견해**(일부를 무효로 한 후 나머지 부분이 지방의회가 당초 의도하지 않은 결과를 초래한다면 **조례개정절차**를 통하면 될 것이라는 점을 근거로 한다)로 나누어진다.

3. 판 례

판례는 「i) 의결의 일부에 대한 효력의 배제는 결과적으로 전체적인 의결의 내용을 변경하는 것에 다름 아니어서 의결기관인 지방의회의 고유권한을 침해하는 것이 될 뿐 아니라, ii) 그 일부만의 효력배제는 자칫 전체적인 의결내용을 지방의회의 당초의 의도와는 다른 내용으로 변질시킬 우려가 있으며, … iii) 의결의 일부에 대한 재의 요구나 수정재의 요구가 허용되지 않는 점(대판 1994. 5. 10. 93추144)」을 이유로 재의결의 내용 전부가 아니라 그 일부만이 위법한 경우에도 그 재의결 전부의 효력을 부인하고 있다.

4. 검 토

조례안 일부가 무효라고 하더라도 이미 **성립된** 나머지 **조례안의 효력은** 유지시켜 주는 것이 오히려 지방의회의 의사를 존중하는 것이므로 조례안의 일부무효를 긍정하는 견해가 타당하다.

127   조례(안)의 통제★★★

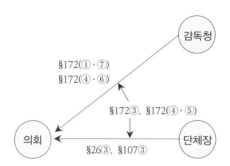

Ⅰ. 단체장의 통제

1. 행정적 방법(재의요구)(지방자치법 제26조 제 3 항)

지방자치단체의 장은 이송받은 조례안에 대하여 이의가 있으면 20일 이내에 이유를 붙여 지방의회로 환부하고, 재의를 요구할 수 있다(지방자치법 제26조 제 3 항). 이처럼 조례안에 대한 재의요구 사유에 제한은 없다. 다만 지방자치단체의 장은 조례안의 일부에 대하여 또는 조례안을 수정하여 재의를 요구할 수 없다(지방자치법 제26조 제 3 항).

2. 사법적 방법(제소)

지방자치법 제107조 및 제172조는 대법원에 제소할 수 있는 의결에 제한을 가하지 않고 있기에 그 의결에 '조례안에 대한 의결'도 포함된다는 것이 **일반적 견해**와 **판례**의 입장이다.

(1) 단체장의 제소·집행정지신청(지방자치법 제107조 제 3 항)

⑺ 지방자치단체의 장은 재의결된 사항(조례안에 대한 재의결을 포함)이 법령에 위반된다고 판단되면 재의결된 날부터 20일 이내에 대법원에 소를 제기할 수 있고, 이 경우 필요하다고 인정되면 그 의결의 집행을 정지하게 하는 집행정지결정을 신청할 수 있다(지방자치법 제107조 제 3 항·제172조 제 3 항).

⑻ 위법한 재의결에 대해 대법원에 제기하는 이 소송은 단체장이 의회를 상대로 제기하는 소송으로 기관소송이라는 견해가 **다수설**이다.

(2) 단체장의 제소·집행정지신청(지방자치법 제172조 제 3 항)(단체장의 통제수단으로도, 감독청의 통제수단으로도 볼 수 있다)

⑺ 지방자치단체의 장은 재의결된 사항(조례안에 대한 재의결을 포함)이 법령에 위반된다고 판단되면 재의결된 날부터 20일 이내에 대법원에 소를 제기할 수 있고, 이 경우 필요하다고 인정되면 그 의결의 집행을 정지하게 하는 집행정지결정을 신청할 수 있다(지방자치법 제172조 제 3 항).

⑻ 지방자치법 제107조 제 3 항의 요건과 제172조 제 3 항의 요건이 동일하기 때문에 위법한 재의결에 대해 단체장이 의회를 상대로 대법원에 제기하는 소송은 기관소송이라는 견해가 **다수설**이다.

(3) 감독청의 제소지시·단체장의 제소(지방자치법 제172조 제 4 항·제 5 항)(단체장의 통제수단으로도, 감독청의 통제수단으로도 볼 수 있다)

(가) 감독청은 재의결된 사항(조례안에 대한 재의결을 포함)이 법령에 위반된다고 판단됨에도 불구하고 해당 지방자치단체의 장이 소송을 제기하지 아니하면 그 지방자치단체의 장에게 지방자치법 제172조 제 3 항의 기간(재의결된 날로부터 20일)이 지난 날로부터 7일 이내에 제소를 지시할 수 있고, 제소지시를 받은 지방자치단체장은 제소지시를 받은 날부터 7일 이내에 제소하여야 한다(지방자치법 제172조 제 4 항·제 5 항).

(나) 단체장의 제소에서 감독청의 제소지시는 후견적인 것에 불과하며, 해당 소송은 지방자치법 제107조 제 3 항 및 제172조 제 3 항의 소송과 제소요건이 동일하므로 제107조 제 3 항의 소송을 기관소송으로 보는 한 제 4 항·제 5 항 소송도 기관소송으로 보는 것이 타당하다(기관소송설, 다수견해).

Ⅱ. 감독청의 통제

1. 행정적 방법(지방자치법 제172조 제 1 항·제 7 항)

(1) 재의요구명령

지방의회의 의결이 법령에 위반되거나 공익을 현저히 해한다고 판단되면 시·도에 대하여는 주무부장관이, 시·군 및 자치구에 대하여는 시·도지사가 재의를 요구하게 할 수 있다(재의요구명령)(지방자치법 제172조 제 1 항 제 1 문). 감독청의 재의요구명령의 대상에는 제한이 없어 조례안의 의결도 그 대상이 된다.

(2) 재의요구와 불응

1) 재의요구(지방자치단체장의 재의요구가 감독청의 재의요구명령에 따른 것이기에 넓은 의미에서 감독청의 통제수단으로 볼 수 있다)

지방자치법에서 인정되고 있는 재의요구의 유형으로는 지방자치법 제26조 제 3 항 등과 제172조 제 1 항이 있다. 그러나 제172조 제 1 항의 경우는 다른 유형들과는 달리 단체장의 자율적인 지방의회에 대한 통제수단이 아니라 감독청의 재의요구명령에 따라 재의요구를 한다는 점에서 국가 등(감독청)의 지방의회에 대한 통제수단으로 기능한다.

2) 재의요구에 불응하는 경우

(가) ⓐ 지방의회의 의결이 법령에 위반된다고 판단되어 감독청이 재의요구지시를 하였음에도 해당 지방자치단체의 장이 재의를 요구하지 않거나 ⓑ 법령에 위반되는 지방의회의 의결사항이 조례안인 경우로서 재의요구지시를 받기 전에 그 조례안을 공포한 경우에는, 감독청은 대법원에 직접 제소 및 집행정지결정을 신청할 수 있다(지방자치법 제172조 제 7 항).

(나) 판례는 ⓑ소송에 대해 원고는 감독청이지만, 피고는 조례안을 의결한 지방의회라고 본다(대판 2013. 5. 23. 2012추176; 대판 2015. 5. 14. 2013추98 참조).

2. 사법적 방법

(1) 단체장의 제소·집행정지신청(지방자치법 제172조 제 3 항)(단체장의 통제수단으로도, 감독청의 통제수단으로도 볼 수 있다)

(가) 지방자치단체의 장은 재의결된 사항(조례안에 대한 재의결을 포함)이 법령에 위반된다고 판단되면 재의결된 날부터 20일 이내에 대법원에 소를 제기할 수 있고, 이 경우 필요하다고 인정되면 그 의결의 집행을 정지하게 하는 집행정지결정을 신청할 수 있다(지방자치법 제172조 제 3 항).

(내) 지방자치법 제107조 제3항의 요건과 제172조 제3항의 제소요건이 동일하기에 위법한 재의결에 대해 단체장이 의회를 상대로 대법원에 제기하는 소송은 기관소송이라는 견해가 다수설이다.

(2) 감독청의 제소지시 · 단체장의 제소(지방자치법 제172조 제4항 · 제5항)

(개) 감독청은 재의결된 사항(조례안에 대한 재의결을 포함)이 법령에 위반된다고 판단됨에도 불구하고 해당 지방자치단체의 장이 소송을 제기하지 아니하면 그 지방자치단체의 장에게 지방자치법 제172조 제3항의 기간(재의결된 날로부터 20일)이 지난날로부터 7일 이내에 제소를 지시할 수 있고, 제소지시를 받은 지방자치단체장은 제소지시를 받은 날부터 7일 이내에 제소하여야 한다(지방자치법 제172조 제4항 · 제5항).

(내) 단체장의 제소에서 감독청의 제소지시는 후견적인 것에 불과하며, 해당 소송은 지방자치법 제107조 제3항 및 제172조 제3항의 소송과 제소요건이 동일하므로 제107조 제3항의 소송을 기관소송으로 보는 한 제4항 · 제5항 소송도 기관소송으로 보는 것이 타당하다(**기관소송설, 다수견해**).

(3) 감독청의 직접제소 · 집행정지 신청(지방자치법 제172조 제4항 · 제6항)

(개) 감독청은 지방의회가 재의결한 사항이 법령에 위반된다고 판단됨에도 불구하고 감독청의 제소지시를 받은 날로부터 7일이 지나도록 해당 지방자치단체의 장이 소송을 제기하지 아니하면 7일 이내에 직접제소 및 집행정지결정을 신청할 수 있다(지방자치법 제172조 제4항 · 제6항).

(내) 이 소송에 대해 ⓐ **기관소송으로 보는** 견해가 있으나((기관소송에 대해 비한정설을 따르면) 상이한 법주체 간의 기관 상호 간에도 기관소송이 가능하기 때문에 해당 소송을 기관소송으로 본다), ⓑ 해당 소송은 감독청이 지방의회를 상대로 직접제소하는 것이므로 기관소송이 아니라 지방자치법이 인정한 **특수한 법정소송으로 보는** 견해가 타당하다(류지태).

> 🔖 참고
>
> **지방자치법 제107조 제3항 등의 소송의 대상**
> **1. 문제 상황**
> 지방자치단체장이 지방의회의 위법 · 부당한 의결에 대해 재의요구하였음에도 지방의회가 재의결한 경우 지방자치단체의 장은 재의결된 사항이 법령에 위반된다고 인정되면 대법원에 소를 제기할 수 있다(지방자치법 제107조 제3항, 제172조 제3항 참조). 법문만을 보면 소송의 대상이 '재의결된 사항'이라고 되어 있지만, 이와 같은 소송에서 소송의 대상이 무엇인지가 문제된다.
> **2. 학 설**
> 학설은 ⓐ 해당 소송의 대상이 **조례안(재의결된 사항)이라는** 견해와 ⓑ 지방자치법 제107조 제1항 · 제2항 · 제3항(제172조 제1항 · 제2항 · 제3항)의 규정상 의결이 소송의 대상이므로 의결사항이 조례안인 경우에도 소송의 대상은 **(재)의결이 된다는** 견해가 대립된다.
> **3. 판 례**
> 판례는 판결이유에서는 조례안이 법령에 위반된다고 하면서 판결주문에서는 재의결은 효력이 없다고 하여 재의결을 소송의 대상으로 본다.
> **4. 검 토**
> 법률은 '재의결된 사항이 법령에 위반된다고 인정되면'이라고 규정하고 있기 때문에 재의결된 사항을 소송의 대상으로 하는 것이 법문에 충실한 해석이며 이 견해가 타당하다. 다만 조례안재의결 무효확인소송에서의 심리대상은 단체장이 지방의회에 재의를 요구할 당시 이의사항으로 지적되어 재의결에서 심의의 대상이 된 것에 국한된다(대판 2007. 12. 13. 2006추52).

1. 개 념

(1) 의 의

자치법규로서 규칙이란 지방자치단체의 장이 지방자치법 등이 정하는 바에 따라 정립하는 법 형식을 말한다.

(2) 종 류

규칙에는 지방자치단체의 장이 법령 또는 조례가 위임한 범위 안에서 그 권한에 속하는 사무에 관하여 발하는 위임규칙과 법령의 위임 없이 법령이나 조례를 시행하기 위하여 직권으로 제정하는 직권규칙이 있다. 법령과 조례의 위임에 따라 위임규칙은 침익적인 사항을 정할 수 있으나, 법에 근거 없이 단체장이 직권으로 제정하는 직권규칙은 주민의 권리·의무관련 사항을 정할 수 없다.

2. 법적 성질

규칙은 법규로서 외부적 효력을 가질 수 있다. 다만 내부조직·운영에 대한 규칙처럼 외부효가 없는 규칙도 있을 수 있다(예: 구청 컴퓨터실 관리에 관한 규칙).

3. 규칙의 적법요건

(1) 규칙제정사항

규칙을 제정할 수 있는 사항은 지방자치단체의 장의 권한에 속하는 모든 사항이다. 조례와는 달리 자치사무·단체위임사무뿐만 아니라 기관위임사무도 규칙으로 정할 수 있다.

(2) 법률유보의 원칙

규칙으로 주민의 권리제한·의무부과·벌칙에 관한 사항을 정하기 위해서는 법령이나 조례의 개별·구체적인 위임이 있어야 한다. 포괄적 위임이 가능한 조례와는 구별된다.

(3) 법률우위의 원칙

규칙은 '법령 또는 조례가 위임한 범위 안에서' 제정할 수 있으므로 법령이나 조례의 내용에 반할 수 없다(지방자치법 제23조). 그리고 시·군 및 자치구의 규칙은 시·도의 조례나 규칙에 위반하여서는 아니 된다(지방자치법 제24조).

4. 효력발생

규칙은 특별한 규정이 없으면 공포한 날부터 20일이 지나면 효력을 발생한다(지방자치법 제26조 제8항).

5. 보 고

규칙을 제정하거나 개정하거나 폐지할 경우 공포예정 15일 전에 시·도지사는 행정안전부장관에게, 시장·군수 및 자치구의 구청장은 시·도지사에게 그 전문을 첨부하여 각각 보고하여야 하며, 보고를 받은 행정안전부장관은 이를 관계 중앙행정기관의 장에게 통보하여야 한다(지방자치법 제28조).

129	지방자치법 제169조의 시정명령과 지방자치법 제170조의 직무이행명령★★★

Ⅰ. 지방자치법 제169조의 시정명령

1. 의   의

시정명령(취소·정지)권이란 지방자치단체의 사무에 관한 단체장의 명령이나 처분이 위법하거나 부당한 경우 감독청이 시정을 명하고, 정해진 기간 내에 이행하지 않는 경우 취소·정지하는 사후적인 감독수단이다(지방자치법 제169조 제 1 항).

2. 시정명령의 행사요건과 효과

(1) 행사요건

1) 주체와 상대방

시·도에 대하여는 주무부장관이, 시·군 및 자치구에 대하여는 시·도지사가 시정을 명한다.

2) 대   상

① 시정명령은 지방자치단체의 사무를 대상으로 한다. 지방자치단체의 사무에는 자치사무와 단체위임사무가 있으므로 자치사무와 단체위임사무가 시정명령의 대상이 된다. ② 그리고 지방자치단체의 사무에 관한 단체장의 명령이나 처분을 대상으로 한다. 명령이란 일반추상적인 입법(예: 규칙)을 말하고, 처분이란 개별구체적인 행위(예: 행정행위)를 말한다. 여기서의 '처분'을 항고소송의 대상인 되는 행정처분으로 제한할 필요는 없으므로, 서울특별시 인사위원회위원장이 서울특별시 시간선택제임기제공무원 40명을 채용하는 공고도 지방자치법 제169조 제 1 항의 직권취소의 대상이 될 수 있는 '처분'에 해당한다(대판 2017. 3. 30. 2016추5087).

3) 사   유

단체장의 명령이나 처분이 위법하여야 한다. 다만, 단체위임사무의 경우 위법한 경우 외에 현저히 부당하여 공익을 해치는 경우도 포함된다.

4) 형   식

감독청은 적합한 이행기간을 정하여 서면으로 시정을 명한다.

(2) 효   과

시정명령을 받은 지방자치단체는 위법행위 등을 시정할 의무를 진다. 다만 이미 집행된 처분이나 명령에는 영향이 없다.

3. 불이행시 조치 ― 취소·정지

감독청의 시정명령을 정해진 기간 내에 이행하지 않는 경우에는 취소·정지할 수 있다.

4. 감독청의 취소·정지에 대한 단체장의 불복소송

(1) 단체장의 불복

지방자치법 제169조 제 2 항은 지방자치단체의 장은 자치사무에 관한 명령이나 처분의 취소 또는 정지에 대하여 이의가 있으면 그 취소처분 또는 정지처분을 통보받은 날부터 15일 이내에 대법원에 소를 제기할 수 있다고 규정한다.

(2) 소송요건과 본안판단

1) 소송요건

a. 소의 대상　　자치사무에 관한 단체장의 명령이나 처분에 대한 감독청의 취소·정지가 소의 대상이 된다. 지방자치법 제169조 제 2 항은 취소·정지에 대해서만 제소할 수 있음을 규정하고 있어 시정명령은 소의 대상이 되지 않는다(주무부장관이 지방자치법 제169조 제 1 항에 따라 시·도에 대하여 행한 시정명령에 대하여도 대법원에 소를 제기할 수 있다는 규정을 두고 있지 않으므로, 시정명령의 취소를 구하는 소송은 허용되지 않는다(대판 2014. 2. 27. 2012추183)).

b. 원고와 피고　　원고는 지방자치단체의 장이며, 피고는 감독청이다.

c. 제소기간　　감독청의 취소·정지를 통보받은 날로부터 15일 이내에 제소하여야 한다.

d. 관할법원　　대법원이 관할한다.

2) 본안판단

자치사무에 관한 감독청의 취소·정지처분의 위법성 여부이다(지방자치법 제169조 제 1 항의 요건 구비 여부). 따라서 감독청의 취소·정지처분의 위법성은 단체장의 명령이나 처분의 위법 여부로 결정된다(예를 들어 단체장의 명령이 위법하다면 이를 취소·정지한 감독청의 처분은 적법해지기 때문이다).

(3) 감독청의 취소·정지에 대한 단체장의 불복소송의 성질

단체장의 불복소송의 성질에 대해 ⓐ 지방자치법 제169조 제 2 항의 불복소송을 **기관소송으로 보는 견해**(비한정설)와 ⓑ 기관소송을 동일한 행정주체 내부의 기관 상호 간의 쟁송으로 제한적으로 이해한다면(한정설) 지방자치법 제169조 제 2 항의 불복소송은 기관소송이 아니라 **항고소송이라는 견해**가 대립된다. ⓒ 기관소송은 기본적으로 동일한 행정주체의 문제이기 때문에 감독청의 자치사무에 대한 취소·정지는 항고소송의 대상인 처분이므로 항고소송이라는 견해가 타당하다.

II. 지방자치법 제170조의 직무이행명령, 대집행

1. 의　　의

직무이행명령이란 지방자치단체의 장이 기관위임사무의 집행 등을 게을리하는 경우에 감독청이 그 이행을 명하여 부작위를 시정하는 제도를 말한다(지방자치법 제170조 제 1 항). 시정명령이 지방자치단체장의 위법한 적극적인 행위의 존재를 전제로 하는 것인 데 반하여, 직무이행명령은 위법한 부작위에 대한 통제수단으로서의 의미를 갖는다.

2. 직무이행명령의 행사 요건과 효과

(1) 행사요건

1) 주체와 상대방

시·도에 대하여는 주무부장관이, 시·군 및 자치구에 대하여는 시·도지사가 명한다.

2) 대　　상

① 직무이행명령의 대상은 법령의 규정에 따라 단체장의 의무에 속하는 국가위임사무나 시·도위임사무 즉, 기관위임사무이다. ② 사무의 내용에는 입법, 행정행위, 사실행위가 포함된다.

3) 사　　유

지방자치단체의 장의 고의적인 의무불이행이 있어야 한다. 따라서 해당 지방자치단체의 재정 능력이나 인적 사정으로 의무를 불이행하는 경우는 제외된다.

4) 형 식
감독청은 적합한 이행기간을 정하여 서면으로 직무이행을 명령한다.

5) 효 과
해당 지방자치단체의 장은 게을리하고 있는 위임사무를 처리할 의무가 발생한다.

3. 불이행시 조치 ― 대집행 등
지방자치법 제170조 제 2 항은 "주무부장관이나 시·도지사는 해당 지방자치단체의 장이 제 1 항의 기간에 이행명령을 이행하지 아니하면 그 지방자치단체의 비용부담으로 대집행하거나 행정상·재정상 필요한 조치를 할 수 있다. 이 경우 행정대집행에 관하여는 「행정대집행법」을 준용한다"고 규정한다. 법문상 대집행과 필요한 조치는 선택 관계처럼 보이지만 병합하여 동시에 이루어질 수도 있다.

4. 감독청의 직무이행명령에 대한 단체장의 불복소송
(1) 단체장의 불복
지방자치단체의 장은 직무이행명령에 이의가 있으면 이행명령서를 접수한 날부터 15일 이내에 대법원에 소를 제기할 수 있다. 이 경우 지방자치단체의 장은 직무이행명령의 집행을 정지하게 하는 집행정지결정을 신청할 수 있다(지방자치법 제170조 제 3 항).

(2) 소송요건과 본안판단
1) 소송요건
a. 소의 대상   기관위임사무에 관한 감독청의 직무이행명령이 소의 대상이 된다.
b. 원고와 피고   원고는 지방자치단체의 장이며, 피고는 감독청이다.
c. 제소기간   감독청의 이행명령서를 접수한 날부터 15일 이내에 제소하여야 한다.
d. 관할법원   대법원이 관할한다.
2) 본안판단
감독청의 직무이행명령의 위법성 여부이다(지방자치법 제170조 제 1 항 요건의 구비 여부). 따라서 감독청의 직무이행명령의 위법성은 단체장의 위법한 부작위가 존재하였는지 여부로 결정된다(예를 들어 단체장의 위법한 부작위가 존재하지 않았다면 감독청의 직무이행명령은 위법하기 때문이다).

(3) 감독청의 직무이행명령에 대한 단체장의 불복소송(지방자치법 제170조 제 3 항)의 성질
ⓐ 기관 간의 소송임을 근거로 **기관소송으로 보는 견해**(기관소송을 동일한 법주체 내부의 기관 간의 소송에 한정할 필요가 없다고 본다(비한정설)), ⓑ 감독청의 명령에 불복하는 소송 즉, **항고소송으로 보는 견해**, ⓒ 기관위임사무에 대한 직무이행명령은 행정내부적인 행위이기에 이에 불복하는 소송은 항고소송이 아니며, 동일한 법주체 내부의 소송(기관소송)도 아니기에 **특수소송설**(지방자치법이 인정한 특수한 소송이라는 견해)이 타당하다.

130 공무원 임명요건★★

1. 능력요건

결격사유에 해당하는 공무원은 임명될 수 없다(국가공무원법 제33조(결격사유) 다음 각 호의 어느 하나에 해당하는 자는 공무원으로 임용될 수 없다. 1. 금치산자 또는 한정치산자, 2. 파산선고를 받고 복권되지 아니한 자, 3. 금고 이상의 실형을 선고받고 그 집행이 종료되거나 집행을 받지 아니하기로 확정된 후 5년이 지나지 아니한 자, 4. 금고 이상의 형을 선고받고 그 집행유예 기간이 끝난 날부터 2년이 지나지 아니한 자, 5. 금고 이상의 형의 선고유예를 받은 경우에 그 선고유예 기간 중에 있는 자, 6. 법원의 판결 또는 다른 법률에 따라 자격이 상실되거나 정지된 자, 6의2. 공무원으로 재직기간 중 직무와 관련하여 「형법」 제355조 및 제356조에 규정된 죄를 범한 자로서 300만 원 이상의 벌금형을 선고받고 그 형이 확정된 후 2년이 지나지 아니한 자, 7. 징계로 파면처분을 받은 때부터 5년이 지나지 아니한 자, 8. 징계로 해임처분을 받은 때부터 3년이 지나지 아니한 자).

2. 성적요건

공무원은 일정한 자격요건을 갖추어야 한다. 그 자격은 시험성적·근무성적, 그 밖의 능력의 실증에 따라 행한다(국가공무원법 제26조 본문).

3. 요건결여의 효과

(1) 능력요건결여의 효과

국가공무원법 제33조는 결격 사유가 있는 자는 공무원으로 임용될 수 없다고 규정하지만, 실제로 임용이 된 경우 그 효과는 규정하고 있지 않아 문제가 된다.

1) 학   설

ⓐ 결격사유 있는 공무원에 대한 임명행위를 **무효라고 보는 견해(다수 견해)**와 ⓑ 결격사유임을 간과한 흠은 중대하기는 하지만 일반인의 판단에 따를 때 반드시 명백하다고 보기 어려워 **취소사유라고 보는 견해**가 대립된다.

2) 판   례

판례는 임용 당시 임용결격사유가 있었다면 비록 임용권자의 과실에 의하여 임용결격자임을 밝혀내지 못하였다 하더라도 그 임용행위는 당연무효라고 본다(대판 2005. 7. 28. 2003두469).

3) 검   토

결격사유 있는 공무원에 대한 임용은 적법요건을 위반한 중대한 하자이며, 간단한 확인 절차를 통해서도 구별할 수 있는 것이기에 명백한 하자이다. 따라서 무효사유라고 봄이 타당하다.

(2) 성적요건결여의 효과

성적요건이 결여된 자의 임명은 일반인의 관점에서 명백하다고 보기는 어렵기 때문에 취소사유가 된다.

131 공무원으로 근무한 임용결격자의 퇴직급여청구의 가능성★★

1. 문제 상황

공무원연금법 제46조 제1항은 공무원이 10년 이상 재직하고 퇴직한 경우 퇴직연금을 지급하도록 규정하고 있는데(공무원연금법 제46조(퇴직연금 또는 퇴직연금일시금) ① 공무원이 10년 이상 재직하고 퇴직한 경우에는 다음 각 호의 어느 하나에 해당하는 때부터 사망할 때까지 퇴직연금을 지급한다. 1호 65세가 되었을 때 - 이하 생략) 임용결격사유에 해당하는 자가 10년이상을 근무한 후 퇴직연금지급을 청구한다면 공무원연금관리공단은 퇴직연금을 지급해야 하는지가 문제된다.

2. 학 설

ⓐ 신뢰보호원칙을 적용하여 퇴직급여를 청구할 수 있다는 견해, ⓑ 공무원임용결격자의 임용행위를 취소사유로 보고 하자의 치유의 법리에 따라 퇴직급여를 청구할 수 있다는 견해, ⓒ공무원이 납부한 기여금부분은 후불임금의 성격이 있어 청구할 수 있다는 견해가 대립된다.

3. 판 례

판례는「당연무효인 임용행위에 의하여 공무원의 신분을 취득할 수는 없으므로 임용결격자가 공무원으로 임용되어 사실상 근무하여 왔다고 하더라도 적법한 공무원으로서의 신분을 취득하지 못한 자로서는 공무원연금법 소정의 퇴직급여 등을 청구할 수 없다(대판 2003. 5. 16. 2001다61012)」고 하여 임용결격자는 퇴직급여를 청구할 수 없다고 본다.

4. 검 토

공무원연금법상의 각종 급여는 사회보장적 성격 외에 후불임금의 성질도 가지고 있으며, 현실적으로 공무를 수행한 임용결격자의 봉급을 부당이득으로 보지 않는 한 공무원이 납부한 기여금 부분은 청구할 수 있다는 ⓒ설이 타당하다.

참고

연금청구권과 행정소송★

(개) 연금이란 공무원이 일정기간 근무 후 또는 부상·질병으로 퇴직 또는 사망한 경우 공무원(또는 유족)에게 지급되는 급여를 말한다.

(내) 판례는 공무원연금법상의 급여를 받으려는 자는 공무원연금관리공단에 급여지급을 신청하여 급여에 관한 결정을 받아야 그 급여를 청구할 수 있고, 공단에 급여지급을 신청하여 공무원연금관리공단이 이를 거부하거나 일부 금액만 인정하는 급여지급결정을 하는 경우, 그 결정을 대상으로 항고소송을 제기하는 등으로 구체적 권리를 인정받은 다음 비로소 당사자소송으로 그 급여의 지급을 구하여야 하고, 구체적인 권리가 발생하지 않은 상태에서 곧바로 공무원연금관리공단 등을 상대로 한 당사자소송으로 급여의 지급을 소구하는 것은 허용되지 않는다고 한다(대판 2010. 5. 27. 2008두5636). 즉, 공무원연금관리공단의 급여에 관한 결정(거부결정)은 국민의 권리·의무에 직접 영향을 미치는 행정처분에 해당한다(대법원 1996.12. 6. 96누6417).

(대) 또한 판례는 공무원연금관리공단의 인정에 의하여 퇴직연금을 지급받아 오던 중 구 공무원연금법령의 개정 등으로 퇴직연금 중 일부 금액의 지급이 정지된 경우에는 당연히 개정된 법령에 따라 퇴직연금이 확정되는 것이지 공무원연금관리공단의 퇴직연금 결정과 통지에 의하여 비로소 그 금액이 확정되는 것이 아니므로, 공무원연금관리공단이 퇴직연금 중 일부 금액에 대하여 지급거부의 의사표시를 하였다고 하더라도 그 의사표시는 퇴직연금 청구권을 형성·확정하는 행정처분이 아니라 공법상의 법률관계의 한쪽 당사자로서 그 지급의무의 존부 및 범위에 관하여 나름대로의 사실상·법률상 의견을 밝힌 것일 뿐이어서, 이를 행정처분이라고 볼 수는 없고, 이 경우 미지급퇴직연금에 대한 지급청구권은 공법상 권리로서 그의 지급을 구하는 소송은 공법상의 법률관계에 관한 소송인 공법상 당사자소송에 해당한다고 보았다(대판 2004. 7. 8. 2004두244).

132	전출명령에 공무원의 동의가 필요한지 여부★★

1. 문제 상황

국가기관 상호간 또는 지방자치단체 상호간에 다른 기관의 공무원 또는 다른 지방자치단체의 공무원을 받아들이는 것을 전입, 내보내는 것을 전출이라고 한다. 그런데 지방공무원법 제29조의3은 "지방자치단체의 장은 다른 지방자치단체의 장의 동의를 받아 그 소속 공무원을 전입하도록 할 수 있다"고 규정하고 있지만, 전출을 명함에 있어서 해당 공무원의 동의를 필요로 하는지에 대한 명문의 규정이 없어 문제가 된다.

2. 학   설

학설은 ⓐ 단체장의 자의적인 인사를 방지할 수 있다는 점을 근거로 하는 **동의필요설**과 ⓑ 행정의 능률성이라는 공익상의 요청에 부합한다는 점을 근거로 하는 **동의불요설**이 대립된다.

3. 판   례

① 대법원과 헌법재판소 모두 헌법 제7조에 규정된 공무원의 신분보장과 헌법 제15조에서 보장하는 직업선택의 자유의 의미와 효력에 비추어 전출명령에는 해당 공무원의 동의가 필요하다고 본다(헌재 2002. 11. 28. 98헌바101, 99헌바8(병합)). ② 그리고 **대법원**은 해당 공무원의 동의 없이 단체장이 전출명령을 발령하였다면 이는 위법(취소사유)하기 때문에 이러한 위법한 전출명령을 이행하지 않았다는 이유로 징계처분을 발령하였다면 징계양정에 있어 재량권 일탈이 있다고 보았다(당해 공무원의 동의 없는 지방공무원법 제29조의3의 규정에 의한 전출명령은 위법하여 취소되어야 하므로, 그 전출명령이 적법함을 전제로 내린 징계처분은 그 전출명령이 공정력에 의하여 취소되기 전까지는 유효하다고 하더라도 징계양정에 있어 재량권을 일탈하여 위법하다(대판 2001. 12. 11. 99두1823)).

4. 검   토

공무원은 전출 및 전입으로 신분에 중대한 변화를 초래하며, 공무원의 전출 및 전입의 법적 성질은 '의원면직 및 특별임명'이므로 전출을 명함에 있어서는 공무원의 동의가 필요하다고 보는 것이 타당하다.

133   직무상 명령(직무명령)★★

1. 직무상 명령의 개념, 요건
(1) 의의·구별개념
㈎ 직무상 명령이란 상급공무원이 하급공무원에게 직무상 발하는 명령을 말한다.
㈏ ① 직무명령은 특정의 상·하 공무원 간의 문제이므로 그 특정 상·하 공무원의 지위상실 등으로 인하여 효력이 소멸되지만, 훈령은 상·하관청 사이의 문제이므로 상급관청이나 하급관청의 기관구성자의 변경에 불구하고 효력을 가진다. ② 그러나 훈령은 하급행정청에 발하는 명령이므로 하급행정청에 소속된 공무원을 구속하게 되어 당연히 직무명령으로서의 성질도 갖게 되나 직무명령은 훈령으로서의 성질을 당연히 갖는 것은 아니다.

(2) 직무상 명령의 요건
형식적 요건으로 ⓐ 직무명령은 권한 있는 상급공무원이 발한 것이어야 하고, ⓑ 하급공무원의 직무범위 내에 속하는 것이어야 하며, ⓒ 하급공무원에게 직무상 독립이 인정되는 사항이 아니어야 하며, ⓓ 실질적 요건으로 법령과 공익에 적합하여야 한다.

2. 공무원의 복종의무의 한계(요건을 결여한 직무상 명령에 대한 공무원의 복종의무)
상급공무원의 하자 있는(위법·부당) 직무명령이 있는 경우 하급공무원은 이에 복종할 의무가 있는지 문제된다(이는 공무원의 복종의무와 법령준수의무가 충돌되는 경우이다).

(1) 형식적 요건과 한계
직무명령의 형식적 요건은 그 구비 여부가 외관상 명백하므로 이를 위반한 경우 하급공무원은 이를 심사할 수 있고 복종을 거부할 수 있다.

(2) 실질적 요건과 한계
1) 학   설
ⓐ 하급공무원에게 실질적심사권과 복종여부결정권을 인정하면 법령해석의 불통일을 초래하고 행정조직의 통일적 운영을 저해한다는 점을 근거로 하는 실질적 요건심사 부정설, ⓑ 공무원은 복종의무 외에도 법령준수의무를 지고 있어 직무명령이 위법한 경우에는 법치주의 원칙상 복종거부가 인정된다는 실질적 요건심사 긍정설, ⓒ 행정의 법률적합성원칙과 행정조직의 통일적 운영의 이념을 고려하여 절충적으로 보는 견해(절충설)(다수설)가 대립된다.
2) 판   례
판례는 「하관은 소속상관의 적법한 명령에 복종할 의무는 있으나 그 명령이 참고인으로 소환된 사람에게 가혹행위를 가하라는 등과 같이 명백한 위법 내지 불법한 명령인 때에는 이는 벌써 직무상의 지시명령이라 할 수 없으므로 이에 따라야 할 의무는 없다(대판 1988. 2. 23. 87도2358)」라고 하여 절충설의 입장을 취한 것으로 평가된다.
3) 검   토
① 위법한 직무명령에 대해 복종을 거부하여 행정의 법률적합성(법령준수의무)을 준수한 공무원에게 징계책임을 지운다는 것은 인정하기 어렵기 때문에 공무원은 직무상 명령의 실질적 요건을 심사할 수 있다고 보아야 한다. 다만, 행정조직의 통일적 운영의 조화를 위해 일정한 제

한을 두는 절충설이 타당하다. ② 이에 따르면 ⊙ 직무명령의 내용이 **범죄**를 구성하거나 위법성이 **중대명백**한 경우 그리고 중대명백한 경우에 이르지 않더라도 위법성이 **명백**한 경우에는 공무원은 복종을 거부할 수 있고, ⓛ 위법성이 그 정도에 이르지 않은 경우, **부당**한 경우, 법령해석상의 **견해** 차이에 불과한 경우에는 복종을 거부할 수 없다고 본다.

134   징계 등 불리한 처분이나 부작위에 대한 공무원의 불복★★★

1. 소 청

(1) 소청의 의의

소청이란 공무원의 징계처분 기타 그 의사에 반한 불리한 처분(예를 들어 의원면직·전보·강임·휴직·면직처분·복직청구)이나 부작위를 받은 자가 그 처분이나 부작위에 불복이 있는 경우 소청심사위원회에 그 심사를 청구하는 제도(특별행정심판)를 말한다(국가공무원법 제9조 제1항).

(2) 소청심사위원회

소청심사위원회는 행정기관소속공무원과 관련하여 인사혁신처에, 국회·법원·헌법재판소 및 선거관리위원회소속공무원과 관련하여 각각 국회사무처·법원행정처·헌법재판소사무처 및 중앙선거관리위원회사무처에 둔다(국가공무원법 제9조 제1항·제2항).

(3) 소청절차

1) 제 기

국가공무원법 제75조(공무원에 대하여 징계처분등을 할 때나 강임·휴직·직위해제 또는 면직처분을 할 때에는 그 처분권자 또는 처분제청권자는 처분사유를 적은 설명서를 교부하여야 한다. 다만, 본인의 원(願)에 따른 강임·휴직 또는 면직처분은 그러하지 아니하다)에 따른 처분사유 설명서를 받은 공무원이 그 처분에 불복할 때에는 그 설명서를 받은 날부터, 공무원이 동법 제75조에서 정한 처분 외에 본인의 의사에 반한 불리한 처분을 받았을 때에는 그 처분이 있는 것을 안 날부터 각각 30일 이내에 소청심사위원회에 이에 대한 심사를 청구할 수 있다(국가공무원법 제76조 제1항).

2) 심 사

소청심사위원회는 이 법에 따른 소청을 접수하면 지체 없이 심사하여야 한다. 그리고 소청심사위원회는 제1항에 따른 심사를 할 때 필요하면 검증·감정, 그 밖의 사실조사를 하거나 증인을 소환하여 질문하거나 관계 서류를 제출하도록 명할 수 있다(국가공무원법 제12조). 소청인의 진술권은 보장되며 진술기회를 주지 않은 결정은 무효이다(국가공무원법 제13조).

3) 결 정

소청심사위원회의 결정은 처분행정청을 기속한다(국가공무원법 제15조). 소청심사위원회가 징계처분 또는 징계부가금 부과처분(이하 '징계처분등'이라 한다)을 받은 자의 청구에 따라 소청을 심사할 경우에는 원징계처분보다 무거운 징계 또는 원징계부가금 부과처분보다 무거운 징계부가금을 부과하는 결정을 하지 못한다(불이익변경금지의 원칙)(국가공무원법 제14조 제7항).

2. 항고소송

(1) 필요적 심판전치

국가공무원법 제75조(공무원에 대하여 징계처분을 할 때나 강임·휴직·직위해제 또는 면직처분을 할 때에는 그 처분권자 또는 처분제청권자는 처분사유를 적은 설명서를 교부하여야 한다. 다만, 본인의 원에 따른 강임·휴직 또는 면직처분은 그러하지 아니하다)에 따른 처분, 그 밖에 본인의 의사에 반한 불리한 처분이나 부작위에 관한 행정소송은 소청심사위원회의 심사·결정을 거치지 아니하면 제기할 수 없다(국가공무원법 제16조 제1항).

(2) 원처분주의

필요적 심판전치를 규정하고 있으므로 불이익처분 등을 받은 공무원이 소청심사를 거치면 행정청의 행위는 원래의 불이익처분과 소청심사위원회의 결정 두 가지가 된다. ① 그러나 행정소송법 제19조 단서는 **원처분주의** 원칙을 규정하고 있으므로 해당 공무원은 원래의 불이익처분을 소의 대상으로 하여야 한다. ② 다만, **소청심사위원회의 결정에 고유한 위법**이 있다면 위원회의 결정을 소의 대상으로 할 수 있다. ③ 그리고 원래의 불이익처분도 위법하며 소청심사위원회의 결정에도 고유한 위법이 있다면 **관련청구소송으로 병합**하여 제기할 수도 있다(행정소송법 제10조 참조).

(3) 피   고

원래의 불이익처분을 소의 대상으로 하는 경우에는 당해 **처분청**이 피고가 되고, 소청심사결정을 소의 대상으로 하는 경우에는 소청심사위원회가 피고가 된다.

135   경찰작용의 근거와 한계(경찰작용의 위법성)***

적법한 경찰작용이 되기 위해서는 경찰작용에 법적 근거가 필요할 뿐만 아니라 일정한 한계를 준수해야 한다.

Ⅰ. 경찰권의 근거

침익적인 경찰작용을 함에 있어 법적 근거는 단계적으로 검토해야 한다. 즉, 특별경찰법상의 특별조항, 일반경찰법상의 특별조항, 일반경찰법상의 일반조항 순으로 검토한다(특별법과 일반법의 관계). 특별경찰법상의 특별조항과 일반경찰법상의 특별조항은 법률에서 명시적으로 인정하고 있지만, 일반경찰법상의 일반조항은 인정 여부에 대해 학설이 대립된다.

1. 특별경찰법상의 특별조항

'특별경찰법'이란 공공의 안녕과 질서유지를 위한 경찰작용의 근거가 일반경찰법(경찰관직무집행법, 경찰법) 외의 특별경찰법에 규정되어 있는 것을 말한다(예: 의료법, 식품위생법, 도로교통법, 건축법 등). 이 경우 경찰행정기관 이외의 일반행정기관도 특별경찰법상의 특별조항을 근거로 경찰작용(위해의 제거를 위한 활동)을 발동할 수 있다(예: 일반행정기관의 불법의료행위단속, 불법유흥주점단속, 무허가건축물단속 등).

2. 일반경찰법상의 특별조항

일반경찰법인 경찰관직무집행법은 '경찰행정기관'에 의한 경찰작용에 대해 특별구성요건을 인정하고 있다(다만, 경찰관직무집행법은 경찰행정기관의 직무에 대한 법이므로 일반행정기관은 경찰관직무집행법을 근거로 경찰작용을 할 수는 없다). 즉, 불심검문, 보호조치, 위험발생의 방지, 범죄의 예방과 제지, 위험방지를 위한 출입, 확인을 위한 출석요구 등을 규정한다(경찰관직무집행법 제3조 내지 제8조, 제10조). 따라서 경찰행정기관은 특별경찰법상 특별조항이 없어도 해당 조항을 근거로 경찰권을 발동할 수 있다.

3. 일반경찰법상의 일반조항

(1) 의　　의

일반경찰법상의 일반조항이란 경찰권발동을 위한 법적 근거가 특별경찰법에도 없을 뿐만 아니라 일반경찰법에도 특별조항으로 존재하지 않는 경우에 경찰권 발동의 근거가 되는 일반적 수권을 내용으로 하는 조항을 말한다.

(2) 일반조항의 보충성

일반조항은 성질상 특별경찰법상의 특별조항 및 일반경찰법상의 특별조항이 없는 경우에 보충적으로 적용되어야 한다.

(3) 현행법상 인정 여부

1) 학 설

a. 부정설(일반조항의 허용성을 부정하는 견해) 법치주의 원칙상 경찰권의 발동 근거로서의 법률은 개별 규정이어야 하고 포괄적·일반적 수권 규정은 허용되지 않으며, 일반조항을 인정하면 경찰권 남용의 가능성이 있으므로 경찰법상 일반조항은 인정될 수 없다고 본다.

b. 긍정설(일반조항의 허용성과 존재를 모두 긍정하는 견해)

(i) 경찰관직무집행법 제 2 조 제 7 호설 이 견해는 경찰관직무집행법 제 2 조 제 7 호(그 밖에 공공의 안녕과 질서유지)를 경찰권 발동의 일반적 수권조항으로 본다(**다수견해**). 부단히 **변화하는 사회상황** 때문에 경찰권 발동의 요건이나 효과를 개별법이나 개별조항으로 모두 정하기는 어렵고, 일반조항을 인정함으로써 발생할 수 있는 경찰권 발동의 남용의 가능성은 일반조항의 보충성과 경찰법의 일반원칙(특히 비례원칙)에 의하여 충분히 통제될 수 있으므로 일반조항을 긍정하자는 입장이다.

(ii) 경찰관직무집행법 제 2 조·제 5 조·제 6 조 결합설 경찰관직무집행법 제 2 조 제 7 호가 일반조항임을 인정하고, 제 5 조를 제 2 의 일반조항(개인적 법익보호), 제 6 조를 제 3 의 일반적 수권조항(국가적·사회적 법익보호)으로 보는 견해이다.

c. 입법필요설(허용성은 긍정하나 현재 존재하지 않는다는 견해) 현행법상 일반조항은 인정되고 있지 아니하지만, 경찰법의 개정을 통해 일반조항이 규정되어야 한다는 입장이다. 즉, 현행 헌법하에서 일반조항은 인정될 수 있고 또한 인정되어야 하지만, 아직까지 우리 입법은 이를 수용하고 있지 **않다**는 것이다. 따라서 경찰법이나 경찰관직무집행법의 규정(예를 들어 경찰법 제 3 조(국가경찰은 국민의 생명·신체 및 재산의 보호와 범죄의 예방·진압 및 수사. 치안정보의 수집, 교통의 단속 기타 공공의 안녕과 질서유지를 그 임무로 한다)나 경찰관직무집행법 제 2 조 제 7 호(그 밖에 공공의 안녕과 질서유지))은 권한규범이 아니고 직무규범이라고 본다.

2) 판 례

학설은 **청원경찰의 무허가주택 단속과 관련된 사건**에서 판례가 경찰관직무집행법 제 2 조 제 7 호를 일반조항으로 보았다고 평가한다(청원경찰관법 제 3 조, 경찰관직무집행법 제 2 조 규정에 비추어 보면 군 도시과 단속계 요원으로 근무하고 있는 청원경찰관이 허가 없이 창고를 주택으로 개축하는 것을 단속하는 것은 그의 정당한 공무집행에 속한다고 할 것이므로 이를 폭력으로 방해하는 소위는 공무집행방해죄에 해당된다(대판 1986. 1. 28. 85도2448, 85감도356)).

3) 검 토

경찰권남용의 가능성은 경찰법의 일반원칙(특히 비례원칙)으로 통제하면 되기에 경찰관직무집행법 제 2 조 제 7 호가 일반조항으로서 경찰권발동의 근거가 된다는 견해가 타당하다. 다만 일반조항은 일반조항의 성질상 특별경찰법상·일반경찰법상 특별조항이 없는 경우에 **보충적**으로 적용되어야 한다.

일반조항의 적용요건

경찰관직무집행법 제 2 조 제 7 호를 일반경찰법상의 일반조항으로 보는 견해에 따른다면 경찰관직
무집행법 제 2 조 제 7 호의 요건이 충족되면 경찰관은 경찰권을 발동할 수 있다.

1. 공공의 안녕과 관련될 것

공공의 안녕이란 법질서와 국가 및 국가시설 그리고 개인적 법익에 대한 불가침을 말한다.

2. 공공의 질서와 관련될 것

공공의 질서란 법규범을 제외한 공동체를 위한 불문규범의 총체를 말한다.

3. 공공의 안녕이나 공공의 질서에 대한 위해(위험과 장해)가 존재할 것

경찰관직무집행법 제 2 조 제 7 호는 명시적인 표현이 없지만(다만, 그 밖에 공공의 안녕과 질서'유
지'라고 표현함), '위해의 존재'를 요건으로 보아야 한다. 위험이란 공공의 안녕과 질서에 대한 침해
의 발생가능성을 말하고, 장해란 그 위험이 실현되어 법익이 침해되는 경우를 말한다.

II. 경찰권의 한계

1. 성문법령상의 한계

경찰작용은 성문의 법령이 정하는 범위 내에서 행사되어야 한다.

2. 경찰법의 일반원칙(조리)상의 한계

(1) 경찰소극의 원칙

경찰소극의 원칙이란 경찰권은 적극적인 복리의 증진이 아니라 소극적인 질서의 유지를 위해
서만 발동될 수 있다는 원칙을 말한다.

(2) 경찰공공의 원칙

1) 의   의

경찰권은 공공의 안녕이나 질서의 유지를 위해서만 발동될 수 있는 것이며, 사적 이익만을 위
해 발동될 수는 없다는 원칙을 말한다.

2) 내   용

a. 사생활불간섭의 원칙   경찰권은 공공의 안녕과 질서에 관계가 없는 개인의 사생활영
역에는 개입할 수 없다는 원칙을 말한다. 그러나 특정인의 사생활을 방치하는 것이 공공의 안
녕이나 질서에 중대한 위험을 가져올 수 있다면 경찰은 개입해야 한다(예: 법정전염병환자를 치
료하는 경우).

b. 사주소불가침의 원칙   경찰이 사인의 주소 내에서 일어나는 행위에 대해서는 관여할
수 없다는 원칙을 말한다. 주택뿐만 아니라 연구실·사무실 등도 사주소에 해당한다. 그러나
사주소 내의 행위가 공공의 안녕이나 질서에 직접 중대한 장해를 가져오는 경우에는 경찰의
개입이 가능하다(예: 주택에서 지나친 소음이나 악취가 발생하는 경우).

c. 민사관계불관여의 원칙   민사상의 법률관계 내지 권리관계에 경찰은 개입할 수 없
다. 다만 민사상의 행위가 사회공공에 직접 위해를 가하게 되는 경우에는 경찰의 개입이 가능
하다(예: 암표판매의 단속).

(3) 경찰비례의 원칙

행정목적을 실현하기 위한 구체적인 수단과 목적 간에 적정한 비례관계가 있어야 한다는 원칙
을 말한다. 경찰관직무집행법 제 1 조 제 2 항(이 법에 규정된 경찰관의 직권은 그 직무수행에 필요
한 최소한도 내에서 행사되어야 하며 이를 남용하여서는 아니 된다)은 이를 명시적으로 규정하고
있다.

(4) 경찰책임의 원칙

경찰책임이란 경찰목적 달성을 위해 법률이나 법률에 근거한 행위로 개인에게 부과되는 의무 (책임)을 말하며, 경찰책임의 원칙이란 경찰권은 경찰책임자에게 발동되어야 한다는 원칙을 말한다. 즉 경찰책임의 원칙이란 **경찰권발동의 상대방이 누구인가에 대한** 문제이다(공법상 법인 (공권력주체)의 경찰책임, 경찰책임의 유형, 경찰책임자의 경합, 경찰책임의 승계, 제 3 자의 경찰책임 등은 후술한다).

136 　 공법상 법인(공권력 주체·공무원)의 경찰책임★

> 실질적 경찰책임이란 성문·불문의 모든 경찰법규를 준수·유지해야 하는 의무(책임)를 말한다. 형식적 경찰책임이란 실질적 경찰책임을 불이행한 자가 공공의 안녕과 질서의 회복을 위한 경찰행정청의 명령에 복종해야 하는 책임을 말한다. 자연인·사법상 법인은 실질적 경찰책임과 형식적 경찰책임을 모두 부담한다.

1. 실질적 경찰책임

모든 국가기관은 헌법과 법률에 구속된다는 점에서 공권력주체도 실질적 경찰책임자가 될 수 있다. 그러나 공권력주체에 속하는 국가기관이 수행하는 공적 임무의 특수성으로 인해 경우에 따라서는 경찰상의 책임에 수정이 가해질 수 있다(예: 도로교통법상 긴급자동차의 속도제한 준수의무배제).

2. 형식적 경찰책임

(1) 문 제 점

경찰행정청이 공공의 안녕이나 질서에 위해를 야기한 공권력주체(공무원)에 대해 경찰권을 발동할 수 있는지가 문제(공권력주체의 형식적 경찰책임)되는 이유는 공권력주체의 행위(행위책임)나 공권력 주체가 관리하는 물건(상태책임)이 모두 공적인 임무 수행과 관련되어 있기 때문에, 공권력주체는 공적인 임무를 수행해야 한다는 점과 경찰상 위해를 발생시켜서는 아니 된다는 점이 충돌하기 때문이다(예를 들어 가로수정비를 하고 있는 구청공무원에게 경찰관이 교통정체를 이유로 구청트럭의 이동을 명하는 경우, 가로수정비라는 공적인 임무 수행과 경찰상 위해를 발생시켜서는 안 된다는 점이 충돌된다).

(2) 공법작용의 경우

1) 학　　설

a. 부 정 설　　자신의 권한영역 내에서의 활동과 결합되어 나오는 위험은 스스로에 의해 극복되어야 하며, 만일 경찰행정청의 명령에 다른 국가기관이 복종해야 한다면(긍정설에 따른다면) 다른 행정기관에 대한 경찰행정청의 우위를 뜻하게 되는 문제를 가져온다는 견해이다(다수설).

b. 긍정설(제한적 긍정설)　　국가기관의 활동이 그 가치에 있어 모두 동일한 것이 아니므로 경우에 따라서는 **비교형량**에 의해 경찰행정기관에 의한 목적수행이 우선시 되는 경우가 인정될 수 있기에 이때에는 다른 행정기관에 대한 경찰권행사가 인정된다고 본다.

2) 검　　토

긍정설은 공권력주체의 공적인 임무의 수행과 경찰상의 위해발생의 방지라는 **공법상의 가치**들 간에 우열이 정해질 수 있다는 것을 전제로 비교형량이 가능하다고 보지만 그 가치 간의 우열을 가리기는 어렵다(앞의 예에서 가로수정비의 필요성과 교통정체방지의 요청 간에 우열을 가리기는 어렵다). 따라서 부정설이 타당하다.

(3) 사법작용의 경우

행정사법의 경우 직접적 행정목적을 위한 작용이므로 공법작용과 동일한 학설의 대립이 있다. 그러나 협의의 국고작용은 간접적 행정목적을 위한 작용이므로 경찰행정청의 명령에 복종해야 한다(다수설).

137   경찰책임의 유형★★★

1. 행위책임

(1) 행위책임의 의의

자연인이나 법인이 자신의 행위(또는 자신을 위해 행위하는 타인의 행위)를 통해서 공공의 안녕이나 질서에 대한 위험을 야기시킴으로써 발생되는 경찰책임을 말한다(예: 심야에 지나친 소음을 발생시키는 경우).

(2) 인과관계

일반적인 입장은 원칙적으로 위험에 대하여 직접적으로 원인을 야기하는 행위를 한 자만이 경찰책임을 부담한다는 견해(직접원인제공이론)이다.

(3) 행위책임의 주체

행위책임은 원칙적으로 **행위자**가 진다. 타인에 대한 감독의무가 있는 경우에는 피감독자의 행위에 대해서 **감독자**도 행위책임을 진다(예: 주유소의 피용자가 유사석유를 판매한 경우). 피감독자가 감독자의 지시에 종속하는 경우라야 한다.

2. 상태책임

(1) 상태책임의 의의

상태책임이란 물건으로 인해 위험이나 장해를 야기시킴으로써 발생되는 경찰책임을 말한다(예: 화재위험이 있는 무허가건축물을 건축하는 경우).

(2) 인과관계

행위책임과 마찬가지로 원칙적으로 위험에 대하여 직접적으로 원인을 야기하는 물건의 소유자 등만이 경찰책임을 부담한다는 견해(직접원인제공이론)가 일반적이다.

(3) 상태책임의 주체, 인정 범위

(가) 상태책임의 주체는 물건의 소유자다. 다만, 사실상 지배권자가 있는 경우는 그 자가 되며, 이차적으로는 소유자도 경찰책임자가 될 수 있다.

(나) 원칙적으로 소유자의 상태책임이 인정되는 범위에는 제한이 없다. 따라서 원칙적으로는 원인(예: 자연재해, 제3자 행위의 개입)에 상관없이 해당 물건의 상태로부터 발생한 위해에 대해 소유자는 전적인 책임이 있다(예를 들어 폭우로 떠내려간 자동차가 하류제방에서 발견되어도 자동차소유자는 상태책임을 부담한다). 이 경우 소유권을 포기한다고 상태책임이 소멸되지 않는다.

💎 논점 경찰책임자의 경합*

1. 의   의

경찰책임자의 경합이란 경찰상의 위해가 다수인의 행위 또는 다수인이 지배하는 물건의 상태로 인해 발생하거나 행위책임자와 상태책임자가 경합하여 발생하는 경우를 말한다.

2. 책임자 경합시 경찰권 상대방 결정

경찰명령은 위험이나 장해를 가장 신속하고도 효과적으로 제거할 수 있는 위치에 있는 자에게 발령되어야 한다. 원칙적으로는 시간적으로나 장소적으로 위험에 가장 근접해 있는 자가 처분의 상대방이 될 것이지만, 종국적으로 그것은 비례원칙을 고려하여 의무에 합당한 재량으로 정할 문제이다.

3. 비용상환청구의 문제

(1) 문제 상황

경찰행정청에 의해 특정한 행위가 요구된 경찰책임자가 특정한 행위가 요구되지 않은 다른 경찰책임자에게 민법상 연대채무자 사이의 책임분담(구상권)에 근거하여 비용의 상환을 청구할 수 있는지가 문제된다.

(2) 학   설

1) 긍 정 설

민법상 연대책임자 사이의 책임의 분담에 관한 구상권 규정과 법리를 유추적용하여 비용상환청구가 가능하다는 견해이다.

2) 절 충 설

ⓐ 각 행위자에게 부과된 의무가(책임의 정도) 동일하지 않은 경우에는 다른 경찰책임자에게 비용상환청구권이 인정되지 않지만(형식적으로 보면 경찰책임의 경합상태인 것 같지만 실질은 특정인만 경찰책임자인 경우. 예: 경찰상 위해를 발생시킨 물건의 사실상 지배권자와 소유자), ⓑ 각 행위자 등에게 부과되어 있는 의무가 서로 동일한 경우에는 민법상의 연대채무자 간의 내부구상권은 유추적용될 수 있다는 견해이다(형식적으로나 실질적으로나 의무내용이 같은 경우. 예: 경찰상 위해를 발생시킨 물건의 공동소유자).

3) 부 정 설

경찰책임자가 경합되는 경우 경찰행정청이 특정한 자를 경찰처분의 상대방으로 지정하였다면 그 자가 진정한 경찰책임자이므로 다른 경찰책임자(경찰책임자 중 경찰명령의 상대방으로 지정된 자가 아닌 자)에게 비용상환을 청구할 수 없다고 본다(부정설은 절충설의 ⓑ의 경우를 부정한다).

(3) 검   토

경찰행정청이 하자 없는 선택에 따라 다수의 경찰책임자 중 특정인을 경찰명령의 상대방으로 지정하였다면 그 자는 경합하는 경찰책임자 중 위험이나 장해를 가장 신속하고도 효과적으로 제거할 수 있는 위치에 있는 자(진정한 경찰책임자)이므로 그 자는 다른 자에게 비용상환을 청구할 수 없다고 보아야 한다(부정설).

경찰책임의 승계란 경찰책임자가 사망하거나 물건을 양도한 경우 이미 발생한 경찰책임이 상속인이나 양수인에게 이전되는지의 문제를 말한다(예를 들어 갑이 유사석유를 제조하여 행정청으로부터 유사석유 폐기명령을 받은 후 을에게 석유판매업을 양도하였다면 행정청은 양수인인 을에게 유사석유 폐기명령을 다시 발령해야 강제집행할 수 있는지 아니면 바로 강제집행할 수 있는지의 문제이다).

1. 행위책임의 승계

(1) 학 설

① 행위책임은 특정인의 행위에 대한 법적 평가이므로 승계가 부정된다는 **승계부정설(다수설)**, ② **제한적 승계긍정설**은 원칙은 부정되지만 상속은 포괄승계이므로 행위책임도 승계된다는 **견해**이다. ③ 그리고 경찰책임이 승계되려면 승계에 관한 **법적 근거**와 그 의무의 승계가능성(이전가능성)이 모두 구비되어야 한다는 견해가 있다(**법적 근거와 승계가능성이 모두 필요하다는 설**). 즉, 국민에게 의무를 부담시키는 경우에 법률유보가 필요하듯이 의무를 승계하는 경우에도 승계인에게는 침익적이기 때문에 행정의 법률적합성 원칙에 비추어 승계에 대한 법적 근거가 필요하며, 승계가능성 또한 있어야 한다고 본다. '승계가능성'이란 경찰책임이 주체 간에 이전될 수 있는 속성을 말한다.

(2) 검 토

특정인의 행위로 공공의 안녕이나 질서에 위해를 초래한 경우 이는 **행위자 자신의 고유한 행위**로 인한 책임이므로 양도·사망으로 행위책임은 소멸되며 승계되지 않는다는 견해가 타당하다. 따라서 승계부정설에 따르면 경찰행정청은 양수인(상속인)에게 경찰명령을 다시 발령해야 한다.

2. 상태책임의 승계

(1) 학 설

① 상태책임은 사람의 개성과는 무관하게 물건의 상태에 관한 것이므로 승계가 허용된다는 **승계긍정설(다수설)**, ② 물건을 취득한 양수인은 양도인으로부터 승계된 책임이 아니라 양수인으로서 새로운 상태책임을 진다는 **신규책임설**, ③ 상태책임의 승계를 특정승계(예: 매매)와 포괄승계(예: 상속), 그리고 그로 인한 책임을 추상적 책임(법령에 의해 발생한 책임)·구체적 책임(행정행위로 발생한 책임)으로 나누고, 특정승계·추상적 책임은 승계되지 않지만, **포괄승계·구체적 책임은 승계된다는 개별검토설**, ④ 그리고 경찰책임이 승계되려면 승계에 관한 **법적 근거**와 그 의무의 승계가능성(이전가능성)이 모두 **구비되어야** 한다는 견해가 있다(**법적 근거와 승계가능성이 모두 필요하다는 설**). 즉, 국민에게 의무를 부담시키는 경우에 법률유보가 필요하듯이 의무를 승계하는 경우에도 승계인에게는 침익적이기 때문에 행정의 법률적합성 원칙에 비추어 승계에 대한 법적 근거가 필요하며, 승계가능성 또한 있어야 한다고 본다. '승계가능성'이란 경찰책임이 주체 간에 이전될 수 있는 속성을 말한다.

(2) 검 토

물적 책임은 성격상 대체성이 있으며, 절차상의 경제와 행정의 효율성을 고려할 때 상태책임의 승계를 긍정하는 것이 타당하다(**승계긍정설**). 따라서 승계긍정설에 따르면 경찰행정청은 양수인(상속인)에게 경찰명령을 다시 발령하지 않고도 강제집행할 수 있다.

139 제 3 자의 경찰책임★★

'제 3 자의 경찰책임'이란 공공의 안녕이나 질서에 대한 위해를 제거하기 위해 경찰책임자가 아닌 제 3 자(경찰상 위험의 원인제공과 무관한 자)에게 예외적으로 경찰권의 발동이 이루어지는 상태를 말한다.

1. 법적 근거

특별경찰법상의 특별조항, 일반경찰법상의 특별조항에 제 3 자의 경찰책임에 대한 명시적 규정이 없는 경우 일반조항을 근거로 제 3 자에게 경찰권을 발동할 수 있는지가 문제된다(전술한 일반경찰법상 일반조항 인정 여부 참조(135)).

(1) 학　　설

ⓐ 경찰관직무집행법 제 2 조 제 7 호를 일반조항(일반적 수권조항)으로 보면서 경찰책임이 없는 제 3 자에 대한 경찰권도 동 조항을 근거로 가능하다는 견해와 ⓑ 경찰관직무집행법 제 2 조 제 7 호는 일반조항이 아니므로 제 3 자에 대한 경찰권 발동의 근거조항도 될 수 없고 특별규정이 필요하다는 견해 그리고 ⓒ 경찰관직무집행법 제 2 조 제 7 호는 일반조항이 아니므로 동 조항은 경찰책임 없는 제 3 자에 대한 경찰권 발동조항이 될 수 없어 이러한 입법이 필요하지만 현재로서는 경범죄처벌법 제 3 조 제 1 항 제29호가 제한된 범위에서 제 3 자에게 경찰권을 발동하는 근거가 된다는 견해로 나뉜다(경범죄처벌법 제 3 조 ① 다음 각호의 1에 해당하는 사람은 10만원 이하의 벌금, 구류 또는 과료의 형으로 벌한다. 29.(공무원 원조불응) 눈·비·바람·해일·지진등으로 인한 재해 또는 화재·교통사고·범죄 그 밖의 급작스러운 사고가 발생한 때에 그곳에 있으면서도 정당한 이유없이 관계공무원 또는 이를 돕는 사람의 현장출입에 관한 지시에 따르지 아니하거나 공무원이 도움을 청하여도 이에 응하지 아니한 사람).

(2) 검　　토

관련입법이 정비되기 전까지는 경찰관직무집행법 제 2 조 제 7 호를 일반조항(일반적 수권조항)으로 보면서 경찰책임이 없는 제 3 자에 대한 경찰권도 동 조항을 근거로 가능하다는 견해가 타당하다.

2. 요　　건

제 3 자가 경찰책임을 부담하려면 ① 현재의 중대한 위험을 방지하기 위한 것일 것, ② 경찰책임자에 대한 처분으로는 위해의 제거가 불가능할 것, ③ 경찰 자신의 수단으로도 위해의 제거가 불가능할 것, ④ 경찰책임 없는 제 3 자에게 수인가능성이 있을 것이 요구된다.

3. 권리구제

제 3 자는 손실보상 또는 희생보상을 청구하거나 결과제거를 청구할 수도 있다.

> **경찰작용과 손실보상**
> 최근 경찰관직무집행법은 손실보상에 대한 조항을 신설하였다. 즉, 경찰관의 적법한 직무집행으로 인하여 ① 손실발생의 원인에 대하여 책임이 없는 자가 재산상의 손실을 입은 경우(손실발생의 원인에 대하여 책임이 없는 자가 경찰관의 직무집행에 자발적으로 협조하거나 물건을 제공하여 재산상의 손실을 입은 경우를 포함한다), ② 손실발생의 원인에 대하여 책임이 있는 자가 자신의 책임에 상응하는 정도를 초과하는 재산상의 손실을 입은 경우에 국가가 정당한 보상을 해야 함을 규정하고 있다(경찰관직무집행법 제11조의2 제 1 항). 다만, 보상을 청구할 수 있는 권리는 손실이 있음을 안 날부터 3년, 손실이 발생한 날부터 5년간 행사하지 아니하면 시효의 완성으로 소멸한다(경찰관직무집행법 제11조의2 제 2 항).

140 행정행위에 의한 공물의 성립과 소멸★★★

공용지정이란 행정주체가 특정물건을 공적 목적에 사용하겠다는 법적 행위를 말한다(법규 또는 행정청의 의사표시에 따른 행정행위). 공용폐지란 행정주체가 특정물건을 공적 목적에 사용하지 않겠다는 법적 행위를 말한다(법규 또는 행정청의 의사표시에 따른 행정행위).

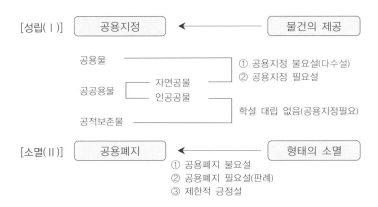

I. 공물의 성립에서 공용지정의 필요 여부

1. 문제 상황

일정한 물건의 경우 사실행위로서 제공이 있는 경우 특히 공용지정의 의사표시가 필요한지가 문제된다. 공공용물(인공공물)과 공적보존물은 공용지정이 필요하다고 보는 것이 **통설**이지만, 공용물과 공공용물 중 자연공물의 경우 학설이 대립된다.

2. 학 설

(1) 공용지정불요설

공용물은 공물주체가 그 물건을 사실상 사용하면 공물이 되며, 자연공물은 자연상태 그대로 공물의 성질을 가지므로 공용지정이 필요 없다는 견해이다(**다수설**).

(2) 공용지정필요설

공물의 공법상 제한은 권리·의무와 관련된 법적 구속이므로 사실행위(제공)로는 발생할 수 없고 **법적** 행위인 공용지정이 필요하다는 견해이다.

3. 판 례

① 자연공물은 공용지정이 필요하지 않다고 본다(국유 하천부지는 자연의 상태 그대로 공공용에 제공될 수 있는 실체를 갖추고 있는 이른바 자연공물로서 별도의 공용개시행위가 없더라도 행정재산이 된다(대판 2007. 6. 1. 2005도7523)). ② 그러나 도로와 같은 인공공물의 경우는 공용지정이 필요하다고 본다(도로는 도로로서의 형태를 갖추고, 도로법에 따른 노선의 지정 또는 인정의 공고 및 도로구역 결정·고시를 한 때 또는 도시계획법 또는 도시재개발법 소정의 절차를 거쳐 도로를 설치하였을 때에 공공용물로서 공용개시행위가 있다고 할 것이므로, 토지의 지목이 도로이고 국유재산대장에 등재되어 있다는 사정만으로 바로 그 토지가 도로로서 행정재산에 해당한다고 할 수는 없다(대판

2009. 10. 15. 2009다41533)).

4. 검   토

공용물은 공공용물과는 달리 행정주체가 자신의 사용에 제공하는 것이므로 공용에 사실상 사용함으로써 별도의 의사표시 없이 공물이 되는 것이고, 자연공물은 자연적 상태 자체로서 형체적 요소를 갖추면 공물로서의 성질을 가지는 것이므로 공용지정이 필요 없다는 견해가 타당하다.

II. 공물이 형태적으로 소멸된 경우 공용폐지의 필요 여부

1. 문제 상황

공물이 형태적으로 소멸된 경우 따로 공용폐지의 의사표시가 필요한지가 문제된다. 이 논의는 공용물, 공공용물(인공공물, 자연공물), 공적보존물에 공통되는 논의이다.

2. 학   설

(1) 공용폐지불요설

공물이 원상회복이 불가능할 정도로 형태적 요소를 상실한다면 공물로서의 성질을 잃는다는 견해이다.

(2) 공용폐지필요설

공물의 성립에도 공용지정이라는 의사적 요소가 필요하듯 공물의 소멸에도 공용폐지라는 의사적 요소가 필요하므로 형태적 요소의 소멸은 공용폐지의 원인이 될 뿐이라는 견해이다.

(3) 제한적 긍정설

자연공물은 그 물건이 형태적으로 소멸된 경우 당연히 공물로서의 성질을 상실하지만, 인공공물의 경우는 명시적이든 묵시적이든 공용폐지의 의사표시가 필요하다는 견해이다. 이 견해는 자연공물의 경우 자연적 상태 자체로 공물의 성질을 가지는 것이므로 물건이 형태적으로 소멸되었다면 공용폐지의 의사표시는 필요 없다고 본다.

3. 판   례

(가) 판례는 「이 사건 토지가 … 구거(도랑)로서의 기능을 상실하였다 하더라도, 그러한 사정만으로는 이 사건 토지가 당연히 취득시효의 대상이 되는 잡종재산으로 되었다거나 또는 묵시적인 공용폐지의 의사표시가 있었다고 볼 수 없다(대판 1998. 11. 10. 98다42974)」고 하여 형태적 요소의 소멸은 공용폐지의 원인이 될 뿐이며 공용폐지가 필요하다는 입장이다.

(나) 다만, 판례는 공물의 소멸에 공용폐지가 필요하다고 보면서 공용폐지의 의사표시는 묵시적이어도 무방하다고 본다. 그러나 공물이 사실상 본래의 용도에 사용되고 있지 않다거나, 행정주체가 점유를 상실하였다는 사정, 처분권한이 없는 행정청의 무효인 매각행위, 착오에 의한 공유수면매립지의 매각, 관리주체에 의한 공물의 방치만으로는 부족하고 묵시적 공용폐지가 인정되려면 객관적으로 공용폐지 의사의 존재가 추단될 수 있는 사정이 있어야 할 것이라고 한다(대판 2009. 12. 10. 2006다87538; 대판 2009. 12. 10. 2006다19528; 대판 1996. 5. 28. 95다52383).

4. 검   토

물건의 형태적 요소가 영구히 소멸되어 공적 목적에 제공될 수 없다면 공물로서의 성질은 상실된다고 보는 것이 타당하다(공용폐지불요설).

141 공물의 시효취득의 제한★

1. 국유·공유공물의 경우

민법 제245조(① 20년간 소유의 의사로 평온, 공연하게 부동산을 점유하는 자는 등기함으로써 그 소유권을 취득한다. ② 부동산의 소유자로 등기한 자가 10년간 소유의 의사로 평온, 공연하게 선의이며 과실 없이 그 부동산을 점유한 때에는 소유권을 취득한다)는 시효취득을 규정하고 있지만, **행정재산**(국유재산법 제 6 조 ② 행정재산의 종류는 다음 각 호와 같다. 1. 공용재산, 2. 공공용재산, 3. 기업용재산, 4. 보존용재산)은 시효취득의 대상이 되지 아니함을 명문으로 규정한다(국유재산법 제 7 조 제 2 항; 공유재산 및 물품관리법 제 6 조 제 2 항). 다만, **일반재산**(행정재산 외의 모든 국유재산을 말한다)은 시효취득의 대상이 될 수 있다.

2. 사유공물의 경우

(1) 학　설

1) 부 정 설

공물을 민법이 정하는 기간 동안 소유의 의사로 **평온·공연**하게 점유한다는 것은 **불가능**하므로 공용폐지되지 않는 한 취득시효로 공물의 소유권취득을 부정하는 견해이다(민법 제245조 참조).

2) 긍 정 설

a. 제한적 시효취득설　　사법상 소유권의 대상이 될 수 있는 공물은 시효취득의 대상이 될 수 있으나 이후에도 공적 목적에 제공하여야 하는 **공법상의 제한**은 존속한다는 견해이다.

b. 완전시효취득설　　공물의 평온·공연한 점유가 계속되고 관리자도 그대로 방치한 경우에는 공물에 대한 묵시적 폐지가 있었던 것으로 인정되므로 공물에 대한 완전한 시효취득(공적 목적상의 제한이 없는)이 이루어진다는 견해이다.

(2) 판　례

학설은 공물은 공용폐지가 없는 한 취득시효의 목적이 될 수 없다는 판결(대판 1996. 5. 28. 95 다52383)을 근거로 판례가 부정설을 취한다고 본다(김동희).

(3) 검　토

공물의 목적(공적 목적에의 제공)이나 관리(공물관리주체의 지배권)를 고려할 때 공물은 평온, 공연이라는 시효취득의 요건을 충족하기 어렵다고 보아야 한다. 따라서 시효취득이 있기 위해서는 공용폐지가 있어야 한다(**부정설**).

142 공물의 공용수용의 제한★

1. 문제 상황
현재 공적 목적에 제공되고 있는 공물을 공용폐지를 하지 않고 다른 공적 목적을 위해 수용(사용)할 수 있는지가 문제된다.

2. 학 설

(1) 부 정 설
공물은 행정목적에 제공된 것으로 공물을 수용하여 다른 행정목적에 제공하는 것은 공물 본래의 행정목적에 배치되는 것이므로 공물을 다른 행정목적에 제공하기 위해서는 공용폐지가 선행되어야 한다는 견해로 **공익사업을 위한 토지 등의 취득 및 보상에 관한 법률 제19조 제2항**(토지보상법 제19조(토지등의 수용 또는 사용) ② 공익사업에 수용 또는 사용되고 있는 토지 등은 특별히 필요한 경우가 아니면 이를 다른 공익사업을 위하여 수용 또는 사용할 수 없다)을 실정법적 근거로 한다(**다수설**).

(2) 긍 정 설
현재 공공목적에 제공되고 있는 물건은 가능한 현재의 용도를 유지하기 위하여 공물은 수용의 목적물로 할 수 없는 것이 원칙이나, 보다 더 중요한 공익사업에 제공할 필요가 있는 경우에는 공물도 **예외**적으로 공용폐지가 선행되지 않고서도 수용의 목적물이 될 수 있는 것으로 본다. 그리고 공익사업을 위한 토지 등의 취득 및 보상에 관한 법률 제19조 제2항은 '특별히 필요한 경우'에는 다른 공익사업에 수용할 수 있다는 것으로 해석한다.

3. 판 례
판례는 지방문화재로 지정된 토지도 택지개발을 위해 수용될 수 있다고 보고 있어 긍정설의 입장이다(대판 1996. 4. 26. 95누13241).

4. 검 토
공물은 원칙적으로 수용의 대상이 아니지만 특별한 필요가 있는 경우 공용폐지를 한 후 다른 공익사업을 위해 수용하여야 한다(**부정설**). 따라서 공익사업을 위한 토지 등의 취득 및 보상에 관한 법률 제19조 제2항의 '특별히 필요한 경우'란 **법령에 명문의 규정**이 있는 경우로 해석하여야 한다.

143　공물관리와 공물경찰★

1. 공물관리의 의의, 법적 성질

(가) 공물의 관리란 공물이 제공된 공적 목적을 잘 수행할 수 있게 하기 위한 행정주체의 행위를 말한다(예: 공물의 유지·수선 등).

(나) ① 공물관리권을 소유권에 의한 작용으로 보는 **소유권설**이 있었으나, ② 공물의 관리는 소유권주체와는 무관하게 공적 목적을 달성하기 위한 작용이므로 이는 공물주체의 물권적 지배권(특정물건에 대해 배타적인 이익을 얻을 권리)이라고 보는 **물권적 지배권설**이 **통설·판례**(대판 2005. 11. 25. 2003두7194)이다.

2. 공물경찰의 의의

공물경찰이란 공물과 관련해 발생하는 공공의 안녕과 질서에 대한 위해를 제거하기 위한 경찰작용을 말한다(예: 가로수가 도로신호등을 가리고 있어 교통사고 위험이 있는 경우).

3. 공물관리와 공물경찰의 구별

(1) 목　　적

공물관리는 공물 본래의 목적달성을 위한 작용이나(예: 도로보수를 위한 통행제한명령), 공물경찰은 공공의 안녕과 질서에 대한 위해를 제거하기 위한 작용이다(예: 소방도로 확보를 위한 영업구역제한명령).

(2) 법적 근거와 발동범위

공물관리의 근거와 범위는 **공물에 관한 법규**에서 나오지만(예: 도로법), 공물경찰은 **경찰법**에서 나온다(예: 도로교통법). 그리고 공물관리에 기해서는 독점적 사용권을 설정할 수 있으나, 공물경찰은 위해제거를 위한 일시적 허가만 가능하다.

(3) 의무위반행위에 대한 강제

공물관리관계에서의 의무위반자에 대해서는 그 사용의 배제에 그쳐야 하고(예: 도로점용허가의 취소) 행정상 강제가 불가능하지만, 공물경찰관계에서의 의무위반자에 대해서는 행정상 강제가 가능하다.

4. 공물관리와 공물경찰의 관계

공물관리와 공물경찰은 구별되지만 동일한 공물에 대해 **경합하여 행사될 수도 있다**. 예를 들어 도로법 제77조 제 1 항(도로관리청은 도로 구조를 보전하고 도로에서의 차량 운행으로 인한 위험을 방지하기 위하여 필요하면 대통령령으로 정하는 바에 따라 도로에서의 차량 운행을 제한할 수 있다)에 따라 도로관리청이 하는 공물관리와 도로교통법 제 6 조 제 2 항(경찰서장은 도로에서의 위험을 방지하고 교통의 안전과 원활한 소통을 확보하기 위하여 필요하다고 인정할 때에는 우선 보행자나 차마의 통행을 금지하거나 제한한 후 그 도로관리자와 협의하여 금지 또는 제한의 대상과 구간 및 기간을 정하여 도로의 통행을 금지하거나 제한할 수 있다)에 따라 경찰서장이 하는 공물경찰이 경합하는 경우가 있을 수 있다.

144 공물의 자유사용(일반사용, 보통사용)★★

공물의 사용은 자유사용(일반사용)과 특별사용으로 구별되며, 특별사용에는 허가사용·특허사용·관습법상 사용·행정재산의 목적외 사용이 포함된다.

1. 의 의

공물의 자유사용이란 공물주체의 특별한 행위 없이 모든 사인이 자유롭게 공물을 사용하는 것(예: 도로의 통행)을 말한다.

2. 공물의 자유사용으로 받는 이익이 권리인지 여부

(1) 학 설

ⓐ 공물이 일반사용에 개방된 결과 그 반사적 이익으로서 사용의 자유를 누림에 불과하고 사용할 권리가 설정된 것은 아니라는 견해(반사적 이익설)가 있으나, ⓑ 사인이 행정주체에 대하여 특정 공물의 신설, 변경, 존속을 주장할 수 있는 (적극적)권리는 없으나, 이미 제공된 공물의 이용을 관리청이 합리적인 이유 없이 거부하거나 정당한 자유사용을 방해하지 말 것을 요구할 권리(소극적 권리)는 가진다는 견해(공법상 권리설)가 통설이다.

(2) 판 례

판례는 도로를 자유로이 이용하는 것은 법률상 이익이 아니라고 하여 부정한다(일반적인 시민생활에 있어 도로를 이용만 하는 사람은 그 용도폐지를 다툴 법률상의 이익이 있다고 말할 수 없다(대판 1992. 9. 22. 91누13212)).

(3) 검 토

공물의 자유사용의 경우에도 헌법 제10조의 행복추구권이나 일반적 행동의 자유, 생활권적 기본권을 근거로 소극적이나마 공권이 성립될 수 있다. 다만, 공물의 자유사용은 일정한 한계를 가진다.

3. 공물의 자유사용의 내용(한계)

공물의 자유사용의 구체적인 내용(한계)은 공물의 공용목적과 관련법규의 해석에 의해 결정되며, 그 한계는 공물관리권에 따른 한계(예: 도로보수를 위한 통행제한)와 공물경찰권에 따른 한계(예: 소방도로 확보를 위한 영업구역제한)로 나눌 수 있다.

4. 사 용 료

공물의 자유사용은 무료임이 원칙이나, 법령에 근거가 있다면 사용료징수도 가능하다.

5. 인접주민의 강화된 이용권

(1) 의 의

인접주민의 강화된 이용권이란 도로와 같은 공물의 인근에 거주하거나 토지를 소유하는 자에게 주어지는 일반인의 자유사용을 넘는 공물의 사용권을 말한다. 인접주민의 강화된 이용권도 자유사용의 한 유형이다.

(2) 근거 및 요건

㈎ 재산권보장을 규정하는 헌법 제23조 제 1 항으로부터 나온다(외부와의 접속권 보장).

(내) 인접주민의 강화된 이용권은 ① 인접주민의 토지가 도로의 이용에 불가결하게 의존하고 있을 것, ② 타인의 자유사용(공동사용)을 중대하게 제약하지 않을 것이 필요하다.

(3) 강화된 이용권의 내용·한계

(가) 일반인에게 인정되지 않는 물건을 쌓기 위한 도로의 일시적 점용이 인접주민에게는 허용되거나, 일반인에게는 일시주차만 허용되는 경우에도 인접주민에게는 물건을 싣고 내리기까지의 주차가 허용된다거나, 공물의 변경이나 폐지의 경우 그 취소를 청구할 권리(공물존속청구권. 예를 들어 도로의 공용폐지에 대해 도로의 존속을 청구할 권리)가 인정된다.

(내) 그러나 영업목적을 위해 도로에 자판기를 설치하거나, 도로에 탁자나 의자를 설치하여 영업을 하거나, 도로에 자신의 상점을 위한 진입로를 확보하거나, 도로를 주차공간으로 이용하는 행위는 허용되지 않는다(류지태).

(4) 침   해

위법한 공물의 변경이나 폐지에 대해 취소를 구하거나 손해배상청구를 할 수 있고, 적법한 행위인 경우 손실보상청구가 인정될 수 있다.

145   도로법 제61조의 도로점용허가★★★

[참조조문]

도로법

제61조(도로의 점용 허가) ① 공작물·물건, 그 밖의 시설을 신설·개축·변경 또는 제거하거나 그 밖의 사유로 도로를 점용하려는 자는 도로관리청의 허가를 받아야 한다.

I. 도로법 제61조의 도로점용허가의 법적 성질

1. 허가인지 특허인지 여부

(1) 학 설

ⓐ **다수견해**는 도로법 제61조의 도로점용허가를 사인이 도로관리청으로부터 특허를 받아 사용하는 것으로 본다. 그러나 ⓑ **소수견해**는 도로법 제61조의 허가에 특별한 제한을 가하고 있지 않으므로 관리청은 허가시에 신청인에게 도로법상 금지된 사항을 일시 해제(소량의 건축자재의 일시 적재)하거나 신청인에게 독점적인 사용권을 부여(도로에 대형광고판 설치)할 수도 있다고 한다. 즉, 도로법 제61조의 허가는 학문상 **허가**와 **특허**를 **포함**하는 의미로 본다.

(2) 판 례

판례는 「도로법 제40조(현행 제61조) 제1항에 의한 도로점용은 … 일반사용과는 별도로 도로의 특정부분을 유형적·고정적으로 특정한 목적을 위하여 사용하는 이른바 특별사용을 뜻하는 것이고, 이러한 도로점용의 허가는 특정인에게 일정한 내용의 공물사용권을 설정하는 설권행위(대판 2007. 5. 31. 2005두1329)」라고 판시하여 강학상 특허로 본다.

(3) 검 토

도로법 제61조의 도로점용허가는 금지해제가 아니라 특정인에게 특별한 공물사용권을 설정해 주는 행위이므로 특허로 보는 입장이 타당하다.

2. 재량행위인지 여부

도로점용허가는 도로사용의 독점적 이익을 보호하고 있어 상대방에게 수익적이며, 공익적 판단이 주된 기준이 된다는 면에서 이를 재량행위로 보는 것이 타당하다. 판례도 같은 입장이다 (대판 2002. 10. 25. 2002두5795).

II. 도로점용허가(도로의 특허사용)의 특수성

1. 도로의 일반사용과 특별사용의 병존가능성

(가) 강학상 특허는 상대방에게 독점적인 권리를 설정해 주는 행위이다. 그러나 도로법 제61조의 도로점용허가는 도로가 일반 공중의 통행에 제공되는 일반사용과 구별되는 특별사용(그 중 특허사용)에 해당하지만, 도로의 특별사용은 반드시 독점적, 배타적인 것이 아니라 그 사용목적에 따라서는 도로의 **일반사용**과 **병존**이 가능한 경우도 있다(예를 들어 지하철역에서 백화점으로 연결되는 통로는 백화점이 통로(도로)에 대한 점용허가를 받은 것이지만 일반인도 통행할 수 있다). (나) 즉, 이러한 경우에는 도로점용부분이 동시에 일반공중의 교통에 공용되고 있다고 하여 도로점용이 아니라고 말할 수 없다(대판 1995. 2. 14. 94누5830). 결국 도로의 점용이 특허사용에 해당하는지 일반사용에 해당하는지 그 기준을 정하는 것이 중요한 문제가 된다.

2. 도로의 일반사용과 특별사용의 구별

판례는 「당해 도로의 점용을 위와 같은 특별사용으로 볼 것인지 아니면 일반사용으로 볼 것인지는 그 도로점용의 주된 용도와 기능이 무엇인지에 따라 가려져야 할 것(대판 1995. 2. 14. 94누5830)」이라고 본다.

146 행정재산의 목적외 사용의 법적 성질★★

1. 문제 상황

국유재산법 제30조 제1항(공유재산 및 물품 관리법 제20조 제1항)의 행정재산의 사용허가는 실제에서 임대차계약의 형식으로 이루어지고 있어 이러한 행정재산의 목적외 사용허가가 행정처분인지 사법상 계약인지가 문제된다.

2. 학 설

(1) 행정처분설

국유재산법은 국가 외의 자의 행정재산의 사용·수익은 사용허가라 하고(국유재산법 제2조 제7호) 국가 외의 자의 일반재산의 사용·수익은 대부계약이라 하여(국유재산법 제2조 제8호) 양자를 구분하고 있다는 점을 근거로 사용허가를 행정처분으로 본다(다수견해).

(2) 사법상 계약설

이 견해는 국유재산법 제30조 제1항에 의한 사용에 행정청과 사인 사이에 우열관계 내지 상하관계가 존재한다고 보기 어렵다는 점, 국유재산법상 사용허가는 승낙으로 그리고 사용허가의 취소·철회는 계약의 해제 등으로 볼 수 있다는 점을 근거로 사용허가를 사법상 계약으로 본다.

(3) 이원적 법률관계설

행정재산의 사용·수익관계는 그 실질에 있어서는 사법상의 임대차와 같다고 할 것이므로 특수한 공법적 규율이 있는 사항(국유재산법이 명시적으로 규율하는 사항, 즉 사용허가·사용료의 징수·사용허가의 취소와 철회 등은 공법관계이다)을 제외하고는 행정재산의 목적외 사용의 법률관계는 사법관계라고 보는 견해이다.

3. 판 례

판례는 국유재산법 제30조의 사용허가를 관리청이 공권력을 가진 우월적 지위에서 행한 것으로서 항고소송의 대상이 되는 행정처분이라고 보면서 강학상 특허라는 입장이다(대판 1998. 2. 27. 97누1105).

4. 검 토

국유재산법이 사용료의 징수를 조세체납절차에 의하도록 규정하고 있다는 점(국유재산법 제73조 제2항), 그리고 국유재산법 제36조가 관리청의 사용허가의 취소와 철회를 규정하여 관리청의 우월한 지위를 인정하고 있음에 비추어 행정재산의 목적외 사용허가는 행정처분으로 보는 것이 타당하다.

1. 수용권자의 의의

수용권자란 공익사업을 위해 공용수용을 할 수 있는 주체를 말한다. 공익사업을 위한 토지 등의 취득 및 보상에 관한 법률 제2조 제3호는 공익사업의 주체를 사업시행자라고 한다. 사업시행자는 국가, 공공단체 및 사인도 될 수 있다.

2. 수용권의 주체

국가가 수용권자인 경우는 문제가 없으나 국가 이외의 공공단체나 사인(공무수탁사인)이 수용권자인 경우 수용의 주체가 누구인지가 문제된다.

(1) 학 설

1) 국가수용권설

이 견해는 수용권자를 수용의 효과를 '야기'할 수 있는 능력을 가진 주체(수용의 원인행위 ─ 즉, 수용재결 ─ 를 할 수 있는 자)로 보기 때문에 국가만이 수용권자라는 입장이다. 국가 이외의 사업시행자는 국가에 대하여 자기의 사업을 위하여 토지 등을 수용해 줄 것을 청구할 수 있는 권리(수용청구권)만을 갖는다는 입장이다.

2) 사업시행자수용권설

이 견해는 수용권자를 수용의 효과(재산권의 취득)를 '향수'할 수 있는 능력이라고 보고, 공공단체 또는 사인인 사업시행자도 수용의 효과를 향수할 수 있기 때문에 수용권자가 될 수 있다고 본다(다수설).

(2) 검 토

수용의 개념에는 수용의 효과를 발생시키는 원인행위(수용재결)와 재산권의 취득이라는 효과가 포함되는데, 수용행위의 본체는 원인행위가 아니라 재산권취득이라는 효과이다. 따라서 이러한 재산권 취득의 효과를 향수할 수 있는 자는 수용권자가 될 수 있다고 보는 사업시행자수용권설이 타당하다.

148 공익사업을 위한 토지 등의 취득 및 보상에 관한 법률상 토지 등의 취득 방법★★

공익사업을 위한 토지 등의 취득 및 보상에 관한 법률은 공익사업을 위해 토지등을 취득하는 방식을 협의에 의한 방법과 수용에 의한 방법으로 나누고 있다. 즉, 동법은 수용에 의한 취득(사용)(제4장)의 첫 번째 절차인 사업인정 이전에 제3장에서 공익사업에 필요한 토지 등을 협의로 취득(사용)할 수 있음을 규정하고 있다(수용에 의한 취득에 앞선 절차이지만 의무적인 절차는 아니며, 사업시행자가 협의할 것인지 여부를 결정한다). 이를 규정하는 것은 강제수용에 의한 취득보다는 사업시행자와 토지소유자(관계인)가 합의를 하는 것이 보다 바람직하기 때문이다.

I. 협의에 의한 취득(사용)

1. 토지조서·물건조서의 작성

사업시행자는 공익사업의 수행을 위하여 공익사업을 위한 토지 등의 취득 및 보상에 관한 법률 제20조에 따른 사업인정 전에 협의에 의한 토지등의 취득 또는 사용이 필요할 때에는 토지조서와 물건조서를 작성하여 서명 또는 날인을 하고 토지소유자와 관계인의 서명 또는 날인을 받아야 한다(공익사업을 위한 토지 등의 취득 및 보상에 관한 법률 제14조 제 1 항).

2. 협의와 계약체결

(1) 의 의

사업시행자는 토지등에 대한 보상에 관하여 토지소유자 및 관계인과 성실하게 협의하여야 한다(공익사업을 위한 토지 등의 취득 및 보상에 관한 법률 제16조). 사업시행자는 협의가 성립되었을 때에는 토지소유자 및 관계인과 계약을 체결하여야 한다(공익사업을 위한 토지 등의 취득 및 보상에 관한 법률 제17조).

(2) 협의취득의 법적 성질

사업인정 이전의 협의취득의 법적 성질에 대해 ① ⓐ 협의는 공법인 공익사업을 위한 토지 등의 취득 및 보상에 관한 법률 제16조가 사업시행자의 성실협의 규정을 두고 있음을 근거로 공법상 계약이라는 견해가 있지만, ⓑ 공익사업을 위한 토지 등의 취득 및 보상에 관한 법률 제16조가 사업시행자의 성실협의 규정을 두고 있지만 해당 규정은 선언적 의미이기 때문에 사법상 계약이라는 견해(다수설)가 타당하다. ② 판례도 협의취득의 법적 성질을 사법상 계약으로 본다(대판 1994. 12. 13. 94다25209).

II. 수용에 의한 취득(사용)

1. 사업인정

(1) 의 의

사업인정이란 일정한 사업을 하려는 자의 사업이 공익사업임을 인정하고, 일정한 절차의 이행을 조건으로 수용권을 설정해 주는 행위를 말한다(공익사업을 위한 토지 등의 취득 및 보상에 관한 법률 제 2 조 제 7 호).

(2) 법적 성질

1) 형성행위인지 여부

① ⓐ **확인행위설**은 사업인정은 사업자가 하려는 특정사업이 공익사업을 위한 토지 등의 취득 및 보상에 관한 법률에 규정된 공익사업(동법 제4조 참조)에 **해당됨을 확인하는 행위**라고 본다. 이 견해는 사업시행자의 수용권은 사업인정에 의하여 발생하는 것이 아니라 사업인정 후 협의 또는 토지수용위원회의 재결에 의하여 발생한다고 한다. ⓑ **형성행위설**은 사업인정은 사업시행자가 하려는 사업이 공익사업임을 인정하면서 일정한 절차를 거칠 것을 조건으로 하여 사업시행자에게 **수용권을 발생시키므로 형성적 행정행위**에 해당한다고 본다(**다수설**). ② 판례는 <u>사업인정이란 공익사업을 토지 등을 수용 또는 사용할 사업으로 결정하는 것으로서 공익사업의 시행자에게 그 후 일정한 절차를 거칠 것을 조건으로 일정한 내용의 수용권을 설정하여 주는 형성행위</u>라고 본다(대판 2011. 1. 27. 2009두1051). ③ 사업인정으로 사업시행자에게는 수용권이 발생하는 것이므로 형성행위설이 타당하다.

2) 재량행위인지 여부

① ⓐ 사업인정은 **기속행위라는 견해**가 있으나, ⓑ 공익적 사정이 중요하게 고려되어야 하기에 **재량행위로 보는 견해**가 타당하다. ② **판례**도 재량행위로 본다(대판 2005. 4. 29. 2007두14670).

3) 사업인정의 요건

① 해당 사업이 공익사업을 위한 토지 등의 취득 및 보상에 관한 법률 제4조가 정하는 공익사업에 해당하여야 하고, ② 사업시행자에게 해당 사업을 수행할 의사와 능력이 있어야 한다.

2. 토지조서 · 물건조서의 작성

사업시행자는 토지조서와 물건조서를 작성하여 서명 또는 날인을 하고 토지소유자와 관계인의 서명 또는 날인을 받아야 한다(공익사업을 위한 토지 등의 취득 및 보상에 관한 법률 제26조 제1항, 제14조 제1항). 사업인정고시가 된 후에는 토지소유자나 관계인이 토지조서 및 물건조서의 내용에 대하여 열람기간 이내에 이의를 제기하는 경우를 제외하고는 작성된 토지조서 및 물건조서의 내용에 대하여 이의를 제기할 수 없다(공익사업을 위한 토지 등의 취득 및 보상에 관한 법률 제27조 제2항).

3. 협의(사업인정 후의 협의)

(1) 의 의

사업인정을 받은 사업시행자는 그 토지에 관해 권리를 취득하거나 소멸시키기 위해 토지소유자 및 관계인과의 협의 절차를 거쳐야 한다(공익사업을 위한 토지 등의 취득 및 보상에 관한 법률 제26조 제1항). 협의절차는 의무적이며, 이를 거치지 않고 재결을 신청할 수는 없다.

(2) 협의의 법적 성질

1) 문 제 점

사업인정 전의 협의는 사법상 계약이라는 것이 다수설이며 판례의 입장이지만, 사업인정 후의 협의의 법적 성질에 대해 학설이 대립된다.

2) 학 설

a. 사법상 계약설　　협의는 사업시행자가 토지소유자 등과 대등한 지위에서 행하는 합의이므로 사법상 계약과 동일한 성질을 가진다는 입장이다.

b. 공법상 계약설　　협의는 사업시행자가 사업인정으로 수용권을 취득한 이후의 문제이고, 협의가 성립되지 않으면 재결에 의해 수용이 이루어진다는 점에서 공법상 계약이라는 입장이다(다수설).

3) 검　　토

협의는 수용권의 주체인 사업시행자가 수용권을 실행하는 방법이기 때문에 공법상 계약으로 보는 것이 타당하다.

(3) 사업인정 전 협의취득과의 차이점

① 사업인정 전의 협의취득은 임의적이나, 사업인정 후의 협의는 필수절차이다. ② 사업인정 전의 협의취득은 사법상 계약이라는 것이 다수설이지만, 사업인정 후의 협의는 공법상 계약이라는 것이 다수설이다. ③ 사업인정 전의 협의취득은 협의성립확인제도가 없으나, 사업인정 후의 협의는 협의성립확인제도를 두고 있다(공익사업을 위한 토지 등의 취득 및 보상에 관한 법률 제29조 참조).

(4) 협의성립의 확인

사업시행자와 토지소유자 및 관계인 간에 협의가 성립되었을 때에는 사업시행자는 재결 신청 기간 이내에 해당 토지소유자 및 관계인의 동의를 받아 대통령령으로 정하는 바에 따라 관할 토지수용위원회에 협의 성립의 확인을 신청할 수 있다(공익사업을 위한 토지 등의 취득 및 보상에 관한 법률 제29조 제1항). 그에 따른 확인은 동법에 따른 재결로 보며, 사업시행자, 토지소유자 및 관계인은 그 확인된 협의의 성립이나 내용을 다툴 수 없다(공익사업을 위한 토지 등의 취득 및 보상에 관한 법률 제29조 제4항).

(5) 협의의 효과

협의가 성립되면 공용수용절차는 종료되고 수용의 효과가 발생하게 된다. 따라서 사업시행자는 보상금을 지급(공탁)하고, 피수용자는 토지 등을 사업시행자에게 인도·이전하여야 한다.

4. (수용)재결

(1) 의　　의

재결이란 수용권 자체를 부여하는 것이 아니라 사업시행자에게 부여된 수용권의 구체적인 내용을 결정하고 그 실행을 완성시키는 형성적 행정행위를 말한다.

(2) 재결기관

1) 설　　치

토지 등의 수용과 사용에 관한 재결을 하기 위하여 국토교통부에 중앙토지수용위원회를 두고, 특별시·광역시·도·특별자치도에 지방토지수용위원회를 둔다(공익사업을 위한 토지 등의 취득 및 보상에 관한 법률 제49조).

2) 재결사항

토지수용위원회는 '1. 수용하거나 사용할 토지의 구역 및 사용방법, 2. 손실보상, 3. 수용 또는 사용의 개시일과 기간, 4. 그 밖에 이 법 및 다른 법률에서 규정한 사항'을 재결한다(공익사업을 위한 토지 등의 취득 및 보상에 관한 법률 제50조 제1항).

(3) 재결의 신청

협의가 성립되지 아니하거나 협의를 할 수 없을 때(제26조 제2항 단서에 따른 협의 요구가 없을 때를 포함한다)에는 사업시행자는 사업인정고시가 된 날부터 1년 이내에 대통령령으로 정하는 바에 따라 관할 토지수용위원회에 재결을 신청할 수 있다(공익사업을 위한 토지 등의 취득 및 보상에 관한 법률 제28조 제 1 항).

(4) 재결의 형식 · 범위

토지수용위원회의 재결은 서면으로 한다(공익사업을 위한 토지 등의 취득 및 보상에 관한 법률 제34조 제 1 항). 그리고 토지수용위원회는 사업시행자, 토지소유자 또는 관계인이 신청한 범위에서 재결하여야 한다. 다만, 손실보상의 경우에는 증액재결을 할 수 있다(공익사업을 위한 토지 등의 취득 및 보상에 관한 법률 제50조 제 2 항).

(5) 재결의 효과

토지수용위원회의 재결이 있으면 공용수용절차는 종료되고, 일정한 조건 아래 수용의 효과가 발생한다. 즉 사업시행자는 보상금의 지급(공탁)을 조건으로 수용의 개시일에 토지에 대한 권리를 원시취득하며, 피수용자가 인도·이전 의무를 이행하지 않으면 대집행을 신청할 수 있다.

149	공익사업을 위한 토지 등의 취득 및 보상에 관한 법률상 수용재결에 대한 불복★★★

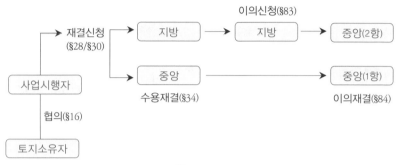

- 항고소송
- 보상금증감청구소송(§85②): 형식적 당사자 소송

1. 이의신청

(1) 이의신청의 요건

1) 신 청 인

토지수용위원회의 재결에 불복이 있는 토지소유자(관계인) 또는 사업시행자이다.

2) 신청기간

재결서의 정본을 받은 날부터 30일 이내에 하여야 한다(공익사업을 위한 토지 등의 취득 및 보상에 관한 법률 제83조 제3항).

3) 신청의 대상

이의신청의 대상은 토지수용위원회의 재결이다.

4) 임의적 전치

공익사업을 위한 토지 등의 취득 및 보상에 관한 법률상의 이의신청은 임의적이다. 따라서 이의신청 없이도 행정소송을 제기할 수 있다(공익사업을 위한 토지 등의 취득 및 보상에 관한 법률 제83조 제1항 참조).

(2) 이의신청의 효력

1) 재결(이의재결)의 내용

중앙토지수용위원회는 재결이 위법 또는 부당하다고 인정하는 때에는 그 재결의 전부 또는 일부를 취소하거나 보상액을 변경할 수 있다(공익사업을 위한 토지 등의 취득 및 보상에 관한 법률 제84조 제1항).

2) 재결의 효력

이의신청에 대한 재결이 확정된 때에는 '민사소송법'상의 확정판결이 있은 것으로 보며, 재결서 정본은 집행력있는 판결의 정본과 동일한 효력을 가진다(공익사업을 위한 토지 등의 취득 및 보상에 관한 법률 제86조 제1항).

3) 처분효력의 부정지

이의의 신청은 사업의 진행 및 토지의 수용 또는 사용을 정지시키지 아니한다(공익사업을 위한 토지 등의 취득 및 보상에 관한 법률 제88조 제1항).

2. 행정소송

(1) 제기할 수 있는 행정소송

① 토지수용위원회는 행정소송법상 행정청으로 수용재결(공익사업을 위한 토지 등의 취득 및 보상에 관한 법률 제34조)이든 이의재결(공익사업을 위한 토지 등의 취득 및 보상에 관한 법률 제84조)이든 행정소송법 제2조 제1항 제1호의 '처분등'에 해당한다. 따라서 수용재결과 이의재결은 항고소송의 대상이 될 수 있다(다만, 공익사업을 위한 토지 등의 취득 및 보상에 관한 법률 제85조 제1항은 제소기간의 특례를 두고 있다). ② 그러나 동법 제85조 제2항은 수용재결 및 이의재결에 관한 행정소송이 보상금의 증감에 관한 소송인 경우에는 당해 소송을 제기하는 자가 토지소유자 또는 관계인인 때에는 사업시행자를, 사업시행자인 때에는 토지소유자 또는 관계인을 각각 피고로 보상금증감청구소송을 제기할 수 있음을 규정하고 있다.

(2) 항고소송(취소소송의 경우)

1) 이의신청을 하지 않은 경우(수용재결에 대한 취소소송)

사업시행자, 토지소유자 또는 관계인은 재결서를 받은 날부터 60일 이내에 토지수용위원회를 상대로 수용재결에 대해 취소소송을 제기할 수 있다(공익사업을 위한 토지 등의 취득 및 보상에 관한 법률 제85조 제1항).

2) 이의신청을 한 경우(이의재결이 있는 경우의 취소소송)

㈎ 행정소송법 제19조 단서는 "재결취소소송의 경우에는 재결 자체에 고유한 위법이 있음을 이유로 하는 경우에 한한다"고 하여 원처분주의를 규정하고 있다. 따라서 중앙토지수용위원회의 이의재결이 있는 경우에도 원처분인 수용재결을 취소소송의 대상으로 해야 한다.

㈏ 다만 중앙토지수용위원회의 이의재결에 고유한 위법이 있다면 사업시행자·토지소유자 또는 관계인은 '이의신청에 대한 재결서를 받은 날부터 30일 이내에' 이의재결에 대해 취소소송을 제기할 수 있다(수용재결에 불복하여 취소소송을 제기하는 때에는 이의신청을 거친 경우에도 수용재결을 한 중앙토지수용위원회 또는 지방토지수용위원회를 피고로 하여 수용재결의 취소를 구하여야 하고, 다만 이의신청에 대한 재결 자체에 고유한 위법이 있음을 이유로 하는 경우에는 그 이의재결을 한 중앙토지수용위원회를 피고로 하여 이의재결의 취소를 구할 수 있다(대판 2010. 1. 28. 2008두1504)).

㈐ 만일 수용재결에도 위법이 있고, 이의재결 자체에도 고유한 위법이 있다면 당사자는 이 두 취소소송을 행정소송법 제10조에 따라 관련청구소송으로 병합할 수 있다(행정소송법 제10조 제1항 제2호의 관련청구소송).

㈑ 지방토지수용위원회의 재결에 대해 불복하는 경우 지방토지수용위원회를, 중앙토지수용위원회의 재결에 대해 불복하는 경우 중앙토지수용위원회를 피고로 한다.

(3) 보상금증감청구소송(형식적 당사자소송)

1) 의   의

수용재결이나 이의재결 중 보상금에 대한 재결에 불복이 있는 경우 보상금의 증액 또는 감액을 청구하는 소송을 보상금증감소송이라 한다(공익사업을 위한 토지 등의 취득 및 보상에 관한 법률 제85조 제 2 항).

2) 법적 성질

a. 단일소송 공익사업을 위한 토지 등의 취득 및 보상에 관한 법률상 보상금증감소송은 1인의 원고와 1인의 피고를 당사자로 하는 단일소송이다(토지수용위원회는 제외된다).

b. 형식적 당사자소송 실질적으로 행정청의 처분등(위원회의 재결)을 다투는 것이나 형식적으로는 처분등으로 인해 형성된 법률관계를 다투기 위해 제기하는 이러한 소송으로 형식적 당사자소송이다(119).

c. 형성소송인지 확인·급부소송인지 여부 ① ⓐ 재결의 처분성과 공정력(구성요건적 효력)을 강조하면서 보상금증감청구소송을 재결에서 정한 보상액의 취소·변경을 구하는 소송으로 보는 견해(형성소송설)와, ⓑ 보상금증감청구소송을 법규에 의해 객관적으로 발생하여 확정된 보상금액을 확인하거나 부족한 액수의 지급을 청구하는 소송으로 보는 견해(확인·급부소송설)가 대립된다. ② 현행 공익사업을 위한 토지 등의 취득 및 보상에 관한 법률 제85조 제 2 항이 토지수용위원회를 피고에서 제외하여 보상금증감청구소송이 가지는 재결에 대한 취소·변경의 의미를 축소하고 있는바 확인·급부소송설이 타당하다(김철용).

3) 보상금증액청구소송의 소송요건(보상금증액청구소송이 일반적이다)

a. 원고적격 토지소유자와 관계인이다.

b. 피고적격 공익사업을 위한 토지 등의 취득 및 보상에 관한 법률 제85조 제 2 항은 보상금증액청구소송에서의 피고를 '사업시행자'로 하고 있다. 사업시행자란 재결에 의하여 토지의 소유권 등의 권리를 취득하고 그로 인하여 토지소유자 또는 관계인이 입은 손실을 보상하여야 할 의무를 지는 권리·의무의 주체인 국가·지방자치단체 등을 의미하는 것이므로 행정청은 피고가 아니다.

c. 제소기간 이의신청을 거치지 않은 경우는 재결서를 받은 날부터 60일 이내에, 이의신청을 거친 경우는 이의신청에 대한 재결서를 받은 날부터 30일 이내에 소송을 제기해야 한다(공익사업을 위한 토지 등의 취득 및 보상에 관한 법률 제85조 제 1 항).

4) 입증책임

판례는 보상금증액청구의 소송에서 입증책임은 원고에게 있다는 입장이다(대판 1997. 11. 28. 96누2255).

💎 **논점   공익사업을 위한 토지 등의 취득 및 보상에 관한 법률 제74조의 잔여지수용청구권★★**

1. 잔여지수용청구권의 성질

잔여지수용청구권은 손실보상의 일환으로 토지소유자에게 부여되는 권리로서 그 요건을 구비한 때에는 잔여지를 수용하는 토지수용위원회의 재결이 없더라도 토지소유자의 청구에 의하여 수용의 효과가 발생하는 형성권적 성질(일방적 의사표시에 의하여 법률관계의 발생·변경·소멸 등을 발생시키는 권리)을 가진다(대판 2010. 8. 19. 2008두822).

2. 토지수용위원회의 잔여지수용거부결정에 불복하는 행정소송의 성질

(1) 학   설

ⓐ 토지수용위원회의 잔여지수용거부결정은 처분이므로 토지수용위원회의 거부결정에 대해 **취소소송(무효확인소송)을 제기해야 한다는 견해**와 ⓑ 잔여지수용청구권은 형성권이며 잔여지수용청구로 수용의 효과가 발생하였기 때문에 토지소유자가 토지수용위원회의 수용거부결정에 불복하는 행정소송은 토지보상법 제85조 제2항의 **보상금증감청구소송이라는 견해**가 대립된다.

(2) 판   례

판례는 「잔여지 수용청구를 받아들이지 않은 토지수용위원회의 재결에 대하여 토지소유자가 불복하여 제기하는 소송은 위 법(토지보상법) 제85조 제2항에 규정되어 있는 '보상금의 증감에 관한 소송'에 해당하여 사업시행자를 피고로 하여야 한다(대판 2010. 8. 19. 2008두822)」고 하여 보상금증감청구소송으로 본다.

(3) 검   토

토지소유자의 잔여지수용청구권은 형성권이므로 잔여지수용청구로 수용의 효과는 이미 발생하였기 때문에 잔여지 수용청구를 토지수용위원회가 거부한다고 하여도 궁극적으로 남은 문제는 보상금의 증감에 대한 것이며, 잔여지수용거부결정에 대해 취소소송(무효확인소송)을 제기해야 한다는 견해는 분쟁의 일회적 해결이라는 측면에서 문제가 있다(토지소유자가 취소소송 등을 제기하여 토지수용위원회의 재결이 취소된다고 하여도 궁극적인 문제인 보상금의 결정은 확정되지 않은 상태가 된다). 따라서 판례처럼 토지수용위원회의 수용거부결정에 대해 토지소유자가 불복하여 제기하는 소송은 토지보상법 제85조 제2항에 규정되어 있는 '보상금의 증감에 관한 소송'으로 보는 것이 타당하다.

[참조조문]
공익사업을 위한 토지 등의 취득 및 보상에 관한 법률
제74조(잔여지 등의 매수 및 수용 청구) ① 동일한 소유자에게 속하는 일단의 토지의 일부가 협의에 의하여 매수되거나 수용됨으로 인하여 잔여지를 종래의 목적에 사용하는 것이 현저히 곤란할 때에는 해당 토지소유자는 사업시행자에게 잔여지를 매수하여 줄 것을 청구할 수 있으며, 사업인정 이후에는 관할 토지수용위원회에 수용을 청구할 수 있다. 이 경우 수용의 청구는 매수에 관한 협의가 성립되지 아니한 경우에만 할 수 있으며, 그 사업의 공사완료일까지 하여야 한다.
제85조(행정소송의 제기) ① 사업시행자, 토지소유자 또는 관계인은 제34조에 따른 재결에 불복할 때에는 재결서를 받은 날부터 60일 이내에, 이의신청을 거쳤을 때에는 이의신청에 대한 재결서를 받은 날부터 30일 이내에 각각 행정소송을 제기할 수 있다. 이 경우 사업시행자는 행정소송을 제기하기 전에 제84조에 따라 늘어난 보상금을 공탁하여야 하며, 보상금을 받을 자는 공탁된 보상금을 소송이 종결될 때까지 수령할 수 없다.
② 제1항에 따라 제기하려는 행정소송이 보상금의 증감(增減)에 관한 소송인 경우 그 소송을 제기하는 자가 토지소유자 또는 관계인일 때에는 사업시행자를, 사업시행자일 때에는 토지소유자 또는 관계인을 각각 피고로 한다.

150 환매권의 발생요건과 행사기간, 환매권 행사의 제한(공익사업변환 제도)★★

> 환매권이란 공용수용의 목적물이 사업의 폐지 등의 사유로 공익사업에 불필요하게 된 경우에 목적물의 원소유자가 보상금의 상당액을 지급하고 그 목적물의 소유권을 다시 취득할 수 있는 권리를 말한다.

Ⅰ. 환매권 발생요건과 행사기간

1. 환매권의 발생요건

환매권자는 다음 둘 중 하나에 해당할 때 환매권을 행사할 수 있다.

(1) 공익사업을 위한 토지 등의 취득 및 보상에 관한 법률 제91조 제1항의 경우

토지의 협의취득일 또는 수용의 개시일(이하 "취득일"이라 한다)부터 10년 이내에 해당 사업의 폐지·변경 또는 그 밖의 사유로 취득한 토지의 전부 또는 일부가 필요 없게 된 경우(동법 제91조 제1항) 환매권자는 환매권을 행사할 수 있다. 여기서 '해당 사업의 폐지·변경 또는 그 밖의 사유로 취득한 토지의 전부 또는 일부가 필요 없게 된 경우'란 수용 또는 협의취득의 목적이 된 구체적인 특정의 공익사업이 폐지되거나 변경되는 등의 사유로 인하여 당해 토지가 더 이상 그 공익사업에 직접 이용될 필요가 없어졌다고 볼 만한 객관적인 사정이 발생한 경우를 말한다(대판 1994. 1. 25. 93다11760).

(2) 공익사업을 위한 토지 등의 취득 및 보상에 관한 법률 제91조 제2항의 경우

취득일부터 5년 이내에 취득한 토지의 전부를 해당 사업에 이용하지 아니하였을 때(동법 제91조 제2항) 환매권자는 환매권을 행사할 수 있다. '사업에 이용하지 아니하였을 때'란 사업에 이용할 필요가 없게 된 것이 아니라, 단지 사실상 사업에 제공되지 않은 경우를 말한다. 따라서 사업시행자의 태만 등에 의해 사업을 착수하지 않은 경우는 물론 통상의 사업실시 보다 현저하게 늦게 사업이 실시되는 경우도 포함된다.

2. 환매권의 행사기간

(1) 일반적인 경우

1) 공익사업을 위한 토지 등의 취득 및 보상에 관한 법률 제91조 제1항의 경우

해당 토지의 전부 또는 일부가 필요 없게 된 때부터 1년 또는 그 취득일부터 10년 이내에 행사해야 한다. 특히 필요 없게 된 때로부터 1년이 지났더라도 취득일로부터 10년이 지나지 않았다면 환매권자는 적법하게 환매권을 행사할 수 있다(대판 2010. 9. 30. 2010다30782).

2) 공익사업을 위한 토지 등의 취득 및 보상에 관한 법률 제91조 제2항의 경우

해당 토지의 취득일부터 6년 이내에 이를 행사하여야 한다.

(2) 사업시행자의 통지나 공고가 있는 경우

사업시행자가 환매할 토지가 생겼음을 환매권자에게 통지하거나 공고를 한 경우에는 환매권자는 통지를 받은 날 또는 공고를 한 날로부터 6개월 이내에 환매권을 행사해야 한다(공익사업을 위한 토지 등의 취득 및 보상에 관한 법률 제92조).

II. 환매권 행사의 제한(공익사업변환제도)

1. 의   의

공익사업의 변환이라 함은 국가 등이 공익사업을 위하여 토지를 협의취득 또는 수용한 후 토지를 다른 공익사업으로 변경한 경우 별도의 절차 없이 해당 토지를 다른 공익사업에 이용함으로써 토지소유자의 환매권 행사가능성을 제한하는 제도를 말한다(공익사업을 위한 토지 등의 취득 및 보상에 관한 법률 제91조 제 6 항).

2. 요   건

(1) 주   체

1) 사업주체

(개) 수용주체는 국가, 지방자치단체 또는 「공공기관의 운영에 관한 법률」제 4 조에 따른 공공기관 중 대통령령으로 정하는 공공기관이다.

(내) 공익사업의 변환을 인정하기 위해서는 적어도 변경된 사업의 사업시행자가 당해 토지를 소유하고 있어야 한다. 따라서 공익사업을 위해 협의취득하거나 수용한 토지가 제 3 자에게 처분된 경우에는 특별한 사정이 없는 한 그 토지는 당해 공익사업에는 필요 없게 된 것이라고 보아야 하므로 공익사업의 변환을 인정할 필요가 없다(대판 2010. 9. 30. 2010다30782).

2) 공익사업변경 전·후의 사업주체가 다른 경우 공익사업변환의 인정 여부

a. 학   설   ⓐ 다른 사업주체 간에 공익사업변환을 인정하면 공익사업변환과정에서 해당 토지가격이 상승하여 토지의 시세차익이 발생하는 경우 그 시세차익은 변경 전 사업주체에게 귀속될 것이므로 (변경 전 사업주체는 상승된 가격으로 변경 후 사업주체에게 이를 취득시킬 것이므로 시세차익은 변경 전 사업주체에게 귀속된다) 공익사업변환을 부정함으로써 시세차익을 원토지소유자에게 귀속시키는 것이 정당하다는 점을 근거로 **부정하는 견해**와 ⓑ 공익사업을 위한 토지 등의 취득 및 보상에 관한 법률이 사업시행자가 동일할 것을 공익사업의 변환의 요건으로 명시적으로 규정하고 있지 않고, 수용에서 중요한 것은 사업의 공익성이지 그 주체가 아니라는 점을 근거로 **긍정하는 견해**가 대립한다.

b. 판   례   판례는 「"공익사업의 변환"이 국가·지방자치단체 또는 정부투자기관 등 기업자(또는 사업시행자)가 동일한 경우에만 허용되는 것으로 해석되지는 않는다(대판 1994. 1. 25. 93다11760, 11777, 11784)」고 하여 사업주체가 동일하지 않은 경우에도 공익사업의 변환을 인정한다.

c. 검   토   긍정하는 견해에 대해 원토지소유자가 아니라 변경 전 사업주체에게 시세차익을 귀속시킨다는 비판이 있으나 **공익을 위한** 것이라면 변경 전 사업주체에게 이익을 귀속시켜도 무방할 것이다. 따라서 공익실현을 위한 것이라면 비례원칙을 준수하는 한 공익사업변경 전·후의 사업주체가 동일할 필요가 없다는 견해가 타당하다.

(2) 대상 사업

(개) 공익사업이 공익성의 정도가 높은 공익사업을 위한 토지 등의 취득 및 보상에 관한 법률 제 4 조 제 1 호 내지 제 5 호에 규정된 다른 공익사업으로 변경된 경우이어야 한다.

(내) 당초 공익사업뿐만 아니라 변경되는 새로운 공익사업에 관해서도 공익사업을 위한 토지 등의 취득 및 보상에 관한 법률 제20조 제 1 항의 규정에 의해 사업인정을 받거나 또는 사업인정을 받은 것으로 의제하는 다른 법률의 규정에 의해 사업인정을 받은 것으로 볼 수 있는 경우

에만 공익사업의 변환에 의한 환매권 행사의 제한을 인정할 수 있다(대판 2010. 9. 30. 2010다 30782).

3. 효   과

공익사업변환이 인정되면 새로이 변환된 공익사업에 이용되는 토지에 대한 환매권의 행사기 간은 취득일이 아니라 공익사업의 **변경을 고시한 날부터 새롭게 기산된다**(공익사업을 위한 토 지 등의 취득 및 보상에 관한 법률 제91조 제6항)(공익사업을 위한 토지 등의 취득 및 보상에 관한 법률 제91조 제6항은 ⋯ 환매권 행사기간은 관보에 당해 공익사업의 변경을 고시한 날로부터 기산 한다는 의미는 새로 변경된 공익사업을 기준으로 다시 환매권 행사의 요건을 갖추지 못하는 한 환매 권을 행사할 수 없고 환매권 행사 요건을 갖추어 제1항 및 제2항에 정한 환매권을 행사할 수 있는 경우에 그 환매권 행사기간은 당해 공익사업의 변경을 관보에 고시한 날로부터 기산한다는 의미로 해 석해야 한다(대판 2010. 9. 30. 2010다30782)).

4. 위헌 논의

공익사업변환제도는 환매권제도를 실효시키고, 토지소유자의 재산권침해 문제를 야기할 수 있 어 위헌가능성이 있다는 **견해**도 있다(류지태). 그러나 **헌법재판소**는 비례원칙을 준수한 제도로 합헌으로 본다(헌재 1997. 6. 26. 96헌바94).

150-1　공용환지★

Ⅰ. 의의·구별개념

(가) 공용환지란 토지의 합리적인 이용을 증진하기 위해 일정 지구 내의 토지의 구획·형질을 변경하고, 권리자의 의사와 무관하게 종전의 토지에 대한 소유권 기타의 권리를 강제적으로 교환·분합하는 것을 내용으로 하는 공용부담을 말한다. 즉 권리자는 종전의 토지에 관한 권리를 상실하고, 그에 상당한 토지에 대한 권리를 다른 곳에서 새로 취득하게 된다.

(나) 공용환지란 토지와 토지를 교환·분합하는 것으로 평면적인 토지정리에 그치고, 공용환권이란 토지·건물에 대한 권리를 토지 정리 후에 새로 건축된 건축물과 그 부지에 관한 권리로 변환·이행하게 하는 입체적인 환지의 방식을 말한다.

Ⅱ. 도시개발법상의 공용환지

1. 도시개발구역의 지정

환지방식으로 도시개발사업을 시행하기 위해서는 도시개발사업을 시행하기 전에 특별시장 등이 도시개발구역을 지정해야 한다(도시개발법 제 3 조 제 1 항).

2. 환지계획

(1) 의　　의

환지계획이란 도시개발사업이 완료된 후에 행할 환지처분에 대한 계획을 말하는 것으로 사업시행자가 환지처분의 내용을 결정하는 것이다.

(2) 법적 성질

판례는 「환지계획은 위와 같은 환지예정지 지정이나 환지처분의 근거가 될 뿐 그 자체가 직접 토지소유자 등의 법률상의 지위를 변동시키거나 또는 환지예정지 지정이나 환지처분과는 다른 고유한 법률효과를 수반하는 것이 아니어서 이를 항고소송의 대상이 되는 처분에 해당한다고 할 수가 없다(대판 1999. 8. 20. 97누6889)」라고 하여 환지계획은 항고소송의 대상이 되지 않는다고 본다.

3. 환지예정지의 지정

(1) 의　　의

(가) 시행자는 도시개발사업의 시행을 위하여 필요하면 도시개발구역의 토지에 대하여 환지 예정지를 지정할 수 있다(도시개발법 제35조 제 1 항). 환지예정지란 환지처분이 행해지기 전에 종전의 토지 대신 사용하거나 수익하도록 지정된 토지를 말한다.

(나) 도시개발사업은 상당한 시간이 걸리는 것이므로 도시개발사업이 완료되기 전이라도 환지처분이 있은 것과 같은 상태를 만들어 줄 필요가 있기 때문에 사업완료 전에 환지처분이 있는 것과 같이 새로운 토지에 대한 권리를 미리 행사할 수 있게 하는 것이 환지예정지지정제도의 취지이다.

(2) 법적 성질

환지예정지지정은 공권력행사로서 항고소송의 대상인 처분이다(환지예정지 지정처분은 그 처분의 성질상 관계토지 소유자에게 막대한 이해관계를 미치는 것이므로 반드시 그 소유자에게 개별적으로 서면통지를 필요로 하는 상대방있는 <u>행정처분이라 할 것이다</u>(대판 1962. 5. 17. 62누10)).

(3) 효　과

환지 예정지가 지정되면 종전의 토지의 소유자와 임차권자등은 환지 예정지 지정의 효력발생일부터 환지처분이 공고되는 날까지 환지 예정지나 해당 부분에 대하여 종전과 같은 내용의 권리를 행사할 수 있으며 종전의 토지는 사용하거나 수익할 수 없다(도시개발법 제36조 제 1 항).

4. 환지처분

(1) 의　의

환지처분이란 공사가 완료된 환지계획구역의 토지를 사업시행자가 환지계획에 따라 환지교부 등을 하는 처분을 말한다.

(2) 법적 성질

환지처분으로 직접 토지소유자 등의 권리·의무가 변동되므로 이는 항고소송의 대상이 되는 처분이다(대판 1999. 8. 20. 97누6889). 또한 환지처분은 종전의 토지소유자에게 종전의 토지에 갈음하여 환지계획에 정해진 토지를 할당하여 종국적으로 귀속시키는 형성적 행정행위의 성질을 가진다.

(3) 환지계획과의 관계

환지계획과는 별도의 내용을 가진 환지처분은 있을 수 없는 것이므로 환지계획에 의하지 아니하고 환지계획에도 없는 사항을 내용으로 하는 환지처분은 무효이다(대판 1993. 5. 27. 92다14878).

(4) 효　과

환지계획에서 정하여진 환지는 그 환지처분이 공고된 날의 다음 날부터 종전의 토지로 보며, 환지 계획에서 환지를 정하지 아니한 종전의 토지에 있던 권리는 그 환지처분이 공고된 날이 끝나는 때에 소멸한다(도시개발법 제42조 제 1 항). 그리고 환지를 정하거나 그 대상에서 제외한 경우 그 과부족분(過不足分)은 종전의 토지 및 환지의 위치·지목·면적·토질·수리·이용 상황·환경, 그 밖의 사항을 종합적으로 고려하여 금전으로 청산하여야 한다(도시개발법 제41조 제 1 항).

150-2 공용환권★★★

Ⅰ. 의   의

공용환권이란 토지의 합리적인 이용을 증진하기 위해 일정 지구 내의 토지의 구획·형질을 변경하고, 권리자의 의사와 무관하게 종전의 토지·건축물에 대한 권리를 토지정리 후의 새로운 건축물 및 토지에 대한 권리로 강제로 변환시키는 공용부담을 말한다.

Ⅱ. 도시 및 주거환경정비법상의 공용환권

1. 조합설립

(1) 추진위원회의 구성과 승인

1) 절   차

시장·군수 또는 주택공사등이 아닌 자가 정비사업을 시행하고자 하는 경우에는 토지등소유자로 구성된 조합을 설립하여야 한다. 그리고 조합을 설립하고자 하는 경우에는 제4조에 따른 정비구역지정 고시 후 위원장을 포함한 5인 이상의 위원 및 제15조 제2항에 따른 운영규정에 대한 토지등소유자 과반수의 동의를 받아 조합설립을 위한 추진위원회를 구성하여 국토교통부령으로 정하는 방법과 절차에 따라 시장·군수의 승인을 받아야 한다(도시 및 주거환경정비법 제13조 제1항·제2항).

2) 추진위원회구성승인의 법적 성질과 행정소송

㈎ 판례는 「조합설립추진위원회 구성승인처분은 조합의 설립을 위한 주체인 추진위원회의 구성행위를 보충하여 그 효력을 부여하는 처분으로서 조합설립이라는 종국적 목적을 달성하기 위한 중간단계의 처분에 해당하지만 그 법률요건이나 효과가 조합설립인가처분의 그것과는 다른 독립적인 처분이다(대판 2013. 1. 31. 2011두11112, 2011두11129(병합))」고 보고 있어 조합설립추진위원회 구성승인처분은 강학상 인가로 본다.

㈏ 그리고 판례는 추진위원회 구성승인처분을 다투는 소송계속 중에 조합설립인가처분이 이루어진 경우에는 직접 조합설립인가처분을 다툼으로써 정비사업의 진행을 저지하여야 할 것이고, 이와는 별도로 추진위원회 구성승인처분에 대하여 취소 또는 무효확인을 구할 법률상의 이익은 없다고 본다(대판 2013. 1. 31. 2011두11112, 2011두11129(병합)).

(2) 조합설립결의(동의)와 인가 등

1) 절   차

주택재개발사업 및 도시환경정비사업의 추진위원회가 조합을 설립하려면 토지등소유자의 4분의 3 이상 및 토지면적의 2분의 1 이상(가로주택정비사업의 경우에는 토지등소유자의 10분의 9 이상 및 토지면적의 3분의 2 이상)의 토지소유자의 동의를 얻어 다음 각 호의 사항을 첨부하여 시장·군수의 인가를 받아야 하며, 인가받은 사항을 변경하고자 하는 때에도 또한 같다(도시 및 주거환경정비법 제16조 제1항).

2) 조합설립결의에 대한 소송

a. 조합설립인가 전에 조합설립결의를 다투는 경우   조합설립인가처분 전에는 행정주체로서 조합은 존재하지 않기 때문에 조합설립결의를 다투는 소송은 추진위원회를 피고로 할 수밖에 없다. 따라서 추진위원회는 행정주체가 아니므로 이러한 소송은 민사소송으로 제기해야

한다.

b. 조합설립인가 후에 조합설립결의를 다투는 경우　　(개) 조합설립인가가 있은 후에는 행정주체로서 조합이 존재하기 때문에, 행정주체인 조합을 상대로 공법상 법률관계를 다투는 것이므로 조합설립결의는 행정소송법 제3조 제2호의 **당사자소송**을 제기해야 한다.

(내) 판례도 「조합설립결의의 무효확인을 구하는 방법을 택한 것으로 보이는바, 이러한 사정에 비추어 보면 이 사건 소는 그 실질이 조합설립 인가처분의 효력을 다투는 취지라고 못 볼 바 아니고, 여기에 이 사건 소의 상대방이 행정주체로서 지위를 갖는 피고 조합이라는 점까지 아울러 고려하여 보면, 이 사건 소는 공법상 법률관계에 관한 것으로서 행정소송의 일종인 당사자소송에 해당하는 것으로 봄이 상당하다(대판 2010. 4. 8. 2009다27636)」라고 하여 조합설립인가 이후 조합설립결의를 다투는 소송을 당사자소송으로 본다.

(대) 다만, 「조합설립결의는 조합설립인가처분이라는 행정처분을 하는 데 필요한 요건 중 하나에 불과한 것이어서, 조합설립결의에 하자가 있다면 그 하자를 이유로 직접 항고소송의 방법으로 조합설립인가처분의 취소 또는 무효확인을 구하여야 하고, 이와는 별도로 조합설립결의 부분만을 따로 떼어내어 그 효력 유무를 다투는 확인의 소를 제기하는 것은 원고의 권리 또는 법률상의 지위에 현존하는 불안·위험을 제거하는 데에 가장 유효·적절한 수단이라 할 수 없어 특별한 사정이 없는 한 확인의 이익은 인정되지 아니한다(대판 2009. 9. 24. 2008다60568)」고 하여 조합설립인가가 있은 후에는 조합설립인가처분을 항고소송으로 다투어야 하고 조합설립결의를 다투는 것은 협의의 소익이 없다고 보았다.

(3) 조합설립인가의 법적 성질

1) 문 제 점

조합은 정비사업을 시행하는 목적 범위 내에서 법령이 정하는 바에 따라 일정한 행정작용을 행하는 행정주체로서의 지위를 갖는다. 이러한 조합을 설립하는 조합설립행위에 대한 행정기관의 인가처분의 법적 성질이 무엇인지가 문제된다.

2) 학　　설

ⓐ **인가설**은 조합설립결의는 기본행위로, 조합 설립인가는 이를 보충하는 행위(인가)로 보는 견해이며, ⓑ **특허설**은 조합설립결의는 조합 설립인가(특허)를 받기 위한 요건으로 보는 견해로, 조합설립인가는 행정주체인 도시 및 주거환경정비법(도시정비법)상의 정비사업조합을 만드는 행위(형성적 행위)로 보는 견해이다.

3) 판　　례

판례는 「재건축조합은 관할 행정청의 감독 아래 정비구역 안에서 도시정비법상의 '주택재건축사업'을 시행하는 목적 범위 내에서 법령이 정하는 바에 따라 일정한 행정작용을 행하는 행정주체로서의 지위를 갖는다. 행정청이 도시정비법 등 관련 법령에 근거하여 행하는 조합설립인가처분은 단순히 사인들의 조합설립행위에 대한 보충행위로서의 성질을 갖는 것에 그치는 것이 아니라 법령상 요건을 갖출 경우 도시정비법상 주택재건축사업을 시행할 수 있는 권한을 갖는 행정주체(공법인)로서의 지위를 부여하는 일종의 설권적 처분의 성격을 갖는다고 보아야 한다(대판 2009. 9. 24. 2008다60568)」고 한다. 판례는 특허설의 입장이다.

4) 검　　토

도시정비법상 조합설립인가처분은 조합이 정비사업을 시행할 수 있는 권한을 갖는 행정주체로서의 지위를 부여하는 능력설정행위이므로 학문상 특허로 보는 것이 타당하다.

(4) 추진위원회구성승인처분과 조합설립인가처분 간의 하자의 승계 여부

조합설립추진위원회의 구성을 승인하는 처분과 조합설립인가처분은 그 목적과 성격을 달리하므로 추진위원회구성승인처분상의 위법만을 들어 조합설립인가처분의 위법을 인정할 수 없다(대판 2013. 12. 26. 2011두8291).

2. 사업시행계획

(1) 절   차

사업시행자는 정비사업을 시행하고자 하는 경우에는 총회의결을 거쳐(도시 및 주거환경정비법 제24조 제2항 제9의2호), 사업시행계획서에 정관등과 그 밖에 국토교통부령이 정하는 서류를 첨부하여 시장·군수에게 제출하고 사업시행인가를 받아야 한다(도시 및 주거환경정비법 제28조 제1항).

(2) 사업시행계획의 의의와 법적 성질, 행정소송

(가) 사업시행계획이란 조합이 도시정비법에 기초하여 정비사업 시행을 위해 수립한 일체의 포괄적 사업계획을 말하며, 구속적 행정계획으로서 독립된 행정처분의 성격을 가진다(대판 2009. 11. 2. 2009마596).

(나) 판례는 「사업시행계획안에 대한 조합 총회결의는 그 행정처분에 이르는 절차적 요건 중 하나에 불과한 것으로서, 그 계획이 확정된 후에는 항고소송의 방법으로 계획의 취소 또는 무효확인을 구할 수 있을 뿐, 절차적 요건에 불과한 총회결의 부분만을 대상으로 그 효력 유무를 다투는 확인의 소를 제기하는 것은 허용되지 아니한다(대판 2009. 11. 2. 2009마596)」고 본다.

(3) 사업시행계획´인가´의 법적 성질

(가) 판례는 사업시행계획인가에서 '인가'는 강학상 인가에 해당한다고 본다(대판 2008. 1. 10. 2007두16691). 다만, 토지 등 소유자들이 그 사업을 위한 조합을 따로 설립하지 아니하고 직접 도시환경정비사업을 시행하고자 하는 경우에는 사업시행인가를 받아야 하고, 이러한 절차를 거쳐 사업시행인가를 받은 토지 등 소유자들은 법령이 정하는 바에 따라 일정한 행정작용을 행하는 행정주체로서의 지위를 가지기 때문에 이 경우 토지 등 소유자에 대한 사업시행인가처분은 행정주체로서의 지위를 부여하는 일종의 설권적 처분의 성격을 가진다(대판 2013. 6. 13. 2011두19994).

(나) 사업시행계획인가는 재량행위이므로 법령상 근거가 없더라도 필요한 범위에서 부관을 부가할 수 있다(대판 2007. 7. 12. 2007두6663).

3. 관리처분계획(환권계획)

(1) 절   차

먼저 관리처분계획의 수립 및 변경에 대한 총회의결이 있어야 한다(도시 및 주거환경정비법 제24조 제3항 제10호). 그리고 사업시행자는 제46조에 따른 분양신청기간이 종료된 때에는 제46조에 따른 분양신청의 현황을 기초로 다음 각호의 사항이 포함된 관리처분계획을 수립하여 시장·군수의 인가를 받아야 하며, 관리처분계획을 변경·중지 또는 폐지하고자 하는 경우에도 같으며, 이 경우 조합은 제24조 제3항 제10호의 사항을 의결하기 위한 총회의 개최일부터 1개월 전에 제3호부터 제5호까지에 해당하는 사항을 각 조합원에게 문서로 통지하여야 한다(도시 및 주거환경정비법 제48조 제1항). 그리고 시장·군수가 관리처분계획을 인가한 후 이를 고시하면 효력이 발생한다(도시 및 주거환경정비법 제49조 제 3 항).

(2) 관리처분계획의 의의

관리처분계획이란 사업시행자가 수립하는 토지나 건물의 소유자 등이 가지는 종전의 토지 및 건물에 대한 권리를 정비사업으로 새로 조성되는 토지 및 건물에 대한 권리로 변환시켜 배분하는 계획을 말한다.

(3) 관리처분계획의 법적 성질과 소송 등

1) 항고소송의 대상인 처분으로서 관리서분계획

(가) 관리처분계획에 후속하는 집행행위는 관리처분계획에서 확정된 권리관계의 내용에 위반할 수 없다는 점에서 관리처분계획은 종국적인 행정작용이며 국민의 권리·의무에 영향을 미치는 행위라는 점에서 항고소송의 대상인 처분이다.

(나) 판례도 「관리처분계획은 사업시행자가 작성하는 포괄적 행정계획으로서 사업시행의 결과 설치되는 대지를 포함한 각종 시설물의 권리귀속에 관한 사항과 그 비용 분담에 관한 사항을 정하는 행정처분이므로(대판 2007. 9. 6. 2005두11951), 관리처분계획의 내용에 관하여 다툼이 있는 경우에는 … 항고소송에 의하여 관리처분계획 또는 그 내용인 분양거부처분등의 취소를 구할 수 있다(대판 1996. 2. 15. 94다31235)」고 한다. 다만, 이전고시(환권처분)가 효력을 발생하면 대다수 조합원 등의 권리가 획일적·일률적으로 귀속되기 때문에 이전고시가 그 효력을 발생하게 된 이후에는 조합원 등이 관리처분계획의 취소 또는 무효확인을 구할 법률상 이익이 없다(대판(전원) 2012. 3. 22. 2011두6400).

2) 사업시행계획과 관리처분계획간의 하자의 승계 여부

판례는 「사업시행계획과 관리처분계획은 서로 독립하여 별개의 법적 효과를 발생시키는 것으로서 이 사건 사업시행계획의 수립에 관한 취소사유인 하자가 이 사건 관리처분계획에 승계되지 아니하므로, 위 취소사유를 들어 이 사건 관리처분계획의 적법 여부를 다툴 수는 없다(대판 2012. 8. 23. 2010두13463)」고 하여 사업시행계획의 하자는 관리처분계획에 승계되지 않는다고 보았다.

(4) 관리처분계획에 대한 조합총회의결의 법적 성질과 소송

(가) 판례는 과거 관리처분계획안에 대한 총회의결 무효확인소송을 민사소송으로 보았으나 「행정주체인 재건축조합을 상대로 관리처분계획안에 대한 조합 총회결의의 효력 등을 다투는 소송은 행정처분에 이르는 절차적 요건의 존부나 효력 유무에 관한 소송으로서 그 소송결과에 따라 행정처분의 위법여부에 직접 영향을 미치는 공법상 법률관계에 관한 것이므로, 이는 행정소송법상의 당사자소송에 해당한다(대판(전원) 2009. 9. 17. 2007다2428)」로 입장을 변경하여 공법관계로 보면서 법률관계에 관한 소송이므로 공법상 당사자소송으로 본다.

(나) 그리고 판례는 「도시 및 주거환경정비법상 주택재건축정비사업조합이 수립한 관리처분계획에 대하여 관할 행정청의 인가·고시까지 있게 되면 관리처분계획은 행정처분으로서 효력이 발생하게 되므로, 총회결의의 하사를 이유로 하여 행정처분의 효력을 다투는 항고소송의 방법으로 관리처분계획의 취소 또는 무효확인을 구하여야 하고, 그와 별도로 행정처분에 이르는 절차적 요건 중 하나에 불과한 총회결의 부분만을 따로 떼어내어 효력 유무를 다투는 확인의 소를 제기하는 것은 특별한 사정이 없는 한 허용되지 않는다(대판(전원) 2009. 9. 17. 2007다2428)」고 보았다.

(5) 관리처분계획'인가'의 법적 성질과 소송

(가) 관리처분계획인가의 법적 성질에 관해 판례는 「도시재개발법 제34조에 의한 행정청의 인가는 주택개량재개발조합의 관리처분계획에 대한 법률상의 효력을 완성시키는 보충행위(대판 2001. 12. 11. 2001두7541)」라고 하여 관리처분계획인가를 강학상 인가라고 본다.

(나) 따라서 기본행위인 관리처분계획의 무효를 이유로 행정청의 인가처분의 취소 또는 무효확인을 구할 법률상 이익은 인정되지 않는다(대판 2001. 12. 11. 2001두7541).

4. 관리처분(환권처분)

(가) 관리처분(환권처분)이란 관리처분계획에 따라 권리를 변환하는 형성적 행정행위를 말하며, 이전고시(정비사업이 완료된 이후 관리처분계획에서 정한 대로 대지 또는 건축물의 소유권을 분양받을 자에게 귀속시키는 처분을 말하며, 항고소송의 대상인 처분이다)와 청산(대지 또는 건축물을 분양받은 자가 종전에 소유하고 있던 토지 또는 건축물의 가격과 분양받은 대지 또는 건축물의 가격사이에 차이가 있는 경우에는 사업시행자는 이전의 고시가 있은 후에 그 차액에 상당하는 금액을 분양받은 자로부터 징수하거나 분양받은 자에게 지급하여야 한다(도시 및 주거환경정비법 제57조 제 1 항))에 따라 이루어진다.

(나) 관리처분계획상의 하자를 이유로 후행처분인 청산금부과처분의 위법을 주장할 수는 없다(청산금부과처분이 선행처분인 관리처분계획을 전제로 하는 것이기는 하나 위 두 처분은 각각 단계적으로 별개의 법률효과를 발생시키는 독립된 행정처분이라고 할 것이므로, 관리처분계획에 불가쟁력이 생겨 그 효력을 다툴 수 없게 된 경우에는 그 관리처분계획에 위법사유가 있다 할지라도 그것이 당연무효의 사유가 아닌 한 관리처분계획상의 하자를 이유로 후행처분인 청산금부과처분의 위법을 주장할 수는 없다(대판 2007. 9. 6. 2005두11951)).

151　토지거래허가의 법적 성질★

> 토지거래허가제란 토지의 투기적 거래로 급격한 지가 상승을 억제하기 위해 국토교통부장관이 지정한 토지거래허가구역 내에서 토지 등의 거래계약에 대해 시장 등의 허가를 받도록 하는 제도를 말한다(부동산 거래신고 등에 관한 법률 제11조).

1. 허가인지 인가인지 여부

(1) 학　설

ⓐ 토지거래허가는 토지거래질서유지를 목적으로 금지하였다가 이를 해제하는 것이고, 토지거래허가를 받지 아니하고 토지거래를 하는 경우 행정형벌(부동산 거래신고 등에 관한 법률 제26조)이 가해진다는 점을 근거로 허가라는 견해(허가설), ⓑ 토지거래허가는 사인 간의 토지거래를 국가가 후견적인 입장에서 이를 보충하는 행위이며, 부동산 거래신고 등에 관한 법률 제11조 제 6 항은 허가받지 않은 계약의 효력을 부정하고 있음을 근거로 그 성질은 인가라는 견해(인가설), ⓒ 허가와 인가의 성질을 모두 가진다는 견해로 나누어진다.

(2) 판　례

판례는 토지거래허가지역 내에서도 토지거래의 자유가 인정되지만(허가로 본다면 허가 전에는 토지거래의 자유가 인정되지 않는다), 토지거래허가 전에는 무효이고 다만 허가는 이 무효상태에 있는 법률행위의 효력을 완성시켜 주는 인가적 성질을 띠는 것이라고 본다(대판 1991. 12. 24. 90다12243).

(3) 검　토

토지거래허가지역 내에서도 토지거래의 자유가 인정되지만 단지 토지거래허가 전에는 토지거래계약의 효력을 부정하는 것으로 보는 인가설이 타당하다. 다만 형사상 제재는 실효성을 담보하기 위한 제도라고 보아야 한다.

2. 재량행위인지 기속행위인지 여부

판례는 「토지거래계약 허가권자는 그 허가신청이 국토이용관리법 제21조의4 제1항(현행 부동산 거래신고 등에 관한 법률 제12조) 각 호 소정의 불허가 사유에 해당하지 아니하는 한 허가를 하여야 하는 것(대판 1997. 6. 27. 96누9362)」이라고 하여 토지거래허가는 기속행위로 본다.

152 표준지공시지가결정의 법적 성질*

표준지공시지가란 부동산 가격공시에 관한 법률의 규정이 정한 절차에 따라 국토교통부장관이 조사·평가하여 공시한 표준지의 단위면적당 가격을 말한다(부동산 가격공시에 관한 법률 제3조).

1. 학   설

(1) 행정처분설

표준지공시지가에 근거한 조세부과 등의 행정처분에 있어서 당해 행정청은 표준지공시지가에 절대적 또는 상당한 정도의 기속을 받으므로 표준지공시지가는 이미 그 자체로서 국민의 권리의무에 직접적인 영향을 미친다는 점 등을 이유로 행정처분으로 보아야 한다는 견해이다.

(2) 입법행위설

입법행위설은 표준지공시지가는 불특정 다수인에 대하여(일반적) 제한 없이 적용될 수 있는(추상적) 행정작용으로서의 성질을 가지고 있기 때문에 행정입법으로 보는 견해로 표준지공시지가결정 자체로는 국민의 권리·의무가 발생하는 법집행행위로 보기 어렵다고 본다.

(3) 사실행위설

표준지공시지가는 토지가격의 지침으로서의 기능이 있으며, 따라서 표준지가격은 정보제공이라는 사실적 효과를 갖기 때문에 표준지공시지가 결정행위는 사실행위가 된다는 견해이다.

(4) 행정계획설

이 견해는 표준지공시지가가 대내적으로 행정주체에 대하여만 법적 의무를 부과하는 구속적 행정계획에 해당한다는 견해이다.

2. 판   례

판례는 표준지공시지가는 항고소송의 대상인 처분이라고 본다(대판 1994. 3. 8. 93누10828).

3. 검   토

부동산 가격공시에 관한 법률은 표준지공시지가에 대하여 이의신청 및 처리절차와 이의제기 기간의 제한 등을 규정하고 있는바 이는 표준지공시지가결정이 행정처분임을 전제로 한 것이라고 볼 수 있고(부동산 가격공시에 관한 법률 제7조), 더욱이 조세부과 등의 행정처분을 함에 있어서 통상적으로 표준지공시지가에 기속된다는 점에서 국민의 권리·의무에 직접 영향을 미치는 행위라고 볼 수 있으므로 행정처분으로 보아야 할 것이다.

152-1 부동산 가격공시에 관한 법률상 이의신청과 행정심판의 관계★

1. 문제 상황

부동산가격공시법 제11조 제1항은 개별공시지가에 대해 이의가 있으면 시장·군수 또는 구청장에게 이의를 신청할 수 있음을 규정하고 행정심판의 청구 인정 여부에 대한 규정이 없는데, 행정심판법 제51조는 '행정심판 재청구의 금지'를 규정하고 있어, 신청인이 이의신청을 한 후에도 별도로 행정심판법상 행정심판을 청구할 수 있는지가 문제된다.

2. 학 설

(1) 비병존설

이의신청에 대한 결정 후에는 다시 행정심판법상의 일반행정심판을 제기할 수 없다는 견해로, 부동산 가격공시에 관한 법률상의 이의신청은 행정심판법 제3조 제1항(행정청의 처분 또는 부작위에 대하여는 다른 법률에 특별한 규정이 있는 경우 외에는 이 법에 따라 행정심판을 청구할 수 있다)의 '다른 법률에 특별한 규정이 있는 경우' 즉 특별행정심판에 해당하며, 행정심판법 제51조는 '심판청구에 대한 재결이 있으면 그 재결 및 같은 처분 또는 부작위에 대하여 다시 행정심판을 청구할 수 없다'는 점을 근거로 한다.

(2) 병 존 설

이의신청에 대한 결정 후에도 다시 일반행정심판을 제기할 수 있다는 견해로, 행정심판법 제3조 제1항(행정청의 처분 또는 부작위에 대하여는 다른 법률에 특별한 규정이 있는 경우 외에는 이 법에 따라 행정심판을 청구할 수 있다)의 '다른 법률에 특별한 규정이 있는 경우'란 명문의 규정이 있는 경우를 말하므로 부동산가격공시법상의 이의신청은 특별행정심판에 해당하지 않고 (진정의 성격에 해당한다), 행정심판법 제51조는 행정심판의 재청구의 금지를 규정하지만 부동산가격공시법상 이의신청은 행정심판이 아니므로 이의신청 후에도 행정심판을 제기할 수 있다는 점을 근거로 한다.

3. 판 례

판례는 「(구)부동산 가격공시 및 감정평가에 관한 법률이 이의신청에 관하여 규정하고 있다고 하여 이를 행정심판법 제3조 제1항에서 행정심판의 제기를 배제하는 '다른 법률에 특별한 규정이 있는 경우'에 해당한다고 볼 수 없으므로, 개별공시지가에 대하여 이의가 있는 자는 곧바로 행정소송을 제기하거나 (구)부동산 가격공시 및 감정평가에 관한 법률에 따른 이의신청과 행정심판법에 따른 행정심판청구 중 어느 하나만을 거쳐 행정소송을 제기할 수 있을 뿐 아니라, 이의신청을 하여 그 결과 통지를 받은 후 다시 행정심판을 거쳐 행정소송을 제기할 수도 있다고 보아야 하고, 이 경우 행정소송의 제소기간은 그 행정심판 재결서 정본을 송달받은 날부터 기산한다(대판 2010. 1. 28. 2008누19987)」고 하여 병존설의 입장이나.

4. 검 토

부동산가격공시법상의 이의신청과 일반 행정심판은 심리기관, 제기(청구)기간, 심리기간 등에서 차이가 있으므로 토지소유자 등의 권리보호를 위해 병존설이 타당하다.

153　환경영향평가★★

1. 환경영향평가의 의의

환경영향평가란 환경에 영향을 미치는 실시계획·시행계획 등의 허가·인가·승인·면허 또는 결정 등(이하 "승인등"이라 한다)을 할 때에 해당 사업이 환경에 미치는 영향을 미리 조사· 예측·평가하여 해로운 환경영향을 피하거나 제거 또는 감소시킬 수 있는 방안을 마련하는 것을 말한다(환경영향평가법 제2조 제2호).

2. 환경영향평가대상사업

환경영향평가법 제22조 제1항은 환경영향평가를 실시해야 하는 환경영향평가 대상사업을 규정하고 있다. 즉 '1. 도시의 개발사업, 2. 산업입지 및 산업단지의 조성사업, 3. 에너지 개발사업, 4. 항만의 건설사업, 5. 도로의 건설사업, 6. 수자원의 개발사업, 7. 철도(도시철도를 포함한다)의 건설사업, 8. 공항의 건설사업, 9. 하천의 이용 및 개발 사업, 10. 개간 및 공유수면의 매립사업, 11. 관광단지의 개발사업, 12. 산지의 개발사업, 13. 특정 지역의 개발사업, 14. 체육시설의 설치사업, 15. 폐기물 처리시설의 설치사업, 16. 국방·군사 시설의 설치사업, 17. 토석·모래·자갈·광물 등의 채취사업, 18. 환경에 영향을 미치는 시설로서 대통령령으로 정하는 시설의 설치사업' 등 환경침해를 야기할 수 있는 사업이 환경영향평가 대상사업이 된다.

3. 절　　차

(1) 환경영향평가 항목·범위 등의 결정

계획 등의 승인등을 받아야 하는 사업자는 환경영향평가를 실시하기 전에 평가준비서를 작성하여 승인기관의 장에게 환경영향평가항목등을 정하여 줄 것을 요청하여야 한다(환경영향평가법 제24조 제1항·제2항).

(2) 주민 등의 의견수렴

사업자는 환경영향평가항목등에 따라 환경영향평가서 초안을 작성하여 주민 등의 의견을 수렴하여야 한다(환경영향평가법 제25조 제1항).

(3) 환경부장관에게 협의 요청

승인기관장등은 환경영향평가 대상사업에 대한 승인등을 하거나 환경영향평가 대상사업을 확정하기 전에 환경부장관에게 협의를 요청하여야 한다(환경영향평가법 제27조 제1항).

(4) 환경영향평가서의 검토

환경부장관은 협의를 요청받은 경우에는 주민의견 수렴 절차 등의 이행 여부 및 환경영향평가서의 내용 등을 검토하여야 한다. 그리고 환경부장관은 환경영향평가서를 검토한 결과 환경영향평가서 또는 사업계획 등을 보완·조정할 필요가 있는 등 대통령령으로 정하는 사유가 있는 경우에는 승인기관장등에게 환경영향평가서 또는 사업계획 등의 보완·조정을 요청하거나 보완·조정을 사업자 등에게 요구할 것을 요청할 수 있다. 이 경우 승인기관장등은 특별한 사유가 없으면 이에 따라야 한다(환경영향평가법 제28조 제1항·제3항).

4. 원고적격

판례는 새만금사건에서 환경영향평가 대상지역 안의 주민은 환경상의 이익에 대한 침해(침해우려)가 있는 것으로 사실상 추정되어 원고적격이 인정되나, 환경영향평가 대상지역 밖의 주민은 환경상의 이익에 대한 침해(침해우려)가 있다는 것을 입증해야 원고적격이 인정될 수 있다고 보았다(대판(전원) 2006. 3. 16. 2006두330).

5. 환경영향평가의 하자

(1) 환경영향평가의 하자와 사업계획승인처분의 관계

환경영향평가는 환경영향평가대상이 되는 사업의 실시를 위한 사업계획승인처분의 사전절차로시의 성격을 가진다. 따라서 환경영향평가의 하자는 형식상 하자(주민의 의견수렴절차나 환경부장관과의 협의절차에 하자가 있는 경우)든 내용상 하자(환경영향평가서가 부실하게 작성된 경우)든 사업계획승인처분의 절차상 하자로서의 성질을 갖는다(박균성).

(2) 환경영향평가의 하자의 종류

1) 환경영향평가 자체를 결한 경우

법령상 환경영향평가가 행해져야 함에도 불구하고 환경영향평가가 행해지지 않고 대상사업계획승인처분이 내려진 경우 사업승인은 위법하며, 중대·명백한 하자로 **무효이다**(대판 2006. 6. 30. 2005두14363).

2) 환경영향평가의 형식상 하자(주민의 의견수렴절차나 환경부장관과의 협의절차에 하자가 있는 경우)

① 주민의 의견수렴절차나 환경부장관과의 협의절차 등이 전혀 행하여지지 않은 경우 사업계획승인처분은 절차상 위법이 있는 처분이 될 것이다(박균성·함태성). ② 판례는 내무부장관이 변경처분을 함에 있어서 피고(환경부장관)와의 협의를 거친 이상, 환경영향평가서의 내용이 환경영향평가제도를 둔 입법 취지를 달성할 수 없을 정도로 심히 부실하다는 등의 특별한 사정이 없는 한, 내무부장관이 피고의 환경영향평가에 대한 의견에 반하는 처분을 하였다고 하여 그 처분이 위법하다고 할 수는 없다(대판 2001. 7. 27. 99두2970)고 보았다.

3) 환경영향평가의 내용상 하자(환경영향평가서가 부실하게 작성된 경우 또는 그 부실이 환경부장관과의 협의과정에서 보완되지 않은 경우)

(가) 판례는 인근주민이 건교부장관이 한국고속철도건설공단에 발령한 **경부고속철도서울차량기지정비창건설사업실시계획승인처분취소를 구한 사건**에서 ⓐ '환경영향평가의 내용의 부실의 정도가 환경영향평가제도를 둔 입법 취지를 달성할 수 없을 정도이어서 환경영향평가를 하지 아니한 것과 다를 바 없는 정도'인 경우는 그것만으로 사업계획승인처분은 위법사유가 된다고 보고, ⓑ '환경영향평가의 내용이 다소 부실하다 하더라도, 그 부실의 정도가 환경영향평가제도를 둔 입법 취지를 달성할 수 없을 정도이어서 환경영향평가를 하지 아니한 것과 다를 바 없는 정도의 부실이 아닌 경우'에 그 부실은 당해 승인 등 처분에 재량권 일탈·남용의 위법이 있는지 여부를 판단하는 하나의 요소로 됨에 그칠 뿐, 그 부실로 인하여 당연히 당해 승인 등 처분이 위법하게 되는 것이 아니라(대판 2001. 6. 29. 99두9902)고 보았다.

(나) 그러나 환경영향평가의 부실의 정도가 중대한 경우에는 환경영향평가절차의 하자가 있다고 보아야 하고 따라서 이 경우 사업계획승인처분의 하자가 된다고 보는 견해도 있다.

154 위법·부당한 조세의 부과·징수에 대한 권리구제★

1. 과세전적부심사제

과세전적부심사제란 세무조사의 결과에 따른 과세처분에 앞서 과세내용을 납세자에게 통지하여 이의가 있는 납세자로 하여금 과세의 적부심사를 받도록 하는 위법·부당한 과세처분에 대한 사전적 권리구제제도이다(국세기본법 제81조의15(과세전적부심사) ① 다음 각 호의 어느 하나에 해당하는 통지를 받은 자는 통지를 받은 날부터 30일 이내에 통지를 한 세무서장이나 지방국세청장에게 통지 내용의 적법성에 관한 심사[이하 이 조에서 "과세전적부심사"(課稅前適否審査)라 한다]를 청구할 수 있다).

2. 행정쟁송

(1) 행정심판

조세사건의 특수성으로 인해 행정심판법은 적용이 배제되고 국세기본법, 지방세 기본법, 관세법이 적용된다. 아래는 주로 국세기본법의 내용이다.

1) 이의신청

국세의 부과와 징수에 관한 처분에 대해 이의가 있는 자는 국세청장이 조사·결정 또는 처리하거나 하였어야 할 것인 경우를 제외하고는 그 처분에 대하여 심사청구 또는 심판청구에 앞서 이의신청을 할 수 있다(국세기본법 제55조 제 3 항). 심사청구나 심판청구와는 달리 임의적이다.

2) 심사청구

심사청구는 대통령령으로 정하는 바에 따라 불복의 사유를 갖추어 해당 처분을 하였거나 하였어야 할 세무서장을 거쳐 국세청장에게 하여야 한다(국세기본법 제62조 제 1 항).

3) 심판청구

심판청구는 대통령령으로 정하는 바에 따라 불복의 사유를 갖추어 그 처분을 하였거나 하였어야 할 세무서장을 거쳐 조세심판원장에게 하여야 한다(국세기본법 제69조 제 1 항).

(2) 행정소송

1) 필요적 심판전치

국세기본법상 위법한 처분에 대한 행정소송은 이 법에 따른 심사청구 또는 심판청구와 그에 대한 결정을 거치지 아니하면 제기할 수 없다. 행정소송은 행정소송법 제20조(제소기간)에도 불구하고 심사청구 또는 심판청구에 대한 결정의 통지를 받은 날부터 90일 이내에 제기하여야 한다(국세기본법 제56조 제 2 항·제 3 항). 다만, 국세에 대한 행정심판은 국세청장에 대한 심사청구 또는 조세심판원장에 대한 심판청구 중 하나만 거치면 된다.

2) 과세처분취소소송의 소송물

과세처분취소소송의 소송물에 대해 ① 과세처분에 의해 확정된 세액이 실체법상 세액을 초과하는지 여부가 심판의 대상·범위가 된다는 **총액주의**와 과세처분시 인정한 **처분사유와 관련되**는 세액의 적법 여부가 심판의 대상·범위가 된다는 **쟁점주의**가 대립된다. ② 판례는 **총액주의**의 입장이다(대판 1992. 7. 28. 91누10695). ③ **총액주의**는 일반적인 취소소송의 소송물을 행정행위의 위법성 일반으로 보는 다수설과 이론적 기초를 같이 하는 학설로 이 견해가 타당하다(예를 들어 총액주의는 과세산출 계산에 잘못이 있더라도 정당한 과세범위를 넘지 않으면 적법한 과세처분으로 본다).

3) 경정처분과 소송의 대상

(가) 판례는 ① 증액경정의 경우는 당초(원)처분은 증액경정처분에 흡수되고 증액경정처분만이 소송의 대상이 되며(대판 2004. 2. 13. 2002두9971), ② 감액경정의 경우 감액경정은 독립한 처분이 아니며 감액 후 남은 원처분(원처분 중 감액 후 남은 부분)이 소송의 대상이라고 한다(대판 199. 9. 13. 91누391).

(나) 명문의 규정이 없는 한 납세의무자에게는 경정청구권이 인정되지 않는다(국세기본법 또는 개별 세법에 경정청구권을 인정하는 명문의 규정이 없는 이상 조리에 의한 경정청구권을 인정할 수는 없는 것이고, 이와 같이 세법에 근거하지 아니한 납세의무자의 경정청구에 대하여 과세관청이 이를 거부하는 회신을 하였다고 하더라도 이를 가리켜 항고소송의 대상이 되는 거부처분으로 볼 수 없다(대판2006. 5. 12. 2003두7651)).

(3) 과오납금반환청구

1) 의   의

과오납금반환청구란 법률상 원인 없이 이미 납부한 세액을 국가 등에게 반환청구하는 것을 말한다. 법적 성질은 부당이득반환청구이며, 국세기본법은 이를 국세환급이라 한다.

2) 국세환급금의 결정·충당과 환급

세무서장은 납세의무자가 국세·가산금 또는 체납처분비로서 납부한 금액 중 잘못 납부하거나 초과하여 납부한 금액이 있거나 세법에 따라 환급하여야 할 환급세액이 있을 때에는 즉시 그 잘못 납부한 금액, 초과하여 납부한 금액 또는 환급세액을 국세환급금으로 결정하여야 한다. 이 경우 세무서장은 국세환급금으로 결정한 금액을 대통령령으로 정하는 바에 따라 다음 각 호(1. 납세고지에 의하여 납부하는 국세, 2. 체납된 국세·가산금과 체납처분비(다른 세무서에 체납된 국세·가산금과 체납처분비를 포함한다), 3. 세법에 따라 자진납부하는 국세)의 국세·가산금 또는 체납처분비에 충당하여야 한다. 그 후에도 남은 금액은 국세환급금의 결정을 한 날부터 30일 내에 대통령령으로 정하는 바에 따라 납세자에게 지급하여야 한다(국세기본법 제51조 제 1 항· 제 2 항· 제 6 항).

3) 국세기본법 제51조의 국세환급금(거부)결정이 항고소송의 대상인지 여부

세무서장의 환급금(거부)결정은 국민의 권리나 법적 이익에 직접 영향을 미치는 행위가 아니므로 항고소송의 대상인 (거부)처분이 아니다. 판례도「구 국세기본법(2006. 12. 30. 법률 제8139호로 개정되기 전의 것) 제51조 제 1 항, 제52조 등의 규정은 환급청구권이 확정된 국세환급금 및 가산금에 대한 내부적 사무처리절차로서 과세관청의 환급절차를 규정한 것일 뿐 그 규정에 의한 국세환급금(가산금 포함) 결정에 의하여 비로소 환급청구권이 확정되는 것이 아니므로, 국세환급결정이나 이 결정을 구하는 신청에 대한 환급거부결정 등은 납세의무자가 갖는 환급청구권의 존부나 범위에 구체적이고 직접적인 영향을 미치는 처분이 아니어서 항고소송의 대상이 되는 처분으로 볼 수 없다(대판 2010. 2. 25. 2007두18284)」라고 본다.

4) 과오납금반환청구권의 법적 성질

이 논의는 부당이득반환청구권의 법적 성질과 같다. ① 학설은 ⓐ 공권설과 ⓑ 사권설이 대립하며, ② 판례는 사권설이다. 따라서 판례에 따르면 과오납금반환청구소송은 민사소송으로 다루어진다.

✪ 사항색인

✏️ 개념노트

☑ **통치행위**   국가행위 중 고도의 정치성으로 인해 사법심사가 제한되는 행위

☑ **평등원칙**   행정작용에 있어서 합리적인 근거가 없는 한 모든 행정객체를 동등하게 처우하여야 한다는 원칙

☑ **자기구속원칙**   동일한 사안에 대해 제3자에게 행한 것과 동일한 결정을 하도록 행정청을 구속하는 원칙

☑ **비례원칙**   행정의 목적과 그 목적을 실현하기 위한 수단의 관계에서 그 수단은 목적을 실현하는 데에 적합하고 또한 최소침해를 가져오는 것이어야 할 뿐만 아니라, 아울러 그 수단의 도입으로 인해 생겨나는 침해가 의도하는 이익·효과를 능가하여서는 아니 된다는 원칙

☑ **신뢰보호의 원칙**   사인이 행정청의 행위를 신뢰한 경우 그 신뢰가 보호가치가 있다면 보호되어야 한다는 원칙

☑ **부당결부금지원칙**   행정작용과 사인의 반대급부간에 부당한 내적 관련이 있어서는 아니 된다는 원칙

☑ **공무수탁사인**   법률이나 법률에 근거한 행위로 공적인 임무를 자기의 이름으로 수행하도록 권한이 주어진 사인

☑ **특별권력관계**   특별한 법률상의 원인에 근거하여 성립되는 관계로서 권력주체가 구체적인 법률의 근거 없이도 특정신분자를 포괄적으로 지배하는 권한을 가지고, 그 신분자는 이에 복종하는 관계

☑ **무하자재량행사청구권**   법규정이 행정청에게 재량권을 부여하는 경우, 그 재량을 하자 없이 행사할 것을 요구하는 권리

☑ **행정개입청구권**   자기의 이익을 위해 자기 또는 제3자에게 행정권을 발동해 줄 것을 청구하는 권리

☑ **부당이득**   법률상 원인없이 타인의 재산 또는 노무로 인해 이익을 얻고 이로 인해 타인에게 손해를 가하는 것

☑ **법규명령**   법령의 수권에 근거하여 행정권 자신뿐 아니라 국민을 구속하는 힘이 있는 일반·추상적인 규정

☑ **행정규칙**   법령의 수권 없이 상급행정청(상급자)이 하급행정청(하급자)에 대해 행정조직 내부 또는 특별행정법관계 내부의 조직과 활동을 규율하는 일반·추상적인 규정

☑ **고시**   행정기관이 일정한 사항을 불특정 다수인에게 알리는 행위(형식)

☑ **행정계획**   행정주체가 행정목적으로 정한 질서를 실현하기 위해 설정된 활동기준

☑ **집중효**   사업계획의 확정이 그 사업수행에 필요한 각종의 인허가를 생략하거나 받은 것으로 의제하는 것

☑ **계획보장청구권**   행정계획의 폐지나 변경 등의 경우에 당사자가 신뢰보호를 위해 주장할 수 있는 다양한 보장수단을 포괄하는 상위개념(다수)

☑ **계획재량**   행정주체가 행정계획을 책정하는 과정에서 갖는 광범위한 형성의 자유

☑ **형식적 행정행위**   행정기관의 행위가 법적 행위로서 공권력행사의 실체는 가지고 있지 않으나, 행정목적실현을 위하여 국민의 권리·이익에 계속적으로 사실상의 지배력을 미치는 경우에는 국민의 실효적인 권익구제라는 관점에서 쟁송법상의 '처분'으로 파악함으로써 그에 대한 항고소송의 제기를 가능하게 하기 위한 형식적·기술적 의미의 행정행위

☑ **행정의 자동화작용**   행정의 자동화 즉, 행정과정에서 컴퓨터등 전자데이터장비를 투입하여 행정업무를 자동화하여 발해지는 행정작용

☑ **일반처분**   불특정인(인적범위가 사후에 특정가능한 경우도 있고 전혀 특정되지 않는 경우도 있음)에 대한 구체적인 사건을 규율하는 행위형식

☑ 부분허가(부분승인)	사인이 원하는 전체허가의 특정부분에 대해서만 허가(승인)하는 행위
☑ 사전결정(예비결정)	종국적인 행정행위에 요구되는 여러 요건 중 사전에 문제된 개개의 요건에 대해 미리 심사하여 내린 결정
☑ 가행정행위	사실관계와 법률관계가 확정되기 전이지만, 잠정적 규율의 필요성으로 인해 발해지는 행정의 행위형식
☑ 판단여지	불확정개념과 관련하여 사법심사가 불가능하거나 가능하지만 행정청의 자유영역을 인정하는 것이 타당한 행정청의 평가·결정영역
☑ 하명	각종의 의무를 명하는 행정행위
☑ 허가	위험방지(경찰) 목적으로 금지하였던 바를 해제하는 행위(=경찰금지의 해제)
☑ 허가의 갱신	종전허가의 효력을 지속시키기 위해 허가기한을 연장하는 행위
☑ 예외적 승인(허가)	원칙은 금지가 예정되어 있는 사회적으로 유해하거나 바람직하지 않은 행위를 예외적으로 허가하는 것
☑ 특허	특정인에게 특정한 권리를 설정하는 행위(=설권행위)
☑ 인가	타인의 법률행위(기본행위)를 동의로 보충하여 그 행위의 효력을 완성시켜주는 행위
☑ 확인	특정의 사실·법률관계에 관해 의문이 있거나 다툼이 있는 경우에 이를 판단하여 확정하는 행위
☑ 공증	특정의 사실·법률관계의 존재 여부를 공적으로 증명하여 공적 증거력을 부여하는 행위
☑ 통지	특정인 또는 불특정다수인에게 어떠한 사실을 알리는 행위
☑ 수리	행정청이 사인의 행위를 유효한 행위로 받아들이는 행위
☑ 공정력	무효가 아닌 한 권한 있는 기관에 의해 취소되기 전까지 행정행위의 상대방이나 이해관계인이 그 효력을 부정할 수 없는 효력
☑ 구성요건적 효력	유효한 행정행위의 존재가 다른 국가기관의 결정에 영향을 미치는 효력(구속력)
☑ 선결문제	민사·형사법원의 본안판단에서 행정행위의 효력 유무·존재 여부 또는 위법 여부가 선결될 문제인 경우 그 효력 유무·존재 여부나 위법 여부를 말함
☑ 형식적 존속력	행정행위의 상대방이 쟁송기간경과 등의 사유로 쟁송절차에서 그 효력을 다툴 수 없는 효력
☑ 실질적 존속력	행정행위의 성질로 인해 행정기관이 직권취소나 철회가 허용되지 않는 효력(협의, 다수견해)
☑ 행정행위의 하자의 승계	둘 이상의 행정행위가 연속적으로 행해지는 경우, 선행행위의 하자를 이유로 후행행위에 하자가 없더라도 후행행위를 다툴 수 있는가의 문제
☑ 하자 있는 행정행위의 치유	발령당시 위법한 행정행위의 흠결된 요건을 사후보완함으로써 그 행위의 효력을 유지하도록 하는 보완행위
☑ 하자 있는 행정행위의 전환	하자 있는 행정행위가 다른 행정행위의 적법요건을 갖춘 경우 다른 행정행위로서의 효력발생을 인정하는 것
☑ 행정행위의 직권취소	유효한 행정행위를 위법 또는 부당한 하자가 있음을 이유로 하여 직권으로 소멸시키는 것
☑ 행정행위의 철회	유효한 행정행위를 사후적으로 발생한 사유에 의해 그 행위의 효력을 장래를 향해 소멸시키는 의사표시
☑ 행정행위의 부관	행정행위의 효과를 제한하거나 보충하기 위해 행정기관이 주된 행정행위에 부가하는 종된 규율
☑ 조건	행정행위의 효력의 발생·소멸을 장래에 발생 여부가 객관적으로 불확실한 사실에 의존시키는 부관

☑ 기한	행정행위의 효력의 발생 · 소멸을 장래에 발생 여부가 확실한 사실에 종속시키는 부관
☑ 부담	수익적 행정행위에 부가된 부관으로서 상대방에게 작위 · 부작위 · 수인 · 급부의무를 명하는 것
☑ 법률효과의 일부배제	법률이 예정하고 있는 행정행위의 효과 일부를 행정청이 배제하는 부관
☑ 확약	행정주체의 행정작용의 발령 또는 불발령에 대한 자기구속의 의사표시(약속)
☑ 공법상 계약	공법상 효과의 발생을 목적으로 하는 복수당사자의 의사의 합치에 의해 성립되는 계약
☑ 비정식적 행정작용	정식적 행정작용처럼 요건, 효과나 절차, 형식이 법령에 규정되어 있지 않은 법적 구속력도 없는 일련의 행위(협상, 조정, 합의, 타협, 경고)들을 말함
☑ 공법상 사실행위	사실상의 효과 · 결과의 실현을 목적으로 하는 행정작용
☑ 행정지도	행정기관이 그 소관사무의 범위 안에서 일정한 행정목적을 실현하기 위하여 특정인에게 일정한 행위를 하거나 하지 아니하도록 지도 · 권고 · 조언 등을 하는 행정작용 (행정절차법 제 2 조 제 3 호)
☑ 행정사법	공행정주체가 공적 임무를 사법형식으로 수행하는 행정활동
☑ 행정형벌	행정법상 의무위반자에게 형법에 규정되어 있는 형벌이 가해지는 것
☑ 행정질서벌	행정상 경미한 의무위반에 대해 과태료가 가해지는 제재
☑ 행정상 강제집행	행정법상 의무의 불이행이 있는 경우 의무자의 신체 또는 재산에 직접 실력을 가하여 행정상 필요한 상태를 실현하는 작용
☑ 대집행	대체적 작위 의무의 불이행이 있는 경우 당해 행정청이 불이행된 의무를 스스로 행하거나 제 3 자로 하여금 이행하게 하고, 그 비용을 의무자로부터 징수하는 것
☑ 강제징수	공법상 금전급부의무 불이행을 행정청이 강제로 실현하는 작용
☑ 이행강제금	행정법상 의무 이행을 강제하기 위해 미리 금전부과를 계고하여 장래 의무이행을 간접적으로 실현하는 작용
☑ 직접강제	의무자가 의무를 불이행할 경우 행정기관이 직접 의무자의 신체 · 재산에 실력을 가하여 행정상 필요한 상태를 실현하는 작용
☑ 즉시강제	급박한 행정상의 장해로 의무를 명할 시간적 여유가 없거나, 의무이행을 명해서는 행정목적 달성이 어려운 경우 개인의 신체나 재산에 실력을 가해 필요한 상태를 실현하는 작용
☑ 행정조사	행정기관이 정책결정 등을 함에 있어 필요한 자료수집을 위한 조사 · 열람 등을 하거나 조사대상자에게 보고나 자료제출을 요구하는 활동
☑ 과징금	행정법상 의무를 불이행한 자에 대하여 위반행위로 얻은 경제적 이익 박탈을 목적으로 하거나 제재를 가하기 위해 부과하는 금전
☑ 공급거부	행정법상 의무의 위반 · 불이행이 있는 경우에 일정한 재화나 서비스의 공급을 거부하는 작용
☑ 공표	행정법상 의무위반 또는 의무불이행이 있는 경우에 그 명단과 위반 또는 불이행한 사실을 공중이 알 수 있도록 알리는 것
☑ 생활보상	재산권보상 후에도 남는 당사자의 생활근거상실로 인한 손실을 생존배려차원에서 보상하는 것
☑ 수용유사침해보상	공공의 필요를 위해 공권력행사를 통해 사인의 재산권에 특별한 희생을 가하였으나, 그 공권력행사가 위법한 경우에도 전통적 손실보상과 마찬가지로 보상을 해 주는 제도
☑ 수용적 침해보상	적법한 행정작용의 비전형적인 결과로 재산권에 특별한 희생을 가하는 경우에 대한 보상
☑ 희생보상청구	공공복지를 위하여 사인의 비재산적인 법익에 특별한 희생을 가져오는 침해에 대한 보상

☑ 결과제거청구권	위법한 공법작용으로 인해 자기의 권리침해가 계속되는 경우에 행정주체에 대하여 그 위법한 결과의 제거를 구할 수 있는 권리
☑ 고지제도	행정청이 처분을 하는 경우에 상대방이나 이해관계인에게 처분에 관하여 행정심판을 제기할 수 있는지의 여부, 제기하는 경우 위원회·청구기간 등을 알리는 비권력적 사실행위(행정심판법 제42조)
☑ 의무이행소송	사인의 신청에 대해 행정청의 위법한 거부나 부작위가 있는 경우 당해 행정행위의 발령을 구하는 이행소송
☑ 소송참가	타인간의 소송 계속 中에 소송 외의 제3자가 그 소송의 결과에 따라 자기의 법률상 이익에 영향을 받게 되는 경우 자기의 이익을 위해 그 소송절차에 가입하는 것
☑ 권리보호필요성	행정소송 제기로 분쟁을 해결할 현실적 필요성
☑ 소의 변경	당사자(피고), 청구의 취지, 청구의 변경 등 전부 또는 일부를 변경하는 것
☑ 집행정지	잠정적인 권리구제를 위해 본안판결이 있기 전까지 처분의 효력, 집행, 또는 절차의 속행을 정지하는 제도
☑ 가처분	금전 이외의 급부를 목적으로 하는 청구권의 집행을 보전하거나 다툼이 있는 법률관계에 관하여 잠정적으로 임시의 지위를 보전하는 것을 내용으로 하는 가구제도
☑ 처분권주의	당사자가 분쟁대상 및 소송절차의 개시와 종료에 대하여 결정할 수 있다는 원칙
☑ 변론주의	판결의 기초가 되는 사실관계와 증거의 수집 및 제출책임을 당사자에게 일임하고, 당사자가 수집·제출한 소송자료만을 재판의 기초로 삼는 원칙
☑ 직권탐지주의	소송절차에서의 사실관계와 증거의 조사에 관한 책임을 전적으로 법원이 부담하는 원칙
☑ 처분사유의 추가·변경	처분시에 존재하였으나 제시되지 않았던 사유를 행정소송절차에서 새로이 제출하거나 법원이 직권으로 회부하는 것
☑ 예방적 부작위소송	장래에 있을 특정한 위협적인 사실행위 또는 행정행위의 발동을 방지하는 것을 구하는 소송
☑ 형식적 당사자소송	실질적으로 행정청의 처분등을 다투는 것이나 형식적으로는 처분등으로 인해 형성된 법률관계를 다투기 위해 제기하는 소송
☑ 기관소송	단일의 법주체 내부에서 행정기관상호간의 권한분쟁에 관한 소송
☑ 행정권한의 대리	법률이나 수권행위에 의거하여 피대리관청의 권한을 대리관청이 그의 이름으로 행사하되 효과는 피대리관청에 귀속하게 하는 제도
☑ 행정권한의 위임	행정관청이 자기에게 주어진 권한을 위임입법에 근거하여 수임자의 이름과 권한으로 사무를 처리하게 하는 것
☑ 훈령	상급관청이 권한행사를 지휘하기 위하여 발하는 명령
☑ 직무명령	상급공무원이 부하공무원에 대해 직무상 발하는 명령
☑ 규칙	지방자치단체의 장이 지방자치법 등이 정하는 바에 따라 정립하는 법형식
☑ 경찰소극의 원칙	경찰권은 소극적인 질서의 유지를 위해서만 발동될 수 있다는 원칙
☑ 경찰공공의 원칙	경찰권은 공공의 안녕이나 질서의 유지를 위해서만 발동될 수 있는 것이며, 사적 이익만을 위해 발동될 수는 없다는 원칙
☑ 경찰책임의 원칙	경찰권은 경찰상 위험의 발생 또는 위험의 제거에 책임이 있는 자에게 발동되어야 한다는 원칙
☑ 행위책임	사람의 행위로 인해 공공안녕이나 질서에 대한 위해나 장해를 야기한 경우에 발생하는 책임
☑ 상태책임	사람이 아니라 물건의 상태로부터 위험 또는 장해가 야기되는 경우의 책임
☑ 공용지정	행정주체가 특정물건을 공적목적에 사용하겠다는 의사표시
☑ 인접주민의 강화된 도로이용권	인접주민이 도로사용과 관련해 공동사용을 능가하는 개인적 공권을 갖는 것

김기홍

연세대학교 법과대학 졸업
연세대학교 법과대학 대학원(석사)졸업(행정법)
연세대학교 법과대학 대학원 박사과정(행정법)
연세대학교 등 대학특강 강사
한림 법학원 행정법 전임강사

저서

핵심정리 행정법(박영사, 초판 2012, 제8판 2019)
행정법 기출 연습(박영사, 초판 2015, 제3판 2019(근간))
행정법 사례 연습(박영사, 초판 2015, 제3판 2017)
공인노무사 핵심정리 행정쟁송법(박영사, 초판, 2014, 제5판 2018)
세무사 핵심정리 행정소송법(박영사, 2017)
쟁점정리 행정법(박영사, 초판 2011, 제9판 2019)
행정법 STUDY BOOK(청암미디어(박영사), 2011)
로스쿨 객관식 행정법특강(공저)(박영사, 2012)

2019 (제 9 판)

쟁점정리 행정법

초판발행	2011년 3월 20일
제 9 판발행	2019년 3월 10일
지은이	김기홍
펴낸이	안종만 · 안상준
편 집	김선민
기획/마케팅	조성호
제 작	우인도 · 고철민
펴낸곳	(주) **박영사**
	서울특별시 종로구 새문안로3길 36, 1601
	등록 1959. 3. 11. 제300-1959-1호(倫)
전 화	02)733-6771
f a x	02)736-4818
e-mail	pys@pybook.co.kr
homepage	www.pybook.co.kr
ISBN	979-11-303-3374-8 93360

정 가   23,000원